"华与罗"世界文明与比较政治研究　第一辑

　　本书受到华东政法大学政治学研究院"华与罗世界文明与比较政治研究项目"
的资助

中华文明—希腊罗马文明
比较视野下的国家治理

National Governance: China and Greco-Roman
in Comparative Civilizational Perspective

高奇琦　主编

中 国 出 版 集 团
世界图书出版公司
广州·上海·西安·北京

图书在版编目（CIP）数据

中华文明—希腊罗马文明比较视野下的国家治理/高奇琦
主编 .—广州：世界图书出版广东有限公司，2016.6（2025.1重印）
　ISBN 978-7-5192-1569-9

　Ⅰ.①中… Ⅱ.①高… Ⅲ.①国家—行政管理—研究—中国
Ⅳ.① D630.1

中国版本图书馆 CIP 数据核字（2016）第 143347 号

中华文明—希腊罗马文明比较视野下的国家治理

策划编辑　孔令钢
责任编辑　张梦婕
出版发行　世界图书出版广东有限公司
地　　址　广州市新港西路大江冲25号
http: // www.gdst.com.cn
印　　刷　悦读天下（山东）印务有限公司
规　　格　710mm×1000mm　1/16
印　　张　20
字　　数　325 千
版　　次　2016 年 6 月第 1 版　2025 年 1 月第 2 次印刷
ISBN　978-7-5192-1569-9
定　　价　98.00元

从世界文明视角出发来研究比较政治

对中西文明的比较、对中国政治发展的评价，以及对未来中国政治发展方向的展望历来是国内外学术理论界关注的重点问题。徐达华先生2013年在新浪网与凤凰网上以"华与罗"为笔名在"关于中国民主化的探讨"的博客上发表了相关的系列研究文章，希望得到有关学者的批评、商榷与改进。该系列研究文章（后简称"博文"）围绕世界文明与比较政治等题目，从文明的历史发展路径入手，展开了深入的研究与探讨。徐达华先生以自己深入细致的理论思考和几十年来对于中国社会沧桑巨变的切身感受为基础指出：应该正确评价改革开放30多年以来中国的政治发展成就，正确认识西方民主的局限与缺失，并在世界文明比较的视野下积极总结中国民主政治的独特性及其对世界的意义。徐达华先生系列博文的内容具有丰富的整体性、战略的前瞻性和深邃的思想性，并且其中有众多非常深刻且发人深省的观点。这是一项具有重大意义的系统研究工程。因为这些研究内容涉及比较政治、国家治理、全球治理、文明比较等多方面和多领域的内容，所以有必要引入更多的研究力量对其进行更为深入的研究，包括商榷、批评和改进。

华东政法大学政治学研究院长期关注比较政治的前沿、热点和重点问题。徐达华先生关注和研究的多数核心问题与华东政法大学政治学研究院长期追踪的问题领域有高度的交集。在经过与徐达华先生的充分沟通之后，华东政法大学政治学研究院在徐达华先生的支持下设立了"华与罗世界文明与比较政治研究项目"。这一项目的合作时间为六年（2015—2021年）。该项目具体包括："国家治理指数"、"全球治理指数"、"华与罗比较政治大讲堂"等内容。华东政法大学政治学研究院以笔者为首席专家和项目负责人，结合既有研究成果，集合本院全体研究人员，认真进行相关专题的深入和追踪研究，力争在国内外引起正面与反面的广泛

1

研究、探讨、商榷、评论与改进，形成具有一定影响力的系列研究成果。

本专辑的文章主要由"华与罗博客"以及本项目团队与"华与罗博客"对话的系列论文构成。本项目团队对"华与罗博客"进行了深入研究，并从中梳理出42个核心问题，具体如下（注：所列问题根据其出现在徐达华先生文章中的先后顺序排列）：

1. 政治体制改革的定义

2. 改革开放 30 多年的政治发展评价

3. 西方民主的经济基础 / 历史基础研究

4. 中国政治传统的总结研究

5. 最高领导任期制的多国比较研究

6. 选择统治者与统治的比较研究

7. 西方民主政治的缺失与困难研究

8. 协和式民主的多国比较研究

9. 民主的定义

10. 竞争性选举与协商性选举的理论研究

11. 世界主要指数的比较研究

12. 中印政治发展比较研究

13. 中国与英美法的发展中时期比较研究

14. 当前中国与 30 年前中国的纵向比较研究

15. 美国与欧洲价值观差异的比较研究

16. 欧美价值观与基督教的关系研究

17. 民主作为对外政策工具的运用研究

18. 中国民主发展的推进路径研究

19. 中华传统的对外关系模式研究

20. 中日政治发展的比较研究

21. 民主与民族模式的关系研究

22. 中华传统的民族关系处理方式研究

23. 中美民族政策的比较研究

24. 中国民主模式的特征分析

25. 西方民主的过程分析

26. 比较方法的系统与前沿追踪研究

27. 中国共产党的政党转型研究

28. 中华民主理论体系研究

29. 马克思与邓小平的政治观比较研究

30. 中华协商性选举民主与西方对抗性选举民主的比较研究

31. 北欧模式与中国模式的比较研究

32. 俄罗斯政治转型研究

33. 中俄政治发展比较研究

34. 未来文明间关系研究

35. 全球治理转型研究

36. 世界秩序的未来模式研究

37. 中国民主模式与对外关系的协调研究

38. 国家治理的定义与评估体系研究

39. 中国古代政治制度与文化研究

40. 世界主要文明的历史演进比较

41. 中华文明在未来世界秩序中的地位研究

42. 中华文明、基督教文明与伊斯兰文明的未来关系研究

这里需要说明的是，"华与罗"是"中华文明与希腊—罗马文明"的简称。徐达华先生认为，世界文明中在政治领域最重要的两支是中华文明与希腊—罗马文明。在徐先生看来，希腊—罗马文明的现代载体不仅包括基督教文明，同时还包括伊斯兰文明。这两大文明都是希腊—罗马文明的继承者，其特点是善于征服，而不善于治理。现代世界除了中华文明与印度文明以外基本都被这两大文明所征服。但是，印度文明并不像中华文明这样能长期保持一个强大统一的国家，能治理得有条有理，并且与周边的不同文明保持和平的关系。同时，希腊—罗马文明总是无法保持征服的成果，经常与外部发生冲突，并且内部时常发生分裂、冲突、内斗，甚至战争不断。徐先生对文明视野的强调，提醒我们不要陷入西方文明中心论的陷阱之中，提醒我们正视中华民族的历史和复兴。

笔者在这里尝试对徐达华先生所强调的"世界文明视角"做进一步的概括。

比较政治研究的世界文明视角可以总结为"大历史、大结构、大过程、大叙事"。这一视角基于历史学知识，但同时运用比较历史分析的研究。换言之，世界文明视角不再停留于微观史学，不是史料学和考据学，而是尝试进行历史的宏大叙事。这一视角的目的是发现大历史背后的权力结构与行为者互动。我们可以看到，视野开阔的大思想家往往都采用世界文明的视角，譬如马克思、韦伯、亨廷顿、汤因比等。

再进一步讲，比较政治研究的世界文明视角可以总结为如下几个特征：第一，基于事实的宏观研究；第二，用关节点连贯截面而产生的过程研究；第三，从特殊性出发最后落于普遍性的归纳研究。

近年来，许多比较政治的学者都在思考，中国的比较政治如何前行的问题。杨光斌教授认为，复兴中国的比较政治研究的根本之道是推动比较历史分析的发展。这个观点与徐达华先生的观点实际上不谋而合。世界文明视角与比较历史分析的核心要义是一致的。

笔者认为，从世界文明的视角来研究比较政治需要两个阶段：第一，批判西方文明的普遍性，找到中华文明与西方文明各自的特殊性，以及各自的优点与欠缺，培养中国学者的知识自觉和理论自觉；第二，归纳出中华文明与西方文明中共有的普遍性，以及各自难以撼动的特殊性，重新定义许多被歪曲理解的政治概念，形成全新的、全面的比较政治学理论体系，以推动中华文明对世界文明交流和融合的贡献。这两个阶段都非常必要，且不能轻易跨越。同时，普遍性和特殊性的辩证统一也是正确理解中华文明与希腊—罗马文明之间关系的关键逻辑。

是为序。

高奇琦

2016 年 4 月 19 日于华政松江校区

中国的发展不能偏离世界文明的大道

关于"世界文明与比较政治"的讨论，通常会出现两个向度：第一，不同国家的发展道路、模式的比较；第二，国家与世界文明的关系。就第二个向度来说，中国的发展与世界文明之间具有相互促进、和谐共生的关系，也就是说中国的发展离不开世界文明的大道。

从一般意义上讲，文明主要有两方面意义。从类文明的角度来看，文明是具有普遍性的。从亚文明的角度来看，文明更多的是体现不同国家之间的多样性。不管是哪一个层面，都应该看到文明的普遍性特质。类文明有其本质规定，更多的是承认普世性。而亚文明，尽管会体现各国、各民族的发展的特点，但也会有体现人类发展的共同性。

为了比较与区分，谈文明主要从共同性来谈，谈文化从多样性来谈。世界文明的普世性表现在物质层面、制度层面以及文化层面。在物质层面上，不管是原始社会、农业社会还是工业社会、信息社会，其发展进步都具有共同性，那就是技术的支撑和生产力的提高。当今所讲的信息文明、生态文明，都体现着信息化时代的共性。在制度层面上，经济制度、政治制度、社会制度也体现出共同性。经济制度从个体的劳动走向集体的生产，从小农经济走向市场经济，从一国经济走向国际经济，这是人类发展的趋势。政治制度从个人专制制度走向民主共和制，从人治走向法治，从一国政治到全球政治，无不反映了一种共同的发展趋势。社会制度也是如此，譬如，婚姻家庭制度、社会治理制度都在不断地变化。此外，国际制度在逐渐强化，因为单纯的国内制度已不能满足，人类日益在国际层面构建制度以协调和管理公共事务。在文化层面上，从迷恋工业文明现走向反思工业文明，从追求经济增长走向青睐可持续发展，从国家主义走向全球主义。

世界文明与各个国家之间有何关系呢？首先，我们应该客观地认识理解普遍性与特殊性。人类不可能没有普遍性，不承认普遍性，就否认了人们对于真善美的追求，否认了社会生活的规范、社会生存的价值和意义。反之，特殊性也普遍存在，不承认特殊性，就否认了社会生活的多样性、丰富性，而各个国家的特殊性，正好孕育了人类文明的普遍性。因此，我们应该同时承认普遍性与特殊性。但是，正如拉兹洛所说，只看到差异性或只看到一致性都毫无意义，只有认识到由进化的洞察力揭示出的差异中的一致性，才是可贵的，才体现出真正的辨识力。因此，我们要更强调差异性和一致性的和谐关系，注重在差异中掌握一致性。同样，在各国的不同发展模式中，也能提炼出文明进程的一致性。

在全球化时代，国际社会存在着一种向普遍性、共同性以及一致性适度发展的倾向。当代中国应该如何发展，做哪些反思呢？一是不应过度迷恋特殊性、本土性、特色性。这种过度迷恋，不符合普遍性和特殊性之间的辩证关系。二是正确认识和定位国家。今天我们所强调的国家治理，不能仅仅理解为提高国家与政府的治理能力，而忽视了民众的参与，忽视了民主问责与法治。我们应该着力向世界提供共同性的价值、理念和产品，而不仅仅是特殊性的东西。从共同性的角度阐述中国的故事、中国的实践，更能赢得世人的认同。总之，只有理性、审慎地认识普遍性与特殊性的关系和国家的历史作用，处理好中国与世界的关系，才不至于偏离世界文明的大道。

从中国当下的现实问题来看，如"一带一路"的研究，也应该更好地处理这种关系。目前，我们更多的是立足于中国角度谈"一带一路"，特别是地缘政治的角度去考虑。其实，我们完全没有必要把"一带一路"看成是中国的，而应该视为世界的，从世界的视角来研究会发现更重要的问题。这里，我们应该关注三个视角：一是国际公共物品提供的视角。我们是在提供一个国际公共物品，学界应该加强这个方面研究的力度。二是人类命运共同体的视角，通过"一带一路"的建设倡导新的国际关系理念，力争逐渐摆脱现实主义与国家主义的束缚。今天占据主导性地位的是现实主义、国家中心主义的理念，它强调如何使自己的利益最大化，而人类命运共同体能够引导人们反思国际社会中的现实主义倾向，倡导合作共赢的理念和人类共同利益的价值。三是"一带一路"的全球治理视角，强调"一带一路"是中国思考和参与全球治理大战略中一部分，体现了中国的全球治理理念与战略。关于不同文明之间的对话问题，也是应当进一步加强研究的。

现在中国对于国别和特殊议题的研究并不够，对各国文明的研究也很欠缺，因此加强这方面研究非常必要。但是，从当下中国的倾向来看，对共同性、普世性的研究更欠缺，这是必须警惕、必须克服的。尽管21世纪初以来，特别是国际金融危机后，国家主义回潮成为全球的一大背景，但是人们还是要保持理性。因为根据进化的理论，在全球化的推动下，人类社会更多地向整体性、共同性倾斜不以人的意志为转移。现在的欧洲难民危机是一大头疼问题，从现象上看似乎助长了国家主义，但若从国家边界管理被冲击、一国种族的多元化、人权和人道主义更受重视等角度讲，实际恰恰反映了世界主义的价值和理念，世界主义化越来越明显，这种趋势是无法阻挡的。

蔡　拓

写于中国政法大学

目　录

第一部分
引　言

中国民主化道路探讨[①]

华与罗

前言：邓小平突破了中国政治改革的瓶颈 —— 一个被忽视的事实

近来读到新浪网在 2012 年 2 月 9 日刊登的一篇文章，标题为"周其仁：邓小平做对了什么"。该文为周其仁在芝加哥大学"中国改革 30 年讨论会"上的发言。文中他高度评价了邓小平的改革成果，但是有以下两段话引起了笔者的关注：

一，"1986 年 9 月，邓小平得出了一个重要结论：不改革政治体制，就不能保障经济体制改革的成果，不能使经济改革体制继续前进。为此，他开始部署中国政治体制改革。"

二，"'价格闯关'的失败以及随后发生的天安门广场事件，就再也没有给中国推进政改的机会。即使 1992 年邓小平的南巡讲话，也限于推动经济增长与经济改革，而并不是政治体制改革。中国的政治体制改革，是邓小平未竟的事业。"

周其仁是中国著名的经济学家。这两段话不仅说出了周其仁一个人对中国改革事业的看法，或许可以这么认为：它代表了中国许多经济学家的观点，甚至中国许许多多知识分子的见解，也包括笔者自己以前的想法。

但是，中国的政治民主改革就是在大家都认为邓小平没能推进的时候，事实上却非常低调地、默默地走出了最关键的一步。从邓小平开始，中国党和国家最高领导从终身制改变为任期制，突破了中国政治民主化前进道路上的最大障碍。30 余年的政治实践，几代领导人的规则性、程序化更替，中国的最高领导由终

[①] 该文根据华与罗先生的博客整理而成。为符合作者原意，编者在尽可能照顾读者阅读习惯的情况下，保留了原先标题。此外，博客在写作过程中获得了徐艰奋先生的帮助，特此致谢。

身掌控着无时间约束的绝对权力,改革为受时间限制的相对权力。这一改革举措,突破了中国历史几千年来形成的,一元政治体制绝对权力难以约束的瓶颈,为中国的各项改革,包括进一步深入政治改革奠定了基础。

这30多年里,由美国主导的外部世界,政变、革命、战争、恐怖袭击、种属冲突、国家分裂,各种动乱不断发生。最终还爆发了从美国开始,向外蔓延的世界性金融危机、经济危机。这场危机已经持续了5年,导致世界更为动乱,不仅贫困的国家深受其害,甚至发达的美国与欧盟社会内部加深了经济、政治对立。唯有中国,虽然面临这种巨大困难与快速变动的形势,平稳交接的历届政府却能应对不断开放的社会中出现的种种问题,通过各项相应改革措施加以解决,稳步取得如此持续高速发展,而没有出现反复;在13亿人口的社会发生了如此巨大变动的时候,全体人民却能安享和平与繁荣。虽然还不断出现各种新的问题有待处理,但是这些问题与外部世界发生各种动乱,是无法相比的。

周其仁引证邓小平的那句话一点没错:"不改革政治体制,就不能保障经济体制改革的成果,不能使经济改革体制继续前进。"如果中国没有进行这一最高领导任期制政治改革作为保障,很难设想这长达30多年能持续取得如此巨大的改革成功。

但是,保障了经济体制改革成果,使经济改革体制不断前进,具有如此历史意义的政治体制改革,为什么周其仁却没能观察到,认为政治改革是邓小平未竟的事业呢?这究竟是什么原因呢?

笔者认为:因为中华文明的发展经历了几个世纪与外界隔绝与停滞,曾经与现代的外部世界发展现状大大脱节。在这西方主导与统治世界几百年里,西方社会已取得了富裕、发达的现实成果;非西方社会,包括中国却长期处于贫穷落后状态;西方的理念已形成了系统的理论,被世界所公认;学习西方,西方化成为现代化的代名词。西方的竞争性选举,以及由此演化而成的竞争性多党制,也就被公认为人类政治民主唯一的可行形式。而且这种西方式民主政治又被普遍认为是西方社会富裕发达的原因,也是世界各国进步发展必须遵循的唯一模式。而现代以来我们自幼接受的教育,除了汉语以及少数学科外,又有哪些不是从西方引进的?我们许多杰出的知识精英多是留学欧美的,自然地接受了西方的理论和观点。

因为中国没有按照西方这种政治模式进行改革，就被认定没有进行政治体制改革了。但是，随着近期中国社会迅速发展，改革成果的逐步涌现；同时，西方社会却出现了许多难以解决的困境，促使笔者重新思考这个结论。笔者对中西方文明两千多年的历史演进过程进行一次客观、全面、深入的重新审视后，竟然得出了不同的结论。

关于中国民主化道路的探讨之一

第一，一封邮件开始的讨论

三年前，一位友人发来一封邮件：内容为媒体对李泽厚教授的一次访谈。友人对李泽厚教授关于中国模式的观点大加赞赏。

李泽厚教授关于政治民主改革的提法，应该说是比一般缺乏思考的知识分子进了一步。后者常常想当然地认为，应该一步到位引进西方现在实行的多党竞争的民主政治制度。李泽厚认为：中国目前还不能进行政治民主化改革，还需要经济、社会、人民的文化素养提高到一定程度后，才可以进行。现在持他这样观点的人也很多，新加坡国立大学东亚研究所所长郑永年也是其中之一。郑永年关于中国模式，写了好多文章，还到高校做讲座。他与李泽厚不同，专攻政治学，美国普林斯顿大学政治学博士，曾任英国诺丁汉大学中国政策研究室教授和研究主任。那年1月份（2010年），他在浙江人民出版社出了一本书，名叫《中国模式——经验和困局》。书中反映出他对中国的政治、经济、社会情况进行的研究。他从全球角度分析中国的改革进程，得出了与李泽厚类似的结论，并提出了一些建议。文章内容很翔实。有相当长一段时期，笔者和他两人也有类似的想法，但在时间的推移中，逐渐发现这种思路有问题，经不起仔细推敲。

他们两位提出的中国模式，实际上就是先进行经济改革，将经济先搞上去；接着再进行一些社会及其他方面的改革；待国家发展到一定程度后，再进行政治民主改革。说得白一点，就是到了一定时间，就可以按照西方现在的政治制度进行转型了。急改与缓改，两者之间的差别只在时间的先后上，对民主本身的认识没有两样。

那么，这个等待的时间是多长？要等其他改革到什么程度才能启动政治民主改革？从 1978 年改革开放开始到现在已经 30 多年了，还要等多少时间？再 10 年？ 20 年？ 30 年？在今天全球化时代，中国经济、文化、人员等各方面都如此开放。随着市场经济深入发展，经济总量超快速增张，富裕人口的增加，贫富差别的扩大，各种利益诉求日趋复杂。需求，特别是精神需求的多样化，教育的发展，特别是高等教育的大众化，全国已有 1 亿多人口接受了高等教育，2020 年将达到 2 亿人口。数以万计、十万计、上百万计的学子进出于国门。在互联网时代，信息传播迅速，人们思想更趋多元等等，有可能让政治改革再等下去吗？中国这么大，人口这么多，各地千差万别，在如此迅速现代化进程中，各方面变化如此之快，光靠国家行政系统能把中央的施政意图不走样地传递到基层吗？在全世界民主意识这么高涨的年代，唯有通过民主化，通过民主监督，才有这种可能。

回过头来再一看，这 30 多年来，假如没有进行相应的政治改革作为保障，经济、社会、教育、民生等各方面却取得了飞速的改革及发展，社会却又那么相对稳定，可以想象吗？其实，这 30 多年来，中国的政治早已开始进行了改革，民主化不断在探索、在深入、在试点、在试错，并已经取得了相当的成果。冷静地回顾一下，我们国家的政治气氛的改善是极其显著的。那种压抑的，令人说话、行动拘谨的氛围感觉不到了。对政府政策的各种批评意见在媒体上大量刊登；国家每一项重要法律制定都反复公开讨论，征求人民意见。没有政治上的民主化改革，能做到这样吗？只是他们对民主的理解被固化了，把民主的某种实现形式，欧洲人经过长期演化形成的西方民主制度的特异性，看作是全世界民主制度的普遍性了。

这种关于政治民主化的中国模式，还是脱离不了西方模式的大背景。他们的思维总是笼罩在西方三个世纪以来文化优势的阴影下，不能自拔。

关于中国民主化道路的探讨之二

第二，西方政治民主化是一个长期的历史过程

（一）现代西方国家的民主制度不是一蹴而就的

很多人认为经济发展需要实实在在，一步一步进行的，因为它是看得见、摸得着，必须下大力气，一步一个脚印，来不得半点虚假。大跃进的后果大家都深有体会。但是很多人认为政治民主却不是这样："民主，一人一票竞争性选举制

度改革只是领导人的一念之差。只要领导人肯下决心,把美国现成的政治制度搬过来,不就可以了吗?"不这样做就是不肯改革。而认为民主改革必须后于其他改革的人呢,回顾中国近百年民主化的曲折历史,也因为看到了世界上许多条件不成熟的国家,在采取了现代西方式的政治制度后都出了问题,知道这样做的后果是不好的。为了国家利益,政治民主改革还是慢一步好。等经济发展了,其他条件都成熟了,再引进政治民主改革比较稳妥。

其实政治民主化与经济发展同样需要很长的过程,也需要一步一个脚印。甚至于政治民主化比发展经济的过程还要长、还要难。大家知道十年树木,百年树人的道理。日本明治维新40年后经济就赶上了西方国家,一下子打败了俄国,小小的日本二战时还痛打了地大物博的美国。但是它的政治制度民主化还经历了一个痛苦的过程。二战失败后,在美军占领下才完成今天的议会民主制度改革。德国也是如此。这些是在原来的专制国家中的民主化经历。

欧洲人的后裔 —— 美国,是由一些自由民主理想的移民在北美新大陆组建起来的国家,没有专制君主的历史包袱。但是美国现今的民主制度,也并不是建国初期一步到位达到的。它的民主化也同样经过了漫长的,几近两个世纪的时间,才完成由少数参与者到全民参与的过程。200多年来美国的民主化过程进行得很辛苦。它建国初期,有选举权的人很少,还盛行奴隶制。南北战争后,虽然废除了奴隶制,但实际上黑人还没有得到平等的政治权利。建国150年后占人口一半的妇女才获得了选举权,建国近200年后黑人才真正拥有选举权,所谓一人一票的民主制度经过这么长的时间才达到。

今天,美国的民主制度还在演变,一个黑人能被选上总统,以前是不可想象的。可见政治民主化是个持续的过程,而且不能孤立于社会经济、文化、舆论、习俗的变化发展状况;相反,它们是相互影响、相互制约、共同变化发展的。

(二)今天西方民主制度多元性的长期历史根源

回顾历史,两千多年前欧洲的希腊和罗马已经实行了民主政治制度,全体公民都有选举权,当然奴隶与外来居民是没有选举权的。而美国建国初期并不是全体公民都有选举权的,当时美国也有奴隶,南北战争后才废除了奴隶制。美国直到建国近200年才实现全民普选。

罗马共和时代,不仅曾同时有过2个民选的执政官,同时还有民选的保民官,以保护平民的利益。在罗马强人篡权后的王政时期，民主政治被葬送了，但元老院制度还被保存。

西罗马崩溃后近 1 000 年的中世纪时期，社会处于封建贵族割据状态，直到近代才逐步形成一个个由王权统治的中央集权国家。但是统治国家的王权受到天主教会和贵族的制衡，国内都有教士和贵族控制的分权的议会。法院往往独立于国王，采用的法律都沿袭、体现古罗马时代就实行的斯多葛派哲学的理念："所有人在本性上都是平等的，都有权享受一些基本权利，对这些权利政府无权侵犯"；同时还有平行的教会法庭与国家法庭之权威抗衡。今天西方国家的三权分立原则早在古希腊罗马时代、欧洲王政时代已经存在，它是欧洲多元政治的一种传统。

三权分立不是今天西方政治民主的独有特征，它是西方社会权力多元，导致多元政治的普遍特性；它既存在于今天西方的民主社会，也同样存在于古希腊罗马共和时代与帝制时代，以及较后的各个中央集权国家的专制社会。可见一个国家政治是否民主并不决定于是否实行三权分立，真正区别在于这种权力制衡与监督的程度，以及制衡与监督的参与者是否发生了变化。

罗马帝国崩溃后，和中国面积相当的欧洲土地上不再是一个统一的国家，而分裂为许多大小不等的国家和自治贵族领地，人民可以很方便地在不同的国家间迁移。欧洲国家的统治者一直受到社会多元力量的制约，没能取得像中国皇帝那样的无所制约的绝对权力。

进入近现代，随着经济的发展，中产阶级力量的增强，工人阶级及农民的逐渐觉醒，形成自己的组织，先后参与了这种制约王权及贵族、教士的特权，以及提升自己权利的政治活动。知识分子又适时地提出种种很有远见的理论。虽然各种新兴阶级反对传统特权，争取自身权利的时候会发生斗争，甚至革命战争，但是社会根本的多元格局容易适应，吸收新的力量进入政治权力的监督、制约系统。因为这种变化没有根本改变欧洲的政治多元传统，只是改变了参与多元制约的内容。

地理大发现后，欧洲人用强力占据了几乎全世界的资源。在工业革命大力提升欧洲国家生产能力，世界其他地方还没跟上的有利条件下，欧洲人利用全球资源，在全球竞争中取得从未有过的财富；为改善本国居民的生活，缓解国内各阶级间矛盾，为较平和的民主改革创造了良好的条件。在这种极有利的条件下西欧的英国人首先恢复古希腊罗马时代的民主传统，并逐步向欧洲及其北美殖民地蔓延，发展成了今天这种西方现代的多元民主制度。

欧洲人的政治多元有几千年的历史。近现代的民主体制，是它多元政治在工业化时代的演进结果。欧洲人经过一段漫长的曲折的历史时期，终于恢复并提升了2 000年前早已实行过的政治民主制度。可见政治民主制度的建立、完善、保持，绝不是人们一念之差那么容易。

关于中国民主化道路的探讨之三

第三，中国一元体系的政治传统与多元民主尝试的失败

中国自有历史以来，从来没有希腊罗马式的选举制度。与罗马帝国的同时代，秦始皇就统一中国，形成一个中央集权的官僚统治体系。皇帝垄断了所有的社会权力，是无所制约的绝对统治权力。而且分分合合，一元的皇帝统治衰落，就会发生混乱、分裂、战争，直到出现另外的权力中心，一个新的强大的皇帝征服所有的挑战者，重新统一国家，建立新的唯一的权力中心，稳定再度出现。2 000多年来，尽管历经几番皇朝兴衰，但是这种一元的政治权力格局始终保持着，形成了中国的政治传统。

进入近代，中国的民主化道路也已经走了近一个多世纪，有了惨痛的教训了。早些时候仿效日本明治维新的变法改革道路失败后，迫使中国人走上了暴力革命的道路。孙中山领导的辛亥革命，推翻了满清，依照美国模式建立了民主共和国，随后在中国发生了40年的战争。先是军阀混战。孙中山认识到必须联合共产党，建立自己的军队，像中国历来改朝换代一样用武力取得政权，保卫政权。打败了军阀，蒋介石却立即镇压共产党，在南京建立中央政权，宣称中国应该实行"一个政党，一个领袖"的集权统治。

毛泽东领导中国共产党，提出新民主主义理论，联合国内的民主知识分子，发动农民武装革命，打败了蒋介石。中国重新获得了统一、和平以及完全的独立。

第四，中国在一元政治传统下的民主化尝试

（一）政治传统难以改变，政治民主化却是历史潮流

新中国成立后，建立了人民代表大会，多党政治协商等一系列民主制度。但

是，当时以苏联为首的社会主义阵营普遍实行最高领导终身制、严格的计划经济，东西方处于冷战状态，而中国又处于重重包围之中。由于种种历史与现实原因，虽然中国一元化的政治传统得到了加强，也建立了一些政治民主制度，但是再进一步适合中国民主化的方法却没能找到。

一个民族几千年不变的传统，肯定有它强大的原因。欧洲人、中国人都执着地坚守着他们各自的传统，欧洲的多元体系，中国的一元体系，不是说变就能变的。想在中国移植多元的西方民主，其结果，往往民主还没实现，内乱反而发生了。这也是李泽厚、郑永年等人提出先进行其他改革，再进行政治民主改革的原因。但是，经济发展了就一定能移植西方的多元民主了吗？经济要发展到什么程度才能移植？反过来说，在现代全球化开放时代，没有一定程度民主改革，经济发展能走多远？因为一个国家的经济、社会与政治制度是密切相关、相互影响的；这种相关性在全球化的今天已经到了极高的程度，绝对无法回避。正如邓小平所说的那样："不改革政治体制，就不能保障经济体制改革的成果，不能使经济改革体制继续前进。"这些都是需要严肃思考的问题。

再进一步思考：欧洲原有的多元政治民主制度，在中间延续了那么长时期的专制制度，最终还能进步、回复到民主制度。可见多元政治制度未必一定是民主制度，多元政治不能与民主政治画等号；那么，一元政治制度或许也不一定绝对是专制制度，一元政治或许也不能与专制政治画等号。一元传统的中国政治，在现代民主思想普遍盛行的条件下，或许也能通过改革从专制制度改革进步到民主制度。这种可能性不能被完全否定掉。

政治民主化是不可逆转的潮流，人类历史发展的必然趋势。因为人类更富裕了，人民更有文化了，世界更开放了，资讯更流通了，人民不可能像工业革命以前，割裂封闭的农耕时代那样被简单治理了；同时，这么复杂、多样的工业化、信息化、全球化时代，一个国家如果没有公众广泛参与民主政治制度的保证，也没法进行像样的治理，社会也难以协调和谐，人民更无法平和地生活。

（二）陈旧的历史观误读了中国的民主化改革

邓小平掌权后，开始了中国全方位的改革开放，其中包括政治民主化改革。可惜全世界——包括中国许多知识精英、专家学者都没看出来、不理解！因为他们接受的还是欧洲 19 世纪与 20 世纪早期形成的，至今还普遍流行于世界的历史观。

这种历史观专注于近现代欧洲为中心的国别考察，从西欧英国的近代政治民主化开始，接着美国、法国、其他欧洲国家，再扩展到世界其他国家的民主化演变过程；而没能把这些众多西方国家，作为从罗马帝国分裂出来、继承希腊罗马文明的一个整体来进行历史长程考察。

这种观察方法片面地把整个历史过程经过割裂，又忽视了欧洲文明整体的特殊性，仅以近现代欧洲每个单一民族国家的变化发展过程的观察，来推测整个世界、不同文明历史发展的全过程。这就产生了把今天在欧美实行的多元代议制民主制度，看作是整个人类历史发展的最终成果、政治文明的顶峰，是人类能够实现的唯一的民主制度。既然这种西方民主制度是全世界各国政治改革的唯一道路，各种文明都应如此进行，中国当然也不能例外。从这种历史视角观察，认为邓小平仅仅进行了经济改革，发展了经济，没有按照西方民主模式进行政治上的民主改革，也就成为必然的结论了。

关于中国民主化道路的探讨之四

（三）以文明为界的新历史观开创了全新视野

但是，先后经过两次世界大战，"作为人类楷模的欧洲人"进行了史无前例的自相残杀。这两次战争不但差一点摧毁了欧洲自己，也带给全世界许多灾难，同时也引起了被西方统治的殖民地人民的觉醒，结束了西方的殖民统治。一些西方严肃的历史学家开始发现，这种陈旧的、以欧洲为中心、专注于国别的历史观不能完整地反映人类历史的全貌，开始提出了以文明为界来研究世界历史的全新历史观。

西方的一些著名学者，像反对以国别为研究对象，提倡以不同文明来研究历史的英国著名历史学家汤因比、《全球通史》的作者斯塔夫里阿诺斯、《世界文明史》作者爱德华·博恩斯、《文明的冲突与世界秩序的重建》的亨廷顿，在他们的著作中都表达得非常清楚：西方文明只是世界多文明中的一种，世界上并不存在普世文明。各文明都有自己的哲学、宗教、道德、政治体系。

斯塔夫里阿诺斯在《全球通史》第 486 页里写道："科学使欧洲在技术上对世界的霸权成为可能……科学还为十九世纪的西方在智力方面的优势提供了基

础。欧洲的艺术、宗教或哲学没有给非西方民族以巨大的影响，因为非西方民族已在这些领域做出了类似的贡献。"

世界是由多文明构成的，西方文明只是众多文明中的一种。不同文明基于自己创造的艺术、宗教或哲学，会产生不同的世界观和不同的制度，西方文明创造的政治制度未必完全适合其他文明。

虽然现代世界资讯发达，知识传播迅速，但是一种全新的社会理论体系要改变已经长期形成的社会共识与舆论，是极其艰难的；这种新的历史观，甚至传递到非专业历史学界的其他知识精英都并非十分容易。而且，这种全新的历史观不利于长期居于统治地位的西方政经势力，更增加了它传播的难度。很可能要再过几十年，中国的综合国力远远超过美国和欧洲，在政治民主改革方面取得更大进步，以及西方竞争性的民主政治因为过分强调个人主义、自由主义与狭隘的民族主义，以至各种矛盾冲突充分显现的时候，才会较容易被人们普遍接受。

亨廷顿在《文明的冲突与世界秩序的重建》一书中，作为一位西方学者，进一步用历史与宏观分析无奈地得出这样一个结论：西方历时 400 年力量的上升，到 20 世纪初已达到了顶点，虽然接下来美国兴起接替欧洲又达到一个新的高潮，但总体衰落的过程不可逆转，西方文明一统天下的局面已经过去。现在和今后的世界是一个多文明共存的时代。非西方世界的现代化不可能与西方化画等号。每种文明将都有自己的现代化道路，自己的现代化模式。西方文明的个人主义、自由主义是西方独特历史形成的。其他文明，不可能照搬西方的自由民主政治。他更进一步认为：没有工业化的非洲，却已经西方化了，将不可能达到社会的现代化。在亨廷顿看来：这是在西方几个世纪统治下，非洲人的悲惨宿命。

（四）最高领导任期制，突破了中国政治改革的瓶颈

回顾中国的近代历史，辛亥革命推翻了中国盛行了几千年的皇帝统治，共和制度逐步成了全国人民的共识。袁世凯皇帝梦的破灭，说明所谓"普天之下，莫非王土"的观念不再被人民承认，国家的最高领导人不再是国家的拥有者，而仅仅是国家的管理者。中国的民主化前进了一大步，这是大家的共识。但是孙中山的美式民主理想失败后，回复到中国传统，领导武力统一天下的人担任国家最高领导也就顺理成章。这个管理者的身份是终身的，虽然他并不拥有这个国家，但他却有终身管理这个国家的权力。这个权力实际上也是几乎不受约束的绝对权力。

回过头来看看，邓小平做了什么？他从自身开始将国家领导团队和最高领导人掌控的权力，由终身制改为任期制，以及建立了国家最高权力平稳交接制度，解决了国家领导人拥有终身绝对权力的问题。从今以后，国家领导人是被选择的，掌控国家权力的时间是被限制的。这一改革，改变了国家最高权力与其掌控者之间几乎不可分割的关系，使中国的民主化进程跨过了一个大门槛。看上去没有轰轰烈烈，但其意义非同小可。

笔者认为这一改革，在中国近现代民主化历史中，可与辛亥革命推翻皇权并立为两件最重大的变革。这种最高权力的选任制度，必将会随着改革的不断深化，社会不断进步而更规范、更透明；而且将牢固地成为被全国人民一致认可、不可逆转的中华文明民主政治制度。

中国几千年来一直是一个政治权力一元的国家。历史反复证明，这个一元统治一旦被削弱，就会引起内乱外患：民族分裂、地方割据、阶级冲突、外敌入侵等等问题。而西方民主的政治力量多元竞争，恰恰会导致这种结果。原本一个统一的罗马帝国，今天已经分裂成几十个国家。今天这些已分裂国家一方面正艰难地在谋求统一，却同时难以阻止部分国家继续分裂的过程。由西方统治与主导，在中国以外的其他文明的世界里，也持续进行着这种分裂、相互征战的痛苦过程。这些国家的人民不断忍受着贫困与战乱之苦。

现在，全世界唯有我们中国这块土地上，13多亿人口，几十个不同民族，还坚持着上下几千年的中华文明，和睦相处在同一个国家里，面对各种自然与非自然灾害，相互扶持；而且由于各项改革措施的推进，国家正在快速的发展，人民生活不断提高。假如我们实行了这种西方多元竞争的选举民主，也像欧洲那样，导致国家再度冲突、流血、分裂成一个个独立的小国家，相互征战，人民愿意忍受那种结果吗？西方人的多元权力体系，分裂以后还可能最终达成妥协，接受分裂的现实，实行新的平衡。这种平衡也经过了多少世纪的流血与痛苦，历史上都有明确的记录。中国人的统一情怀，分裂后一定要达到新的统一才能重新平衡。这种流血与痛苦将远远超过西方的程度，历史也同样有明确的记载。而且这种循环反复，不知什么时候可以到头。果然如此，中国将再一次失去如此难得的复兴繁荣的机会，或许将永远失去了这样的机会。

所以中国必须另辟蹊径，在不打破一元政治体制文化的历史传统下，摸着石头，不断探索，努力走出一条民主化的道路。尽管这条路很难走，以前没人走过，而且很多人认为没这条路。但是，因为邓小平把中国的最高权力机构，最高领导人的绝对权力改革为有限权力，而且建立了制度化的约束，终于打通了一元政治体系专制政治制度走向民主政治制度的关键环节，使这条路成为可通之路；为今后进一步推进改革，逐步扩大人民参与政治进程开了个头，提供了有力的保障。

这或许也是一个幸运的"偶然"因素，在"文化大革命"的悲痛中使他悟出了这个道理。中国不能等待"条件成熟"再走西方民主的道路，而错失良机。因为那是永远等不到的，也是永远走不通的。

关于中国民主化道路的探讨之五

第五，何谓民主？民主的确切含义？

（一）罗伯特·达尔如何阐述民主

张维为在《中国震撼》中提到在比利时一个国际论坛上，一位美国学者说："实行民主，就要采用一人一票的竞选，否则就不是民主国家。"这位学者进一步还以罗伯特·达尔关于民主的六项要素，来否定中国在政治民主方面的探索。

罗伯特·达尔是美国著名的政治理论家，他关于政治民主的理论一直以来受到西方学界的推崇，被公认为政治民主理论的权威。

但是仔细阅读罗伯特·达尔著作，如《论民主》中，他本人对"民主"的探索得出的结果，并不像他的崇拜者那样坚定；相反，他感到很迷茫，内心很矛盾。

首先，罗伯特·达尔对2 000多年来西方政治民主历史的研究，无法给民主下一个明确的定义，不得不从目前西方民主国家的现状找出六项共同点。

他说："民主是什么意思？天哪！你很快发现这个词的用法多得数不过来。""各种民主思想，犹如一片巨大的、无法穿越的灌木丛。"[①]

那么，如何办呢？他接着写道："不过你还算明智，决定不再把时间花费在这看不到尽头的定义问题上，你的任务很明确，就是设计一套规则和原则，一部

---

① 罗伯特·达尔：《论民主》，李柏光、林猛译，商务印书馆1999年版，第43页。后出自同一版本的只列页码。

宪法，它规定社团的决策方式。"①为此，他通过对西方现代代议制民主制度进行的归纳，提出了大规模民主需要的六项原则。

为什么达尔对民主做了大量的研究，竟然说不出民主究竟是什么，无法为民主下一个定义？是什么原因使他如此困惑？

笔者认为有两个原因。

（二）造成罗伯特·达尔困惑的第一个原因

长期以来，西方学者把民主称作"人民的统治"。统治究竟是一种什么样的行为呢？由于把民主称作人民的统治，往往就会产生一种诱导作用，让人不加思考，很简单地把人民的"选举"行为理解为人民自己在进行统治了。这样一来，将"选择统治者"与"统治"这两种行为相混淆了。因为民主的希腊文原文"democracy"就是"人民"与"统治"这两个词的组合。②所谓"一人统治、少数统治，还是多数统治的争论"③自古以来一直在西方民主理论中存在。

但是，达尔在对民主长期历史的观察与研究，民主政治所显现出来的并非人民自己在统治自己；统治者只能是少数，甚至一个人，民主显现的是人民对统治者的"选择"。即使在古希腊城邦，由于人口较少可以进行直接民主的时候，公民们也需要通过公民大会选举重要的官员，例如一些将军；其他公职人员则通过抽签的方法产生④。而不是人民自己在统治自己。

西方理论从古希腊时代开始长期进行的"一人统治、少数统治，还是多数统治的争论"⑤。笔者认为：这是一种极不严谨的、极易使人误解的表述。因为作为统治者总是少数，最高统治者一般仅是一人。

笔者对这争论的理解如下：

所谓"一人统治"是指统治者进行统治，不是经过任何其他人的选择产生的，其统治也不受其他人的监督。

所谓"少数统治"是指统治者进行统治，是由少数人选择产生的，这少数人有对统治者进行监督的权力。

---

① 罗伯特·达尔：《论民主》，第 93 页。
② 罗伯特·达尔：《论民主》，第 14 页。
③ 罗伯特·达尔：《论民主》，第 52 页。
④ 罗伯特·达尔：《论民主》，第 14 页。
⑤ 罗伯特·达尔：《论民主》，第 52 页。

所谓"多数统治"是指统治者进行统治，是由多数人选择产生的，这多数人有对统治者进行监督的权力。

西方的这种传统表述，把人民由选择者称作统治者，混淆了两者的关系。这样的表述误导了人们的思维。

大家总是认为崇拜前人是国人特有的传统，其实西方人也一样。所以，我们在向西方学习先进事物的时候，同样需要破除迷信，强调进行独立思考的重要性。

罗伯特·达尔的进一步思考：为了避免独裁统治，达到民主，如何办呢？

"如果不是由监护者来统治，那么谁来统治？我们自己。"①

但是，我们自己如何来统治自己呢？还是要从我们自己中选择出少数人，甚至选择出一个人来进行统治我们自己。这少数人、一个人，已经不再是我们自己了。他、他们，仅仅是从"我们"中选择出来的"统治"我们的人了。这个人不也就是我们要避免的"监护者"吗？

一个国家总需要有人来领导，这个最高领导者可以称为"统治者"、"领导者"、"监护者"，也可以称为"人民的公仆"、"人民的勤务员"。不管任何称呼，他往往是一个人，有权管理全国人民。

罗伯特·达尔没有冲破西方传统观念的束缚，无法解决这个观念的矛盾。所以他无法说明"民主"这个词儿究竟是什么意思。

在这种观念的矛盾中，他对西方实行的现代代议制民主更不满意。

他说："在任何一个国家，在理想的民主和现实的民主之间，鸿沟都实实在在地存在。"②

他认为存在着"民主的一个根本的两难处境"，"民主的单位越小，公民参与的可能性越大……而单位越大……公民把决策权移交给代表的必要性就越大"。③"人民的参与和控制有时不够有力，使政治和官僚精英有巨大的自主决定的权力。"④

罗伯特·达尔对现代西方代议制民主深入研究后，更感到十分矛盾：一方面

① 罗伯特·达尔：《论民主》，第52页。
② 罗伯特·达尔：《论民主》，第35页。
③ 罗伯特·达尔：《论民主》，第119页。
④ 罗伯特·达尔：《论民主》，第123页。

认为民主政治必须建立在市场资本主义之上，同时又认为后者会限制多元民主的民主潜力。

"民主和市场资本主义就像两个被不和谐的婚姻所束缚的夫妻。"① "由于市场资本主义不可避免地会产生不平等，它将通过对政治资源的不平等分配而限制多元民主的民主潜力。"②

民主是人民的统治？还是人民选择统治者、统治需要得到人民的同意？这个问题困惑着罗伯特·达尔。希腊文"人民的统治"真的不如中国人讲的"人民当家作主"更为妥切。

关于中国民主化道路的探讨之六

（三）造成达尔困惑的第二个原因

罗伯特·达尔在详细罗列了如何通过平等选举的六项原则产生的多元民主的利弊后，又发现了这样一种情况：如果一个国家内存在不同的民族、不同的亚文化时，选举制度将会为文化上的差异火上加油，政客们会转向自己的文化群体，煽动潜在的敌意，甚至发展成"文化清洗"。③ 为此，他又提出了实现民主的非竞选方式。

他列举了瑞士、荷兰与比利时的例子。这三个国家都存在独特的亚文化，为了避免文化冲突，规定内阁或议会的决策需要一致同意或取得广泛的共识。采用比例代表制，保证每个团体都能够在议会和内阁中得到公平的代表。内阁中每一种亚文化的成员都可行使否决权。他说："这一类的安排，政治科学家称作'协和式民主'。"④

这样一来，他事实上又否定了自己得出的"民主一定要采取选举"的结论。即使在他研究的西方世界中，政治民主根据不同的国情，可以采取"竞争性选举"，或者采取协商一致的"协和式民主"两种不同的方法。

因为盛行于西方的自由主义、民族主义已经基本上将欧洲分裂成一个个单一

---

① 罗伯特·达尔：《论民主》，第 174 页。
② 罗伯特·达尔：《论民主》，第 185 页。
③ 罗伯特·达尔：《论民主》，第 162 页。
④ 罗伯特·达尔：《论民主》，第 161—162 页。

的民族国家。美国则采取同化政策，基本形成了一个单一的讲英语的新民族国家①。在这样的文化状态，以及经济达到了相当发达后，采取这种竞争性的选举制度，尚能做到斗而不破。所以罗伯特·达尔从中归纳出竞争性选举这一民主形式的共同点。

但是，瑞士、荷兰与比利时的"协和式民主"推翻了他归纳出竞争性选举作为民主的唯一共同点。这是他对民主下不了定义的又一个主要原因。

（四）科学研究的结论，切忌"例外"

罗伯特·达尔是一个博学的政治理论家，但是，这里笔者实事求是地说出他的欠缺，他还不是一个政治科学家。他没有掌握科学研究的方法。他在研究历史与政治的时候很客观，可惜缺乏一个科学家必须具备的逻辑训练。

自然科学家可以通过重复实验来检验自己归纳出的结论；一旦发现实验结果与自己归纳出的结论不符，就会纠正已有的结论，再进行试验，重新进行归纳，得出新的结论，直到此结论可以解决所有同类现象而没有"例外"。数学家也如此，在研究过程中，容易避免出现不完全归纳、以偏概全的错误。

社会科学无法通过实验再现事实，只能从历史中呈现的现象来归纳结论，缺乏自然科学、数学研究那种容易产生自然纠正的有利条件。所以，研究社会现象更应细致观察，一旦发现与自己已经归纳出的结论有矛盾，就应该重新进行新一轮的归纳，直到该结论能够解释所有同类问题，而且必须没有任何现象能够推翻这个结论。一个结论必须做到证实与证伪，才能作为推理的可靠依据。

人类历史还在继续，社会还会发展变化，还会出现许多今天意想不到的现象。研究者对过去研究的结论，也不能盲目自信，还需根据不断出现新情况、新现象检验以前获得的结论，再进行新的归纳。很多研究社会问题的学者往往缺乏这种科学研究方法，坚持以前的结论，把不符合已知结论的现象称为例外，不再进行重新思考与归纳，犯了以偏概全的错误。罗伯特·达尔犯的也就是这样的错误。

（五）"民主"的正确含义，与两种不同的实现方式

罗伯特·达尔没能给民主下定义，但是为了正确、严肃地讨论民主问题，还是需要找出民主这个词儿真正的意义，给出民主概念的定义。不能理解民主这个

---

① 罗伯特·达尔：《论民主》，第159页。

词儿的真正含义，不能替民主这个概念给出正确的定义是无法严肃、正确研究民主这么一个大问题的。

为了能深入进行对民主的探讨，笔者在此暂对民主的定义表述为："一个国家领导人及其治理团队治理权力的取得，必须经其人民的选择及同意；这种治理权力的运用，应被人民所规范、所限制；整个过程必须是透明的，让人们明白知晓，便于监督。与其对应，一个国家里的人民必须平等享受到应有的权利，受国家法律保护，免遭侵犯的一种政治制度。而这种制度必须采取人人共同遵守的宪法与法律进行固定。"

笔者先以这个定义展开讨论，希望获得批评的意见，以期待将讨论不断深入，直至得到精确的结论。

民主化是个渐进过程。随着民主化的推进，一个国家里的民众享受到的平等权利会越普及，内容也会更丰富、更充实；国家领导人及其管理团队治理权力的取得、权力的运用也会被其人民规范得、限制得更合理、更透明。纵观世界各国成功的民主化过程，包括西方国家的民主化都是这样一个逐步推进的过程。

中国的民主化也将同样会是一个渐进的过程。

要达到上述民主定义所表述的内容，现代西方采取多党竞争、一人一票的选举方式。这仅仅是现代西方极大多数国家达到政治民主的一种方式。其实这也是2 000多年前古希腊罗马共和时代选举城邦国家领导人的一种方式，在现代社会的回复与改进。

在世界文明史中民主政治确实是欧洲人保持2 000多年不懈追求的目标，并在大部分现代西方发达国家里得到了较好的实现。人们对事物的认识总得有个过程。在邓小平进行国家最高领导任期制改革以前，人们把西方民主看成是唯一的民主形式，在逻辑上似乎看不出明显的问题。但是，当一元体系的中国民主化进程已有所进展，问题显现出来了。我们再不能简单地把政治民主归纳为只有在单一民族国家里的多党竞选一种实现方式，还应该包含具有超规模人口、许多不同民族、许多亚文化的中国正在实行的多党协商民主的实现方式。正如罗伯特·达尔在"论民主"中表述的那样，即使在欧洲，经过分裂后存在的几个小型国家，也不完全采取竞争性选举的方式。这些国家因为国内不同亚文化的存在，也在有条件地实行着这种协商一致的民主实现方式。

虽然，中国的民主改革还刚刚开始，还存在许多问题和困难，但是已经取得了相当的进步及成果。如果继续无视这一事实，把西方竞争式民主看作唯一的民主，我们的思维就犯了以偏概全、不完全归纳的逻辑错误：民主即西方民主的同一律错误。民主是一个表示普遍意义的种概念，西方民主是一个表示特殊意义的属概念。和西方民主并立的应该还可以有一个属概念，即非西方民主；后者包括中国正在探索的民主。与西方文明产生"竞争性选举"的"西方民主"相对应，笔者将中华文明正在探索"协商性选举"的民主简称为"中华民主"。

用西方民主概念代替民主概念进行推理思考，违反逻辑同一律，其结论也就出现了错误。民主是普适的，西方民主并不普适。全世界这么多的学者都犯了这么一个简单的逻辑错误，有时想想真是不可思议。但这也不奇怪，历史上这种逻辑错误并不少见。

关于中国民主化道路的探讨之七

（六）最高领导的任期制是民主改革的有力保障

把多党协商的一党领导与专制画了等号，为什么会产生这样的结论呢？其主要原因是，在世界民主化演进过程中，历来一党制国家都采取领导人终身制。这终身制才是难以推进政治民主的根源。

从近代世界民主过程中不难发现：由一个终身制的政党领导国家，该政党往往倾向于成为实现政党领袖个人意志的组织；领袖容易改变政党行为，政党却难以制约领袖的意志。这种个人掌握的权力是一种难以约束的权力。实行任期制的政党领导国家，领袖由政党选择；领袖掌握的权力是在一个规定时期内执行政党集体意志，按照政党党章党纲以及国家宪法进行领导工作。这种权力是受到政党集体及全国人民制约的有限制的权力。

一党制领导的国家改革为最高领导人及领导团队有限任期制的，中国是第一个国家。现在越南也在学习中国的经验，古巴也将实行任期制改革。而许多发展中国家，即使采取了西方民主的多党竞争制，往往也会出现终身总统的现象。选举、舞弊、反对党组织群众示威、军事政变，反反复复、周而复始。国家始终徘徊在贫穷落后的状态，人民的人权得不到保障。两者之间在推进民主化、国家现代化效果上谁优谁劣，已经有很明显的表现。所以简单用一党领导的多党协商与多党竞选来区分民主化进程是很不严谨的。

当我们再次回顾历史，民主政治与专制政治的分界线，更精确地说民主过程的正向发展与反向后退，往往就在最高领导的终身制与任期制的转换之间。

古代罗马从共和转变为帝制，就是从执政官由任期制改为终身制开始的。凯撒战功卓著，拥有大批忠实部下，元老院不得不授权他终身拥有地方总督和保民官的权威。他的义子屋大维统治罗马 40 年，多少年来罗马共和对执政官的所有制约都形同虚设，罗马逐步由共和转变为帝制。因为制约制度的执行者都是人，哪一个人敢反对拥有终身统治大权的领导。而且，统治时间一长，执行制约的官员也逐步给更换掉了。几代以后，帝位也自然改成血统继承了。

现代北非的埃及，实行的是西方民主的多党竞选，以及三权分立的制约制度。但是穆巴拉克总统的任期一长，扶植亲信，类似终身总统，差一点他的儿子继承总统大位。朝鲜实行最高领导终身制，没有进行任期制改革，在现代世界民主化潮流中，最终竟然演变成血统继承。

中华文明的民主形式与西方文明的民主形式有很大区别，而且中国民主改革过程才刚刚开始，还存在许多问题，确实需要花功夫来加以识别。

第六，引进"度"的概念

我们常用"平等，不平等"表达一种对立的、绝然相反的状态。事实上，世界上存在的是不同程度的平等状态及不平等状态。或者说从轻度不平等到重度不平等。前者对于后者来说我们就用平等来表达，后者对于前者来说，我们就用不平等表达。这种表达方法很容易误导我们。

举例来说，美国 1776 年宣布脱离英国，成立共和国。历史书上说建立了一个平等的民主国家。但是它的选民只占全国人民 1/10 还不到，还实行奴隶制。以后有权参与政治的范围、人数逐步扩大，直到建国 180 年后才扩大到全体黑人有权参与。在这 180 年间的任一时段，我们都可以相对于前一时段说成为平等民主的，相对于后一时段说成为非平等民主的、不平等民主的或专制的。那么，某一时段究竟是民主的，还是不民主的呢？所以这种表达方法是无法进行严肃的科学研究的。

要正确表达一个社会的民主状态，应该引进"度"的概念。我们说美国的民主化程度，或人民间的平等度，人民享受人权的广度，在建国后 180 年比建国后 100 年高，而建国后 100 年则比建国初期为高。这样的表达及思维方法才能对我们研究复杂的社会问题有一个精确的科学的把握。用"度"来表达"相对性"，对进一步研究中国模式是非常必要的。

许多人从西方民主视角观察，这 30 多年中国只有经济改革，没有政治改革。但是，摆脱这种狭隘民主观，纵观 30 多年来中国人在言论自由度、迁移自由度、工作自由度、人格平等度、法律地位平等度、国家法律与政策制定的透明度与人民的参与度以及舆论监督度都有极为明显的扩大与提高，这些都是民主化程度提高的表现。

目前社会上确实有许多问题，但有好多问题除了因为民主化程度还有待改进，还有其他许多原因引起的。再进行横向比较，中国普通民众在这改革开放的 30 多年里人权享有提高的程度，绝不会低于当今号称世界上最大的民主国家印度建国 60 多年里提高的程度，以及美、英、法民主化开始的 60 年里提高的程度。当然，今天中国的民主进程还只是个开头，还要不断提高。但是，不能说中国这 30 多年里只有经济的改革与发展，而且这种发展是没有进行政治民主改革只依靠专制政治取得的。

在现代社会，这么庞大的贫穷人口，在这么开放流动的环境下，国家经济连续高速发展而社会却保持稳定不动荡，政治上没有得到民意普遍认同和支持，实在是难以想象的。经济、社会、政治三者之间的影响不可能长期相互隔绝；相反，它们是相互制约、相互促进的。所以，国家面临的许多问题，都是在发展经济的同时，不断通过深化民主过程来化解实现的。中国政治民主化程度是与经济发展、社会进步、人民人权保障以及国家开放程度同步实现的。"度"是科学认识事物不可缺少的一个因素。

关于中国民主化道路的探讨之八

第七，关于普世价值

（一）西方的价值标准，不是全人类的普世价值标准

西方人非常强调个人自由，中国人也喜爱自由；自由是人类普遍向往的，具有普世的价值。但是西方人与中国人希望享受什么样的自由权利往往不一样。美国人不相信政府的保护，为保卫个人自由坚持个人持枪的权利；中国人对个人持枪感到害怕，怕受到持枪人的伤害，感到不安全，希望有一个强有力的政府的保护，禁止个人持枪，约束这种过度的个人自由持枪的权利。

美国人的自由包含着个人持枪的自由，可以认为持枪自由是适合全人类对自由权利向往的普世价值吗？而且，美国个人持枪自由，在美国国内也不断产生悲剧，持枪自由的人权标准，连许多美国人也表示反对。美国人那种不考虑、较少考虑社会中他人权利，过分强调本人的个人主义、自由主义权利的价值标准，能作为不同文明的全体人类追求自由权利的普世价值标准吗？

自由是普世价值。中国人和美国人都希望自由。但是美国人的自由观，要求享有的自由标准，跟中国人的自由观，要求享有自由的标准不完全相同。美国人有美国人的自由的价值标准，中国人有中国人的自由价值标准。这同民主的概念一样。在普世价值自由的种概念下存在不同模式自由的属概念，西方民主不代表普世价值的民主标准。美国式的自由标准也不代表普世价值的自由标准。

欧盟国家已经废除死刑，把死刑视为漠视人权；美国还保持死刑。从欧洲人看来，美国人在这一点上不讲人权。美国人承认吗？可见人的生命权这个普世价值在西方国家之间都有不同的标准。有美国的人权价值标准和欧盟的人权价值标准。

为什么同样的文明，同样的发达程度，美国和欧洲会在对个人的生命权利产生如此不同的价值标准呢？笔者认为这是社会环境不同的关系。同样1 000万平方公里左右面积，欧洲分成几十个国家，每个国家人口较少，基本都是世代居住于此的同一民族的公民，同质度、成熟度很高，而且人们的生育率很低，有条件废除死刑；美国却有3亿多人口，而且包括大量不断增加的新移民，人群的同质度、成熟度比较复杂；国内犯罪率又很高，为了保持社会的安全稳定，保护其他个人的生命安全，难以做到废除死刑。

从这一现象可见，个人应享有的人权标准，事实上是受到社会中其余人群应享受的人权制约的。而这种制约程度由该社会人群的文化传统、生活方式以及种种现实条件所决定的。西方人现在坚持人权标准的绝对性、普适性，不受社会发展程度制约的天赋性是缺乏根据的、荒谬的。

平等是人权的重要内容，美国一人一票平等选举权经过近 200 年才得实现。即使在同一个美国，不同时期，平等的标准也不一样。以后美国的人权标准有所改进、有所变化，今天的人权标准又存在问题了，到那时"普世价值"又要变了。可见作为普世价值的人权，不仅不同的文明之间会产生不同的标准，在相同文明，但在不同时期、不同社会状况下，也会产生不同的标准。

（二）西方利用自己的价值标准作为维持霸权的手段

今天的西方国家把自己目前的价值标准定为普世价值的标准，是有大问题的。那既是因为西方近代开始取得全球优势后民众普遍产生的自大感，也是对自己信念盲目肯定的一种缺乏包容、排他性的西方传统表现。

欧洲人长期坚持自己的宗教信仰是唯一真理，其他人在宗教信条上与自己有细微差别，就被指责为异端，会采取种种措施加以压制；甚至不惜大动干戈，相互残杀。这种情况前后延续了 2 000 年之久。今天，他们否定了自己过去那种做法，允许不同信仰的存在，提倡宗教信仰自由。但是他们又认为自己当前实行的政治制度、自己当前的价值标准同以前的宗教信条一样，是唯一正确的，向全世界强力推；指责、制裁，甚至会动用武力，发动战争。

西方一些严肃的历史学家已经有所觉察；但政客及战略家可把它用以维护其霸权的手段。政治民主是现代世界大家向往的，但是西方民主以及其相应的价值标准，也可以是西方发达国家用来保持其已取得优势的有力工具。他们可以用双重标准对付与他们竞争的国家，或者不听其发号施令的国家。今天中东发生的一系列动乱与战争就是一个明显的例子。因为在不同的文明，以及还没有达到相当发展水平的发展中国家，采用西方现代发达国家同样人权标准，广大群众将更难普遍享受到实际国情所能提供的人权保障，国家治理将会非常困难。事实上，今天西方发达国家的人权标准是经过长期努力，以及在榨取世界其他地区财富、达到今天那样富裕发达后才采用的历史结果。发展中国家尚处于还在忍受贫困之苦、没能达到如此富裕发达状态之时，却要采取今天西方现代发达国家同样的标准，只能永远陷在混乱和贫困中，仰其鼻息，低其一等。今天非洲国家长期处于混乱、贫穷状态就是明显的例子。

关于中国民主化道路的探讨之九

第八，对一元政治体系与多元政治体系的误读

（一）多元政治不等于民主，一元政治不一定等于专制

国内外许多人将多元政治体系与民主政治画了等号，而将一元政治体系等同于专制政治。但是历史事实告诉我们，西方几千年来是多元社会，历史上在不同的时期先后存在着直接民主政治、个人专权终身统治和按血统继承的专制政治、现代代议制民主政治等不同形式；所以多元政治体系不一定是民主政治的特征，不能简单地与民主政治画等号。

一个民族几千年的文化传统和根深蒂固的行为方式一定有其深层次的原因。西方的多元体系可以从民主转为专制，但是却没有从多元转变为一元，以后又能从专制转变为民主，成为一种多元民主。西方的多元文化、欧洲人的行为方式，具有一种根深蒂固的深层次原因，难以撼动。

中国的一元政治体系要从专制演变为民主的确十分困难，这一方面因为中国皇帝专制统治的时期远比西方社会长久，而且进入近代，当欧洲开始向外拓展、进入快速发展的历史阶段时，中国却突然因故闭关锁国，阻断了与欧洲同步发展的机会。另一方面，中国皇帝历来掌握的是不受制约的绝对权力，不同于西方社会长期存在对统治者的多元制约。尽管中国政治传统转变困难巨大，但是简单地把多元政治体系作为民主政治的代名词，同时把一元政治体系作为专制政治的代名词也是不够严谨的。

几千年来处于欧亚大陆西端的诸民族难以和平相处，不断相互征战；虽曾达成统一，人民享受过一段和平生活，但最终还是分崩离析成许多兵戎相见的国家。以后虽曾多次出现恢复统一的行动，但都以失败告终。二次大战结束后，欧洲人从自相残杀处于毁灭边缘中觉醒过来，为统一再做尝试，经过半个世纪努力，欧盟已经统一了货币，眼看向统一又进了一大步。但源自美国的金融危机却又导致欧盟各国出现了严重的分歧，欧盟各国领导人再次为挽救濒临破裂而努力。

与此可以相映对照的是中国人早于西方1 500年就建立了全国统一的中央集权官僚统治制度，并能保持不同族群的庞大人口和睦相处在一个国家之内，可见中国人的政治智慧绝不低于欧洲人。虽然从现代政治观点来看，中国古代政治制

度具有巨大的缺陷，但是从历史长程观察，也不能绝对排除中国人有能力在现代民主化潮流中，改革自己的政治体制以适应新的时代。

（二）中国的民主化必须在一元体系内进行

确实，在邓小平实行最高领导体制以及相关其他改革以前，在中国这种一元体系里进行民主改革难以想象，更难以证明。但是30多年的改革实践慢慢显露出民主化改革的曙光，中华文明一元体系的民主政治的实现与完善是有可能的。说实在话，笔者也是对近年来中国社会以及外部世界发生的巨大变化，经过深入思考才得出这个结论的。

中国走向民主，一定不能采取西方多元竞争方式。中国人的一元政治传统与欧洲人的多元传统一样，具有根深蒂固的深层次原因，难以撼动。

历史已不止一次地证明，中国一元政治体系一旦由于内部纷争而处于虚弱状态，国家必定发生动乱、分裂与战争，最终还得以产生一个更强大的政治力量统一国家为结局，再次使国家取得稳定与繁荣。而这种社会稳定与繁荣状态，才能创造条件让这样一个多民族、超大规模人口的国家有可能开展有条不紊、稳步推进艰难的政治民主改革。

西方的专制社会形态与中国的专制社会形态很不同，它与西方现代多元民主社会一样，也是一种多元专制社会，这已经是无法否认的历史事实。为什么要认为中国的民主社会形态也一定要与西方的一样，成为多元民主政治呢？原因在这里：这是因为人们对中华文明与欧洲文明在对待个人与社会关系上的不同态度没有充分认识。对于一元政治和多元政治传统不同的历史发展轨迹没有进行深入思考。

许多学者、专家忽视了这样一个明显的、突出的历史事实：人类文明发展到公元前3世纪开始，欧亚大陆西端的罗马帝国逐步统一了整个地中海地区，大陆东端的秦始皇同样逐步统一了中国。以后的2 000多年，罗马帝国疆域分崩离析，内部冲突不断，分裂成几十个国家，这个过程直到现在还在继续。而中国虽历经各种历史事件，分分合合，继续保持大一统的状态。这种延续几千年不变的历史事实，难道还不显示其中一定存在着深层次根源吗？这还不能证明中西两种文明最根本的区别了吗？

关于中国民主化道路的探讨之十

第九，对历史的误读和错误的反思

（一）对中西历史发展的误读

近代中国的衰败，西方的繁荣发达，使国人产生自卑情绪，尤其是中国一部分知识分子，反思国家的失败，导致过度崇拜西方的思想与制度。他们错误地认为是因为西方的政治多元体系与今天西方实行的多党竞争性选举的民主制度，才导致今天西方国家的富裕发达。如果我们抛开成见，重新审视历史，得出的结论恰恰相反：西方国家只是在近代抓住了一次难得的历史机遇，国家富裕发达后，才有条件实行今天的竞争性代议制民主制度。

从罗马帝国崩溃以后，欧洲长期处于分裂，相互争战与穷困之中，远远比不上中国社会的富裕发达。[①]只是在近代短短的几百年内欧洲一些国家，在地理大发现时代，控制了世界大部分资源，占世界极小一部分人口充分利用丰富资源这一有利条件后，成功进行了工业革命，达到今天的富裕发达，才走出了其制度的困境，恢复并完善其 2 000 多年前曾经实行过的民主制度。不过那时古希腊、罗马城邦国家实行的民主制度，其实也仅仅属于城邦内贵族与自由公民能够享受，奴隶们与外来人群是享受不到这种民主权利的。但是恰恰也正是在这几百年间，中国在郑和下西洋后突然闭关锁国，改变了历来开放的国策，与世隔绝，变得孤陋寡闻、故步自封，失去了与外部世界同步进行改革与发展的机会，才逐步走向衰败破落。两者形成了极大的反差。

地理大发现时代，中国处于明朝，人口已超过一亿，比秦汉时代几乎翻了一倍。当时的中国城镇手工业已很发达，形成了巨大的市场，导致经济发展到相当规模。对这样一个地域广阔、人口众多、经济发达以至社会阶级关系相当复杂的国家，一个由血统继承、终身掌握绝对专制权力的中国皇帝，即使倾其全力也已经难以取得较为稳定的治理。其实，中国社会发展到那个历史阶段，传统的皇帝专制体系已经显露出其政治体制上的落后与无能。

当时明朝还要防御中国北方强悍的游牧民族的侵扰，作为一个以农耕为主的国家真要花大力气才能应对，明皇帝不得不从南京迁都北京。郑和巨大舰队从远

---

① 参见安格斯·麦迪森：《世界经济千年史》，伍晓鹰等译，北京大学出版社 2003 年版。

离北京的中国东南海岸出发,途经东南亚、印度到达非洲,外部世界竟如此之大!皇帝决定闭关锁国。这样的决定,令现代西方人感到不可思议,也令国人感到惋惜,以至许多学者形成并发表了许多对于中华文明过分自贬的理论。

其实,人类几千年的文明史就是一部曲折演进的历史。不同文明、不同国家的发展方向、发展速度、力量消长、盛衰兴亡,常常会在不同历史时段,并不同步地发生戏剧性的变化。以历史长程观察,近代中国与西方各国发展过程的逆转,只是世界历史发展中的一段插曲,不能就此盖棺论定。

我们应该向西方学习先进的东西,但没有必要过度崇拜西方文明、过度贬低中国自己的文明,导致失去自信。作为后人,我们只能客观地分析复杂的历史成因:哪一些是"必然"因素,哪一些是"偶然"因素!中国人不会在郑和下西洋中,干出类似西方那样杀害土著,占领别人领土,作为自己殖民地,并称霸世界的事情。但是从此闭关锁国,放弃了中国历来与世界进行交流、相互学习的优良传统,失去了与世界,尤其与西方世界同步进行现代化改革的机遇,确实危害匪浅。今天,我们应该好好研究在新的历史条件下,向西方成功者学习哪一些适合自己的东西,改革自己文化与制度中哪一些陋习,才是正确的态度。

500多年前欧洲这些小国开始向外扩张,除了日本,他们占领了几乎全世界。除了中国作为半殖民地,几乎都成了西方国家的殖民地。地域广大、富饶的美洲、澳洲还成为他们的移民场所,土著居民死亡了多少!这么大的印度成为小小英国的殖民地,大量财富输送到英国。但是,直到19世纪,欧洲各国还远远未达到他们今天自称的"享有自由、平等、人权的民主国家",国内的工人们的生活还非常贫困,根本没有政治权利;美国黑人还是奴隶。马克思为此提出了全世界无产阶级团结起来的革命口号,阶级斗争、革命运动不断发生。

同在这个19世纪,中国有多少白银被英日等列强夺走。世界的主人们一边进行工业革命,一边相互争夺,相互间不断开战。中国受尽列强欺凌,被迫割让土地、赔款的时候,这些列强还在国内为如何分配财富而斗争。正是获取了中国以及全世界苦难人民的财富,为西方国家创造了条件,并进行了工业革命,才能够摆平内部的贫富矛盾,使原先贫苦人群达到普遍享受较富裕的生活,才能于今天有能力高呼"自由、民主、人权"的口号。

所以,不是今天西方国家实现的多元民主制度导致今天发达国家人民的富裕、现代的生活；而是西方国家先从全世界摄取了巨大的财富以后，才实现了欧洲人2 000年来未能实现的多元民主社会的理想。

（二）错误的反思

中国很多人拿日本的例子来反思中国民主化，认为日本因民主而强国，以及证明西方多元民主的普适性。这里再从历史发展进程重新审视一下。日本是一个岛国，与中国不同，基本是一个单一民族国家。历来师从中国，接受了儒家学说的影响。但是日本没有照搬中国一元政治，他们形成了独特的二元政治。天皇统而不治，掌握实权的是大地主军阀幕府；他们也没有照搬中国的文官体系，不像中国军人处于社会的底层，日本军人处在社会的高层。

19世纪美国军舰打开日本封闭的大门时，反对德川幕府的其他大地主军阀正好利用天皇驾崩时机，推翻幕府，以新的明治天皇的名义掌握国家控制权，号称实行君主立宪[①]。日本的天皇原先就是名义上的最高统治者，不像中国皇帝那样掌握不受制约的实权。新的统治者掌握权力后，脱亚入欧，学习西方的军事、政治、经济制度，结合本国实际进行改革。经过改革，日本很快强大起来，参与西方列强向外侵略与争霸活动：霸占朝鲜、夺取了中国部分土地、大量财富，增强了财力。二次大战期间，占领中国大部以及东南亚，进攻美国。大战失败，在美军占领下，被迫接受了美国统帅指定的宪法，才进行了西方式的民主改革。为了遏制苏联和中国，美国大力扶植日本，经济迅速恢复和发展，西方式的民主政治得到巩固。但是日本的民主政治在西方学者看来，还是另类。几十年来几乎保持同一个党执政，表面的选举，实际是各个大派系协商一致的结果。

亚洲几个小经济体如韩国，中国的台湾也都是在美国军事占领、半占领下，经济相对发达以后，走上了西方民主道路。以华人为主的新加坡，在李光耀强力领导下，经济高速发展，但一直被西方批为不自由民主。现在新加坡已成为发达经济体，李光耀在新的形势下，退出了政治领导位置。

相反，东南亚的菲律宾1946年从美国殖民地独立后，是该地区最富裕发达的国家，而且按照美国模式建立了代议制民主政府。半个多世纪过去了，菲律宾在这些国家中最落后、最贫穷；除少数时期的几个总统外，都以贪污罪被起诉。

---

① 斯塔夫里阿诺斯：《全球通史》，吴象婴、梁赤民、董书慧、王昶译，北京大学出版社2006年版，第589页。

非洲国家更为悲惨：独立后基本都仿照前殖民主子模式建立了西方式民主政权，其结果如何？通过这些例子的对比，许多中国长于思考的知识分子，提出中国现在还没有条件进行民主改革，要到中国经济发展到相当发达以后才能向民主转型的结论。

从这里可以得出两个结论：第一，西方民主是一种娇贵的民主模式，她必须在一个社会相当富裕的条件下才能平稳运行。所以，从500年前地理大发现以来，欧洲人开始富裕起来，工业革命后200多年的今天，世界上能稳定实行西方多元民主的国家的总人口还没有超过中国一个国家的人口。这些国家都是经济发达的欧美国家以及少数几个其他小型国家或经济体。而如许多亚洲、非洲、拉丁美洲等贫穷的发展中国家虽然照搬了西方多党民主制度，却始终处于动乱、腐败、贫穷的状态；与西方发达国家间的差距越拉越大。第二，这些较成功实现西方民主的国家基本上都是以单一民族为主，如果有较大规模不同民族分别集聚居住的，大都会产生分裂的运动。

关于中国民主化道路的探讨之十一

（三）美国是否是个特例？

美国是个以英国人为主的移民国家。开始移民的时候，正值欧洲近代民主运动及民族主义兴起的时代。一批批向往自由以及其他原因的英国人离开欧洲，希望到新大陆开始一种全新的生活。为了避免发生类似欧洲民族主义分裂问题，美国采取同化的政策[①]。

美国初期移民都来自英国，确立了英国人在美国文化中的主体地位，英语是其法定的国家语言。以后来自欧洲的其他国家移民的后代，在两代之内都被主流文化所同化，讲的都是统一的英语；不像加拿大，存在大范围分别讲英语和法语的民族集聚区。对于难以同化的土著印第安人则让位于武力、强迫迁居和隔离；另从非洲购买黑人奴隶作为劳力。

英语是一种拼音语言，不像中文那样会产生发音非常不同的方言。而原先的英国移民在独立战争中同英国断绝关系，形成了一种全新的国家民族意识。在

---

① 罗伯特·达尔：《论民主》，第159页。

19世纪60年代，南北各州的美国人关于奴隶制的分歧，存在着根本不同的生活方式，南方各州宣布退出联邦，谋求独立。代表北方观点的联邦政府用武力打败了南方各州，由此引发的内战持续了四年之久，避免了国家的分裂。

南北战争结束后，虽然取消了奴隶制，但是黑人仍旧没有享受选举权等政治权利。美国人追求自由与冒险，立国后经济不断发展，处于资本主义快速发展阶段，并采取各种手段，包括经济、政治与直接动用军事力量，国土不断拓展扩大，由最初的东部小小的13个州开始到现在这个规模，公路铁路迅速跟进，人口快速流动，加速了族群的同化进程。

在这种不断扩张土地资源的有利条件下，美国移民们充分发挥个人的创业精神，与母国相比，以后移民美国的欧洲人都抱有一种追求新的开拓性生活方式的理想，他们也自豪加入一个新的民族。后来的亚洲移民也同样如此。黑人来自非洲各地，原本还没有发展出民族观念，本土又是那么落后贫穷，一直跟着白人主子，讲的也是英语，几百年下来也被同化，都融入了这个全新的民族。所以美国避免了类似欧洲那样的分裂。

中国几千年来占主导地位的汉族统治者，对各少数民族采取的是和亲政策，尊重各民族的文化特性。以后作为少数民族的满清皇帝统治整个中国时，也遵照中华文明长期形成的这一统治方式。而且中国长期处于农耕社会，人们被固定居住在一定的地方，即使经过长期融合而成的汉族，在广袤而地貌又十分不同的生存环境中，长期极少来往，也容易扩大差异，形成许多不同的方言。因此中国是一个许多不同民族分布在各自集聚区，在中华文明互相包容中存在的多民族国家。这是与美国完全不同的地方。

但是近年来发生了新的情况。美国的墨西哥移民大增，讲的是西班牙语。他们大多聚居在美国西南部，紧临墨西哥，就是以前美国从墨西哥那里夺取的地方。他们的生育率非常高，据推测将来人数可能会超过讲英语的欧洲血统美国人。现在已经有人提出要将墨西哥的西班牙语和英语并立为美国国语。美国一些学者的著作，如亨廷顿在《文明冲突与世界秩序的重建》中、罗伯特·达尔在《论民主》中，都根据多元民主与民族主义共生的原理，担心这种情况可能导致美国将来产生分裂。

（四）机会来之不易，如何抓住机会是关键

笔者在这里对世界历史做一次大胆的设想：如果地球上只有欧亚及非洲大陆，根本不存在让欧洲人进行移居殖民的美洲和澳洲大陆，罗马帝国子民的后裔，不知会在不断的内斗中处于如何不堪的处境。

在历史进程中，罗马帝国疆域内希腊罗马文明，分裂成三大文明。共同源于犹太民族的犹太教，产生了两大排他性的宗教体系，地中海以北的基督教文明体系和地中海以南的伊斯兰教文明体系。而在这之前罗马帝国东西分治，基督教又分裂成西部的天主教文明与东部的东正教文明。三大文明体系形成了三大类国家阵营，相互攻击，相互影响。三大文明内部又发生进一步分裂，形成新的斗争。

蛮族入侵，西罗马帝国崩溃后的欧洲，皇权衰落，长期处于贵族诸侯林立的封建状态，有千年之久。被称为中世纪的千年期间，天主教教会力量权威无处不在的参与其中，加强了多元权力结构。进入近代，罗马帝国疆域内欧洲部分，逐渐形成一些类似中国战国时期，规模达到中国省级、地市级的国家。这些国家间相互征战，虽有强人数度努力，企图用武力重新统一欧洲，但是多元的社会力量制衡，始终无法形成类似中国那样强大的政治权力，统一总以无果而终。在这种国家和社会多元力量的博弈争夺中，相互削弱力量，远远达不到中国历代那样繁荣富强，社会长期处于贫困虚弱的状态。

欧洲分裂后形成的国家，地域狭小、人口往往只有几十万到几百万，从社会发展阶段来观察，类似于中国春秋以后的战国时期，各国都处于一种相互征战的亢奋状态。统治者在相互制衡中无法实现自己的雄心，产生一种向外扩张的强烈欲望。

这些小国为了避免被地中海东部强大的奥斯曼伊斯兰帝国中间盘剥，自己探寻到富裕的中国和印度新航路，在地理大发现中"幸运地"抓住了机会，"发现"并移民美洲和大洋洲，还控制了世界其他地区作为殖民地，从全世界输入原料，输出商品。

这样的大市场首先刺激了地狭人少的英国，迫切需要提高劳动生产率，促进了工业革命。当时英国只有 500 万人口。以后临近的西欧各国跟着英国先后进入了工业社会。它们利用全球的财富，提高国内人民的收入，有条件恢复并改进古罗马时代的民主政治，进行了现代代议制民主政治改革，引领了世界现代化潮流，

对人类的进步做出了贡献。

在这个地理大发现时代，中国却突然放弃了远远超过欧洲的强大航海力量，开始闭关锁国，错失了这次机会，由此大大落后于西方。进入 19 世纪，中国成为西方的半殖民地，受尽屈辱。今天中国必须清醒的认识到 600 年前闭关锁国、故步自封导致的后果，努力向西方学习先进的东西。

但是，中国这样一个多民族、巨大人口、几千年来强调集权、统一的国家，如果像我们一些自由主义知识分子那样，想简单地学习西方国家，实行今天在西方实行的竞争性选举民主，首先将把中国分裂成类似欧洲那样几十个小国。分裂以后，如何处理好这些新成立的国家间的关系，避免发生相互之间的战争，将是一个难以解决的课题。如果万分幸运，经过相当长的一段历史时期努力后，这些国家都放弃了战争，希望达到一种稳定的和平状态，而且充分认识到只有互利互助，然后才有条件和可能发展经济。再经过很长时期的努力，这些国家经济都达到富裕发达程度，到那时候，或许可以实行西方式的民主制度了。但是，今天的世界还能够容许让中华文明十几亿人口，再走一次这样一条模仿欧洲历史的道路吗？地球上还有几块比美洲、澳洲更大的土地让中国人去占领、开发吗？即使有这样的土地，西方国家会容许中国人去占领与开发吗？想一想，有这种可能吗？

而且，与欧洲人不同的中国人传统的大一统情怀，不会容许国土的分裂。一旦出现分裂，战乱就会不断，直到重新达到统一。历史一次次充分反映了这一事实。所以，西方多党竞争性选举的民主之路，对中国来说是一条走不通的死路。

19 世纪的满清政权已经衰败，没有能力抵御列强的侵略，也没有力量控制国内各种势力。缺乏强大的一元统治力量的满清政权被推翻，完全符合中国历史传统和当时的民意。但是领导辛亥革命的孙中山和年轻的追随者想在中国建立美国式的民主政权，缺乏广大民意的支持。接下来中国就再一次重演了历史改朝换代的典型戏码：袁世凯复辟称帝被推翻，整个国家被诸路军阀分裂割据，相互发生混战，国共合作进行北伐统一战争；中间插入了日本侵略、抗日战争；最后是归结为两大政治力量决胜的国共内战，几近 40 年的战乱，直到共产党统一中国才最终获得持续的太平，至今已有 60 多年。这是中国政治传统在近现代历史中的又一次耀眼的显现。

所以，中国的民主社会形态一定是在中华文明的政治文化，行为方式的基础上的转变，才有可能、才会顺利持续。盲目地移植西方竞争性选举民主将会再一次错过来之不易的历史机会。

民主是不可阻挡的历史潮流，社会发展的必然趋势，关键是选择适合自己国家的民主化道路以及民主化推进的速度，紧紧地抓住这次难得的机遇。

关于中国民主化道路的探讨之十二

第十，中国正在努力推进的民主制度将优于西方民主制度

（一）西方的横向民主与中国的纵向民主

《大趋势》作者奈斯比特有一个很形象的比喻：西方民主是横向民主，中国民主是纵向民主。虽然他这样说，主要讲中国在进行决策的时候用自上而下，自下而上，或者自下而上，自上而下，反复讨论的办法。但是可以将这一形象的说法来比较中、西两种民主政治不同的方式。

西方民主采用不同利益诉求，不同理念人群自由公开组党、提出政见、相互攻击、竞争、争取选票的方式选出领导人。这是一种横向的、以一次性的竞争方法达到民主选择国家领导人。这种选择的方法容易受许多因素干扰，不一定能选出较合适的领导人，尤其在许多贫困的发展中国家更是如此。在西方富裕的发达国家，因为已实行了较长时间，不断摸索改进，积累了很多经验，可以排除一些干扰，但也存在着许多难以解决的问题。

这种民主选举方式也常常会导致社会内部分裂，民族主义盛行，许多国家发生分裂与战争。在非西方贫穷的发展中国家，却少有成功的例子。

中国采用最高领导有限任期制，以及将逐步深入、推广在透明环境下的干部逐级评议、协商、选举、晋升，这是一种长期的、多层次、纵向民主监督和选择的办法。

这样选出的领导团队，是通过人民的长期观察，经过长期现实的考验，被证实都是有实际管理经验、有突出政绩、道德上过硬、能相互配合的治国专家。领导人被选择以后，具有规定任期时间的限制，还会继续在人民的观察及监督之下进行治理工作。一个人可以欺骗大家一次，二次，甚至三次，不可能永远欺骗大家。这种经过长期考察的选择，不容易犯西方横向竞争式选举民主那种一次性

选举的失败错误。

这样一种民主选择方式，可以避免社会内部矛盾激化，极端民族主义导致的国家分裂，是中华政治文化最恰当的现代民主化改革方案。

西方现代民主从英国开始搞了几百年，中国从邓小平开始实行改革开放才30多年，还只是一个开始。中国经济发展30多年抵得上欧洲100多年，但是人的素养、觉悟、文化的培养和提高，人们的行为方式的改变难以如此压缩。"十年树木、百年树人"这个道理大家都明白。政治民主化的推进，不仅仅是一种政治制度的改革，还必须包括经济、社会、教育等制度的同步推进改革；归根到底，取决于全体人民精神文化素养的提高，以及建立于其上的、相应的经济基础的确立。这必定是一个较长期的、稳步而扎实的摸索和推进过程。这个摸索过程会有相当一段时期，在一元政治框架内，如何充分反映、容纳、吸收、协调和平衡现代工业信息社会中人们不断涌现的多元需求，是中国社会从来没有碰到过的全新课题。

西方现代民主化经历了一个长期摸索、发展的过程，我们中国的民主化过程也同样不可能做到一步到位，一定也将是一个逐步推进的过程。中国必须避免重犯许多国家因为采取过激措施而为之付出沉重代价的错误。

中国政治民主化也将是一个渐进的过程，但是它的速度不会比西方国家慢，比其他发展中国家慢，比印度慢。几千年的历史证明：中国人具有足够的政治智慧，除了由于自我封闭造成近代短时期的落后外，一直是领先于世界的。中国人现代的个人自由观是吸收了西方自由观的优点，建立在现实的，考虑社会所有人共同安居乐业的基础上的，不同于西方的个人主义自由观过于自私与理想化。

（二）中国现代化、民主化的成功推进将促进西方自我反省

西方的个人主义自由观，只能让地球上极少数幸运儿享受。对于西方这种自由观，地球太小了，资源太少了。他们往往漠视其他社会的安危及权利，甚至漠视自己社会中其他人的安危与权利，过度地强调一种自私的个人的权利。西方这种自由观，导致欧洲历史中为了自身利益，不顾其他人类的生存权利，不断向外征服、殖民、奴隶贸易、争霸、战争，还不断自我分裂。从20世纪初期到中期，只占世界人口极小部分的欧洲人与他们的移民后裔，已经占据了整个地球土地的极大部分，还为了内部分赃不均，以及继续抢占其他新殖民地和半殖民地而大打出手，制造了人类大多的灾难与死亡。这种恶劣的影响到现在还在折磨着全世界。

源自欧洲近代民族国家先后崛起，后起国家德国与英法等先发国家为了争夺资源与霸权，从19世纪普法战争一直延伸到20世纪发起的两次世界大战，把全世界拖入其中，最终把欧洲各国自己力量消耗殆尽。东亚岛国日本原本师从中国，一千多年来两国尚能和平相处。自从被美国舰队打开大门后，日本学习西方，脱亚入欧。没过了几十年日本也加入欧洲列强行列，发动战争、争霸世界，先后打败俄国，侵略中国，远征东南亚，与美国开战，最终吃了败仗，还被美国占领。

英国人的后裔美国人，一方面向殖民母国英国争要自由，进行独立战争，建立民主共和国；同时却毫不留情地残杀土著印第安人，购买非洲黑人充当奴隶，还用经济手段及直接武力控制美洲大陆其他国家，为了一己的自由，把其他人的自由、人权置之不顾。这种明目张胆的双重标准，就是极端的个人主义、自由主义在处理人际、社会和国家间关系的必然结果。

近代历史中，欧洲人向外扩张；英国人殖民美洲，形成了后来的美国；俄罗斯向东扩张，并吞了西伯利亚和中亚各国，建立了一个庞大的帝国。但是俄罗斯工业化起步较晚，还停留在落后的农业经济阶段，无法与发达的欧美列强抗争。

一次大战时，俄罗斯人民受尽苦难，革命的俄罗斯人举起阶级斗争大旗，推翻了沙皇统治，建立了社会主义的苏联，并联合世界上贫困的国家和人民。二战结束后，建立了强大联盟的苏联，却发展成大国沙文主义，继续利用阶级斗争的理论，与西方的发达国家抗争；而西方国家则以自由、民主、人权和发达、富裕的生活方式影响苏联阵营的人民。双方以强大的武力相威慑，形成了相互对峙的两极世界。二战后持续半个世纪的冷战，以两种不同意识形态的斗争开始，最终演化为欧洲人的扩张与争霸历史的延续。

苏联解体后，俄罗斯人全面倒向了美国，接受西方的意识形态。但是美国并没有因此帮助困难中的俄罗斯，反而趁机将北约东扩，进一步压缩俄罗斯的国际空间，使俄罗斯人处于贫穷潦倒、进一步分裂的境地。至此，美国成为世界上唯一的超级大国，实现了称霸世界的"伟业"。但是俄罗斯并没有就此消停，在普京领导下，企图重整国威，虽然经济规模大不如前，GDP仅为美国的十分之一左右，仍大力发展军事力量，以此抵制美国压力，不服美国的霸权。欧洲人的文化传统、行为方式的特性再一次得到了充分的体现。

近现代世界，西方独霸了几百年。它一方面给世界带来了许多全新的、进步的东西，同时也形成了长时期的单极垄断。世界变成了一个金字塔结构，占世界人口极小部分的欧美人，独享世界几乎全部资源。不仅世界其他国家处于贫穷与边缘，也导致他们自己盲目自大、故步自封。国家间的贫富悬殊，两极分化愈演愈烈，即使在美国强大的军事力量控制下，世界局势并不稳定，战争不断。在西方个人主义自由主义的民主和民族主义双重思想影响下，以及欧美国家长期相互争夺与斗争中，一些处境艰难的国家，发展无望；尤其是伊斯兰国家，培育出了恐怖主义。

竞争能促使进步，如果中国的现代化、民主化能成功推进，达到相当的高度，不仅中华文明将重新繁荣复兴，也将促使西方世界自我反省。到时候中西两种文明或许会相互取长补短，一起推进整个世界的进步，重建世界健康的平衡。但是在中国的现代化、政治民主化还在艰难摸索的阶段，西方的政客、战略家会出于自私的目的与愚蠢短视，用西方列强相互争霸、发动战争以征服对方的历史经验来看待中华民族复兴与崛起，把这种健康的再平衡，认为是对他们的威胁，会极力加以阻遏。

关于中国民主化道路的探讨之十三

第十一，正确掌握"比较"的方法

（一）如何正确比较中西两种不同的制度

中华民主不同于西方民主。两者根本的区别在于中华民主是建立在中华文明长期形成的一元权力体系历史上的，具体表现为通过多元协商形成国家最高权力结构。这样的民主制度，能够继续保持巨大的人口和许多民族能和睦相处在一个统一的国家里。西方民主是建立在西方文明多元权力体系历史上的，具体表现为通过多元竞争形成国家最高权力结构。这样的民主制度会导致各种亚文明的冲突而分裂成许多国家，然后在这种已分裂为基本单一民族国家里，待经济发展等等各种条件成熟后，才可能取得较为稳定的国家治理。

不了解今天的欧洲一个个基本都是单一民族国家，是在长期历史分裂过程中产生的；美国也是一个新型的单一民族国家，是通过英国移民不断同化其他移民形成的；唯有中国至今还是一个具有超规模人口、多民族统一的国家，是几千年来各民族在同一中华文明、和睦相处中保持的。简单地将坚持统一性的中国，与一个个已分裂并继续分裂为基本单一民族、少量人口的国家去比较，确实缺乏可比性。

因为西方国家大部分痛苦的分裂过程，以及以后发生长期相互征战的血腥时期已经过去；美国从英国移民开始发展到同化过程逐步完成，死掉了多少美洲的原住民与非洲黑人奴隶。现代欧美国家变得强大，人民生活的富裕以及稳定的民主政治，是经历了近一千多年的分裂、贫穷落后，只是近几百年抓住了地理大发现的机会，后又经历了殖民、战争，以及工业革命与资本原始积累时期的痛苦过程才逐步达到的。这些事实逐渐被人们遗忘，反而还以为今天西方国家这些富裕发达的成果，是因为他们实行了今天的竞争性民主政治制度而得到的。

中国从 600 年前闭关锁国开始，几百年的自我封闭、故步自封，从一个繁荣富裕的国家逐步衰退，最终被西方远远抛在后面，到 19 世纪沦为他们的半殖民地。中国又经历了一百多年的混乱、战争，重新统一才 60 多年，改革开放才 30 多年，才处于发展的初始阶段。把一个发展了几百年与刚开始发展阶段的国家进行简单、直观的比较，也是难以得出正确结论的。

中西两种民主制度实行都会遇到很多问题，关键是哪种民主更适合哪种社会或国家，以及采取什么措施来解决不断发生的问题。很多人会认为西方模式好，甚至以为它是唯一的民主模式。西方有 2 000 多年民主政治的努力与实践，在近现代取得了全球财富后，又经过 300 多年的改进，比较成熟了；而且有现成成功的例子，都是发达的先进国家。

中华民主才开始摸着石头过河，还没成熟；在很多人眼里有没有这种民主还是个大问题了。还有一个重要原因：中国的复兴才刚刚开始，还是一个较贫穷的发展中国家，人均 GDP 还只有发达国家的 1/10 左右；社会、经济、人民文化素养以及人们的生活水平要赶上发达国家还有一段很长的路；如果简单、直观地比较，很容易得出不及西方的结论。

比较是认识事物的重要方法，但是也要掌握比较的方法与对象。很多人拿中国的现状与北欧一个小国，如挪威或瑞典的现状比，亚洲的新加坡现状比，或者美国的现状比，这种比较只有局部的、某些单独方面的意义。因为两者之间种种条件差别之大，在历史发展、人口规模、民族分布、人均资源、发达程度等方面完全不同，无法简单直观全面比较。

如果我们试着把今天的中国与非洲、拉丁美洲、伊斯兰西亚与北非地区，或者把包括北美地区与中、南美地区作为一个整体比较一下；南北美洲整体基本都是由近代欧洲移民形成的。我们甚至可以与最发达的欧洲或者北美都各自作为一个整体比较一下。把中国与这些大的地区、大洲在几十年里的发生的问题与取得的进步程度比较一下，结论就会大不一样。笔者提出这样一种比较方法，好像有点另类，很奇怪。但是经过仔细一想，这种比较并非没有理由。因为每一个这样的地区，在相当长的历史时期都属于同一种文明，甚至属于同一个国家，而现在都分裂成几个或几十个独立的国家；每一个这样的地区或大洲，其总人口都还没有中国一个国家人口那么多。中国能够在这样一个人均资源比他们少得多的土地上，把这么多的人口、各种不同民族统一在中华文明之中，和睦相处在一个国家里共同发展，在这短短三十多年里，在经济、社会、民生、政治改革各方面都取得如此大的进步；而其他大洲、其他文明没有一个能做得如此好。虽然在这期间，中国也发生了许多问题，但是跟这些地区发生的问题相比，远远没有那么严重。这更能说明中国在融合与顺从民意、在治理、改革、发展方面的难度与已取得成功的程度远远超过了世界其他地区。这样的比较也是有一定合理性的，可以从某一方面看出一些问题。

当然以上这些比较，只能在某一侧面反映一些问题；在今天的世界上，真正能够全面与直观地比较的只有中国与印度两个国家的情况。

（二）中国与印度的直观比较

中国和印度的许多条件比较相近，可以进行简单直观的比较。今天的印度人口规模比中国略少，虽然国土面积没有中国大，可是优质耕地面积比中国多；印度和中国一样，也是一个文明古国及发展中国家。印度1947年通过非暴力运动赢得独立，因为没有像中国那样经过长期战争的破坏，当时经济比中国略为发达，无论工业与铁路交通体系都优于中国，人均 GDP 略高于中国。几十年来不像中国那样处于被强国包围状态，反而处处得到支持和帮助。

印度是一个传统的多元社会，印度文明是一种强调宗教的文明，盛行印度教的种姓制度，大多数老百姓比其他国家人民更能忍受压迫与苦难，几千年来没能形成类似中国那样长期稳固的中央集权的强大国家，大多数时间类似于欧洲中世纪时期，处于几百个大小王公割据状态；或者被外来民族统治着。18世纪，英国人开始入侵印度，逐步把它统一起来，按英国政治制度模式建立了英属印度，英语作为官方语言，英王担任国家元首，主要大臣由英国人担任，印度人担任较低职位的官职。1947年印度独立以来，一直奉行英国留下来的多党民主政治，成为英联邦的一员；而且没有发生过军事政变，也没发生全国性的动乱。

印度被西方称为世界上最大的民主国家。近年来经济也高速发展，被称为西方民主在发展中国家实施的典范。中国与印度比，有很大的可比性，可简单直观比较，容易心平气和、客观地比较。看看他们200多年来接受英国的文化与政治制度的熏陶，60多年来实行英国式西方民主取得的成果，他们的经济、社会进步状况，人民享受的人权状况，还存在什么问题。再看看我国60多年来，尤其近30多年的改革，经济、社会、人权进步状况，还存在什么问题。我们哪一些地方比他们干得好，那一些地方不及他们，应该如何进一步推进改革，如何取长补短。

中国与印度建国后都实行计划经济。中国在20世纪70年代末开始改革开放，印度到90年代也进行了市场经济改革，经济也开始快速发展。但是两国经济发展逐步拉开了差距，本世纪初的2002年按国际汇率计算，印度的GDP总量是0.721万亿美元，中国的GDP总量是1.454万亿美元，是印度的2倍。十年后，2012年印度的GDP总量是1.8万亿美元，中国的GDP总量已达到8.3万亿美元，是印度的4.6倍，发展速度大大超过印度。当然经济发展仅仅是比较的一个方面。

今天的中国人民的生活已经达到温饱的阶段，开始向全面小康的阶段进发。但是，在印度多达几亿人口还在挨饿。印度政府近日推出一项政策，为大约8亿人口提供粮食，每人每月3—7千克。这项政策还需议会通过。

与印度比，能比得出两种民主模式在大型发展中国家里真正的优势和差距，能增强我们的信心。可惜，很少人会这样做。这可能因为人们爱国心切，希望自己的国家一步到位成为一个富裕的发达国家；因此老是喜欢把今天中国的现状与一些发达国家的现状去比较，而不顾历史发展与其他条件的不同，感到处处不如人。这也可能是现代学术的分类越来越细，一些学者往往专注于本学科的研究，缺乏历史与宏观视野的原因所致。

以上叙述的是中国与今天名叫"印度"的国家现状直观比较。稍微再扩大一些视野，原先历史上独立建国前的印度，至少还包括今天的印度、巴基斯坦与孟加拉三个大国。因为学习英国式的民主、竞争性的政党制度，独立建国一开始原印度就发生了按不同宗教划界，由两大政党领导，分裂成印度与巴基斯坦两大国家，并且为了克什米尔土地的争议发生了三次大规模战争，直到现在两国还处于战争状态之中。以后孟加拉又从巴基斯坦分离出来，独立建国。

原来也属于印度的一部分，今天的巴基斯坦同样实行西方多党竞争性民主制度，但不断发生政变、动乱；相对而言，印度政治比较稳定。但是从长期观察，如果他们的经济发展到一定程度，民众的文化素养、对自身权利的追求、政治参与的愿望提高到一定程度，改变历史长期形成的逆来顺受的行为方式，在西方竞争性民主制度的影响下，很可能会像欧洲以及世界其他地方一样，进一步发生分裂与战争。这种分裂与战争对于人民来说将是很痛苦的。

这是笔者观察世界长期历史过程得出的一种推测，但并非一种没有根据的推测。到时候将会更显出协商性选举的中华民主所具有的优越性了。

关于中国民主化道路的探讨之十四

第十二，民主化的渐进过程，最重要的是透明度

中华协商性选举民主采取渐进过程，是符合政治发展规律的。近代西方民主开始最早、发展最稳定的是英国。英国民主化的进程最慢，完全是渐进的、实用的、反复最小。法国的民主化进程血腥程度很大，口号很激进，但反复也最大，最终也经历了很长的时间。德国、日本和俄罗斯的现代化，民主化进程更为曲折艰难，更血腥。美国虽然在新大陆新建一个民主共和国，其民主发展的过程也经过了 200 年左右才达成全民普选。相反，现在许多国家快速全面引进西方经过几百年才达到的民主政治现状，有几个是成功的？

笔者认为，政治民主最重要的前提是透明。假如政府决策，执行过程、成果都能透明，让大众知道；公务员的财产，他们的收入、支出都能向公众公布，贪污腐败就难以滋生；他们个人的政绩、道德、能力也能被大众所了解，便于人民的监督和选择；产生那种独断专行、违反民意的土壤也不可能存在；政治民主制度也自然会越来越巩固。

　　一个干部，从基层逐级晋升到高层，在这种透明的制度中将会像大浪淘沙一样，逐步淘汰掉不合格的人选，选出合格的领导核心。中国的文化既然不能照搬西方那种自由公开结帮、提出政见、相互攻击、竞争，争取选票的方式选出领导人；而采用最高领导有限任期制，以及在透明环境下的干部逐级评议、协商、选举、晋升，也是一种民主监督和选择的办法。这样选出来的领导团队，将都是民主意识强、有实际管理经验、有突出政绩、道德上过硬、能相互配合的治国专家。

　　中国共产党原本由代表无产阶级利益的先进分子所组成，提出"三个代表"理论后能吸收包括资产拥有者在内的各路先进分子，就不再仅仅代表国内一部分群体的利益，而是在无产阶级领导下，保护弱势群体的同时，力争代表全体人民的利益。今天的中国共产党已经由一个源自欧洲文明、强调斗争的政党，逐步改变为一个强调中华文明、和谐包容的政党。

　　同时，共产党核心领导个人和其家属不得经商的规定，在政治与市场财富之间努力建起一堵防火墙，以保证形成一个摆脱个人及家属财富利益的治国团队。这将能避免中国传统政治中家属裙带关系的弊病，也能避免西方完全市场化的多党竞争，政治权力容易受到市场资本精英的控制，以及短视的民粹化的影响；更能达到人民大众要求的人权公平，有利于国家的长治久安以及繁荣发展。

　　中国政治透明化正在持续推进，但也将是需要克服、战胜巨大困难的一个渐进的过程。它的阻力，受制于中国几千年来形成的官僚特权意识，等级观念的深刻影响；许多技术性手段和管理水平还较落后；中国巨大的 13 亿人口和各地区发展不平衡，国家整体发展过程的阶段性因素，以及与世界发达国家生活水平差距。中国不仅与世界发达国家人均 GDP 还存在近 10 倍左右的差距，在许多偏远的山区，还有一亿多人口生活在贫困线以下；既要让有能力的精英们在国内的生活有吸引力，又要让贫富差距不那么大；而又要有相当积累于新的投资，使国家经济继续得到高速发展。既要让公务员足以养廉，又不能让低收入群体愤愤不平，在经济发展的目前阶段也将是一个极其困难、需要克服巨大阻力、不得不渐进的过程。

　　对于中国这样一个几千年来形成的官僚特权意识、等级观念深刻影响，而又是一个较为贫困、有巨大规模人口的国家，这个过程一定是一个非常困难的过程。这将是一个严格规范权力与利益的过程，将在众目睽睽之下对权力的监督深入的过程。这个过程一定会触动既有的利益格局，是一个被称为"改革进入深水区"的艰难过程；这将是一个需要整个国家全力应对的、较长的、考验人们耐心的历史阶段。但是有一点明白无误：这个深水区，这个艰难的过程，无论如何一定要跨越，一定要通过，中国的民主化进程才能得以深入推进。

如果我们社会中掌握话语权的专家学者把西方民主看作是世界上唯一的民主模式，是我们必须追求的改革目标；邓小平开始推行的仅仅是经济改革，对于至今进行的政治改革成果视而不见，必然会对社会舆论产生极大的影响。在这种潜移默化中，许多人，包括我们的一部分官员会怀疑高层领导民主改革的决心，认为仅仅是唱唱高调，以致抱着侥幸心理，敢于坚持暗箱操作，对各项透明化改革举措阳奉阴违，拒绝接受人民监督；唯上、腐败、欺压弱势群体的官僚作风难以改变。另一方面，这种舆论又会误导群众，看不到中国30多年来民主改革取得的成果，以及继续推进改革面临的巨大困难，以西方的个人主义、自由主义理论为出发点，提出许多在中国不可能实现的目标，产生逆反心理，甚至发生不必要的冲突。这两方面的影响都会阻碍民主化进程的推进。

关于中国民主化道路的探讨之十五

第十三，建立中华民主的理论体系是中国学者的重大责任

（一）"中国特色社会主义"理论是马克思主义理论创新的最大突破

辛亥革命至今一百周年才刚刚过去。中国现代化、民主化的历史轨迹已经显现出来了。

孙中山领导辛亥革命，推翻了中国持续几千年的皇帝统治，让中国人破除了对皇权崇拜的迷信。这是中国民主化历史上的一件大事。但是他引进的美式民主没能建立起来，中国进入国家分裂、传统的争夺一元政治领导权的战争。

毛泽东领导中国共产党统一了中国，建立了一个完全独立于欧美列强，恢复了能自己决定自己命运的国家；改变了19世纪开始，国家大门被西方列强强行打开、分裂屈辱与被动的局面，并建立了政治协商与人民代表大会等民主制度。但是由于历史及种种原因，国家又处于局部封闭的状态，没能进一步探索出一条适合中国民主化的道路。

邓小平总结了前30年成功和失败的经验，从自身开始对共产党和国家的最高领导体制进行了任期制改革；同时配合经济的市场化，以及主动有步骤地向世界开放。到这个时候，中国已经开始了新一轮民主化、现代化改革的实践。今天表现出来的政治、经济、社会、民生方面的进步与发展，都是这一改革进程在不断摸索、纠错、改进、推广中的一个个成果。

具有几千年民主传统的欧美，在掌握全球资源、拥有先发优势条件下，推进代议制民主进程都遇到了许多困难，历经300多年才达到较为成熟的阶段。西方民主即使在今天这种相对成熟状态下，还存在许多难以解决的问题，西方的学者还在努力研究攻关。

中国，一个与欧美完全不同的、连续实行了几千年由皇帝个人统治、血统继承、中央集权高度专制的国家；多民族分别聚居，超过全部西方发达国家总和的巨大人口、人均资源贫乏、经济落后的国家，在走向现代化、政治民主化道路的艰巨性是可想而知的。在这个过程中，更需要中国学者努力进行攻关研究。

虽然出现问题是不可避免的，但要正视困难，谨慎推进，通过不断反思，勤于修正，尽量避免较大的失误。我们的学者在学习西方成功经验时，必须消化吸收，摸索出与西方文明不同的、适合中华文明的方式与制度，以及相关的理论，才能尽量避免出错、反复，造成无谓的损失与伤害。

邓小平几十年来参加革命与领导国家的实际经验使他深刻体会到教条主义的危害。坚持实践是检验真理的唯一标准是他进行思考的原则。因此，对源自19世纪欧洲的马克思主义理论，他根据一百多年来社会主义运动的历史经验，当代世界与中国的实际发展情况进行了创造性思考。基于这种创造性思考，才导致他以过人的眼光和魄力提出：社会主义也可以搞市场经济这一突破性的判断，以及中国特色社会主义这一目标，推行这一政治经济改革与开放。这一思考与改革开放实践不仅是对马克思主义与社会主义理论进行了一次史无前例、根本性的突破，超越了列宁与毛泽东的前两次突破；同时对于西方的理论界，尤其西方政治与经济学理论界也是一种巨大挑战。

无论是历来的马克思主义理论与实践，还是西方自由主义理论与实践，都明确表明市场经济是资本主义所专有，市场经济与资本主义几乎是同义词，搞市场经济就是搞资本主义。我们今天从西方引进的经济学理论，无论是教科书，还是各种经济学家的论著，往往把市场经济与资本主义两个词混用的。这些经济学原理，又是建立在曾被马克思批为庸俗经济学基础上的。现在邓小平提出：社会主义也可以搞市场经济，把市场经济与资本主义切割开来了。市场经济变成了一个中性的东西，资本主义与社会主义都可以搞。这是不是对整个欧洲理论界，包括马克思主义与自由主义理论的一个大突破？如此一来，社会主义与资本主义的区别在哪里呢？社会主义的特征又在哪里呢？

这一改革举措及其理论基础与当时普遍认同的理论原则和实际制度是无法相容的。邓小平把改革的目标定为中国特式社会主义，并且强调"不争论"；可见他认识到用传统的马克思主义、社会主义理论来论述的极端困难。但是今天，30多年后改革的成就已经如此明显，我们可以有充分的实践依据，从邓小平强调"中国特色"这一方面，从中欧历史不同的演变历程进行对比性的思考，来进一步论证邓小平提出的这一判断的科学性与前瞻性，以建立全新的、令人信服的理论体系。这个理论体系不仅仅涵盖政治哲学理论，还应该包含经济与其他社会科学理论。

既然市场经济可以是社会主义与资本主义共同采取的经济制度，那么社会主义与资本主义的区别在哪里呢？今天中国社会制度与西方社会制度的区别又在哪里呢？

今天中国已经进行了市场经济改革，由计划经济体制逐步转变为市场经济，西方理论界根据公认的传统理论认为中国现在实行的也是一种资本主义，是一种东方式的专制资本主义或称威权资本主义。他们认为：因为西方在政治上实行的是"民主制度"，中国实行的是"专制制度"，民主制度与专制制度是中西两种资本主义不同的特征。他们又进一步论证：这种威权资本主义是不能持久的，最终或将崩溃，或将"民主转型"。

依据这个传统理论，中国许多学者，包括许多社会学者与经济学者也只能默默地认同这一观点：认为邓小平进行了经济改革，还没有进行政治民主改革，所以中国著名经济学家周其仁宣称："政治改革是邓小平未竟的事业"。有些人从民主是不可阻挡的历史潮流这一观点出发，如果中国改革要彻底，就必须进行西方式的"民主转型"，因为他们也认为西方民主是唯一的民主形式。有的学者希望立即进行"民主转型"；有的认为现在还不合适，等经济、社会改革到一定程度时才能进行。

但是，近来也有少数经济学者，已经敏锐地观察到了中国民主化改革显现出来的许多迹象，如著名的经济学家张军和谢千里在美国芝加哥大学发表的《政治变迁的一个内生经济理论》用经济学原理来论证中国已经逐步进行"民主转型"了。论文中进一步写道："有些观察家们甚至看到了一个民主制度兴起的雏形。中国国家主席和总理都最多只能连任一届，即最长任期为 10 年。全国人民代表大会的立法辩论也可以是相当激烈。"① 经济学者、中国著名风险投资家李世默也高度评价中国最高领导任期制的政治改革：是"选举式民主是唯一合法和有效的政治治理制度一种理念的终结"。"中国模式的成功确实表明，只要符合一国的文化和历史，许多政治治理模式都可以成功。"他称之为一种"后民主时代"的诞生。②

中国的复兴繁荣、进一步的发展迫切需要全国的知识精英、专家学者与企业家的积极参与。

笔者认为中国的马克思主义理论界如果能够沿着邓小平提出的中国特色社会主义理论的方向，克服教条主义倾向，总结 30 多年经过实践检验，探索出一套较为完整的理论体系，中国的知识精英会在事实面前，逐步摆脱西方自由主义理论的影响，理解与信服中国确实正在全力以赴地进行民主化改革。

关于中国民主化道路的探讨之十六

（二）全新的理论体系应该建立在邓小平论述的基础上

邓小平提出"社会主义也可以搞市场经济"，"中国特色社会主义初级阶段"是他几十年从政经验的结晶。笔者认为这既是他敏锐的政治直觉，又经过深思熟虑的。他在坚持社会主义制度前提下，强调的是"中国特色"与"初级阶段"这两项。笔者认为"中国特色"意味着：中国要改革成功，必须建立在中华文明几千年难以改变的特性上，才能进行。而这个几千年来无法改变的最主要的特性就

---

① 参见张军：《中国政治变革的隐含逻辑》，http://business.sohu.com/20130615/n378874010.shtml，2013 年 6 月 16 日访问。

② 参见新华网《中国模式终结西方民主唯一合法性》，http://news.xinhuanet.com/world/2012-12-31/c_124168784.htm，2013 年 5 月 6 日访问。

是"权力—元政治体系"。历史已经多次证明，这个体系一旦破裂或削弱，就会引起中国社会震荡、分裂，从而导致灾难。这与西方社会的权力多元体系是完全不同的。

如何在保持这个"权力—元政治体系"的同时，进行政治民主改革呢？唯一的、最好的方法就是将这个权力—元政治体系的最高领导权力，与掌控这个最高权力的个人进行切割。首先，把最高领导人对最高权力的掌控，由终身不变改为有时间限制：由终身制改为的任期制。

最高权力的掌控者对权力的掌控，随着从没有时间限制改变为有时间限制，由终身制改变为有固定任期限制的同时，必然会发生一种根本性质的变化。这种有任期限制的最高权力的掌控者是被其他人选择产生的，并有任期限制的。这种变化就能从不受制约的绝对权力改变为接受制约的相对权力。这种相对权力如何获得、如何运用、如何移交继承、如何监督，就会逐步建立起一套符合法律规范的制度，才有可能被关进笼子里，通过共同认可的法制，达到进行民主选择与监督的目标。中国的权力—元政治传统从此可以由个人专权的制度改革为人民选择与监督的民主政治制度。

笔者认为，经过这样的民主改革可以清楚地表明今天中国社会制度与西方社会制度区别问题了：中国与西方现在实行的都是市场经济，这一点没有区别；中国与西方政治上实行的都是民主制度，这一点也没有区别；区别在于中国与西方实行的民主方式不同：西方实行的是多党竞争性的选举民主，中国实行的是一党领导，多党协商性的选举民主。中国的民主政治与社会主义社会形态与西方差别的根源是因为中国与西方国家属于不同的文明所致。这里需要补充的是：中国的市场经济改革与政治民主改革还处于刚刚开始的"初级阶段"，各项制度改革与实际执行还很不完善，还存在许多问题。中国通过30多年的努力，刚刚消除普遍贫穷的状况；改变贫富不均，达到社会主义共同富裕目标才刚刚开始，改革还需要长时间持续不断进行。同样的道理，中国民主化改革也才处于初始阶段，尤其是如何在加强透明度，逐级选拔出最优人选这个最关键的问题上，将会遇到极大的阻力，还要不断探索与推进改革。

世界是由多文明组成的，文明应该没有高低之分，任何文明不能被歧视，不同文明应该可以和平共处，求同存异，取长补短。这一观点现在已经被世界上极大多数有识之士所公认。由中西两种不同文明形成的社会制度不应该存在相互斗争，搞得你死我活的理由。

中国无论在今天，还是一个最大的发展中国家，或者在可见的将来，成为世界第一大经济体，甚至再进一步成为最大的发达国家的时候，如何与世界上所有实行竞争性民主的国家和平共处、密切交流，从理论上来讲也是需要解决的一个很重要问题。因为除了中国，世界上其他国家都在西方国家的影响下分裂成一个个基本为单一民族国家，而且市场经济的实施也是一个大趋势。在可见的相当长一段历史时期里，无论其实施的效果如何，这些国家大多将会采取竞争性选举，向西方式民主政体过渡。如果我们坚称他们都是资产阶级领导的资本主义国家，或者是走资本主义道路的国家，而唯有中国是由无产阶级领导的社会主义国家，加上朝鲜这样最高领导三代血统继承的国家，既贫穷又不思改革（邓小平指出"贫穷不是社会主义"）等几个国家也同属社会主义国家；既难以服众，又自己孤立了自己。这种坚持，既不符合实际，又很容易被敌对势力利用。美国就一直利用这些理论来孤立、遏制中国；连第二次世界大战军国主义战败国日本，近来也打出所谓的价值观外交口号，企图联合以前被他侵略过的国家来以围堵中国。

邓小平既然提出了"中国特色"社会主义这一概念，笔者认为作为一个政治、军事战略家，在他的思考中，一定会存在"其他特色"的社会主义概念；从逻辑上必然会推导出还有"其他特色"的社会主义，比如非洲特色社会主义、伊斯兰特色社会主义、拉丁美洲特色社会主义、北欧特色社会主义、东欧特色社会主义等等。笔者认为邓小平提出这一概念的深意，还有待于中国的马克思主义理论界去进一步挖掘。

马克思是德国人，长期在英国进行研究。他的历史唯物主义，是对世界历史，主要是对欧洲的历史研究中，得出的成果。难道他研究的成果只能在远离他的家乡，远离他的研究对象那里，与西方文明完全不同的中华文明那里才得以实现吗？而他的家乡，无产阶级经过几近两个世纪的努力，都无法团结起来，任由资产阶级专政与宰割，反而离社会主义越来越远了。西欧的近邻，东欧的俄罗斯在20世纪初进行了革命，建立了社会主义社会，经过将近一个世纪的努力，到20世纪末却突然一下子，倒退回到资本主义了！社会主义竟然如此脆弱，无产阶级都如此无能，能令人信服吗？作为坚信社会主义必定取代资本主义的马克思主义者，如何解释这个问题呢？

我们许多马克思主义理论工作者，如果仅仅因为邓小平的威望与地位，以及三十多年改革开放的成就简单地、被动地接受邓小平这一划时代的创新论述，而不能在这一论述的基础上，进行深化与拓展，提出正确的系统的理论来说明、解释这些现象，还只是在文章中引用一些经典著作的片言只语，谈论一些空洞的理论，而漠视这样明显的历史与现实，如何能让中国具有独立思考精神与能力的知识精英、专家学者信服呢？又如何能在国际上打破西方国家舆论上的霸权，以及被他们控制"自由、民主、人权"的道德制高点，把中国孤立起来呢？

复旦大学国际关系与公共事务学院苏长和教授的文章中有这样一段话："有的中国学者研究中国的民主，往往下意识地将西方作为民主的完美样板，有时甚至不自觉地将自己划到民主的对立面（非民主）一面去，从而导致在国际学术交流中的自卑情结，总觉得道德上低人一等，在西方'老师'面前抬不起头，是永远毕业不了的学生。看来，发展中国家要取掉这个套在头上的紧箍咒，必须从'民主——非民主'、'民主西方与专制非西方'的简单式二元划分和优越卑微的对立思维中超脱出来，从仰视到平视，真正在本国国情基础上，思考自己的民主政治建设道路。"①

笔者认为：苏长和提出的问题，应该是我国的专家学者，尤其是马克思主义理论工作者面对的、必须解决的问题，也是我们传统的马克思主义理论工作者至今没有很好解决的难题。要解决这些难题，唯有摈弃教条主义，通过深化中国特色社会主义的"中国特色"这一概念来破解。在撇除不同文明、不同国家的特殊性中，找出政治民主的共同性来重新定义政治民主这个概念；同时也从不同文明、不同国家的特殊性中找出社会主义的共同性来重新理解社会主义这个概念。这些研究工作迫切地摆在中国的专家学者，特别是马克思主义理论界面前。笔者认为这也是历任中国共产党总书记多次号召，最近，习近平主席再次号召，要求进行马克思主义中国化的原因。

（三）学习马克思的研究方法，进行马克思主义中国化

笔者认为要做到马克思主义中国化，必须学习马克思是如何对世界进行观察

---

① 参见苏长和：《需将西方民主从普世知识降级为其地方理论》，http://roll.sohu.com/20130528/n377298336.shtml，2013 年 05 月 28 日访问。

与研究的。马克思对经济现象中最基本的商品进行研究，得出剩余价值的概念，他是一位研究经济的理论家。马克思对历史的研究，从历史发展过程，主要是欧洲历史发展过程的研究，得出社会主义必然会战胜资本主义的结论，他是一位研究历史的理论家。他也从经济、政治的历史研究中得出只有无产阶级团结起来，才能战胜资产阶级，又是一位政治革命运动的理论家。最后，马克思能用哲学分析的方法把这些现象的研究归纳起来成为一种系统的理论，他又是一位哲学家。

马克思生长在 19 世纪的欧洲。那个时代欧洲的市场经济才处于发展的初始时期，工业革命开始还不久，还处于资本原始积累阶段，资本主义还仅仅在少数几个国家里得到一定发展。19 世纪是欧洲，主要是西欧几个国家在世界上占统治地位的时期，其他许多地方还基本是欧洲国家的殖民地与半殖民地，世界历史的研究还仅仅停留在以欧洲为主、国别历史发展阶段。马克思也只能从他所能获得的这些资料进行研究与总结。

今天已经到了 21 世纪了。这一百多年来的世界发展变化，比以前几千年的发展变化还要大。尤其是在邓小平提出社会主义也可以搞市场经济，以及进行其他各项改革开放以后，最近几十年的发展、变化更加迅速。

邓小平强调实践是检验真理的唯一标准，也就是马克思当年观察与研究世界的标准。马克思在当时盛行于欧洲的各种主流思潮中，通过这一标准，从经济、社会、政治的历史发展演变中通过哲学的提炼，探索出一套独特的反欧洲主流思潮的科学社会主义理论。今天的马克思主义理论学者是否也应该在全新的历史条件下，也以同样的标准，也必须从经济、社会、政治的历史发展演变中沿着"中国特色"社会主义道路进行新的探索与研究，以打破今天垄断世界学术界的各种西方理论系统。今天的马克思主义理论学者是否也必须是在经济、政治、历史与哲学等诸学科有所研究的专家；而且以中西两种不同文明历史沿革作为重点来探索与研究的专家。仅仅只是熟读，或者研究已有的经典著作，从中引申出一些话语是远远不够的。笔者的这些看法，是否具有一些参考价值？

中国社会在改革开放前后 30 来年的变化，已经非常直观地显示出明显成果了。随着改革进一步深化，法制进一步完善，透明度越来越高，人民民主意识的增强、参与度提高，这个变化会越来越大，越来越明显。但是，对于像中国这样一个国家，专制制度持续实行长达几千年，又是一个具有多民族、超大规模人口，在如此多元的需求与意识中加以融合，进行民主选择、民主管理、民主监督，从国家最高领导层延伸到基层，这个改革变化一定是一个相当长的历史过程，欲速则不达，无法操之过急。

欧洲从英国开始进行现代代议制民主探索与实施，从 17 世纪到 20 世纪末，才基本完成全欧洲的推广。在这个过程中经历了多少次的动乱与战争，至今欧洲还处于分裂状态，还在努力进行统一过程。欧洲的面积与中国一样，人口只有中国的一半，可见政治民主化的推进的困难程度。邓小平提出的"初级阶段"将会持续一个相当长的时期，需要全国人民做出持久的努力，这也是笔者研究世界民主化历史演变过程得出的一个结论。

笔者认为："不争论"是因为改革初期，邓小平提出的各种举措与当时传统马克思主义、社会主义理论相差太远；同时，改革成果的显现将会需要相当长的时期，在没有现实成果作为立论的出发点，是无法形成有说服力的理论的。为了避免各种干扰，不争论是完全必要的。

但是今天，30 多年改革实践取得的巨大成就举世瞩目，还不能在这样的实践结果的基础上，通过深入讨论建立正确的、令人信服的科学理论吗？而且今天的中国还处于中国特色社会主义的初级阶段，这个初级阶段也是邓小平强调的另一个特点。由于是初级阶段，会存在许多不尽如人意的问题，如何解决这些问题，深化改革，也是需要倾全国之力进行探索，加以解决的。

所以建立不同于西方的、正确的中国现代化、民主化的理论体系，是中国知识精英、专家学者们，尤其是中国的马克思主义理论学者的当务之急，也是千年难遇、最光荣而又艰巨的历史任务。

关于中国民主化道路的探讨之十七

第十四，马克思主义与政治民主化理论

（一）政治民主化是历史潮流，前进的道路却艰难险阻

历史发展到今天，从最贫穷落后的非洲到最富裕发达的欧美，人民都在不断发出呼声，对社会、对国家的现状表示不满，要求变革、要求改善。在全球化的今天，人民对自身权利越来越觉醒，政治民主化潮流已经汹涌澎湃，席卷全球，

是任何力量阻挡不了的。

　　人民要求不断变革与改善，但是人民也害怕暴乱与流血。因为人民希望变革目的不是暴乱与流血，而是为了稳定与更好的生活。既能不断变革，又能让人民安享稳定与美好的生活，是每一个国家政治家的最高目标，也应该是每一个有志于社会科学研究的专家学者的职责。但是放眼世界，今天极大多数国家并不能做到两者兼顾，甚至会两者皆空。今天西方发达国家的政治民主制度，似乎已经被公认为全世界每个国家实现民主政治的唯一形式。许多发展中国家前赴后继向着这个目标努力奋斗，西方国家作为最高仲裁者，指指点点，还不时地对他国进行干涉，但是许多国家遭遇到的是不断的失败，人民非但没有得到希望的变革与改善，反而失去了和平与稳定的生活。西亚、北非的动乱就是一个最近的实例。

　　这不禁让人思考，寻求解答，为什么会出现这样不尽如人意的情况？

　　西方国家今天的民主制度，是欧洲人经过两千多年的反复曲折，到了近代控制了全球资源、富裕发达后，还经过了几百年的努力才最终达成。美国著名政治学者罗伯特·达尔讲得十分明白：要实现西方多元民主必须具备一定的条件。不具备一定条件，即使实现了，也不能持久。所以许多非欧洲的发展中国家向往民主，却像飞蛾扑火一样，搞了一套西方式的民主制度，人民的生活与权利并没有实质的改善，往往还付出了暴乱与流血的代价，人民生存状态与西方发达国家的差距越来越大。

　　罗伯特·达尔提出的条件中最主要的一条，就是这个国家里如果存在不同亚文明的群体，尤其是集聚居住在一起的不同民族，往往会产生不利于民主的条件。在这种情况下，不同亚文明的政客为了获得选票，会对自己所属亚文明群众进行煽动，火上浇油，将矛盾推到极端，破坏国家的民主进程，导致暴乱与分裂。他的这个判断是对世界民主化历史长时期观察得出的结论，具有相当权威性。

　　首先，欧洲的历史就是一部长期处于内部分裂、不断相互征战、争霸与反霸，对外侵略、发动战争、殖民、干预的历史。两千多年前希腊与罗马都是小规模人口的城邦国家，公民直接选举领导人。罗马用武力统一了欧洲大部、北非与西亚，形成一个横跨欧亚非、围绕地中海的大帝国。它原有的民主制度无法适应这种大规模领土和人口，逐步转变成王权专制制度，但是那种希腊罗马文明多元制衡的传统没有完全消除。罗马帝国崩溃后，分裂成许多独立的封建贵族领地，部分地区断断续续又出现了小规模的城邦民主制度。中世纪后期，欧洲人从中国传入火药、罗盘与印刷术后，贵族封建制度逐步被一个个类似于中国战国时代，较大规模的王权国家所取代，市场得到扩大，经济得到发展。地理大发现时代，他们开始探索通往中国与印度的海路，意外发现了美洲，并在全世界建立了殖民地，获得大量财富，进行了工业革命，国力得到了加强。

英国在 17 世纪首先开始代议制民主化进程，民主化运动逐步向周边国家以及全世界扩展，随之民族主义、国家的分裂运动也向外扩散。最近的例子是苏联与南斯拉夫以及捷克斯洛伐克的解体，由三个国家一下子分裂成二十多个国家。南斯拉夫的分裂还伴随着剧烈的战争。这种民族主义分裂趋势至今还在继续。今天的英国、比利时、西班牙都在闹分裂，连地广人稀、人均资源极其丰富的加拿大，讲法语的魁北克省也要与讲英语的其他省份闹分裂，要从加拿大国家中独立出来。

在西方文明的影响下，除了中国，世界其他地区也都逐步在分裂成一个个基本单一民族国家。

中国是一个多民族、拥有巨大人口的发展中国家。两千多年前与罗马帝国统一地中海周边的同时，中国秦汉皇朝统一了中国。统一以后，国家历经分分合合，皇朝多次更迭。每当一个皇朝统治力量衰退，就会出现国家分裂、群雄并起、发生战争、生灵涂炭；只有再度出现了一个迎合民意、强有力的领袖人物，战胜群雄后，国家才又重新达成统一，再次繁荣富强，人民安享平和安定的生活。这是中华文明与欧洲西方文明历史发展中根本不同的地方。中国人向往国家的稳定统一，是一种植根于几千年历史、无法撼动的行为方式。满清末年，国力衰退，孙中山为了拯救中国，引进美式民主，建立共和国。满清皇朝虽然被推翻，但结果是国家分裂了，进行了四十年的战争，直到共产党重新统一中国，人民才重享和平生活，至今已六十多年。

改革开放后，中国打开国门，发展市场经济，人们开始摆脱普遍贫穷，快速富裕起来。人们对自身的权利诉求、对民主的要求也在迅速提高。这种要求是顺应历史发展潮流、无法阻挡的要求。但是人们又害怕国家的动乱、分裂与战争的发生。摆在中国人面前的似乎只有这两条道路，一条是违反历史潮流，拒绝民主化改革，社会停滞的道路；或者与其他的发展中国家一样，走一条充满危险的，或将导致分裂与战争的西方式的民主化道路。

如何走出这两难困境？中国的知识精英、专家学者为此而苦恼，也在不断地探索，发出不同的声音，提出不同的见解与解决方案，甚至还在进行公开论战。但是论战的各方，都还没有摆脱西方文明为世界设定的民主范畴。虽然有少数学者观察到中国已经出现了"民主的雏形"，也有一些零星的文章发表。但至今，还没有一位论者从中西两种不同文明各自具有的最顽强、无法撼动的特征来进行系统论证：中国实际上已经在进行具有"中国特色"的、一种全新的中华民主制度的探索，而且已经取得相当的成果。

（二）中华协商性选举民主与西方对抗性选举民主

纵观30多年来中国人在言论自由度、迁移自由度、工作自由度、人格平等度、政治与法律地位平等度、国家法律、政策制定的透明度与人民的参与度，以及舆论监督度都有极为明显的扩大与提高。现在的媒体，每天充满着批评政府的言论。最近，左右两派关于宪政民主的辩论进行得如此热烈，这在以前是不可想象的。近年来整个国家从上到下、从下到上热烈讨论新型城镇化、农民工取得市民待遇的问题，许多经济学家提出不同的解决方案，进行热烈的讨论。这其实也是一个平等权利的政治问题，有激烈的批评，有反对的意见。难道这些都不是民主化程度提高的表现？当然，今天的中国还存在许多问题，经济的改革与发展、政治民主化还仅仅是个开端，需要经过不懈努力才能逐步取得更大的进展。

英国从17世纪现代代议制民主运动开始，只有5%的人具有选举权。19世纪才废除奴隶制，20世纪妇女才获得选举权，前后经过两三百年[①]。一批向往自由、民主的英国人移民美洲，理想建立一个比英国更自由民主的美国，18世纪独立建国，制定民主宪法，也只有不到10%的人具有选举权。为了避免欧洲多民族引起的分裂，美国还采取民族同化政策，驱赶与杀害了许多原住民，还从非洲购买黑人作为奴隶。包括妇女与非洲裔美国全体公民获得选举权也一直拖到20世纪才实现。可见近代西方国家在推进民主化过程中，人民拥有平等政治权利的改革速度是十分缓慢的。

17世纪，英国控制了印度的边远地区，到19世纪英国统一了印度次大陆，

---

① 斯塔夫里阿诺斯：《全球通史》，第454页。

开始采取英国式的教育与管理制度①：开办大学，推广英语，教育亲英国的精英阶层；建造工厂、铁路网与灌溉工程；19世纪80年代通过考试选拔印度人为文官；印度人1885年建立了国大党，1905年穆斯林联盟成立。20世纪初，进行议会选举，占人口3%的印度人拥有选举权。二次世界大战结束时，印度已基本建立了一个英国式的政治结构，英国还欠印度10.3亿英镑债务。1947年英国议会批准印度独立，同时也分裂成了印度与巴基斯坦两个独立国家，以后两国发生了三次战争，巴基斯坦又一分为二，分裂出孟加拉国。今天这三个英国的好学生，学习并实践了英国老师教导的西方民主，经过了一个多世纪，人民的生活改善、人权状况进步、人民真正民主权利的提高到底有多少？

经过比较，仅仅30多年，对于中国这样一个贫穷落后、几千年来实行皇帝专制制度的多民族人口大国来讲，探索适合自己民主制度的过程真的还只能算是一个开端，能获得如此大的进步，确实并不容易。

西方国家的这些进步是通过长期的斗争、流血冲突、国家分裂甚至发生战争才得以实现；中国这些进步却很自然，大家似乎还都感觉不到发生变化，以至许多人还以为中国没有进行任何民主化改革。这一现象可以说明两个问题：一方面可见中华民主制度探索与进展的平稳性，同时也可以发现，许多人对民主改革的偏见有多深。

从邓小平开始，中国的领导人已经不是终身制了。历届领导都根据法定程序，经过选举产生，而且有固定任期限制，最多只能连任两届。中国领导人的平稳过渡制度已经经过数任实践，具有相当的稳定性。

今天，年满十八岁的中国公民都拥有平等的选举权与被选举权。但是公开、透明，已成为中国选举权质量提高的必要条件，也是今天中国民主化迫切需要解决的问题。今天中国出现许多贪污腐败、买官卖官、侵犯人权、专制渎职的许多弊病，除了经济制度改革还不够完善、法制还不够完备外，基本上都是因为透明度不够，进行暗箱操作产生的。这也让人感觉今天中国选举制度还没有真正达到民主选举标准的根本原因。假如透明化问题解决了，从基层到最高领导，在人民的监督参与下，经过几十年一次次的选拔，那些贪污腐败、专制自私、目无法纪、

---

① 维尔·杜兰特：《世界文明史》，中国人民大学出版社2005年版，第776页。

无能之辈将会被逐级淘汰，最后选拔出来都将会是一些清廉自洁、尊重法制、具有民主精神与领导能力的优秀人才。到这个时候，中华协商性选举民主的优势将能充分体现。

今天中国正在加强透明度的探索与实践，但是提高透明度将是一场硬仗，会遇到强大的阻力，会需要相当长的时期。但是这段时间将远远短于西方民主探索过程中人民选举权的普及时间。

与西方民主的多党竞争性选举民主制度不同，中华民主实行的是一党领导，多党协商性选举民主制度。

西方民主制度较适合于基本上是单一民族、同质性较强、不同的利益诉求较易处理、比较富裕的国家与社会。在多民族、不同亚文明、不同利益诉求以及行为方式难以协调、贫穷的国家与社会里实行起来，往往会出问题：在这些国家里，党派竞争性会演变为党派斗争性、暴力性，甚至发生战争，产生国家分裂。所以笔者认为，西方民主是一种娇贵的民主。今天许多发展中国家实行了西方民主，往往人民的生活和各种人权并没有得到改善，反而处于一种不稳定状态之中。这种情况的普遍性，已经不需要一个个举例说明了。今天的埃及不是正在发生这类事件吗！

中国既是一个多民族、巨大人口的大国，又是一个贫穷的发展中国家，如果采取西方式多党竞争性民主，今天的结果肯定将比其他贫穷的发展中国家更为悲惨。因为中国人一旦分裂，就将会为统一而战。统独之战将更为惨烈。而中国能在过去三十多年中，既获得如此大的政治民主化进步，同时社会又如此稳定，经济取得举世瞩目的成就，可见中华协商性选举民主对于中国来讲是最合适的。

与西方竞争性选举相比较，中华协商性选举民主，强调的是协商。但是协商二字，往往会引起误解，认为缺乏竞争。其实中华民主与西方民主竞争同样剧烈，只是竞争的方式不同。西方式竞争类似运动中的对抗性比赛，如球类比赛与拳击比赛，以击败或击倒对手为胜利者。中国式竞争类似长跑比赛、登山运动。以登山运动为例，竞争者随时可以加入，是一种比体力、比耐力、比技巧的比赛，并不以击败或击倒对手为优胜者。这种竞争可以选出众多的优胜者，相互取长补短，而不像西方民主那样"赢者通吃"，不易吸收对方的优点，而且容易导致双方对立冲突。

如果要更为精确地表达中西两种民主形式的不同，笔者认为可以这样分别表述：中华民主是一种"多党协商、非对抗性竞争的选举民主"，西方民主是一种"多党对抗性竞争、非协商的选举民主"。这样的命名与称呼，更能精确地表达出这两种民主形式的特征与区别。只是这种称呼太拗口，可以作为一种学术名称，在一般性讨论中，可以采用一对新的较为简化的名称：协商性选举民主与对抗性选举民主。这一对名称，或许比现在流行的一对名称：协商民主与选举民主，较能正确地表达两种不同民主制度的性质，是这一对不同政治民主现实与概念的较正确的表达形式。

三十年来中国不但经济上获得了巨大的成就，在政治民主化改革中同样取得了巨大的进展。但是为什么还有专家学者认为邓小平只进行了经济改革，政治改革却是他未竟的事业呢？笔者认为：那是人们没有认识到中华文明与西方文明的根本区别，一元权力体系与多元权力体系的区别。西方民主制度一定有西方文明的特色，中国的民主制度也一定有中华文明特色，这是两大文明几千年历史铸刻而成，难以改变的。这是一个客观的、不以人们意志为转移的事实，人们只有认识到这样一个无法撼动的现实，来决定自己的努力方向，才能取得成功。

关于中国民主化道路的探讨之十八

（三）马克思主义中国化是中国理论界的任务与机会

自从19世纪，马克思号召全世界无产者团结起来，世界发生了巨大的变化。笔者认为马克思主义的影响是巨大的，社会主义正在逐步取代资本主义，这也是历史发展不可阻挡的潮流。今天，许多持自由主义观点的学者认为社会主义运动已经失败，也有许多马克思主义者认为社会主义运动暂时受到了较严重的挫折。笔者认为前一种观点是错误的，后一种观点也值得商榷。

马克思的家乡西欧，首先进行工业革命，19世纪已初步实现了工业化。在马克思主义影响下，较为强大的无产阶级建立了工会与代表工人利益的政党，为了自己的权利开展了与资产阶级的斗争，取得了许多成果。这不仅改善了无产阶级的生存条件，也改变了西欧社会的阶级关系，拯救了欧洲社会由于资本主义造成贫富两极分化可能导致的崩溃。现在一部分改变了这种关系的欧洲国家都发展成为科技先进的发达国家。

在马克思开启的科学社会主义运动影响下，今天西方的自由主义、普世价值的理论已经不同于 19 世纪的自由主义理论。后者是建立在资产阶级垄断政治与经济权力之上的理论体系，前者是建立在这个已经改变了的社会基础上的新理论。这个新的西方社会基础正是马克思号召无产阶级团结、斗争而得来的，应该是马克思主义的一个胜利。当然，这个新的自由主义口号，实际上还仅仅是西方社会的一个理想，自己还没有真正完全实现，却要求全世界接受。这个口号也常常被西方政客利用，采取双重标准来干涉发展中国家的内政。

举一个例子。北欧的瑞典是一个人口不到一千万的国家，今天瑞典人的生活水平极高，贫富差距十分小，工会的权力很大。国有企业的产出占国内生产总值的 25% 左右，与中国的比例差不多①。区别在于瑞典的国有企业已经改革为完全市场化，中国的国有企业还有待进行深入的市场化改革。

1985 年非洲津巴布韦总理穆加贝访问中国，向邓小平表露出对中国离开社会主义道路的担忧。张维为在《邓小平如何思考"中国模式"》一文中有这样一段话："邓小平还给穆加贝解释：社会主义有两个非常重要的方面，一是以公有制为主体，二是不搞两极分化。"②另外，邓小平多次强调："贫穷不是社会主义。"

俄罗斯的工业化起步较晚，国家比较贫穷，工人阶级人数较少。20 世纪初，列宁领导俄罗斯共产党的十月革命不仅成立了第一个社会主义国家，更唤起了全世界被压迫的殖民地、半殖民地人民革命与独立运动，其中包括中国共产党领导的社会主义革命，打破了欧洲对全世界的殖民统治。苏联在短短的几十年中迅速发展成一个工业强国，但是一个终身制的苏联共产党不能像中国共产党那样，及时进行与时俱进的改革，它的高层逐步蜕变为一个实行大国沙文主义的官僚集团，国力开始衰退，后又进行激进式的改革，内部出现分裂，最终导致苏联解体。

今天的俄罗斯经济上同中国一样，由计划经济转变为市场经济；政治上也与中国一样，进行了民主化改革。所不同的是，他们实行了对抗性选举民主。但是广大劳动人民已经不是马克思之前时代的，更不是十月革命前的无产阶级，在社

---

① 林毅夫：《解读中共经济》，北京大学出版社 2012 年版，第 189 页。

② 参见张维为：《邓小平如何思考"中国模式"》，http://www.chinavalue.net/Finance/Article/2012-2-8/198702.html，2012 年 2 月 8 日访问。

会主义制度中生活了几近一个世纪。笔者认为：普金能得到俄罗斯人民如此拥护，他领导的政党未必就是代表资产阶级利益的政党，在俄罗斯实行着资产阶级专政与资产阶级民主。

笔者认为社会主义事业在俄罗斯未必就已经失败。

俄罗斯是欧洲国家，俄罗斯文明属于东正教文明，与西方文明一样，同属于基督教文明，都是希腊罗马文明的共同继承者。多元政治体系是源自希腊罗马文明的欧洲共同传统，实行对抗性选举是多元政治体系大多数国家民主化的必然结果。正像中国实行协商性选举是中华文明的民主化正确选择一样，俄罗斯做出这样的民主化选择，不一定代表他们放弃了社会主义，放弃了无产阶级争取到的应有权利、共同富裕的理想。

欧洲人口还只有中国人口的一半，人均资源远远超过中国，还十分幸运地抓住了地理大发现的机会，欧洲近现代的代议制民主政治，经过四个世纪的斗争，刚基本在全欧洲实现，可见其推广的困难与缓慢。与此同时，今天的欧洲已经分裂成几十个国家，一方面在渴望统一，同时又持续对抗与分裂。因此，欧洲人的这种统一追求，在实行对抗性选举民主制度的国家间的统一道路，肯定会遇到极大的困难。这也是西方多元权力体系、多元民主的特色之一。

西方民主理论家罗伯特·达尔在《论民主》一书中有过这样的表述：多元民主只能在市场资本主义国家才能实现。同时他又写道：对于民主，市场资本主义又有天生的缺陷，容易被资本所挟持。笔者认为：罗伯特·达尔的观察是正确的，但是他的表述不精确。问题出在他把市场经济与资本主义画了等号，这是"社会主义也可以搞市场经济"这一判断与实践之前，世界理论界的共同判断失误。而这个错误，直到现在还在误导着世界。其实，真正的民主政治应该在实行市场经济、实现共同富裕的社会主义社会中才能实现。

我们不能与西方霸权主义者犯同一种错误：把仅仅适合自己中华文明特色的民主制度奉为唯一的民主制度，把仅仅适合中国自己特色的社会主义制度也奉为唯一的社会主义制度。这样做法既缺乏说服力，更把自己与世界绝大多数国家割裂开来、孤立起来。宣称世界上除了中国与朝鲜等少数几个国家以外，凡是实行对抗性选举的国家都是资本主义国家，或者都在走资本主义道路。这样做，正好被西方霸权主义者利用。即使中国将来成为世界第一大的经济体，甚至成为最大的发达国家，到那时候也不应该把自己的社会形态奉为唯一正确的形态，就像今天的西方霸权者那样。这种思维方式与提出"中国特色"社会主义的邓小平思想完全背道而驰。

20 世纪末，邓小平提出中国特色社会主义初级阶段，以及社会主义也可以搞市场经济理论后，随着中国的改革开放实践取得的成果，世界经济开始打破了西方的单极垄断，向健康的平衡转变。在中国与一些新兴经济体一起，带动了包括非洲在内的贫穷的发展中国家实现快速的经济增长。中国民主化改革取得的成功，也打破了西方多元民主的单极垄断。但是邓小平提出：我们不做头。说明在邓小平的脑海中，世界是一个多级的世界，不同文明、不同的社会制度可以共存的世界。

在马克思倡导的科学社会主义运动影响下，世界发生了巨大的变化。在这种变化中，西方的自由主义实践与理论也相应发生了变化：从 18 世纪坚持白人至上，只有一定财产的男性公民才能享受政治权利，到今天改变为全体公民，不分种族、肤色、性别、财产、文化程度等，都应该平等拥有政治权利；将"自由、民主、人权"作为全世界的"普世价值"。西方的霸权主义者更以西方发达社会的标准作为普世价值的唯一标准，继续处于"道德制高点"，以这种"软实力"来控制世界，指责中国与许多发展中国家。实际上，这些西方国家单方面制定的标准，他们自己都没有完全遵守，还在不断违犯。

短短的三十几年，今天的中国已经成为世界第一的工业生产大国，最大的进出口商品贸易大国，从全世界输入原料、向全世界输出商品，还开始向外投资，进行"资本输出"，帮助非洲等贫困国家进行基础设施建设，建造工厂。西方政客开始污蔑我们为新殖民主义。

今天，中国的民营企业与国有企业在共同促进中国经济发展上做出贡献，在许多方面，包括吸收就业等方面的贡献甚至远远超过了国有企业。国家还在千方百计地鼓励民营企业的发展。物权法的制定已经肯定了私有产权的合法性。西方国家与自由主义理论家称我们为"威权资本主义"。我们还有一些"马克思主义"理论工作者，却同时还在怀疑中国的市场经济是否仅仅是权宜之计，还在大谈资本剥削的理论。这种现象似乎表现出中国政治理论界与政治领导实际行为间的差距；也表现出中国政治、哲学理论与经济理论的矛盾与对立。这种现象容易使人无所适从，抑制了企业家的投资热情，甚至产生资产转移与移民国外潮的现象。[①]

我们的马克思主义理论工作者，在这一历史巨变中，如何理解"中国特色社会主义初级阶段，以及社会主义也可以搞市场经济"这一理论创新的全部含义，以及如何进一步以实践是检验真理唯一标准，继续以马克思当年运用的哲学方法，对今天的世界经济、政治、社会进行历史性的探索与研究，以开拓出一套全新的社会主义与政治民主的理论体系。这个理论体系应该能够解释今天世界的现实变化，区别市场经济与资本主义、解释社会主义与资本主义，以及与不同文明相适应的政治民主制度与社会主义制度；为进一步改革与发展中国特色社会主义与民主政治服务。

笔者认为，今天我们许多的理论工作者还没有做到这一点。有一些学者也像非洲的穆加贝那样，听不进邓小平的劝说，还埋在经典著作里翻条文。不能理解今天中国与世界已经发生的巨大变化，以及继续发展的方向；认为世界社会主义运动已经遭到了严重的挫折，理论上只能处于被动挨打的局面，拿不出像样的理论武器，只好采用针对"十九世纪"自由主义的理论，来反驳"二十一世纪"的自由主义理论，缺乏时代感，没有说服力。

存在决定意识，但是存在不可能自动转变人们的意识。今天的客观存在发生了巨大的变化，但是我们一些专家学者的意识没有与时俱进，还远远没有跟上。想反，西方的学者却在改变了的现实面前，改变了自己的理论；西方的战略家利用这种新的理论，不断改变策略，以保持自己的霸权地位。

中国的学者是否也有可能从这样巨大的历史性变化中建立自己正确反映客观事实的理论体系，能有说服力地解释现实并提出进一步改革的有效方案。中国历任领导，包括现今的总书记习近平再次号召马克思主义中国化，可见对于今天中国现实的政治治理工作、民主化改革、经济改革与发展、对外关系处理、对于中国的伟大复兴，这个马克思主义中国化理论工作的重要性与紧迫性。这也是中国的知识精英发挥智慧才能的大好机会。

---

① 参见魏杰：《目前保增长的重点应该放在哪里？》，http://finance.sina.com.cn/emba/news/20120808/181512794917.shtml，2012 年 08 月 08 日访问。

关于中国民主化道路的探讨之十九

第十五，人类历史或许又将进入一个全新的转折点

笔者认为人类历史或许将又一次进入一个转折期。600 年前的中国采取自我封闭的国策，导致逐步落后，最终与向外拓展的西欧产生巨大的差距。30 多年前，邓小平进行全面的改革开放，重新打开了中国通向世界的大门，与外部世界接触，向西方先进事物学习，大胆地不怕竞争。其成果是，今天世界又将进入一个全新阶段，中华文明复兴的转折点、东西方恢复平衡，更进一步带动南北走向平衡的转折点。这个历史转折点或许将成为建立和谐世界新现代文明的开端。

世界经济史权威英国安格斯·麦迪森所著《中国经济的长期表现》一书中，他按购买力平价计算，到 2030 年各国 GDP 占世界的比重，中国将达到 23.1%，而西欧达到 13%，是中国的 56.27%；美国达到 17.3%，是中国的 74.89%。[①]

世界经济合作与发展组织（OECD）于北京时间 2012 年 11 月 10 日发布了一份题为《展望 2060：远期增长的全球视野》的报告。经合组织根据 2005 年购买力平价为基准，预计中国的国内生产总值将于 2012 年超过欧元区，中国可能最早会在 2016 年就取代美国，成为第一大经济体。

以上数据都是以购买力平价测算的。如以国际汇率测算：2002 年中国的 GDP 还只有美国的 13.7%，经过 10 年努力，2012 年中国的 GDP 已达到美国的 52.4%。再经过 10 年，按国际汇率 GDP 超过美国，成为世界第一大经济体是个大概率事件。到那时，中国人均 GDP 还只有美国的四分之一还不到。随着改革开放深入发展，具有巨大后发优势的中国还将会继续快速发展，综合国力将进一步快速增强，大大超过美国与欧洲。

这里笔者想引用斯塔夫里阿诺斯在《全球通史》第 247 页里的一段话："从 500 年至 1500 年，西方是欧亚大陆的不发达地区。我们已看到，这种不发达与中国的发达比较起来，证明是一种优势，中国人很自然地认为他们的文明优于其他任何文明，不可能学到什么重要的东西。

西欧人正因为自身比较落后，所以乐于并急于学习和适应外界。他们拿来中国的一些发明用于海外扩张。这种扩张反过来又引发更多的技术进步与制度变化。

---

① 参见安格斯·麦迪森：《中国经济的长期表现》，第 109 页。

最终结果是中世纪文明转变为现代文明，而欧洲人则成为先驱者和受惠者。

一个落后的边缘地区从一个历史时期到另一个历史时期的转变中居领先地位，在历史上并不是首次。中东从古代文明到古典文明的转变中落后了。正是中国、印度和欧洲这些比较落后的边缘地区，在古典时期有创造力的革新中起了先锋作用；

这一模式表明，最成功的社会要在转变时期改变和保持自己的领先地位，是极困难的。相反，不太成功的落后社会更有可能适应变化，突飞猛进。"

斯塔夫里阿诺斯的《全球通史》被人评价为20世纪影响世界的十本书籍之一。他是一位美国人，免不了带着西方人的观点观察世界。但是他也总是在力图摆脱自己西方人的观点与立场，尽量用客观的比较文明的观点来观察历史中的世界。假如他还活到今天，笔者相信，他看到今天西方社会和西方文明主导的世界出现的种种问题，而且他们自己还没有意识到这些问题的根源；同时看到中国在这短短的30来年改革发展中取得的巨大成果，并且还在不断学习、努力改革以克服自身问题时，他或许能观察到历史又将进入一个转折点，中华文明伟大复兴的转折点，新文明时代的开端。

这30多年中国改革开放取得的巨大成就与西方主导的世界出现的种种乱象，我们中国的学者应该有条件摆脱盲目崇洋的自卑心理，大胆地用比较文明的历史观来考察世界、考察中国，开展讨论、争论，从历史发展的长期轨迹视角建立中华文明政治、经济、社会等发展理论，为中国特色社会主义初级阶段进一步改革发展，探索出正确的有力的方法与道路，避免反复曲折的错误。中国的历史学家也应该能运用中华文明"和而不同"的观点，在这一个历史发展全新阶段，从文明发展全新视角，重新阐述历史中发生的种种事件，谱写一部全新的全球通史。

西方民主已经有太多的研究，太多的成果；中华民主却还是空白。著名经济学家林毅夫曾有过这样的表述：19世纪英国是世界经济中心，出现了许多大经济学家；20世纪世界经济中心移到了美国，大经济学家都出现在美国；中国经济的发展将会成为21世纪世界经济的中心，中国也将会出大的经济学家。笔者十分赞同他的这一观点。

同样的道理，一个绵延数千年、人口超过西方发达国家总和的文明古国，正在进行不同于西方文明的民主化、现代化探索，而且已经取得了相当的成果；必定会在历史、政治、社会、人文等学术领域都有这样的机会。面对这个伟大的时代，笔者只想起个抛砖引玉作用，希望大家能一起探讨，深入全面地对中国发展道路的方方面面进行研究；用全球视野以及不同文明历史发展的全过程，来重新研究屹立于世界文明之林中的中华文明；用全新的目光重新透视各文明，尤其是中华文明的过去与现状；从较长的历史轨迹推测中华文明与世界其他文明的未来，创立系统的比较文明学与中国学理论体系。这一方面能对中国现代化改革发挥作用，同时在学术上将有所成就。

关于中国民主化道路的探讨之二十

第十六，全文小结

政治民主已经成为现代社会不能回避的问题。但是政治民主到目前为止，被世界主流理论界认可的似乎还只有一种民主，西方的对抗性选举民主。事实上，今天在世界上已经有 13 亿人口的中国正在探索并实践着另一种民主，中国的协商性选举民主。

西方民主有两千多年断断续续实践的历史，经过近四百年的重新发展，比较成熟。这种民主在发达的市场经济国家，基本单一民族或单一亚文化的国家里实行起来，能取得比较稳定的成果。虽然这种民主还在不断出现许多新的问题，同时也在不断采取新的措施，进行改进与补救。但是这种民主在较为贫穷的发展中国家实行起来就比较困难；尤其在一些多民族，或者不同亚文化存在的国家里实行起来就更困难，甚至会产生剧烈的内斗、分裂与战争。

中国是一个多民族、超大规模人口的发展中国家，中华文化又是一个几千年来强调统一的文化，实行这种西方对抗性选举性民主，必然会带来巨大的灾难。民主是人类历史发展的趋势，无法阻挡的潮流，如何解决这个难题，困惑着几代中国人。但是，从邓小平推行改革开放国策以来，伴随市场经济改革的同时，也结束了最高领导终身制，开始实行任期制的实践。这一实践实质上开始了中国特色的政治民主化改革，将国家最高领导的权力，与掌控这个权力的个人分割开来，从根本上改变了这个权力的性质。这一改革使难以约束的绝对化了的最高权力转变成为受时间限制的，受人民选择、监督、制约的相对权力。在不断增加透明度改革之后，对权力选择、监督、制约的范围将会越来越扩展，越来越吸引更多人民的参与，将成为一种非常优秀的民主制度，十分适合中华文明的民主制度。

中国是一个走社会主义道路的国家，和民主政治一样，社会主义道路也可以不是单行道。邓小平提出中国特色社会主义这一概念，突出了这一点。

本文主要讨论的是政治民主问题，提出并论证中华协商性选举民主这一概念，以及其与西方对抗性选举民主的区别。在讨论这个问题时无法绕过社会主义与资本主义的问题，所以在文章的最后对此问题有所涉及，但是对该问题的探索不是本文的重点，有待另外进行专题探讨。

第二部分
中西方文明的冲突与谐和

中西方文明世界秩序观的差异及其调和

高奇琦 [①]

冷战结束后，世界秩序进入了进一步整合的新时期。要推动一个良善世界秩序的形成，关键是要形成正确的世界秩序观。正确的世界秩序观既需要把握当前世界秩序变化的趋势，也需要整体性地引导这些趋势的进一步发展。本文尝试在对中西方世界秩序观比较的基础上提出一种调和二者的全球共治理念。首先，笔者对世界秩序的历史演进做一个简要的分期；其次，笔者对当前西方主流的几种世界秩序观及其背后的冲突逻辑进行分析；再次，笔者进一步讨论世界秩序新趋势对冲突秩序观的挑战；然后，笔者引入中国传统的和谐秩序观的主要内容及其逻辑，进而讨论中国逻辑与西方前沿进展的契合之处；最后，在调和中西方秩序观的基础上，笔者提出一种全球共治的理念，并对其可能图景和现实方案进行探讨。

一、世界秩序的历史演进

对世界秩序演进史的基本认识是讨论世界秩序观的基础。因此，本文首先对迄今为止的世界秩序做一个简要的历史分期。笔者认为，世界秩序的历史演讲可以分为如下四个时期：

第一，碎片性秩序时期（远古到1800年）。在这一时期，世界秩序是碎片化的。世界各地出现了一些地区性的秩序，如古希腊的城邦国家体系、古罗马的帝国体系、古代东亚的朝贡体系、中世纪欧洲的教会—帝国体系等。这些地区秩序之间

---

① 高奇琦，华东政法大学政治学研究院教授、院长；主要研究方向为比较政党政治、比较政治学理论、比较地区政治研究与比较民族政治等。

基本上是相互隔离的。尽管这些地区秩序之间存在着一些经济和文化联系，或是极少的军事互动，然而，整体来看，这些地区间联系是非常薄弱的。尽管在哥伦布1492年发现新大陆后，欧洲强国如西班牙、葡萄牙、英国、法国对美洲等地进行了殖民，但这并是世界性的整体秩序。这些被殖民的地区多数是土著居民的部落和聚居区，或者是未开垦的地区，都在当时的核心地区秩序如中华帝国等之外。① 只有在进入工业革命时期后，欧洲的殖民活动才对主流的文明秩序形成强大的冲击。

第二，碰撞性秩序时期（1800—1945年）。这一秩序转型是由欧洲国家的殖民化推动的。在欧洲的工业革命启动之后，② 欧洲逐渐在世界秩序中占有优势，并力图通过殖民扩张将非欧洲地区纳入自身的工业体系之中。在这一时期，冲突和碰撞成为世界秩序的常态。这种碰撞首先表现为欧洲强国与非欧世界的碰撞，即欧洲强国用武力胁迫非欧力量从属于欧洲秩序；其次，欧洲强国在殖民地问题上的冲突越来越激烈，如英法与德国之间的矛盾；最后，欧洲强国的殖民冲突最终导致了欧洲内部的强冲突，最终表现就是第一次和第二次世界大战。

第三，分裂性秩序时期（1945—1990年）。在经过了激烈的碰撞之后，整体意义的世界秩序在二战后初步形成。然而，这一新的世界秩序却是分裂的。这种分裂主要是由意识形态的差异导致的。二战之后，世界秩序中出现了美苏两大超级大国，而这两大国又代表了不同的意识形态。③ 以美国为代表的资本主义阵营结成了北大西洋公约组织，而以苏联为代表的社会主义阵营结成了华沙条约组织。在两极格局之下，多数国家只能在两极之间做出非此即彼的选择。虽然在两者之间也出现了处于中间地带的力量，如不结盟运动、77国集团、中苏破裂后

① 巴里·布赞、理查德·利特尔：《世界历史中的国际体系——国际关系研究的再构建》，刘德斌主译，北京高等教育出版社2004年版，第215页。例如，巴里·布赞（Barry Buzan）和理查德·利特尔（Richard Little）指出："一个完全的全球性国际体系的形成远远落后于全球性贸易体系的形成。18世纪的印度就受制于欧洲，但直到19世纪中期，西方势力才得以在东亚通过足够的军事力量强行打开日本和中国的大门。而在非洲内陆，尽管在1500年之前欧亚经济已经渗透到那里很长时间了，但是直到19世纪后期，非洲内陆才最后陷入欧洲人的枪口之下。所以直到19世纪中期，一个单一的、完全的、全球性的国际体系才正式形成。"

② 关于工业革命对欧洲和非欧洲的影响，参见斯塔夫里阿诺斯：《全球通史》，董书慧等译，北京大学出版社2005年版，第485—505页。

③ 小约瑟夫·奈：《理解国际冲突：理论与历史（第五版）》，张小明译，上海人民出版社2002年版，第187—188页。

的中国等，但是这些力量基本上都游离于当时的核心世界秩序之外。

第四，整合性秩序时期（1990年至今）。在冷战结束之后，世界秩序发展中的一些新趋势越来越显著，如地区一体化、经济全球化、社会网络化等等。[1]笔者将在第四部分重点讨论这些新趋势的出现及其发展。这些新趋势使得世界秩序出现了进一步的整合。尽管在一些地区仍然存在区域性冲突、失效国家等问题，[2]然而这同样意味着这些地区正在酝酿新的多元整合。这里的整合不是美国单极的一元整合，而是基于多极力量、多层结构的全球性整合。

二、当前西方主流的世界秩序观及其冲突倾向

在西方学术界，关于世界秩序的认识和观念非常庞杂。笔者尝试将在西方外交实务界和知识界中最具影响力的世界秩序观念总结为如下五种：

第一，霸权秩序论，即认为世界秩序就是霸权主导的秩序。这一理论的主要内容包括霸权稳定论和权力转移论。[3]霸权稳定论认为，一个占支配地位的军事和经济霸权国对于维持世界秩序是必须且必要的。这其中最重要的例子是19世纪晚期到20世纪初期的英国以及1945年以来的美国。[4]权力转移论认为，霸权

---

① 实际上，这些趋势在冷战结束之前就已经存在。只是，在冷战结束之后，这些趋势的表现越来越明显。

② 地区冲突的重要成果参见 Mohammed Ayoob, The Third World Security Predicament: State Making, Regional Conflict, and the International System, Boulder: Lynne Rienner Publishers, 1995. 国家失效的重要成果参见 Daron Acemoglu and James Robinson, The origins of Power, Prosperity and Poverty: Why Nations Fail, Crown Business, 2012.

③ 因为霸权稳定论和权力转移理论的内涵比较接近，所以笔者就将这两个理论合称为霸权体系论。之前，也有学者将这两个理论的研究者放在一起讨论。譬如，秦亚青先生在讨论霸权稳定论时，也援引权力转移理论的代表人物奥根斯基（A. F. K. Organski）的观点。参见秦亚青：《霸权体系与国际冲突》，载《中国社会科学》，1996年第4期，第115页。

④ 霸权稳定论的理论内涵最初是由经济学家查尔斯·金德尔伯格（Charles Kindleberger）在1973年出版的《世界大萧条：1929—1939》中提出。Charles Kindleberger, The World in Depression: 1929—1939, Berkeley and Los Angeles: University of California Press, 1973. 之后，罗伯特·吉尔平（Robert Gilpin）等学者进一步阐发了这一观点。吉尔平明确指出：霸权体系是一个稳定且平衡的系统，而霸权国的实力是这一系统保持稳定和平衡的根本保证。Robert Gilpin, War and Change in World Politics, Cambridge: Cambridge University Press, 1981, p. 144.

间的权力转移会导致战争。[①] 霸权稳定论和权力转移论所讨论的实际上是霸权秩序论的两个不同方面。霸权稳定论强调霸权国对世界秩序的稳定作用，权力转移论则从另一方面强调，当霸权国的权力在向挑战者大量转移时，容易导致战争的爆发。因此，笔者将这两个理论统称为霸权秩序论。霸权秩序论把拥有军事和经济超级实力的霸权国看成世界秩序的基石，并认为霸权国的功能就是向其他国家提取保护费以维持强大的军备，同时向其他国家提供安全保护和经济秩序。这一理论在冷战后的重要阐述者是威廉·沃尔福思（William Wohlforth）。沃尔福思指出，冷战后，美国实力的绝对优势阻止了均势格局的形成。任何大国都无法在战争或广泛的对抗中战胜美国，而弱国和中等国家只能追随美国。[②]

第二，均势秩序论，即认为世界秩序的关键是保持一种平衡。[③] 这一理论的坚持者往往援引维也纳体系来强调力量平衡对于战争的遏制作用。均势理论的早期形态是权力平衡论，即当军事和经济实力相对平衡时，世界秩序的稳定相对容易保持。均势理论的新发展包括斯蒂芬·沃尔特（Stephen Walt）的"威胁平衡论"和兰德尔·施韦勒（Randall Schweller）的"利益平衡论"。[④] 均势理论在冷战后仍然有重要的影响。例如，沃尔兹指出，冷战结束后，美国主导的单极霸权地位

[①] 权力转移论的提出者是奥根斯基。奥根斯基在《世界政治》一书中指出，引发战争的重要原因是彼此实力的接近，特别是当大国间权力的再分配出现相对持平的趋势时，战争爆发的可能性是最高的。A. F. K. Organsky, World Politics, New York: Alfred A. Knopf, 1958, Chapter 1. 在《战争细账》一书中，奥根斯基和库格拉（Jacek Kugler）进一步用数据来证明：有潜力争夺霸权的国家如果没有发生权力转移，就不会有战争；但如果这些竞争者进行了权力转移（即成为主导者），则一半的案例显示发生了战争。A. F. K. Organsky and Jacek Kugler, The War Ledger, New York: Alfred A. Knopf, 1958, pp. 50–52.

[②] William Wohlforth, "The Stability of a Unipolar World," International Security, Vol. 24, No. 1, 1999, pp. 5–41.

[③] 在霸权稳定论成为主导性的秩序理论之前，均势理论是西方最主要的秩序理论。现实主义学者们如汉斯·摩根索（Hans J. Morgenthau）、斯坦利·霍夫曼（Stanley Hoffmann）、肯尼思·沃尔兹（Kenneth N. Waltz）等都是均势理论的支持者。

[④] 沃尔特认为，国家结盟的动机不仅是在平衡权力，而更是在平衡威胁。而对威胁的感知主要体现在综合实力、地缘的毗邻性、进攻实力和进攻意图等四个方面。斯蒂芬·沃尔特著，周丕启译：《联盟的起源》，北京：北京大学出版社2007年版，第17—25页。斯韦勒则认为，国家选择制衡或追随战略往往取决于利益的驱动。Randall Schweller, "Bandwagoning for Profit: Bringing the Revisionist State Back in," International Security, Vol. 19, No. 1, 1994, pp. 72–107.

不会长久，因为单极优势在不久后就会受到其他国家的制衡。①

　　第三，世界体系论，即认为世界秩序主要是由经济联系构成的世界体系。世界体系论的主要论述者是伊曼纽尔·沃勒斯坦（Immanuel Wallerstein）。沃勒斯坦认为，世界体系主要是经济体系，即现代世界体系"不是一个政治实体，而是一个经济实体"。这个世界体系"是一个'世界经济体'，因为这个体系各部分之间的基本联系是经济的"②。这一理论认为，世界体系有中心和边缘之分，而边缘依附于中心。世界体系的实质是经济上的依附和剥削关系，同时中心和边缘之间存在周期性的变化。

　　第四，文明冲突论，即认为冷战后的世界格局将表现为文明之间的冲突。这一理论的提出者是塞缪尔·亨廷顿（Samuel P. Huntington）。亨廷顿指出，冷战后的世界格局主要由中华文明、日本文明、印度文明、伊斯兰文明、西方文明、拉丁美洲文明、非洲文明等构成。在冷战后的世界中，冲突的根源不再是意识形态，而是文化方面的差异，即"文明间的冲突"。战争和剧烈的冲突会显著地出现在文明之间的断裂带中。③ 在2004年出版的《我们是谁？》一书中，亨廷顿再次表达了这种文明冲突论的观点。亨廷顿认为，基督教保守派在美国社会和政治中的影响持上升趋势，同时宗教（特别是伊斯兰教）在全球也出现了复兴的势头，而这两者之间无疑会形成进一步的紧张关系。④

　　第五，民主和平论，即认为民主国家之间不会发生战争。这一理论可以追溯到康德的永久和平思想。⑤ 对民主和平论进行系统研究的当代学者是迈克尔·多

---

　　① 沃尔兹指出："在我们看来，新均势正在慢慢地出现；而从历史的角度来看，它一眨眼就出现了。"参见肯尼思·沃尔兹：《冷战后的结构现实主义》，载约翰·伊肯伯里：《美国无敌：均势的未来》，北京大学出版社2005年版，第56—57页。

　　② 伊曼纽尔·沃勒斯坦：《现代世界体系（第一卷）》，尤来寅等译，高等教育出版社1998年版，第12页。

　　③ 塞缪尔·亨廷顿：《文明的冲突与世界秩序的重建》，周琪等译，新华出版社2002年版，第29—33，275—343页。

　　④ 塞缪尔·亨廷顿：《我们是谁？美国国家特性面临的挑战》，程克雄译，新华出版社2005年版，第283—302页。

　　⑤ 康德的永久和平的第一项条款是"每个国家的公民体制都应该是共和制"，第二项条款是"国际权利应该以自由国家的联盟制度为基础"。在康德看来，在国内建立起公民体制的基础上，各个国家之间也建立起一种类似于国内公民体制的制度，这样的联盟有助于消弭战争和带来和平。参见康德：《历史理性批判文集》，何兆武译，商务印书馆1996年版，第105—114页。

伊尔（Michael Doyle）。多伊尔在对近 300 年来的世界主要战争分析后得出结论，虽然自由国家卷入过无数次与非自由国家的战争，但是宪政稳定的自由国家之间还没有彼此发动过战争。[①] 至于这种民主和平的生成机制，一些研究成果认为，民主政治的复杂政治过程、横向的制衡机制、公民对政府的问责机制等因素在政治领袖发动战争的过程中会产生限制作用。[②] 另一些研究成果则指出，民主国家会形成协商、妥协和契约的政治文化，这对战争的发生起到了约束功能。[③]

在这五类世界秩序的理论中，霸权秩序论和权力转移论是权力间关系的理论。两者的区别是，霸权秩序论强调单极权力对世界秩序的支撑意义，而均势秩序论则强调多极权力对世界秩序的平衡效果。世界体系论主要是经济间关系的理论，文明冲突论是文明间关系的理论，而民主和平论则是制度间（国内政治制度之间）关系的理论。

西方这五种主流的世界秩序理论都有着很强的冲突倾向。霸权稳定论强调霸权维护，而霸权维护难免要出现针对挑战者的惩罚性战争。权力转移论同样强调，在权力转移过程中，挑战者与霸权国之间的霸权战争是不可避免的。挑战者赢得世界新秩序的关键，就是能否赢得霸权战争的胜利。均势秩序论的逻辑是国家要联合弱者以制衡强者。尽管均势秩序论逻辑的冲突性要低于霸权秩序论，然而均势秩序论却也是在制衡和对抗的逻辑上展开的。并且，均势秩序论并没有放弃战争在实现均势中的作用。世界体系论是一种政治经济学理论。虽然经济学理论更多强调合作，但是在世界体系论视角下的世界仍然是一种剥削体系，并且这一理论并不反对依附国在反抗主导国的剥削时诉诸于冲突性的行为（例如石油战争、苏伊士运河的国有化等行为）。文明冲突论的冲突性更加明显。亨廷顿直接描述了一个冷战后文明间战争的可怖图景。民主和平论所提出的原本是一种和平的世界秩序，但是这一理论主张其他国家都应该实行西方的自由民主制度。并且，这一理论的延伸推论往往主张，应该在西方主要国家的支持下，用武力干预或支持

① Michael Doyle, "Kant, Liberal Legacies and Foreign Affairs," Philosophy and Public Affairs, Vol. 12, No. 3, 1983, pp. 205-235.

② Zeev Maoz and Bruce Russett, "Normative and Structural Causes of Democratic Peace, 1946-1986," American Political Science Review, Vol. 87, No. 3, 1993, pp. 624-638.

③ Michael Mousseau, "The Social Market Roots of Democratic Peace," International Security, Vol. 33, No. 4, 2009, pp. 52-86.

反政府力量等形式来推动这些国家民主化。这一观点已经体现在伊拉克战争、阿富汗战争以及"阿拉伯之春"等实践中。正如沃尔兹所深刻指出的，"民主国家之所以发动战争，是因为它们经常认为，维护和平的最好方式就是打败非民主国家，或者把它们变成民主国家"①。因此，在这种以民主之名的选择性干预之下，民主和平论也演化为一种冲突性理论。

三、西方世界秩序观的基本逻辑

以上这五种世界秩序观的源头可以追溯到西方的近代政治哲学。最早对冲突秩序观进行完整论述的是英国思想家托马斯·霍布斯（Thomas Hobbes）。霍布斯哲学分析的起点是人性恶假设。霍布斯认为，人类的天性是争斗，而造成争斗主要有三种原因：竞争、猜疑和荣誉。竞争是人试图求利，猜疑是人试图获得更多的安全，而荣誉则是荣耀和名誉的总称。在人性恶假设的基础上，霍布斯认为人类的自然状态就是战争状态。霍布斯指出："在没有一个共同权力使大家慑服的时候，人们便处在所谓的战争状态之下。这种战争是每一个人对每个人的战争。"②因为人们长期处于这种战争状态的煎熬之中，所以人们将自己的权利让渡出来，通过相互订约的方式组成国家。对此，霍布斯写道："我承认这个人或这个集体，并放弃我管理自己的权利，把它授予这人或这个集体，但条件是你也把自己的权利拿出来授予他，并以同样的方式承认他的一切行为。这一点办到之后，象这样统一在一个人格之中的一群人就称为国家。"③

霍布斯论述国家形成的思想链条是：人性恶—战争的自然状态—相互订立契约—形成利维坦式的国家。在整个逻辑链条中，冲突和不信任是主要特征。因为人性是恶的（人们会无止境地追求利益、安全和荣誉），所以不信任才会充斥人类社会。不信任导致的结果是人与人之间的直接冲突（自然状态）。因为人类社会的冲突无处不在，所以人们不得不求助于强大的国家来消弭和解决这些冲突。但同时，人们对国家也是不信任的，所以用契约的政治形式来约束国家。霍布斯政治哲学是在基督教神学的基础上发展起来的。霍布斯采用了基督教神学的基本

---

① 肯尼思·沃尔兹：《冷战后的结构现实主义》，第 36 页。
② 霍布斯：《利维坦》，黎思复、黎廷弼译，商务印书馆 1986 年版，第 94 页。
③ 霍布斯：《利维坦》，第 131—132 页。

假设和经典内涵，并对其进行了世俗化。[①] 人性恶假设的源头是基督教神学中的原罪。[②] 契约逻辑也来自于基督教思想中上帝与人的订约。在描述国家的产生时，霍布斯还使用了基督教神学的修辞："这就是伟大的利维坦（Leviathan）的诞生，——用更尊敬的方式来说，这就是活的上帝的诞生；我们在永生不朽的上帝之下所获得的和平和安全保障就是从它那里得来的。"[③]

这种冲突秩序观在国内政治中表现为三大内容：一、权力约束模式是权力的相互制衡，即行政权、立法权和司法权三种权力的分立与相互约束。这种制衡也是不信任的表现，即担心任何一种权力变大。这一论证主要是由法国思想家孟德斯鸠（C. L. Montesquieu）完成的；[④] 二、政治参与方式是代议制和选举，即公民要参与政治，但又不能直接参与，所以需要代议者代表其进行政治参与。同时，公民从根本上是不信任代议者的，所以用投票和选举来制约代议者。选举形式和任期制都是不信任的表现。代议制和选举的论证主要是由英国思想家约翰·斯图尔特·密尔（John Stuart Mill）完成的；[⑤] 三、国家社会关系是社会对抗国家，即国家往往会导致权力的集中和滥用，所以社会要通过对抗和制衡来限制国家。这一论证主要是由英国思想家约翰·洛克（John Locke）来完成的。[⑥]

这种冲突秩序观在西方的集大成者是德国政治学家卡尔·施密特（Carl Schmitt）。施密特认为，政治的本质是分清敌我，[⑦] 而国家的主要功能则是发动

---

① 在霍布斯的《利维坦》中，第一部分讨论的是认识论问题，第二部分讨论了他构筑的利维坦国家（世俗国家），第三部分讨论的是"基督教体系的国家"，第四部分讨论了"黑暗的王国"。第三部分和第四部分完全讨论的是神学，而第一部分和第二部分中也有部分神学的内容。简言之，霍布斯的《利维坦》很大部分建立在基督教神学的基础上。

② 基督教的圣徒保罗指出人的原罪："这就如同罪是从一人入了世界，死又是从罪来的。于是死就临到众人，因为众人都犯了罪。"（《罗马书 5：12》）这里的"一人"是指西方圣经故事中人类的始祖亚当。在创世纪故事中，亚当和夏娃偷吃了禁果而受到了上帝的惩罚。这种罪性自亚当之后存在与人类之中，这就是原罪。

③ 霍布斯：《利维坦》，第 132 页。

④ 孟德斯鸠：《论法的精神》（上册），张雁深译，商务印书馆 1995 年版，第 155—160 页。

⑤ 密尔：《代议制政府》，汪瑄译，商务印书馆 1984 年版，第 37—83 页。

⑥ 洛克：《政府论》（下篇），叶启芳、瞿菊农译，商务印书馆 1996 年版，第 57—60 页。

⑦ 施密特指出，"所有政治活动和政治动机所能归结成的具体政治性划分便是朋友与敌人的划分"。卡尔·施密特：《政治的概念》，刘宗坤等译，上海人民出版社 2004 年版，第 106 页。

战争和安排人民的生活。[1]施密特同样是在冲突的意义上理解世界政治。施密特认为，"人类本身并无法发动战争，因为人类没有敌人，至少在这个星球上是这样"[2]。基于这一判断，施密特认为，"世界并非政治的统一体，而是政治的多样体"[3]。施密特的逻辑是，内部政治的整合要立基于外部冲突，因此政治便是敌我之间的斗争。施密特的冲突性哲学对摩根索的传统现实主义理论有非常重要的影响。[4]传统现实主义将权力斗争看成国际政治的主要内容。[5]之后，这种基于人性恶的冲突逻辑就成为美国国际关系理论的主流价值。结构现实主义带有强烈的冲突论色彩，并将"无政府状态"作为国际关系理论的分析起点。[6]之后，进攻现实主义的冲突特征更浓。[7]防御现实主义和新古典现实主义的冲突性相对淡些，但是这两个学派仍然采用冲突的逻辑。防御现实主义强调，在新的经济和社

---

① 在施密特看来，国家的主要功能就是发动战争和安排人民的生活："国家作为决定性的政治统一体拥有巨大的力量：即发动战争和以国家名义安排人民生活的可能性。"卡尔·施密特：《政治的概念》，第 125 页。施密特还在国家的框架下定义了战争法权，"即要求国民随时准备赴死的权利和毫不犹豫地消灭敌人的权利"。卡尔·施密特：《政治的概念》，第 125 页。

② 卡尔·施密特：《政治的概念》，第 134 页。

③ 卡尔·施密特：《政治的概念》，第 133 页。

④ 汉斯—卡尔·皮切勒（Hans—Karl Pichler）指出，施密特关于政治的冲突性本质的观点对摩根索的权力学说产生重要影响。施密特是魏玛德国时期最重要的、最有影响的思想家，而摩根索的学术基础则源于魏玛德国。摩根索先后在慕尼黑大学和柏林大学等校学习国际法。Hans—Karl Pichler, "The Godfathers of Truth: Max Weber and Carl Schmitt in Morgenthau's Theory of Power Politics," Review of International Studies, Vol. 24, 1998, p. 186.

⑤ 摩根索指出，国际政治的表现是权力斗争："他们（政治家和民众）全都选择了权力来实现目标，他们都是国际政治舞台的演员"。汉斯·摩根索：《国家间政治：为权力与和平而斗争》，杨岐明等译，商务印书馆 1993 年版，第 45 页。

⑥ 沃尔兹明确指出："国家间的自然状态就是战争状态。这并不意味着战争会经常爆发，而是说由于各国可以自行决定是否使用武力，因此战争随时可能会爆发。"肯尼思·华尔兹：《国际政治理论》，信强译，上海人民出版社 2003 年版，第 135 页。沃尔兹认为，"暴力的威胁以及武力的频繁使用被视为区分国内和国际事务的标准"，所以，他将"无政府状态"确定为国际关系的基本假设。肯尼思·华尔兹：《国际政治理论》，第 136 页。

⑦ 米尔斯海默指出："国际政治从来就是一项残酷而危险的交易，而且可能永远如此。虽然大国竞争的烈度时有消长，但它们总是提防对付、彼此争夺权力。每个国家压倒一切的目标是最大化地占有世界权力，这意味着一国获取权力是以牺牲他国为代价的。"约翰·米尔斯海默：《大国政治的悲剧》，王义桅、唐小松译，上海人民出版社 2003 年版，第 2 页。

会条件下，由于冲突的成本增加，所以冲突的烈度和形式发生变化。[①] 新古典现实主义则认为，国家的相对力量（relative power）对冲突的出现有重要影响。[②] 自由制度主义的冲突性则建立在利益冲突的基础上，[③] 这一点与现实主义的权力冲突相区别。不过，这些理论都是建立在冲突秩序观的基础上。

这种冲突逻辑在国际政治理论方面主要表现为如下几点：第一，世界秩序的基本状态是无政府状态。第二，世界秩序的行为体类型主要是国家。因为国家是暴力的主要垄断者，[④] 所以在这种冲突的无政府秩序中，国家自然成为主要行为体。[⑤] 第三，主体间关系是盟友关系或敌对关系。敌对关系反映了主体之间的剧烈冲突，而盟友关系的冲突性则相对缓和。在盟友关系中，冲突和限制仍然是存在的。盟友是用权力和利益捆绑在一起的合作伙伴。充斥于主体间的核心要素是不信任。这种不信任在国际关系理论中就表现为错误认知理论以及安全困境理论等。[⑥] 国际制度的设计也是基于这种不信任。制度产生的初始逻辑并不是为了合作，

① 例如，防御现实主义者斯蒂芬·范·埃弗拉（Stephen Van Evera）认为，在二战之后，发达国家生产方式的转变降低了征服者提取资源的能力，并使得战争的成本变得越来越高昂。Stephen Van Evera, "Primed for Peace: Europe after the Cold War," International Security, Vol. 15, No. 3, Winter 1990/1991, pp. 14—15.

② 譬如，新古典现实主义者兰德尔·施韦勒认为，修正主义国家往往是冲突行为（包括结盟行为）的最初行动者。Randall Schweller, "Bandwagoning for Profit: Bringing the Revisionist State Back in," International Security, Vol. 19, No. 1, 1994, pp. 105—106.

③ 对此，自由制度主义的代表人物罗伯特·基欧汉（Robert O. Keohane）指出："世界政治经济中的相互依赖产生着冲突。人们的利益可能因为国外发生的不可预料的变化而受到损害……政府必然会努力将这些调整的代价转嫁到其他国家，或至少避免由它们自己来承担。这种战略自然在国家之间导致政策的相互矛盾并进而引起纷争。"罗伯特·基欧汉：《霸权之后：世界政治经济中的合作与纷争》，苏长和等译，上海人民出版社 2001 年版，第 289—290 页。

④ 在民族国家构建的过程中，国内的民间暴力使用逐步减少，最后暴力的使用基本上由国家完全垄断。这主要体现在国内刑法秩序的构建和黑社会等民间组织的式微。暴力垄断是现代国家构建的最主要的标准之一。参见查尔斯·蒂利：《强制、资本和欧洲国家（公元 990—1992 年）》，魏洪钟译，上海人民出版社 2007 年版，第 19—31 页。在国际社会中，暴力的使用也主要是由国家来提供的。国际组织的暴力实施也需要借助国家的力量，例如联合国的维和行动。

⑤ 沃尔兹写道："自助系统是这样一个系统，在其中，那些不实行自助或是自助效率较低的行为体将无法实现繁荣，并将面临危险和苦难"。肯尼思·华尔兹：《国际政治理论》，第 157 页。

⑥ 罗伯特·杰维斯（Robert Jervis）在错误认知理论方面做出了重要的贡献。错误认知的根本原因是不信任。对此，罗伯特·杰维斯指出："无法解释的行为往往被视为狡猾的谋划，并且通常是恶意的谋划。"罗伯特·杰维斯：《国际政治中的知觉与错误知觉》，秦亚青译，世界知识出版社 2003 年版，第 336 页。"安全困境"是美国学者约翰·赫茨（John Herz）提出的概念。这一概念强调，在相互怀疑和相互恐惧的不安全感压迫下，互动单元为寻找更多的安全进行权力竞争。John H. Herz, International Politics in the Atomic Age, New York: Columbia University Press, 1959, p. 231.

而是为了捆住对方。①第四，主体间的互动形式是围绕权力、利益或荣誉等内容的争夺。争夺的剧烈形式是军事冲突，而柔性形式则是制裁或贸易战。

西方冲突秩序观的最集中表现就是20世纪出现的总体战。以总体战为核心特征的两次世界大战将世界文明推到毁灭的边缘。在这种强冲突之后，西方秩序观也产生了一些鼓励合作的观点，然而这种合作往往是冲突到极致之后的恐怖平衡，如第二次世界大战之后建立的联合国体系，再如冷战时期建立在相互摧毁基础上的核合作。

西方的冲突秩序观导致了三个主要问题：第一，在世界范围内构建了一种崇尚武力的暴力文化。西方的主流学者一直在论证暴力对于民族国家构建的积极作用。譬如，查尔斯·蒂利（Charles Tilly）认为，国家间的战争催生了欧洲的民族国家构建。②再如，安东尼·吉登斯（Anthony Giddens）也认为，战争与外交的结合塑造了欧洲国家体系。③然而，目前一个糟糕的趋势是，这种冲突观在向全世界进行蔓延。尽管目前西方国家之间的暴力以及国家内部的暴力都在减少，然而这一在几世纪前种下的暴力种子现在却在非西方国家逐步生根发芽。目前世界上的地区冲突大多数都发生在后殖民的失效国家中。一些研究成果还认为，非洲等后殖民国家之所以陷入暴力冲突之中，是因为它们正处于民族国家构建的阶段。④从这一视角来看，目前非洲等国家所经历的冲突与战争是非常正常的。这种观点的流行无疑不利于后冷战时期世界秩序的整合。

---

① 对这一点的最佳注释是国际制度的源起。许多对军备竞赛限制的条约都是在考虑限制对方。《核不扩散条约》的出台就是希望让那些正在核武化的国家中止其努力，而不是让所有的国家都放弃核武器。

② 蒂利认为，为了准备战争，欧洲国家逐渐形成了一套内部的征税系统，并逐渐完成了国内的暴力垄断。参见查尔斯·蒂利：《发动战争与缔造国家类似于有组织的犯罪》，载彼得·埃文斯、迪特里希·鲁斯迈耶、西达·斯考切波：《找回国家》，方力维、莫宜端、黄祺轩等译，上海三联书店2009年版，第246—252页。

③ 安东尼·吉登斯：《民族—国家与暴力》，胡宗泽、赵力涛译，生活·读书·新知三联书店1998年版，第280页。

④ 安德鲁·科比（Andrew Kirby）和米歇尔·沃德（Michael Ward）指出，尽管非洲和欧洲的规模以及历史情境差异极大，但是，蒂利所说的国家形成过程正在非洲国家上演。参见 Andrew Kirby and Michael Ward, "Modernity and the Process of State Formation: An Examination of 20th Century Africa," International Interactions, Vol. 17, No. 1, 1991, pp.113—126. 卡梅隆·蒂斯（Cameron Thies）则以1975—2000年的83个后殖民发展中国家为考察对象，并指出导致欧洲出现强国家的那些过程正在这些国家上演。Cameron G. Thies, "State Building, Interstate and Intrastate Rivalry: A Study of Post-Colonial Developing Country Extractive Efforts, 1975-2000," International Studies Quarterly, Vol. 48, No. 1, 2004, pp. 53—72.

第二，为西方对非西方的征服提供了理论基础。西方一直在用一种征服的姿态来对待非西方，只是征服的形式在不同时期有所变化。二战前是赤裸裸的殖民征服，二战后是经济征服，而冷战后则是文明征服。这种征服一方面为西方提供了一种剥削体制，使得西方的繁荣建立在对非西方的剥削基础上，另一方面这种征服又加剧了西方与非西方之间的冲突。这种剥削与强冲突的逻辑实际上也暗含了西方衰落的影子。剥削意味着自身前进动力的减弱，而强冲突则可能会最终导致非西方对整个世界秩序的反抗和颠覆。挪威政治学家约翰·加尔通（Johan Galtung）对此有一段精要的评述："西方帝国主义衰亡的原因就是西方帝国主义本身，或换言之，是它们永远追求扩张或至少是永不紧缩的宇宙观所致。人们可能期望通过这种帝国主义形式来加大经济扩张和剥削，以便能获得更多的赔偿来弥补地缘政治的损失。"①

第三，致使国际政治的道德层次较低。西方的冲突逻辑将理性人假设变成了理性人规范，②这使得国际关系的行为者并不讳言权力和利益。尽管在国内政治中道德已经演进到较高的层次，但是在国际政治中行为体仍然遵守几百年前的非道德逻辑。这种对利益的无限度索取加剧了个体间的冲突，也加剧了人类社会与大自然间的冲突。对此，英国学者纳菲兹·摩萨迪克·艾哈迈德（Nafeez Mosaddeq Ahmed）指出："新自由资本主义背后隐含的哲学和本体论假定设想了一种极端的唯物主义，把世界简化为某种物质的、无系统的、原子式的单位集合，这些组成单位都是自私自利的，并且在本质上相互冲突。这些假定显然是错误的，因为它们塑造的全球政治经济在自我毁灭的同时，也在毁灭自然界。"③

西方的秩序观是政治哲学家们在批判基督教神学的基础上形成的。为了对抗神学的力量，政治学家们在新教改革的基础上解放了个体。然而，这种新的个体

---

① 约翰·加尔通：《美帝国的崩溃：过去、现在与未来》，阮岳湘译，人民出版社 2013 年版，第196 页。

② 卢梭对于这一点有很好的总结。卢梭认为，理性和天性（道德性）对于人类都非常重要，两者应该处在一种协调与配合之中。对此，卢梭写道："一个原理使我们热烈地关切我们的幸福和我们自己的保存；另一个原理使我们在看到任何有感觉的生物、主要是我们的同类遭受灭亡或痛苦的时候，会感到一种天然的憎恶。我们的精神活动能够使这两个原理相互协调并且配合起来。"卢梭：《论人类不平等的起源和基础》，第67 页。然而，人类的问题在于，理性的膨胀压制了道德性的发展："理性由于继续不断的发展，终于达到了窒息天性的程度。"卢梭：《论人类不平等的起源和基础》，第67 页。

③ 纳菲兹·摩萨迪克·艾哈迈德：《文明的危机》，谭春霞译，新华出版社 2012 年版，第290 页。

主义（或是政治哲学意义上的自由主义）仍然采用了基督教神学的人性恶假设，并继承了基督教的一元论逻辑和使命精神。一元论逻辑就是，只有基督教（或世俗世界的自由民主）是正确的，而其他都是错误的甚至是邪恶的。使命精神就是，对于异教和异教徒，只有消灭才是正道。使命精神在当代的表现就是美国发动的科索沃战争、伊拉克战争和阿富汗战争。① 美国处理世界事务的方式是用使命精神来进行布道，用冲突的逻辑传播其一元论理念，同时在失败之后又会转入孤立主义的逃避情绪之中。

西方的这种冲突秩序观与"碰撞性秩序"和"分裂性秩序"时期的时代背景是相契合的。在强冲突的世界秩序背景下，只有采取这种强冲突的逻辑才能更好地保护本国的利益。然而，在进入"整合性秩序"时期后，这种冲突秩序观却逐步受到越来越多的挑战。

四、世界新趋势对冲突秩序观的挑战

在冷战结束后，人类的文明进入一个加速整合的新时期。这一时期出现的新趋势主要如下：

第一，权力多极化。尽管在冷战结束之初时，世界秩序似乎出现了单极化的态势。但是，在阿富汗战争、伊拉克战争和美国次贷危机之后，这种单极态势却明显地转化为多极态势。这表现在如下几点：一、苏联的解体表面上促成了美国的单极时刻，但是美国维持国际秩序的成本却大大增加。因为在两极格局下一些国家迫于苏联的因素而不得不求助美国，而在冷战后的格局下这些国家对美国的依赖度下降，譬如在拉美国家出现了明显的反美浪潮；二、美国的单边主义政策尽管证明了美国强大的能力，但同时也加重了美国的负担，并使得美国陷入一系列的战略错误之中；三、高昂的战争成本使得美国再很难随意地使用军事实力。战争的成本既包括作战的成本，也包括战后维系的成本。一个小国就可以把超级大国拖入持久战争的漩涡之中，而伊拉克战争和阿富汗战争便是明证；四、次贷

---

① 理查德·内德·勒博（Richard Ned Lebow）的研究指出，美国人在宗教信仰上的强度非常高。美国人中信仰上帝的比例一直在95%左右，相比之下欧洲和日本只有50%。并且，对上帝的信仰在军队中比平民更加流行。当冲突被认为是上帝的旨意，或是家庭成员希望与战死的亲人在天堂重逢时，死亡在军人中就变得可以接受，甚至是一种期待。参见理查德·内德·勒博：《国家为何而战？过去与未来的战争动机》，陈定定等译，上海人民出版社2014年版，第214—215页。

危机也使得美国经济进入持续萧条的状态之中；五、新兴国家的整体崛起也使得世界秩序的力量进一步多元化。整体来看，冷战之后的几次重要的冲突都与美国的单极优势地位有关，而多极化的发展则降低了美国军事行动的可能性。

第二，经济全球化。其中最重要的表现是跨国公司和全球公司的发展。跨国公司占世界 GDP 总量的比重越来越高，并且跨国公司的生产将国家的利益连在一起。全球公司是跨国公司全球化发展的新阶段。与一般跨国公司相比，全球公司的全球化程度大大提高，其跨国指数（海外资产、海外销售和海外雇员与总资产、总销售和总雇员的比例的平均数）往往超过 50%。[①] 全球公司的国家背景在逐步消失。全球公司往往注册在开曼群岛等离岸中心，在世界主要金融中心的证券交易所上市以吸收资金支持，同时其营业活动遍布全球。跨国公司和全球公司往往会反对强冲突。强冲突会导致贸易活动的受限或中断，这对于其利益是极其不利的。

第三，政治民主化。在世界各国的政治中，强力控制的方式越来越失效。在西方世界，政治思想家们在反思选举民主的基础上，进一步推动了新共和主义和协商民主的理论发展。[②] 在非西方世界，民主的程度和质量都在提升。军人政权逐步被文官政权所取代，而一些传统的官僚威权主义也在推动内部的民主转型。此外，这种民主的需求还在向地区性机制和国际机制扩散。譬如，欧盟的民主赤字问题成为欧洲一体化过程中的核心议题。[③] 再如，约瑟夫·奈（Joseph Nye）

---

① 王志乐：《全球公司：跨国公司发展新阶段》，上海人民出版社 2014 年版，第 1 页。

② 新共和主义的代表人物包括昆廷·斯金纳（Quentin Skinner）和菲利普·佩迪特（Phillip Pettit）等，主要作品参见 Quentin Skinner, "The Republican Ideal of Political Liberty," in Gisela Bock, Quentin Skinner, Maurizio Viroli, eds., Machiavelli and Republicanism, Cambridge: Cambridge University Press, 1990, pp. 293–309; Phillip Pettit, Republicanism: A Theory of Free and Government, Oxford: Oxford University Press, 1997. 协商民主的代表人物包括琼·埃尔斯特（Jon Elster）、约翰·德雷泽克（John Dryzek）、詹姆斯·菲什金（James Fishkin）等。主要作品参见. Jon Elster, ed., Deliberative Democracy, Cambridge: Cambridge University Press, 1998; John Dryzek, Foundations and Frontiers of Deliberative Governance, Oxford: Oxford University Press, 2010; James Fishkin, When the People Speak, Oxford: Oxford University Press, 2011.

③ Giandomenico Majone, "Europe's 'Democratic Deficit': The Question of Standards," European Law Journal, Vol. 4, No. 1, 1998, pp. 5–28; Andrew Moravcsik, "In Defense of the 'Democratic Deficit': Reassessing the Legitimacy of the European Union," Journal of Common Market Studies, Vol. 40, No. 4, 2002, pp. 606–619.

和基欧汉等学者开始深入讨论国际机制的民主问题。[①]民主理念尽管也不讳言冲突，但是却是相对温和软性的。同时，新共和主义和协商民主的理念都更为强调共识与妥协，这也是与冲突逻辑不相一致的。

第四，社会网络化。全球社会正在逐步网络化，这主要体现在如下几点：一、全球城市网络的形成。大型城市正在取代国家的某些功能，同时这些大型城市相互联结，并形成超越民族国家的全球城市网络。[②]二、全球社会网络。在信息技术和运输能力大为提高的背景下，全球性的网络社会正在逐步形成。[③]在这种全球性网络中，人与人交往的成本在降低，同时密集性在增加，这使得人与人的互动和沟通变得容易。三、社会网络化导致了结果的复杂效应。杰维斯较早地描述了行为效应的复杂性（即许多重要行为的效应是滞后的、间接的、非故意的和出乎预料的），[④]而网络社会的特点就在于将这种复杂性放大。社会网络化使得人与人之间的冲突性相对降低：因为城市间的交往主要是一种经济和文化的交往，所以全球城市网络缓解了国家间冲突的发生；全球社会网络使得人们之间的沟通变得越来越容易，可以最大限度地消除人们的错误感知；复杂效应则使得冲突方在选择暴力行为时怀有顾虑，因为暴力的最终效应可能会作用到自己身上。

第五，世界风险化。根据乌尔利希·贝克（Ulrich Beck）等思想家的总结，人类社会正在进入世界风险社会，其主要体现在如下方面；一、人类社会的风险越来越表现出一种全球性和世界性，即风险不再受地理因素的约束而局限于在一定的规模和地域；[⑤]二、对人类社会最具威胁性的风险往往是人类社会自己创造的，

① Joseph Nye, Jr. "Globalizatioin's Democratic Deficit: How to Make International Institutions more Accountable," Foreign Affairs, July/August 2001, pp. 2—6; Allen Buchanan and Robert O. Keohane, "The Legitimacy of Global Governance Institutions," Ethics & International Affairs, Vol. 20, No. 4, 2006, pp. 405—437.

William D. Coleman and Tony Porter, "International Institutions, Globalisation and Democracy: Assessing the Challenges," Global Society, Vol. 14, No. 3, 2000, pp. 377

② 丝奇雅·沙森：《全球城市 纽约 伦敦 东京》，周振华等译，上海社会科学院出版社2005年版，第310—325页；Neil Brenner, Global cities, Glocal states: Global City Formation and State Territorial Restructuring in Contemporary Europe, Review of International Political Economy, Vol. 5, No. 1, 1998, pp. 1–37.

③ 曼纽尔·卡斯特：《信息论、网络和网络社会：理论蓝图》，载曼纽尔·卡斯特主编：《网络社会：跨文化的视角》，周凯译，社会科学文献出版社2009年版，第27—45页。

④ 罗伯特·杰维斯：《系统效应：政治与社会生活中的复杂性》，李少军等译，上海人民出版社2008年版，第33页。

⑤ 乌尔里希·贝克：《风险社会》，何博闻译，译林出版社2004年版，第21页。

如气候变化、核灾难、经济危机和恐怖主义等等；[①] 三、这种全球性风险的危险具有某种不可计算性和不可逆转性；[②] 四、在对世界性风险的治理过程中，民族国家习惯采取一种"有组织的不负责任"的策略。[③] 世界风险化的出现使得冲突秩序观越来越失效。如果人类社会继续采取冲突秩序观，那么世界风险化的问题最终是无解的。

第六，暴力文明化。显性暴力在世界范围内的使用在逐渐减少。这主要体现在：一、大国间战争爆发的可能性相对减少，其主要是由核恐怖平衡来实现的。核力量的相互摧毁再加上核禁忌的存在导致了目前的这种恐怖平衡。二、生命政治在西方发达国家的出现。西方国家对生命（特别是本国民众的生命）的关心成为重要的政治主题。[④] 这使得暴力的使用越来越成为一种罪恶。三、国际人权理论的发展得益于西方国家的生命观念在世界范围内的扩散和传播。这种观念的传播使得发展中国家在使用暴力时也面临越来越大的压力。四、在国际层面上，关于不得攻击平民和不得虐待战俘等内容的规范和伦理也在逐步形成。这些变化都属于一种潜在的、深刻的"静悄悄的革命"。这些变化使得世界范围的冲突性在逐步地相对减少。

这些重要的变化都对西方主导的冲突秩序观形成挑战。现实世界有冲突的一面，而冲突秩序观本身也没有问题，并且冲突秩序观是与"碰撞性秩序"和"分裂性秩序"相契合的。然而，当世界趋势在发生重要的变化时，如果我们还持有原先的冲突秩序观，那我们的世界秩序及其治理将会面临问题。

目前世界治理的问题主要有如下几类：一、环境与生态危机问题。这类问题的解决需要各国共同努力。冲突逻辑只鼓励自我利益的伸张，而这类公共问题的

---

① 贝克将世界风险社会划分出三个危险范畴：第一是生态危机，第二是全球金融危机，第三是跨国恐怖主义网络的恐怖危险。乌尔利希·贝克：《世界风险社会：失语状态下的思考》，载《当代世界与社会主义》，张世鹏译，2004年第2期，第88页。

② Elke Krahmann, "Beck and Beyond, Selling Security in the World Risk Society," Review of International Studies, Vol. 37, 2011, pp. 354–357.

③ 乌尔里希·贝克：《世界风险社会》，吴英姿、孙淑敏译，南京大学出版社2004年版，第190—193页。

④ 法国思想家米歇尔·福柯（Michel Foucault）将这一点总结为"生命政治"（biopolitics）的出现。参见 Michel Foucault, The History of Sexuality: Volume I: An Introduction, translated by Robert Hurley, New York: Pantheon, p. 139.

解决则需要一种合作逻辑。二、经济与社会发展问题。一些发展中国家的人们还处于贫困线之下，而发展问题是不能通过冲突逻辑来解决的。三、文明间交往问题。这包括宗教、民族和文化等多维度的问题。亨廷顿"文明冲突论"中所指出的问题是令人深省的，但是他从冲突逻辑来讨论这一问题，最终使得"文明冲突"变成了自我实现的预言。四、制度间差异问题。政治制度间的差异是造成冷战分裂的重要原因，而在后冷战时代，这仍然是最重要的问题之一。从西方价值观的角度来看，"民主和平论"的提出在政治上是非常高明的，其提出的初衷也反映了一些正向的价值，如强调良善的、正义的制度对于国际关系的积极意义，同时也主张通过调停和积极的协商来解决国际问题。然而，在西方主要国家的主导下，"民主和平论"变成了干涉别国和实现政权颠覆的主要工具，并加剧了地区冲突。这是其问题的症结之所在。要解决制度间差异的问题，冲突逻辑更是不能采用的，否则只会导致你死我活的战争与冲突。整体来看，目前这些问题的根本解决都需要依靠基本秩序观的改变。在这里，本文提出的问题是，中国传统的世界秩序观能否提供一种新的思路？

五、中国世界秩序观的基本逻辑

本部分先从"秩序"的中文词源学开始讨论。"秩"为形声字，"从禾，失声"。[①]"禾"指"五谷"，引申为"俸禄"。"失"为"轶"。"轶"意为"后车超前车"，引申为"（车辆的）动态排序"。将"禾"与"轶"合在一起，"秩"的本义为"根据功过确定官员的俸禄"，如"父兄大臣禄秩过功，章服侵等"。[②]引申义为"根据功过来评定官员的品级"，如"遗诏赐诸侯王各千金，将相列侯郎吏皆以秩赐金"。[③]再引申为"次序"，如"贱者咸得秩进"。[④]"序"也为形声字，"东西墙也。从广，予声。"[⑤]"序"的本义为"东西墙"，之后引申为学校，如"夏后氏养国老于东序，养庶老于西序"，[⑥]继而引申为"依次排列"，如"序

---

① 许慎：《说文解字》，九州出版社 2001 年版，第 401 页。

② 《韩非子·亡征》。

③ 《史记·吕太后本纪》。

④ 《汉书·谷永传》。

⑤ 许慎：《说文解字》，九州出版社 2001 年版，第 532 页。

⑥ 《孟子·滕文公上》。

宾以贤"，^①再如"序八州而朝同列"。^②此外，序也作"叙"或称"引"，其含义如今日文章的"引言"。将"秩"和"序"合在一起，我们可以看出中文的"秩序"有如下几层含义：第一，"秩"的"俸禄"和"品级"两层含义都指向一种官僚制度体系。官僚制度体系可以产生动态的层级结构，从而产生一种次序。第二，"秩"和"序"都强调一种先后顺序的排列。这种先后顺序可以保证"非乱"。第三，"序"还包含了教育和引导的含义，这意味着秩序的形成需要建立人的素质和素养提高的基础上。

从中文的词源可以看出，与西方的冲突秩序观不同，中国传统的秩序观更多地表现出一种稳定与和谐的特征。官僚制度体系保证了一种结构的稳定性，而先后顺序排列则在过程中保证了稳定与和谐。同时，在实现稳定与和谐的过程中，道德和教育也需要发挥重要的作用。笔者在这里将中国传统的秩序观总结为和谐秩序观。和谐秩序观的起点是性善论，即人性向善。^③孟子最先对性善论进行了论证。孟子指出："人性之善也，犹水之就下也。"^④在孟子看来，人性向善源于人心中存在的四个先验的道德属性，即四个善端："恻隐之心，仁之端也；羞恶之心，义之端也；辞让之心，礼之端也；是非之心，智之端也。"^⑤为了论证善端的存在，孟子设定了一个特定的场景："今人乍见孺子将入于井，皆有怵惕恻隐之心，非所以内交于孺子之父母也，非所以要誉于乡党朋友也，非恶其声而然也。"^⑥在此基础上，孟子指出："人皆有不忍人之心"，^⑦而"不忍之心"就

---

① 《诗·大雅·行苇》。
② 贾谊《过秦论》。
③ 这种性善论并不是说人性本善，而是强调人有向善之心。从这个意义上讲，中国的性善论与西方的性恶论有调和的空间。
④ 孟子认为，人性的向善，犹如水往低处流一样自然。参见《孟子·告子上》。
⑤ 《孟子·公孙丑上》。
⑥ 《孟子·公孙丑上》。
⑦ 《孟子·公孙丑上》。孟子的观点与西方哲学家卢梭的观点有相似之处。卢梭强烈反对霍布斯的人性恶假设。卢梭认为，霍布斯所没有看到的是"人类看见自己的同类受苦天生就有一种反感"，即怜悯之心。卢梭：《论人类不平等的起源和基础》，李常山译，商务印书馆1962年版，第99页。

是人心向善的源头。与孟子不同，荀子的学说尽管被称为"性恶论"①，但实际上荀子也在反复强调"人心向善"："故圣人化性而起伪，伪起而生礼义，礼义生而制法度。"②荀子与孟子的结论类似，也认为人人都可以通过教化而成为尧舜："尧舜，至天下之善教化者也。"③先秦之后，多位思想家都进一步论证了"人性向善"这一假设。董仲舒的"性三品论"指出："圣人之性，不可以名性，斗筲之性，又不可以名性，名性者，中民之性。"④董仲舒认为，只有中民之性才是教而后善的性，即真正意义的性。这种"性三品论"实际上也是在强调人在学习之后的向善可能。韩愈将人性的内涵界定为五常："其所以为性者五：曰仁，曰义；曰礼，曰智，曰信。"⑤这五常所表述的都是一种向善的可能。朱熹在张载和二程学说的基础上区分了天命之性和气质之性。⑥朱熹认为，天命之性即指仁义礼智："盖天命之性，仁、义、礼、智而已"，⑦而"人之所以有善有不善，只缘气质之禀各有清浊"。⑧在朱熹看来，人的天命之性都是善的，而气质之性则有不同。道德修养的目的就是通过学习，恢复人的天命之性。

在性善论假设的基础上，人就不再是趋利避恶的理性人，而变成了自我约束的道德人。道德人在中国思想传统中有如下几层内涵：一、要为他者考虑，尽量做到"贵人而贱己，先人而后己"；⑨二、要将向善之心转化为向善的行为，力

---

① 荀子的性恶论与基督教的性恶论有非常大的区别。前者是一种经验主义，而后者则是一种先验主义。前者通过人的自律和智慧可以超越人性恶，而后者只能依靠上帝的恩典、怜悯和救赎。当然，也有学者主张荀子非性恶论者，或者主张对荀子的性恶论进行多维解读。参见周炽成：《荀子非性恶论者辩》，载《广东社会科学》，2009年第2期，第45—50页；李晓英：《荀子性恶论的多维解读》，载《管子学刊》，2008年第3期，第38—42页。

② 《荀子·性恶》。

③ 《荀子·正论》。

④ 《春秋繁露·实性》。董仲舒把人性分为圣人之性（上品）、中民之性（中品）、斗筲之性（下品），并认为圣人之性和斗筲之性都不能称为性，只有中民之性才能称为性。圣人之性是不教而善的性，斗筲之性是教而不能善的性。董仲舒又言："名性不以上，不以下，以其中名之。"《春秋繁露·深察名号》。

⑤ 屈守元等：《韩愈全集校注》，四川大学出版社1996年版，第2686页。韩愈也将人性分为三品："性之品有上中下三：上焉者，善焉而已矣；中焉者，可导而上下也；下焉者，恶焉而已矣。"这一观点与董仲舒的观点类似。屈守元等：《韩愈全集校注》，第2686页。

⑥ 朱熹对张载和二程的气质学说的继承，参见张凯作：《论朱子哲学中的气质之性》，载《东方论坛》，2012年第1期，第30—35页。

⑦ 朱熹《中庸或问》。

⑧ 《朱子语类》卷第四。

⑨ 孔子语，见《礼记·坊记》。

图做到"成人之美，不成人之恶"①；三、要通过不断的学习提升自己的道德水平，要努力"博学而日参省乎己"②；四、考虑利益但不去争夺利益，要做到"矜而不争"③。那么，在性善论和道德人基础上的自然状态就是一种和谐的、完满的状态。在这一状态中，人们相互尊重和礼让，用协商的方式来解决利益上的冲突。《礼记》中描述的"大同社会"便是对这种自然状态的描述："大道之行也，天下为公，选贤与能，讲信修睦。故人不独亲其亲，不独子其子，使老有所终，壮有所用，幼有所长，矜寡孤独废疾者皆有所养，男有分，女有归。货恶其弃于地也，不必藏于己；力恶其不出于身也，不必为己。是故谋闭而不兴，盗窃乱贼而不作，故外户而不闭，是谓大同。"④ 有趣的是，法国思想家卢梭所描述的自然状态很接近前述的这一状态。卢梭描述了一个没有战争和冲突、每个人都自由与和谐的自然状态，并写道："由于自然状态是每一个人对自我保存的关心最不妨害他人自我保存的一种状态，所以这种状态最能保持和平，对于人类也是最为适宜的。"⑤

在性恶论假设之下，人们的交往逻辑是基于形式契约。形式契约仍然是不信任的表现。因为人们之间是不信任的，所以要把合议的内容写在纸上，以备将来出现纠纷。而在性善论假设下，人们都是道德自律和追求善良的道德人。人与人之间的交往主要不是建立在形式契约的基础上，而是建立在实质正义的基础上。在不同的情形下，人们会通过协商更加接近实质正义，而不是仅仅基于之前约定的合议内容。

这种和谐秩序观在国内政治中主要表现为三点：一、权力约束模式是道德的自我约束。国家治理的关键是依靠贤士："国有贤良之士众，则国家之治厚；贤良之士寡，则国家之治薄"⑥，而贤士的标准是，"惠而不费，劳而不怨，欲而不贪，泰而不骄，威而不猛"⑦。这些贤士可以通过"修其身而天下平"⑧。二、政治参与方式是代表制与协商。只有贤士才可以做民众的代表："为政以德，譬如北辰，

---

① 《论语·颜渊》。
② 《荀子·劝学》。
③ 《论语·卫灵公》。
④ 《礼记·礼运》。
⑤ 卢梭：《论人类不平等的起源和基础》，第98页。
⑥ 《墨子·尚贤上》。
⑦ 《论语·尧曰》。
⑧ 《孟子·尽心下》。

居其所而众星共之。"① 贤士需要主动地为民众考虑："己欲立而立人，己欲达而达人。"② 普通民众与政治精英（贤士）的互动是通过政治协商和相互学习来完成的。道德学习在双方互动中占有重要的地位："见贤思齐焉，见不贤而内自省也。"③ 整个国家的治理是一种道德互动："道之以德，齐之以礼，有耻且格。"④ 三、社会与国家和谐相处。主政者爱民，民顺从主政者。主政者通过道德互动的方式来获得民众的尊重和爱戴："善政不如善教之得民也。善政，民畏之，善教，民爱之。善政得民财，善教得民心。"⑤

这种和谐秩序观在国际政治中则表现为：第一，世界秩序的基本状态是和谐状态。和谐状态并不意味着冲突的完全消失，而是指行为体在相对宽容和相对理解的基础上进行沟通并尽可能地减少暴力的使用。第二，世界秩序的行为体类型体现出多元特征。在和谐状态之下，由于暴力不再是衡量行为体能力的唯一标准或主要标准，所以国家也就从"唯一主体"变成"多元主体之一"。在国家之外，国际组织、国际非政府组织、跨国公司、地方政府、城市等行为体都参与到秩序的运行之中。第三，主体间关系是朋友关系。决定朋友关系的要素不再是利益（利益用以区分敌人和盟友），而是道德和品行。朋友之间的交往建立在相互学习和道德提升的基础上："以文会友，以友辅仁。"⑥ 朋友关系中存在一种差序格局，⑦

---

① 《论语·为政》。

② 《论语·雍也》。

③ 《论语·里仁》。

④ 《论语·为政》。

⑤ 《孟子·尽心上》。

⑥ 《论语·颜渊》。

⑦ 差序格局是费孝通先生使用的概念。费先生认为，西方社会中的人际关系可以被归纳为"团体格局"，即就像"一捆一捆扎清楚的柴"，而中国传统社会中的人际关系则可形容为"差序格局"，即"好像把一块石头丢在水面上所发生的一圈圈推出去的波纹。每个人都是他社会影响所推出去的圈子的中心。被圈子的波纹所推及的就发生联系"。参见费孝通：《乡土中国 生育制度》，北京大学出版社，1998年版，第25—26页。差序格局的特征贯穿于中华文化的始终。孟子较早地表达过类似的思想。在实际运行中，这种和谐秩序存在一种差序格局。孟子曰："君子之于物也，爱之而弗仁；于民也，仁之而弗亲。亲亲而仁民，仁民而爱物。"（《孟子·尽心上》）孟子认为，君子对待万物，爱惜它，但谈不上仁爱；对于百姓，仁爱但谈不上亲爱。在孟子看来，自然的规范应是，亲爱亲人而仁爱百姓，仁爱百姓而爱惜万物。这种差序格局有助于道德的实现。差序格局不同于西方国际关系中讨论的等级制。等级制是相对固定的一种结构，存在主导国与附属国的区分。参见戴维·莱克：《国际关系中的等级制》，高婉妮译，上海人民出版社2013年版，第94页。而差序格局则是一种动态的结构。在不同的时间或事件中，每一个成员都可能是动态结构的中心。

即存在亲近的朋友、一般的朋友和疏远的朋友。在朋友关系中，对待不喜欢的对象，采取的方式是疏远，而不是消灭。朋友之间交往的准则应是："以直报怨，以德报德。"①朋友间关系的理想形态是"近者悦，远者来"②。第四，主体间的互动形式是互助与礼遇。既然主体间的关系是朋友关系，那么朋友之间要互相帮助。这其中也存在差序格局，即关系近者大助，关系远者小助。在关系远近之外，事态紧急程度也决定帮助的紧迫性，即事态急者先助，事不急者缓助。互助往往与非常态的紧急事件相关，而在日常交往中，朋友间的关系主要通过礼遇来体现。礼遇的基本逻辑是"相敬如宾"和"礼尚往来"。"相敬如宾"所体现的是一种相互尊重。这种对客人的尊重还会转化为主人的荣耀（或者是中国文化传统中的"面子"）。"礼尚往来"中既有对等交往的互惠内容，也有"薄来厚往"的道德成分。③

和谐秩序观的益处在于：第一，可以进一步降低世界秩序中的暴力性内容。如前所述，世界秩序已经出现了暴力文明化的倾向。然而，一些发展中国家时至今日才开始上演欧洲国家之前的暴力冲突循环。只有在和谐秩序观的基础上思考国际政治问题，这些暴力内容才会逐步地得到减少。第二，可以增加国际行为体的道德意识。如果国际行为体仍然一直以"人性恶"和"理性人"为挡箭牌，拒绝自己的道德进步，那么世界秩序的整合仍然会很困难。世界秩序的进一步整合高度依赖于道德层次上的自律与互助。和谐秩序观的问题则在于，其在"碰撞性秩序"和"分裂性秩序"下是不利的。在高冲突的世界秩序下，如果一国贸然地采取和谐秩序观，而其他国家采取冲突秩序观，那么和谐秩序观的运用方多数会处在竞争的劣势地位，正如文明国家经常被野蛮国家征服一样。同时，也需要认识到和谐秩序观是人类文明的较高层次。在"整合性秩序"中，和谐秩序观的意义和价值就会逐渐体现出来。

---

① 即用公正合理的态度来报答怨恨，用感激来报答恩德。参见《论语·宪问》。

② 《论语·子路》。

③ 中华朝贡体系中就有浓厚的"薄来厚往"特征。参见陈志刚：《关于封贡体系研究的几个理论问题》，载《清华大学学报（哲学社会科学版）》，2010年第6期，第66—69页。

表 2-1　中西方秩序观的比较示意图

		西方的冲突秩序观	中国的和谐秩序观
前提	人性假设	人性恶，理性人	人性向善，道德人
	自然状态	一切人反对一切人的战争状态	人与人和平相处的和谐状态
	基本逻辑	基于契约的形式逻辑	基于正义的实质逻辑
国内	权力约束模式	权力的相互制衡	道德的自我约束
	政治参与方式	代议制与选举	代表制与协商
	国家社会关系	社会对抗国家	社会与国家和谐相处
国际	基本状态	无政府状态	和谐状态
	行为体类型	国家行为体为主	多行为体共存
	主体间关系	盟友或敌人	朋友
	互动形式	自助与争夺	互助与礼遇

六、中国逻辑与西方前沿进展的契合之处

冷战后，西方的国际关系理论也出现了一些明显不同于前述的五种主流秩序观的理论发展。这些发展主要集中在如下四个方面：

第一，建构主义。该学派强调，单纯地描述和分析物质世界是没有意义的，物质世界需要放在一定的社会背景和社会意义下去理解。同时，建构主义还认为，行动者与结构之间存在一种互构关系。[①]建构主义在尝试把观念的力量引入物质世界，从而以一种互动的方式来改变无政府状态的冲突结构。尽管温特等建构主义者接受了无政府状态的假设，但是温特还是提出了霍布斯文化、洛克文化和康德文化等三种文化的区分，并认为人类社会有向康德文化发展以及构建安全共同体的可能。[②]

第二，女性主义。该理论主张对国际关系理论中内含的性别偏见加以批判性的研究。安·蒂克娜（Ann Tickner）指出，传统的国际关系研究关心战争、军事安全等男性感兴趣的问题（并标以"高级政治"），而对女性的传统活动（如生

①　Alexander Wendt, "The Agent—Structure Problem in International Relations Theory," International Organization, Vol.41, No.3, 1987, pp. 356–359. 袁正清：《国际关系理论的行动者—结构之争》，载《世界经济与政治》，2003年第6期，第39—44页。

②　亚历山大·温特：《国际政治的社会理论》，秦亚青译，上海人民出版社2001年版，第313—383页。

养后代和料理家务）却漠不关心。①女性主义国际关系理论有强烈的和平论倾向。对此，弗朗西斯·福山（Francis Fukuyama）也指出，暴力在很大程度上都是男性做出的，而一个真正由女性统治的世界相对不喜欢冲突，也会比现在的世界更协调和更容易合作。②女性主义国际关系理论中的一个重要概念是"移情合作"（empathetic cooperation），即在同等与非同等的主体之间进行情感交流，以达到各种主体间的交融。③

第三，全球治理理论。该理论强调，在全球化时代，需要一种全新的理念来应对全球公共问题。这一理论最先由詹姆斯·罗西瑙（James N. Rosenau）等学者与"全球治理委员会"等组织推动。具体而言，该理论有如下重要特征：一、强调多主体的治理，特别是跨国公民社会的作用；二、强调治理不同于统治，倡导一种非强制的问题解决方式；三、强调全球观念和全球意识对于全球公共问题解决的意义。

第四，国际道德研究。一些规范理论成果开始对国际关系理论中道德缺位的现象展开批判，并试图将罗尔斯的正义思想运用在世界政治之中。这一方面最重要成果主要是查尔斯·贝茨（Charles Beitz）和托马斯·博格（Thomas Pogge）的世界正义理论。贝茨认为，罗尔斯的正义论主张是不彻底的，其在国内政治中主张的差别原则并没有运用到国际政治中。在经过论证后，贝茨指出，既然在国内原初状态中各方选择出来的是差别原则（即经济与社会的安排应该满足最不利者的利益），同样在国际原初状态中，各方也应该选择差别原则。④博格也主张将罗尔斯的正义理论扩展到世界范围。博格认为，只有通过有效的、大规模的经济或制度改革来消除引发不平等的诸多根源，才能最终实现世界范围内的正义。⑤

这些理论发展都在批判西方主流的冲突秩序观，同时，这些理论与中国的秩

① Ann Tickner, Gender in International Relations: Feminist Perspectives on Achieving Global Security, New York: Columbia University Press, 1992, p. 23, p. 137.

② Francis Fukuyama, "Woman and the Evolution of World Politics," Foreign Affairs, September/October 1998, pp. 24–40.

③ Christine Sylvester, Feminist Theory and International Relations in a Postmodern Era, New York: Cambridge University Press, 1994, pp. 96–99.

④ Charles Beitz, Political Theory and International Relations, Princeton: Princeton University Press, 1999, pp. 149–151.

⑤ Thomas Pogge, Realizing Rawls, Ithaca, NY: Cornell University Press, 1989, pp. 276–180.

序观有诸多契合之处。建构主义致力于安全共同体的研究，女性主义有强烈的和平论倾向，全球治理理论主张在非强制的框架下推进全球合作，国际道德研究则把道德要求重新引入国际政治的中心，这些都是与和谐秩序观的基本内涵相一致的。然而，这些理论也都存在一些不足。

建构主义（特别是自由建构主义）力图在内部道德的基础上构建安全共同体，然而，这样的发展面临两个问题：一是现在西方所讨论的内部道德都是基于西方知识和实践的道德，其很难向非西方文明全面扩展，如果强行扩展则会重新陷入冲突逻辑并导致文明的冲突；二是这些道德要求的标准可能太高。这一点与国际道德理论所面临的困难是类似的。国际道德理论试图突破罗尔斯制造的国内正义和国际正义的分裂。罗尔斯在国内社会中采用的差别原则已经达到道德理论的顶端。[①]罗尔斯正是看到了差别原则在国际社会中适用的不现实性，才没有将差别原则推演到国际社会中。[②]贝茨和博格的观点虽然占据了道德制高点，但是其适用性却大打折扣。贝茨的观点更为激进一些，其要求富裕国家在做出全球性决策时以贫困国家的利益为出发点，这显然是很难实现的。此外，国际道德理论所面临的困难还在于国际道德的误用和滥用。以西方知识为中心的道德观很容易跟基督教的使命精神结合起来，以一种暴力的新形式展现出来，譬如以人道主义援助为名发起的战争和冲突。

女性主义往往被归入批判理论的行列，其基本逻辑建立在男性／女性二元区分的基础上。在知识论上，女性主义批判男性中心主义导致的知识统治，而在问题解决方式上，女性主义则带有浓厚的理想主义或激进主义的色彩，如建议在国际关系中讨论家务问题，再如建议完全取缔战争等等。全球治理理论的发展目前也处于某种瓶颈之中。全球治理强调非政府组织的作用，而在现实中非政府组织的代表性和合法性往往不足，并且非组织组织所习惯诉诸的街头政治也在某种程度上加剧了世界政治中的冲突性。同时，全球治理强调去国家化的特征，但是在

---

① 差别原则是罗尔斯关于正义的第二原则的前半部分。罗尔斯认为，他的差别原则可以达到补偿原则的某种目的，即通过给予那些出身和天赋较低的人以某种补偿，缩小并拉平他们与出身和天赋较高的人们在出发点方面的差距。罗尔斯通过差别原则表达了对最不利者的特殊关怀，具有非常强大的道义立场。约翰·罗尔斯：《正义论》，何怀宏等译，中国社会科学出版社 1988 年版，第 95—96 页。

② 约翰·罗尔斯：《万民法 —— 公共理性观念新论》，张晓辉等译，吉林人民出版社 2001 年版，第 38—46 页。

世界政治中，国家仍然是最重要的行为体，这种对立使得全球治理理论的理想主义特征大为增加。

相比而言，中国的和谐秩序观却存在如下优势：第一，和谐秩序观的道德诉求与道德假设相一致，这构成了一个完整的知识论。这一点与西方明显不同。西方的道德诉求面临一个重要的困境，即道德立场与其人性恶假设之间存在强烈的冲突。既然人性是恶的，为什么人会采取道德的行为？ ① 与之不同，和谐秩序观的假设却是人性向善。因为人性中有追求道德和完善自己的成分，所以人们才会通过良善的行为帮助别人和改变世界。

第二，差序格局式的道德诉求更容易实现。西方的普遍主义的、高标准的道德追求在现实中很难实现。西方的道德追求中内含有基督教的精神。一方面，西方往往追求一种普遍主义的道德观，同时其道德的要求又很高（如基督教的理念是"以德报怨"）。这种普遍主义的高标准道德观是很难实现的。因此，在实践中，西方的道德观是撕裂的。正因为如此，罗尔斯的逻辑会在国内社会和国际社会中出现明显的分裂。可以说，西方的道德主义者要不是分裂的，要不就是极度的理想主义者。而中国的道德实现是在差序格局中逐步推进的："身修而后家齐，家齐而后国治，国治而后天下平。" ② 与西方的普遍主义道德相比，差序格局的正义性似乎弱一些，但是其似乎更具可行性。"穷则独善其身，达则兼善天下。" ③中国的道德观是一种层级递推的道德观，因此其可行性大为增加。同时，在和谐秩序观中，国内道德与国际道德也是一致的，都符合一种"由己推人"的递推逻辑。

第三，和谐秩序观在适用时存在一种自我调试，即将自己变得更为适用和现实。譬如，《司马法》有言："国虽大，好战必亡；天下虽安，忘战必危。" ④这句名言表明，中国人在使用和谐逻辑时，并不是一味地采用理想主义观念。在运用和谐秩序观时，中国人往往会先用现实主义的观念做一层防御："逢人且说

---

① 这种人性恶假设与道德诉求之间的冲突在康德那里也有表现。康德指出，"人与人生活于相互间的和平状态并不是一种自然状态，那倒更其是一种战争状态；也就是说，纵使不永远是敌对行为的爆发，也是不断在受到它的威胁。因此和平状态就必须是被建立起来的"。康德：《历史理性批判文集》，何兆武译，商务印书馆1996年版，第104页。

② 《礼记·大学》。

③ 《孟子·尽心上》。

④ 《司马法·仁本》。

三分话，未可全抛一片心。"然后在通过持久的善意互动来建构一种共同的观念："路遥知马力，日久见人心。"在将双方的身份确认为朋友之后，道德元素才会成为主体间互动的主要内容："宁可人负我，切莫我负人。"[①]

七、全球共治：可能图景与现实方案

在和谐秩序观的基础上，笔者提出一种全球共治的理念。这一理念由如下五部分内容组成：

第一，全球共治的基本逻辑是"弱冲突逻辑＋强和谐逻辑"。当世界还未完成转型时，将逻辑完全转向和谐逻辑，在外交实践中会存在风险，即这样可能会使自己处于尴尬的外交境地，因此应该保留一定的冲突逻辑来保护自己。在国际交往中，要首先辨别对方的逻辑。如果对方采取冲突性逻辑，那么己方就需要用冲突逻辑来保护自己。如果对方采取和谐逻辑，那么己方则需用和谐逻辑来回报对方。与相对陌生的国家（新朋友）交往时，尽量采取被动式交往，即先通过一段时间的交往辨别对方的逻辑倾向并建立起相对稳定的互动模式。与相对熟悉和信任的国家（老朋友）交往时，则可以采取主动式交往，即在力所能及的范围内和在对方切实需要的情况下帮助对方。[②] 全球政治的基本方向是由冲突逻辑逐步向和谐逻辑转变。从长远来看，未来全球政治的目标是构建和谐逻辑主导下的全球命运共同体。

第二，全球共治的基本框架是构建全球性的权威协调。这其中最重要的工作是推动联合国以及其他国际组织的改革和发展。联合国与其他国际组织在全球治理中发挥了重要的作用，但是这些治理机制也包含了二战后世界秩序的部分特征。因此，需要对这些世界性的治理机制进行改革。譬如，增强联合国机制的实施效果、[③] 增加新兴国家在国际货币基金组织（IMF）和世界银行（WB）等

---

① 这三句民间谚语来自《增广贤文》。《增广贤文》在民间流传极广，被列为蒙学经典，其对中国人的人格塑造的影响非常大。

② 这一基本逻辑用中国的民间谚语表达就是"害人之心不可有，防人之心不可无"。这种观念是刻在中国传统文化之中的。

③ 要加强联合国机制的实施机制，财政来源和秘书处改革是两个最关键的问题。参见彼得·威伦斯基：《后冷战时期的联合国机构》，亚当·罗伯茨、本尼迪克特·金斯伯里主编：《全球治理——分裂世界中的联合国》，吴志成等译，中央编译出版社 2010 年，第 435 页。

重要国际机制的责任分担等[①]、对国际组织日益官僚化的特征进行改革等[②]。主要国家不能总是为自己的利益考虑（部分克服经济人假设），也要为整体利益考虑（部分采用道德人假设）。只有保证全球性权威协调框架的有效和顺利运行，全球共治才可以在良性的轨道上展开。因此，主要国家要积极支持联合国和国际组织的改革。

第三，全球共治中的国家间关系结构需要从利益关系向朋友关系转变。在短期内，完全消除国家间的利益关系是不现实的。但是，国家行为体可以在利益关系的基础上着手构建真诚交往的朋友关系。朋友间互动的主要方式是互助与礼遇。互助是在非常态事件中真心诚意地帮助别国。[③]礼遇则是在日常国际交往中要给予对方足够的尊重。当然，互助和礼遇都要以国情和国力为基础，即量力而为。同时，朋友关系的构建往往会出现差序格局，即朋友关系有远近之分。一国朋友关系远近的评判要建立在对他国的品行素养和国际行为的历史评价之上，而不是仅仅基于利益。主要国家要在这种关系转变的过程中起到示范效应。

第四，在全球共治中对待异见的方式是"求同存异"。对待看似不同的事物，要先"求同"，即"智者求同，愚者求异"。[④]从比较的角度来看，即便两个事物的性质完全不同，也可以找到它们的共性与相似之处。"求同"的过程旨在建立双方的相互尊重和承认。因为"求同"的目的并不是要完全消除歧见（即求同不是同化），所以"求同"的另一方面是"存异"（即包容异见）。事物之间的不同是很正常的："物之不齐，物之情也。"[⑤]这其中的关键是对待事物间差异的方式。在全球共治中，要允许差异的多元存在，即承认"万物并育而不相害，道并行而不相悖"的客观规律。[⑥]"存异"反对用冲突和暴力的方式对待异见，

---

① 何知仁、潘英丽：《国际货币基金组织配额改革的基本原则与功能分离》，载《国际经济评论》，2014年第1期，第137—149页。

② 迈克尔·巴尼特（Michael Barnett）、玛莎·芬尼莫尔（Martha Finnemore）对国际组织的官僚化趋势进行了深入的分析。迈克尔·巴尼特、玛莎·芬尼莫尔：《为世界定规则——全球政治中的国际组织》，薄燕译，上海人民出版社2009年版，第48—57页。

③ 习近平主席在访问非洲时，提出的"真、实、亲、诚"四字方针，便体现了这种互助的内涵。

④ 《黄帝内经·素问·阴阳应象大论篇》。

⑤ 《孟子·滕文公上》。

⑥ 《礼记·中庸》。习近平主席在周边外交工作座谈会讲话中，提出了"亲、诚、惠、容"的理念。这其中的"容"就是对异见的包容。包容异见是一种博大和自信的表现。

因为暴力相向的逻辑将会导致文明的冲突和制度的冲突。"求同存异"的理想结果是"和而不同"。①

　　第五，全球共治的互动形式是多主体协商民主。在西方的国际关系理论中，全球协商民主是最近的一个重要的理论发展。②全球协商民主的方向是正确的，但是这一理论的发展还需要进一步吸收中国和谐秩序观的内涵。譬如，西方在协商民主中强调理性、对抗和利益冲突，这在国际交往中都可能会进一步加剧矛盾。而中国的和谐秩序观则更为强调包容、相互理以及共识的达成。此外，欧盟协商民主可以算是世界协商民主的一个试验性形态。③可以把欧盟协商民主的内容在全球治理层面进一步扩展。哈特（Michael Hardt）和奈格里（Antonio Negri）提出的"诸众"（multitude）有助于推动全球协商民主的开展。④

　　整体来看，全球共治的内涵可以总结为"和谐共存、权威协调、互助礼遇、求同存异、多元协商"。

结　　语

　　与之前在世界秩序中占主导地位的冲突秩序观相比，和谐秩序观是一种新的秩序逻辑。冲突秩序观建立在人性恶的假设之上，主要从人的趋利避害的角度来思考问题。而和谐秩序观建立在人性向善的假设之上，力图发现和弘扬人性中道德的成分。在和谐秩序观指导下国际政治中，世界秩序表现为一种多行为体共存

---

①　《论语·子路》。

②　John Dryzek, Deliberative Global Politics: Discouse and Democracy in a Divid World, Cambridge: Polity Press, 2006; Thomas Risse, "Global Governance and Communicative Action," Government and Opposition, Vol. 39, No. 2, 2004, pp. 288–313; Magdalena Bexell, Jonas Tallberg, and Anders Uhlin, "Democracy in Global Governance: The Promises and Pitfalls of Transnational Actors," Global Governance: A Review of Multilateralism and International Organizations, Vol. 16, No. 1, 2010, pp. 81–101.

③　Erik Oddvar Eriksen and John Erik Fossum, eds., Democracy in the European Union: Integration through Deliberation? London: Routledge, 2000; Daniel Naurin, "Most Common When Least Important: Deliberation in the European Union Council of Ministers," British Journal of Political Science, Vol. 40, No. 1, 2010, pp. 31–50.

④　哈特和奈格里指出，"诸众"的主体范畴区别于人民（people）和群众（masses）。人民和群众是现代民族国家所创造出的整体性概念，这两个概念将多样性的个体概念化为同一性的整体。而诸众代表的是不可化约的多样性主体，其在异质性存在的基础上获得主体性和合法性。诸众可以在内部的差异性中寻找共同点和连接点来进行交流、联合与行动。在哈特和奈格里看来，诸众是全球民主的关键。Michael Hardt and Antonio Negri, Multitude: War and Democracy in the Age of Empire, New York: The Penguin Press, 2004, pp. 99–102.

的和谐状态（不同于国家行为体为主的无政府状态），主体间关系是朋友关系（不同于盟友或敌人的关系），而行为体之间的互动形式则表现为互助与礼遇（不同于自助与争夺）。和谐秩序观的提出建立在中国政治哲学与文化的基础上。这一秩序观与西方的主流秩序观明显不同，但是却与西方新的理论发展趋势相契合。同时，和谐秩序观的优势主要体现在其与整合性世界秩序的逻辑一致以及它的强适用性上。

全球共治是建立在和谐秩序观基础上的一种调和性理念。和谐秩序观是一种政治哲学或外交哲学的讨论，而全球共治则是一种应用性理念，其更为强调现实性和操作性。这一观念并不完全排斥冲突性逻辑，而只是要求其逐步减少。这一观念的运用既取决于中国的成长，也取决于中国对这一知识的总结和传播。我们正处在人类历史的一个关键节点上。秩序整合性的特征越来越显现，然而我们如果仍然在适用之前的冲突逻辑，那么世界秩序的整合就可能会中断乃至逆转。从这个意义上讲，反映中国传统的和谐秩序观的意义便更为凸显。和谐秩序观既与整合的趋势相一致，又具有很强的适用性。尽管如此，我们还不能简单地、泛化地适用和谐秩序观。因此，笔者在和谐秩序观的基础上提出了带有折中色彩的全球共治理念。这一理念部分反映了现实特征，又蕴含了新的和谐逻辑，是在中西方秩序观比较与整合的基础上提出的新的现实方案。

文明共生的未来与"伊斯兰国"威胁
——重读《文明的冲突与世界秩序的重建》

章 远①

多年前的"9·11"恐怖袭击事件划时代地改变了国际政治交往的重心，同时也让塞缪尔·亨廷顿（Samuel Huntington）的著作《文明的冲突与世界秩序的重建》（*The Clash of Civilizations and the Remaking of World order*）因罕见地预见了这一危机而声名大振。尽管亨廷顿已经离世，但他书中所提出的以文明、信仰为群体聚合要素形成对抗阵营的逻辑，对今天宗教极端主义突起的现实困境仍然有着合理的解释力。

亨廷顿 1993 年发表于《外交》季刊的名为《文明的冲突？》（*The Clash of Civilizations?*）的论文是《文明的冲突与世界秩序的重建》的前身。按照亨廷顿本人的介绍，《文明的冲突与世界秩序的重建》一书的思想最初源起于他为哈佛大学约翰·奥林研究所（John M. Olin Institute for Strategic Studies）"变化中的安全环境与美国国家利益"项目所准备的提纲。由此可以看出，亨廷顿所提出的"影响世界政治前途的冲突将发生于不同文明集团之间"这一观点的出发点，正是为了维护美国国家利益。亨廷顿以一位美国知识分子的自觉，来分析、解释和预测冷战结束之后全球政治的演变。

《文明的冲突与世界秩序的重建》一般被称为"文明冲突论"的代表著作。在亨廷顿眼中，文明的扩张属性在西方文明的普世主义、伊斯兰文明的好战主义和中国文化的伸展三个领域中表现突出。正是由于文明向外延展，触及了其他文明的传统势力范围，才产生了导致冲突的诱因。亨廷顿在书中预测，中国是未来

---

① 章远，华东政法大学政治学研究院副教授；主要研究方向为宗教与国际关系、宗教与地区冲突、巴尔干地区政治与宗教法治等。

多极文明对抗格局中的核心国家和一极。由于这些涉及中国的论断与中国和平共处的外交传统相违背,本书很快引起了中国学界和政界长达数年的广泛讨论和驳斥。该书翻译版引进中国后,几经重印,也从侧面证明了其争议的典型性。

亨廷顿认为,文明能够深入群体内核,很难随着时间推移或者主体转换而变化。而在所有界定文明的客观因素中,最重要的是宗教。人们为了反抗现代化过程中自身所处的劣势,选择回归曾经振兴过他们的传统宗教,于是掀起了始于20世纪末、持续至今的宗教复兴浪潮。

亨廷顿在书中表达了他对非基督教、反西方的宗教复兴的无可奈何。宗教复兴中原教旨主义运动蔓延到今天,其出现频率和破坏性都未曾减弱。那些原教旨主义运动期待用"净化"的宗教信条重塑个人和社会的公共行为充满了进攻性。亨廷顿在书中遗憾地总结道,因填补了市民社会秩序被破坏而产生的空白,原教旨主义得以从底层重新确认被异化了的宗教认同。这正解释了"伊斯兰国"(IS)威胁的根源。

IS 是当前伊斯兰极端化的高阶尝试,是近两年来最为严重的国际危机源头之一。IS 招募来自西方国家的志愿者,不时发布绑架、杀害人质的新闻,并索要赎金,在内部施行严苛的恐怖统治,压迫歧视女性,迫害同性恋者,其种种极端行为造成了西方文明的恐慌。IS 追求的是建立一个有别于现代民主政治、以伊斯兰经典的字面解释为唯一信仰、回归中世纪先知时代的神权国家,是逊尼派极端分子的伊斯兰王权想象。

依照"文明冲突论"的解释框架,IS 正处于地区和微观层面文明冲突的断层线上。IS 抵抗西方文明、驱逐西方势力、反对西方的支持者,譬如多次攻击基督教群体和基督教建筑。IS 和历史上的伊斯兰教帝国一样,政策上要求生活在其控制地区的基督教信仰者和犹太教信徒上缴类似宗教税形式的管理费用。为了打击IS,美国召集了包含主流西方国家和欧盟、北约等组织在内的广泛联盟,并空袭其控制地区。具有信仰力量的西方宗教领袖们则寄希望通过代祷、祈愿等宗教仪式,佑护身处中东的基督教团体。

但是,由逊尼派极端分子组建的 IS 同时也暴露出亨廷顿"文明冲突论"对文明内部冲突的解释不足。政策上,IS 推崇宗教单质化,追求建立一个单纯由逊尼派穆斯林组成的政教合一国度,将什叶派视为异端,无视具有多神信仰的雅兹迪教派，不允许学校教育出现多神教信仰论内容。地面战场上，其直接冲突多发生在伊斯兰极端武装力量和库尔德抵抗军之间。然而，军事对抗的双方都属于逊尼派穆斯林，教派有别且教义理解存在差异是引起其冲突的主要原因。但亨廷顿认为，历史上穆斯林内部冲突源于"好战"，当代穆斯林内部冲突源于"人口膨胀"和"缺少核心国家"，他并未意识到教派分歧是造成当今这些战争的主因。

亨廷顿的研究主要基于现代民族国家结构，他把宗教视为国家软实力的组成部分，但是 IS 的许多变化超越了传统国家分析框架。IS 具有比以往伊斯兰运动组织更强的神权至上色彩，它对国际关系的安全认知、国家的主权认知以及传统地缘政治的边界认知都提出了挑战。亨廷顿判断，冷战结束后，不论是民众还是国家对文明的忠诚都超越了以往对国家的忠诚，民众和国家正在沿着相似文明的脉络集结。然而，IS 直接抛弃国家、主权、边界这些传统国际交往主题的"激进"做法证明了亨廷顿判断的局限性。

有意思的是，亨廷顿还注意到宗教运动，尤其是原教旨主义运动，非常善于运用现代通信和组织技术向外传播自身理念。IS 和其他原教旨主义、宗教恐怖主义组织虽然在宗教意识形态上极为保守，但是他们却并不排斥使用技术发展成果。IS 的外宣和招募行为几乎都仰仗着比拉登基地组织时期更为发达的社交网络和新媒体。当然，那些受"感召"而跋山涉水赶去支援的"圣战"之人，一旦发现 IS 宣传和现实政局之间存在落差，未必能持续对 IS 的追随。

无论是亨廷顿，还是今天探讨基于文明的冲突及暴力的研究者，最终都致力于解答不同文明在和平交往中共生的命题。尽管《文明的冲突与世界秩序的重建》强调文明的冲突性，但亨廷顿的结论却认可文明对于和平的正面作用，他认为建立在文明之上的国际秩序是预防未来世界大战的保障。

在亨廷顿看来，道德是绝对的，而文明是相对的。伦理道德是宗教的重要组成部分。宗教本身没有对错，但执行宗教的人和组织却有文明和野蛮之分。IS 和宗教极端主义的不断壮大是对文明发展的倒行逆施。原教旨主义、恐怖主义组织是道德低下的野蛮力量，是亨廷顿所担忧的"以暴力打击文明"的"黑暗时代"。文明共生的未来必然闪现着人性光辉，它需要政治领袖、精神领袖和知识领袖依据"共同性原则"寻找文明之间共有的价值观、制度和实践，在相互学习及和平交往中实现理解与合作。

全球宗教复兴与基于信仰的国际危机治理

章 远

2015 年新年伊始，法国讽刺漫画杂志《查理周刊》因为刊发侮辱伊斯兰教先知的宗教漫画招致基地组织成员持枪报复，十二人死亡，引发全世界的震惊。法国是受宗教改革影响深远的国家，尽管天主教是国家最主要的宗教，但法国同时也是秉持政教分离、宗教宽容原则的宗教多元国家。然而法国近年来频发宗教冲突性事件，不管是女性在公立学校佩戴头巾的宗教自由争论，还是增建清真寺选址与周围非伊斯兰教社区共生的争议，到这次的枪击悲剧，宗教显然已经不是局限于个人内心的私人化议题。宗教越来越趋向于公共表达。

一、宗教的回归和复兴

1648 年召开威斯特伐利亚和会被认为是近代国际关系的开端，威斯特伐利亚体系确立了主权独立的民族国家才是国际交往的平等的主体，以教皇为代表的神权不再是国际政治舞台上的参与者。威斯特伐利亚和会是终结"三十年战争"的国际会议，而"三十年战争"正是一场关乎宗教的政治地位与欧洲霸权归属的残酷争夺。此后，包括天主教教会在内的所有宗教组织都不再介入国际政治，他们所代表的神权也不再出现在国际关系的话语体系之中。在宗教学者看来，宗教作为曾经活跃的政治要素，不管它自身情愿与否，都退出了国际关系的视野。取而代之是强调领土、主权、治权和族群意义上完整性的民族国家成为了国际行为体。宗教淡出公共视阈，转而专注于私人的灵性空间。

西方研究者将宗教在威斯特伐利亚体系建立之后的境遇形容为"宗教的流放"。包括神学家在内的众多宗教领域人员都认同，自"三十年战争"，甚至倒退到宗教改革、启蒙运动，世界政治的整体特质是"世俗化"的。转机发生在冷战结束之后。铁幕的消亡使旧有的、依照意识形态划分阵营的政治格局被打破。冷战结构下的两极国际体系被打破后，各种多元的国际关系行为体纷纷获得独立表达利益诉求的新契机。

苏东剧变后，许多前社会主义阵营国家因为意识形态体系的崩塌，民众间出现信仰真空困境，宗教适时填补了这一心理空缺。苏东剧变带来的民众对意识形态广泛怀疑的舆论氛围和心理环境，给予了宗教发展的机遇。冷战的终结随之而起的是宗教重新主宰民众的精神生活。也是从这个时期开始，中亚、东欧等诸多动荡地区出现了分裂主义的新转向。以往分裂势力依据威斯特伐利亚体系以来的既有逻辑，从世俗的民族主义寻求分裂合法性，强调基于文化族群的共同体认同。然而这些努力在争取独立的道路上受挫之后，分裂主义转而利用宗教的心理感召力和社会聚合功能，将分裂行径粉饰成捍卫宗教利益，藉此获取更多的支持以瓦解既有的合法主权结构。

宗教回归国际政治的变化不仅仅是前苏东地区的特例。全球范围的伊斯兰教力量得到强势复兴，基督教福音派特别是五旬节教派在拉美以及更大范围的人口大规模增长，世界基督教中心向南方国家转移，亚洲传教人士的急速增长，西欧地区非欧洲裔天主教神职人员引进比例的提高，世界宗教的原教旨主义的出现，新宗教运动的快速发展，非世俗化的中欧，宗教结社方式的自由化转变等等都被视为宗教复归的信号。

随着全球化的扩展和深化，这类宗教地位提升的趋势日渐增强。传统国际关系理论的描述中，国际关系的行为体包括民族国家、国际组织、非政府组织、各种利益集团等等，现在宗教的迅速发展使之成为不可忽视的新要素，宗教群体和宗教组织相应地逐渐有了国际关系行为体的地位。对于曾经一度被"流放"和边缘化出国际关系实践的宗教来说，参与领域的政治性拓展是宗教在国际政治范围的一种回归和复兴。正如美国宗教社会学学者彼得·伯格（Peter Berger）所断言：现代化并没有导致宗教的消亡，因而简单化得出世界已经"世俗化"的结论是不确切的。

自美国"9·11"事件发生之后，以神圣之名而发起的宗教冲突和宗教暴力事件一直都处在逐步升级的状态中。塞缪尔·亨廷顿（Samuel P. Huntington）的"文明冲突论"成为自我实现的预言,而亨廷顿的假设中各个文明正是基于宗教文化划分敌我同盟的。有观点认为全球化下的宗教复兴现象的本质与其说是宗教被引入政治,不如说政治生活中曾经的边缘群体掌握了越来越多的政治权力更为正确。宗教群体对回到政治事务中保有主动的热情,基于宗教回归和复兴政治舞台的大环境,宗教群体得以把渗透着他们的伦理观、价值观的政策主张比冷战时期更便利地影响国际事件的走向。

在硬币的另一面,全球化不可回避的都市化和工业化趋势将不断地侵蚀着宗教赖以生存的传统文化价值土壤。对除美国以外的多数发达国家内部而言,全球化对传统的破坏,导致国内宗教势力进一步世俗化,一个明显的现象是教堂礼拜的参与率持续下降。但是在发展中国家,同样的外部挑战却引发了相反的应对情况。在发展中国家里,宗教安抚了经济技术发展落后导致的失落情绪,慰藉了茫然的心灵,结果宗教反而在这些国家大举复兴。对那些宗教复兴中的不稳定的发展中国家来说,宗教的介入带来的未必都是安抚人心的正面效应。那些原本政治力量和政治资源就分散的国家不得不面临更多的干预者。宗教内部存在封闭性宗教和开放性宗教之分,无论何种宗教传播态度,都并不免于与其他宗教之间发生竞争关系。这是深植到群体内核的排他精神。宗教内在的排他属性和无国界属性使得区域冲突的可能性反而增加了。

2011年,反恐战争之年之后,本·拉登被击毙,但宗教的政治参与有了新的形式。2010年开始的政治变革"阿拉伯之春"(Arab Spring)带给阿拉伯国家的政治效果还在继续发酵。涉及阿拉伯世界众多国家的基层民众国家通过各种抗争手段推翻现有的世俗国家政权。在随后的民主选举中,以穆斯林兄弟会为代表的伊斯兰力量反借民选获得了组建新联合政府的机会。其中埃及的穆兄会和突尼斯的伊斯兰复兴运动都是新竞选既得利益的伊斯兰教政党,尽管外界对宗教特质浓郁的新兴中东政党有疑虑,但这些政党自身对外多持温和的伊斯兰教立场。

二、国际危机与宗教认同

国际危机具有多重类型,从烈度上分有张力状态、暴力冲突、小规模军事对抗,最高阶段的是直接的战争。国际危机的表现形式包含国际政治的外交层面,军事层面，甚至是经济层面。国际危机的发生从来不是单一根源。特定区域内长期的、阶段性的非安全张力状态中常常可见宗教的身影。尽管程度上有差异，但应该说广义上宗教与各种国际危机都可能产生交集，信仰是超越国际政治的世俗成见的。

宗教无论是在信众数量还是在影响力辐射面都于当前世界取得迅猛发展。宗教因素已经成为国际交往中日益不可忽视的政治要素。宗教天然具有跨民族、跨国境的自然属性，在信仰人群交汇区域，宗教问题常常与主权边境等国家安全问题交织在一起，给执政者提出一系列政治难题。在一个国家内，宗教布局一旦出现绝对主流的信仰，如果没有完善的维护宗教平等的制度作为保障，那些信仰少数派很可能被动地成为受到利益伤害的社会群体。然而在更广阔的地区层面，这个国家内部的宗教少数派却可能在邻国找到更大比例的同信仰人口，形成新的认同圈。这个认同圈覆盖了原有的两国政治边界，由此产生扩大化了的宗教问题治理隐患。

正是因为宗教的回归和复兴，特定人群对现有民族融合的国家的认同顺位低于狭隘的种族认同、宗教认同和组织认同，因此以往成熟的政治解决途径，比如和平协议，往往无法彻底根除宗教引发的对抗。

以菲律宾为例，超过 80% 的菲律宾人信仰天主教，是东南亚地区为数不多的以基督宗教为主要信仰的世俗国家。周边国家泰国、缅甸、柬埔寨、越南、老挝人口的 90% 为佛教信众，而马来西亚、印度尼西亚和文莱都以穆斯林占人口多数。2013 年 9 月起，菲律宾境内发生穆斯林武装组织暴乱，政府军与叛军直面交火持续数周，对抗波及平民。叛军为菲律宾南部伊斯兰教背景的反政府武装摩洛民族解放阵线（MNLF）。叛军攻占的城市和挟持的民众均以基督宗教为主要信仰。菲律宾摩洛人是以伊斯兰宗教信仰作为身份认同的民族集合群体。西方媒体多用穆斯林叛乱来形容这场暴力冲突。正缘于宗教性的国内危机容易外溢为地区性政治危机，而包含宗教力量在内的外部势力有可能利用该国宗教冲突的政治契机介入一国事务。因此，不难解释叛乱发生后，摩洛民族解放阵线发言人呼求穆斯林人口占多数的邻国印度尼西亚参与到冲突解决中来。积极的方面是，地区性组织或者宗教亲缘国家如果在参与和平建设的进程能够保持相对中立，并且坚持世俗的立场，则提高了解决或者缓解民族宗教对抗痼疾的可能性。

外部立场的不同对摩洛民族解放阵线的政治地位的定位解读也存在差异。摩洛民族解放阵线是伊斯兰会议组织的成员，很难说它是宗教恐怖组织。但摩洛民族解放阵线的纲领和作为都决定了它是个有宗教背景的武装分裂主义组织。更为激进、更伊斯兰化的摩洛伊斯兰解放阵线（MILF）20 世纪 70 年代从摩洛民族解放阵线中分离出来，近二十年摩洛伊斯兰解放阵线与菲律宾占多数的天主教人群冲突不断，活跃度高于摩洛民族解放阵线。菲律宾境内有的冲突只是这两个本国伊斯兰分裂组织内部利益斗争的外化。当然，摩洛民族解放阵线自己声称代表全岛穆斯林，而非仅仅局限于本组织。

宗教发展的时代性同时也是通过宗教人、宗教组织的主动能力体现出来的。这其中重要的一点是宗教内部的宗教精英、宗教神职人员和宗教普通信众对经典文本和对教典的解经释经。

分裂主义武装穆斯林组织，尽管都以伊斯兰教作为自身的旗帜，然而他们对信仰教义、对本组织的宗教诉求解释不甚相同。摩洛民族解放阵线一方面是以伊斯兰教为组织意识形态；另一方面在对外官方宣传中也主张抛弃宗教、民族等差异，追求所有成员平等享有政治权利。摩洛伊斯兰解放阵线则更明确地追求建立伊斯兰共和国。这些伊斯兰分裂组织不满足于自治区形式的穆斯林社区，他们要求彻底从菲律宾独立，在菲南部建立起政治和财政均独立的自治伊斯兰国家。正因为对建立伊斯兰国家的强调，许多分裂组织吸引到了外部宗教亲缘国家和组织的政治支持甚至军事支持。比如卡扎菲治下的利比亚就曾经给予菲律宾伊斯兰叛军支援。从中央政府的角度，民族宗教自治区不应该容忍反政府力量持有武器，和平裁军直至解除武装才是控制叛乱、保障普通民众安全和社会安全的先决条件。

全球宗教复兴的一个重要负面影响是愈加活跃的宗教极端主义和宗教恐怖主义危机。恐怖主义造成和平社会环境下人为的恐慌，给普通民众带来的潜在安全威胁。然而悖论在于，就当前中国来说，过于敏感的安全保卫措施会客观上施加给特定族群以不信任感，长期来看很可能有损中华认同，造成族际紧张。暴力的根源很大程度上来自恐怖主义组织将狭隘偏激的反社会思想以信仰为平台和联系纽带，传入特定人群，但是过于隔离的族际状态却会加剧误解和恐慌。

亚洲地区许多国家面临极端宗教原教旨主义组织的恐怖主义组织问题。在全球交往日益便捷的时代背景下，这些恐怖主义分子相对更频繁地跨境交往给临近国家造成安全威胁。东突厥斯坦伊斯兰运动（ETIM）是被认为与基地组织有联系的恐怖主义组织，然而应该说无论是中国国内还是世界反恐大环境都对东突厥斯坦伊斯兰运动的信息掌握得不够充分，也正因此造成许多方面的误读。东突的活动的确有一定程度的民族因素和宗教因素掺杂其中，但归根结底是针对无差别平民进行暴力攻击的恐怖主义行径。尽管从组织名称上看，东突有宗教背景，却无法掩饰其通过极端手段争取所谓的独立和分裂的内核。东突的组织发展路径与真正意义上的宗教之间关系不大，并不会激起主流伊斯兰教世界基于同宗之谊的援助。

2013年天安门撞车事件是自杀性恐怖主义袭击行为，是严重的暴力犯罪，是在各方高度警惕和做了足够的应对恐怖组织袭击的准备的情况下，仍然发生的突发事件。天安门撞车事件意味着国内恐怖主义活动范围的变化：不仅在高危的、分离主义活跃的地区有提高安全警卫的需要，现在对平和地区的特定社区也有更高的安保要求。从国家安全的角度而言，我们希望天安门事件能够吸引更为深入有效的国际反恐合作和反恐支持。然而应该看到，并不是所有支持反恐的国家都认可天安门事件是极其严重到需要与中国展开合作的关键时机。其他国家内部对跨国反恐合作的热情远远没有"9·11事件"之后那么高昂。拉登被击毙之后，即便是基地组织也被观察界认为受到了严重削弱，其组织机构更加碎片化，很难再次形成有重大破坏力的大型国际恐怖主义活动。打击恐怖主义更多地回到了国内层面。全球反恐热潮消退之后，基于地缘政治的地区性反恐合作应是未来国际反恐的趋势。

地缘政治意义上的中亚地区，连接的是伊斯兰教传统控制的中东地域、斯拉夫文化主导下东正教为主的俄罗斯和多元宗教文化并存的中国。特殊的地理位置使得中亚诸国始终面临来自数种宗教力量的碰撞和角力。"9·11事件"后，中亚一度曾被视为抵御宗教恐怖主义蔓延的关键屏障。这个以伊斯兰教信仰为文化特质的地区，不仅存在温和伊斯兰，也出现宗教极端化倾向。中亚地区近年的伊斯兰化，尤其是原教旨化，特别是当宗教极端势力与分裂势力交织在一起的时候，很可能引发周边国家极端伊斯兰势力聚合。宗教极端主义者得到信仰心理扶助，甚至物质资源的扶持。2010年吉尔吉斯斯坦的骚乱事件就被认为有恐怖组织"乌兹别克斯坦伊斯兰运动"和"伊斯兰圣战联盟"参与其中。悲观人士甚至将中亚伊斯兰化视作改变中亚局势的最主要威胁。2012年9月，当伊斯兰教世界抗议诋毁伊斯兰教先知美国电影甚至导致美国驻利比亚大使克里斯多夫·斯蒂文斯（Christopher Stevens）遇难其间，哈萨克斯坦、吉尔吉斯斯坦、塔吉克斯坦这些中亚国家都加入了谴责这部电影的行列。

近年来伊斯兰化的高阶尝试——建立伊斯兰国家，是最为严重的国际危机。波黑战争和科索沃独立等一系列政治变动之后，西方就有巴尔干地区会逐渐给欧洲制造一个新的哈里发王国，从而改变欧洲宗教政治格局的担忧。然而真正触及到各国政府核心外交战略设置的是伊斯兰国（ISIS）的迅速崛起。一个有别于现代民主政治的、以极端伊斯兰为唯一信仰的、政教合一的、回归中世纪先知时代的神权国家，一个严重威胁周边国家国家安全的"哈里发王国"是世俗世界不愿意看到的。从宗教的角度来看，伊斯兰教基本教义内化到公共社会生活领域，严苛地规制治内所有民众的行为，伊斯兰教教法绝对高于世俗法律诸方面都证明了ISIS有别于此前所有致力于伊斯兰化运动的政治组织，具有更强的神权至上色彩。

带来国际危机的安全威胁不仅仅局限于伊斯兰教。佛教一直是被外界称颂的和平主义者，是自由、平和、宽容的象征。从宗教传统上来看，佛教与暴力的关联性似乎是最小的。2013 年 6 月美国时代周刊以《佛教恐怖主义的面孔》为封面报道，介绍了缅甸反穆斯林的宗教领袖维拉图上师（Ashin Wirathu）。文章指责了维拉图利用宗教身份在缅甸国内散播含有对穆斯林憎恶和仇恨情绪言论的行为，认为这位宗教领袖应为缅甸近几年频现的宗教暴力负责。

当把佛教安全议题置于缅甸周边南亚和东南亚地区，这片上座部佛教传统兴盛的区域中，宗教对抗并不罕见。泰国南部佛教徒与穆斯林多有冲突，因为该地区穆斯林占多数，官方军队在平判宗教动乱的时候不得不仰仗当地包括僧侣在内的佛教力量，或者将军营临时驻扎在寺庙内，或者直接武装僧兵作为防卫力量。斯里兰卡暴乱中常常可见僧侣褐红袍的身影。这些僧侣将斯里兰卡穆斯林和基督教群体视为敌人。佛教民族主义组织"佛教力量"宣称以保护斯里兰卡民族性为己任，他们以反境内 10% 左右人口的穆斯林为组织目标，鼓吹穆斯林人口增长过快挤占了佛教徒的言论，要求恢复斯里兰卡僧伽罗佛教传统，去除国内伊斯兰教的影响力。"佛教力量"还跨越境支持缅甸佛教激进者对罗兴伽穆斯林的压迫，认为这是佛教徒必要的自我保护。上述事件能够在佛教盛行的国家长期存在，应该说一定程度上打压其他宗教群体在这些国家的上座部佛教层面获得了的合法性。

在中东、中亚、南亚、东南亚等地发生的国际危机中，宗教极端主义的核心目标是国家乃至区域宗教单质化。为避免对方宗教人口因为生育、受教育等原因而在比例上削弱国家内某个宗教的政治地位，因此宗教民族主义、宗教沙文主义和宗教民粹主义都能够利用宗教的平台得到系统的权威性和正当性。宗教感情、宗教自信过度膨胀，滋生宗教民族主义和宗教沙文主义，侵蚀着宗教和平互动的基础，削弱国家的向心力。

三、基于信仰的危机治理

从普世性的伦理观来看，宗教尤其是温和的制度化世界宗教应符合大众普遍认可的道德期许。宗教从来不是仅仅局限于私人领域的虚无主义。宗教组织可以是国际行为体，在外交、经贸、军事之外，成为国际危机治理参与者在非政府层面的重要补充。宗教思想在危机治理过程中的一方面为跨地域的同宗信仰族群提供凝聚力的认同来源，另一方面对宗教文本的向善解读。从宗教权威的角度解除冲突以宗教为名的合法性，使宗教极端主义丧失意识形态地位，缓解信仰层面上的安全威胁。

基于信仰的国际危机治理的逻辑首先来自于原罪观。以基督教现实主义为例，尽管信仰者自认为基督教是可得救赎的宗教，但是人类自身是无法抵制自私的特质，因此来自于外部的压制才是抑制对抗、危机等不利政治现实的手段。宗教领袖是宗教群体的精英阶层，应用其神权代理人的身份积极引导信众规避国际危机发生的可能性。非宗教力量也要从策略上限制那些为了一己群体私利而激化危机的宗教精英的可影响范围。其二来自于赎罪观。宗教群体面对"非我族类"，如果坚信因信方能得救，那么产生传播自身信仰和增加自身信仰修为两种行为向度。前者可能因为改变当地宗教地图而引发危机，后者则可能走向极端主义、原教旨主义的困局。其三来自于殉道观。宗教极端主义者把破坏安全的行为理解为牺牲小我成就大我的勇士、死士行为，对周边人群来说是实在的安全威胁。

宗教治理的典型行为模式是宗教仪式，是以代祷、国际祈福大会等等通过特定宗教仪式而与敬拜对象建立超验交流以推进危机缓解的非世俗模式。而更重要的治理方法是与政治制度合作的复合治理模式。

仍然以中亚为例。中亚地区伊斯兰化始于 7 世纪末 8 世纪初阿拉伯帝国的扩张。苏东剧变之后，伊斯兰教替代意识形态的地位迎来复兴。尽管伊斯兰教在中亚地区的发展历史断断续续地跨越千年，但是伊斯兰教宗教力量的影响力范围至今仍然主要局限于信仰领域。之所以伊斯兰教在中亚地区社会生活中的影响力度尚不足以形成宗教危机是因为从宗教生活上看，中亚地区以清真寺为中心的集会维持在敬拜、学经等宗教活动范畴，没有形成为伊斯兰色彩的政治性思想的外宣基地。中亚诸国国内虽然各民族信仰伊斯兰教的人口众多，但是真正认同伊斯兰原教旨主义、追求建立哈里发王国的民众比例并不高。在中亚，伊斯兰教教法规制穆斯林的个人行为、公共活动的能力有限，更不可能像 ISIS 一样歧视性地对非穆斯林征收人头税吉兹亚。

在中亚，伊斯兰教群体尚未形成足以参与国家政治的合法、有力的宗教政党，更遑论影响地区政治。乌兹别克斯坦甚至以法律的形式禁止组建伊斯兰教性质政党。中亚伊斯兰组织政治动员能力与世俗政治力量相比，还处于相对弱势。

全球化时代能滋生掌握政权的宗教力量的国家，往往是那些政治意义上的失败国家。中亚诸国的政府其管理能力仍然能维持控制伊斯兰组织所需的行政效能。此外，从 ISIS 得到的教训是伊斯兰教法不可以凌驾于世俗法律之上，宗教组织不能掌握武器，国家的军方立场更不能转向伊斯兰化。

宗教治理不等同于道德治理，宗教的道德属性不是其唯一属性，道德治理自身尚且存在诸多先验缺陷，宗教治理的不确定性更增添了管理难度。

我国近年来同样面临伊斯兰教背景的分裂主义组织破坏国家安全的现实问题。很大程度上源于宗教的全球复兴，分裂主义越来越刻意强化自身的宗教属性，相对应的，与周围其他宗教群体的隔阂日益加深。一旦分裂主义组织从外部宗教亲缘政治行为体得到了可观的经济、政治甚至军事支持，则成为安全的巨大威胁。长远来看，解决分裂主义和宗教恐怖主义仍然需要依靠完善国家和地方的政治与法律制度，保证社会各个机制都能够有效运转，提高各地区经济水平，增加各阶层民众经济收入，避免出现宗教不平等和宗教歧视等社会问题。

全球化解构了传统的民族国家体系，宗教群体的社会政治身份得以强化，世界的宗教图景正在慢慢改变。这个过程虽说不见得会再次掀起宗教革命般的惊涛骇浪，但是对众多身处宗教张力地区的国家来说，安全问题绝对是个不小的挑战。总的来说，宗教在国际危机解决的过程中，其作用只能是高级政治、硬政治的补充。从有效性来看，是引导、压制、利用还是扩大宗教性治理模式尚值得继续讨论和考察。

第三部分
文明视野下的国家治理模式比较

美国"弱耦合型"国家治理模式研究

游腾飞 [①]

中国学界正在出现对"国家治理"概念与理论的重塑和讨论。自中国学界恢复政治学理论研究以来,一直在试图突破西方政治价值观和学术术语的藩篱。这种探索性的努力,事实上经过了"套用西方政治学体系解释中国现象"的摸索阶段、"从本土经验视角补充西方传统政治概念体系"的调和阶段和"以现代性语言重新阐释中华传统文明"的自主阶段。上述三种中国本土政治学研究的阶段,与全球文明中心转移的时代背景紧密相关。中国作为新兴大国在世界力量格局角力中正在尝试形成引领世界的话语权,"国家治理体系和治理能力现代化"就是中国学界正在形成的新话语体系。如徐湘林教授认为的那样,"国家治理概念则强调了转型社会国家发挥主导作用的重要性,同时也考虑到了治理理念所强调的社会诉求,应该是一个更为均衡和客观的理论视角"[②]。因此,在此种学术讨论的背景下,研究者从国家治理的视角出发,重新对美国政治制度进行审视,把握美国政体的优劣势,无疑是恰当的。此外,学者理解国家与社会关系的一般性观点可抽象概括为"大政府、小社会"或"小政府、大社会"。上述两种理解均将政府与社会视为权力天平的两端,仅从权力或能力等方面的体量强弱去分析二者间的关系。笔者认为,国家与社会的关系更多地体现为一种相关关系,而非对立的"孰强孰弱"的问题。本文所提出的"弱耦合"概念,是指国家与社会间的相关关系并非强相关,而是一种相对不显著的相关关系。在此种相关关系中,国家和社会结构不存在直接的密切的咬合关系,二者之间的联动相对滞后。

---

① 游腾飞,华东政法大学政治学研究院助理研究员;主要研究方向为比较政治学理论与方法、国家治理、比较地区政治与美国政治等。

② 徐湘林:《"国家治理"的理论内涵》,载《人民论坛》2014年第4期(上)。

从上述两个角度出发，笔者首先在文章的前半部分依次阐述了美国国家治理模式中的三个关键组成部分，即多元核心价值体系、复合国家治理结构和多效国家治理主体能力。其次，笔者认为，通过发挥多元价值体系的认同性作用、复合国家治理结果的嵌入性优势和多效国家治理主体能力的渗透性，美国逐渐构建起一种可称之为"弱耦合"型的国家治理模式。最后，构建完国家治理模式之后，分析了该种治理模式存在的根本缺陷。

一、多元核心价值体系的认同性作用

正如文森特·奥斯特罗姆（Vincent Ostrom）所言，"发展一门价值中立的行政科学的替代途径，是明确认识到价值总体上所起的重要作用，尤其是在人类社会组织这种工艺中的作用"①。国家治理模式中蕴含的核心价值十分重要。顶层制度设计者的价值理念，直接设定了制度设计的逻辑起点和逻辑终点。学者在研究国家治理模式的过程中，不能仅将研究重心放在具体的治理结构和体制。

从这一认识出发，本文在构建美国国家治理模式时，首先从国家治理机理设计的核心价值进行论述和把握。简言之，美国国家治理核心价值体系主要包括联邦主义思想、维护州权的共和思想、保护公民权利、保护少数人权利（多元主义）、法治思想和清教主义。从上述多元的核心价值内涵出发，美国国家治理模式得到了稳定而持续的发展。在美国国家治理核心价值体系中，最重要的两种价值认识是联邦主义思想和保护公民自由权利的精神。在美国国家治理模式中，多元的核心价值体系发挥了基石性的认同性作用。

首先，美国国家治理核心价值体系中最关键的是联邦主义思想，即如何界定中央政府与地方政府间的关系。作为联邦国家的成功典范，美国的联邦主义思想可追溯至欧洲宗教思想。加尔文主义者认为，"联邦主义是一个政治准则，强调对宗教的尊重、教会与国家的分离和对政府干预的厌恶"②。萌芽于此种认识的美国联邦党人，在建国前后的激烈论辩中逐渐达成了美国式"央地分权"的共识，提出联邦契约论。美国的联邦主义思想基于两个层面的共识，第一个认识是基于

① 文森特·奥斯特罗姆：《工艺与人工制品》，载《多中心治道与发展》，上海三联书店 2000 年版，第 498 页。

② Michael Burgess, Comparative Federalism: Theory and Practice, Kentucky: Routledge, 2006, p.30.

宗教圣约观的契约论。1787年的发布的《联邦宪法》是各个州政府和联邦政府之间达成的神圣契约。在此种契约中，缔约一方可根据约定的规范保留退出联邦的权力。著名美国宪法学家亨利·康马杰（Henry Commage）总结道，"美国宪法是各个州和联邦政府之间共同的契约，各州人民为了特定目的将部分权力明确授予联邦政府，而其他权力由各州保留，各个州和联邦政府在各自范围内行使规定的权力"①；第二个认识是基于契约观的平等意识。在美国联邦主义者看来，缔约双方是平等的关系。不仅各个州和联邦政府是平等的关系而非上下级的层级统治关系，而且各个州之间也是平等、独立的关系。每个州在自己的权限范围内有不受其他州干涉的自由，各个州彼此之间相互尊重各自制定的法律。美国联邦主义思想的两个基本共识，奠定了美国政府间关系中的两个重要部分，即央地关系和州际关系的基本格局。此外，美国国家治理模式的基本架构也在此种联邦主义的制度框架中被搭建起来。

其次，美国国家治理核心价值体系中另外一个重要的理念，是保护公民自由权利的精神。从宪法的本源考虑，美国制宪者一贯认为，"建立政府的根本目的是为了保障个人的生命、自由和幸福权利"②。詹姆斯·麦迪逊（James Madison）在与反联邦党人的论战中明确指出，维护公民的权利比明确划分联邦政府和州政府的权力更为重要。在《联邦党人文集》中，麦迪逊提道，"联邦政府和州政府事实上只不过是人民的不同代理人和接受委托的单位……首要的权力不管来自何处，只能归于人民"③。事实上，从《联邦党人文集》和后续发表在《纽约时报》的文章来看，美国制宪者基本达成了共识，即宪法主权来自于美国人民（the people of the United States），"当人民主权一原则遭破坏的时候，人民就有权利来改变或废除旧的政府，建立新的政府，以实现他们的安全和幸福"④。

这种共识在美国建国史中不断被强调，其中最为经典当属《独立宣言》中

---

① Henry S. Commager, ed., The Kentucky & Virginia Resolutions of 1798, The Documents of American History, NJ: Prentica Hall, Inc., 1973, p.131.

② 汉密尔顿、杰伊、麦迪逊等著：《联邦党人文集》，程逢如等译，商务印书馆1982年版，第130页。

③ 汉密尔顿、杰伊、麦迪逊等著：《联邦党人文集》，第240页。

④ 北京大学法律系宪法教研室、资料室编：《宪法资料选编》第4辑，北京大学出版社1981年版，第229页。

的精辟论述，"人人生而平等，造物主赋予他们一些不可转让的权利"①。在这种共识的基础上，北美各州相继制定了宪法，最终形成了1787年的《联邦宪法》，彻底建立起了美国国家治理的权力架构。韦斯特尔·威洛比（Westel Willoughby）对此有一段精彩的评论，他认为"当人民采纳了制定的宪法之时，宪法就应该成为最终的、最高的法律，宪法不是被新罕布什尔、马萨诸塞等各州人民接受的，而是被联合起来的各州人民所接受的"②。美国国家治理价值体系中的保护公民自由权力的重要价值共识，不仅成为维护央地政府权力格局的关键要素，而且也是实现现代西方民主政治的前提条件。

二、复合国家治理权力结构的嵌套性优势

国家治理结构由多元治理主体和多重治理方式所组成，它是一种基于多重权力主体间相互作用而形成的复合结构。由于多重治理主体的权力不等、利益不同、范围不均，它们之间存在的多重互动博弈导致的变化最终直接影响到国家治理结构的变化。由于本文主要关注联邦政府和州政府两大主要治理主体，因此，尚未涉及美国国家治理中的其他治理主体③。

联邦宪法将美国联邦和州政府各自拥有的权力划分为以下四种类型，即固有权力、列举权力、暗示权力、共享权力。这些权力在不同层级的权力主体间发生相互关系，形成了复合性宪政设计结构、交叉性政策实施系统和双重司法审判体制。这些复合结构、机制和体系共同构成了美国国家治理模式下的复合权力结构。

首先，通过对联邦和州政府各自拥有的权力类型的划分，联邦宪法在纵向上构建起了权力分散和平衡的权力体系。联邦宪法不仅创造了联邦政府这一全国性的中央政府，并赋予其最高权威权力，同时仍在州政府这一层级保留了许多维持

---

① P. Maier,The Declaration of Independence and The Constitution of the United States, Bantam Classics, 2008, p.3.

② Westel W. Willoughby, The American Constitutional System：An Introduction to the Study of the American State, CA: Charleston, BiblioLife, 2008, p.27.

③ 美国的政府大致可以分为三个层次，联邦政府、州政府和地方政府。联邦政府与州政府之间的关系是由美国宪法调整，形成了传统意义上联邦制的政治体制。州政府之下的政府一般被称为地方政府，是指州以下的县、市、乡镇、特别区和学区等五类政府性组织，相互间没有隶属关系，只是根据人口和地域进行划分，各自在其管辖范围内行使其职权——笔者注。

地方自治固有的，且能够对抗中央政府过度侵犯的权力，从而形成相对稳定的国家治理模式下的央地权力关系，即拥有国家主权的联邦政府与拥有保留州权力的州政府二者并存。两套宪法并存体系与两重政府并行系统，共同形成了独具特色的复合性宪政结构。此种复合宪政结构也成为美国国家治理权力结构的基石。

其次，在美国国家治理模式内同时并存着联邦与州政府两套平行的行政机构。总的来看，联邦宪法中对央地两级政府行政权和立法权的分配基本一致。央地两级政府的专属行政权来源于既有的立法权。联邦政府和州政府各自行使行政权。在此种交叉性政策实施系统中，州政府的行政权只限定于执行本州制定法律的权力。从联邦宪法上来看，宪法从未授予联邦政府任何可能控制、命令或管理州行政权的权力。联邦和州政府在美国国家治理模式内并行不悖地执行着各自的行政管辖权。如果二者的行政权力发生纠纷，也多协商解决或由最高法院裁决。因此，双重性政策实施系统事实上给予了州政府相当大的自主权，也导致了各州政策执行结果不均衡，但同时也避免了联邦对州事务的随意干涉，进而保护了州权和公民权利。

最后，美国的司法系统呈现为一种复杂的双重结构，即联邦法院系统与州法院系统并存的司法结构。美国具有两套发达的平行法院体系。在理论上，两个法院系统均归属于美国宪法，彼此间权力相关联，但不相隶属。有学者总结了美国司法体系的特定，"联邦法院依据宪法受理联邦司法管辖权限之内的案件，州法院受理因州法而发生的案件"[①]。

总的来说，美国国家治理模式的治理权力结构最显著的特点是联邦和州政府权力间的复合。此种治理权力机构的嵌套性，美国国家治理复合结构，使得州的政府能力和自主地位得以完整地保持，从而使州作为治理主体得以充分发挥作用。

三、多效国家治理主体能力的渗透性发挥

美国国家治理中的治理主体能力主要体现在联邦政府和州政府之间的权力关系以及权力作用方式两个方面。本文所指的渗透性，是指国家政府在管辖的范围内有效贯彻政令的能力强弱。

---

① 卡尔威因·帕尔德森：《美国宪法释义》，徐卫东、吴新平译，华夏出版社 1989 年版，第 144 页。

在美国开国者看来，"建立联邦政府负责执行联邦法律，是出于对州的不信任而并非是出于对州权的保护目的"①。但随着反联邦党人思想的激辩以及第十条宪法修正案的通过，美国联邦体主义在实践中形成了对州的可靠的保护。在美国国家治理模式下，联邦对州所能采取的控制方式基本是非直接的，主要是通过建立在联邦法律至高原则上的联邦优占以及议会主导的财政补助计划。前者指联邦在州际贸易条款之下实行对州法律的优占②。后者指联邦政府可以通过议会提案的方式向州提供财政补助援助，但此种财政补助方式往往带有许多附加条件，实际是联邦政府控制州政府的一种常用手段。近年来，联邦政府使用财政补助的次数较为频繁，体现出一种"新社会管控的趋向"③。

联邦优占和财政补助计划两种方法相互联系，联邦优占往往通过各种财政补助计划的附带条件来实现。虽然各州政府更加希望联邦政府提供"一揽子资助计划"，但议会则更加主张提供专项分类拨款。支持州权主义的学者认为，"联邦政府的一揽子资助计划与岁入分享不有利于分散联邦政府的权力，扶持州的自主再生能力"④。而反对者认为，国会和联邦行政部门更有可能把钱花在最需要的地方。

虽然这两种方法实际奠定了联邦政府扩大权力的基础，联邦政府权力日益对外扩张。但是两个经典案例——1992 年的纽约州诉合众国案（New York v. United States）和 1997 年的普林兹诉合众国案（Prints v. United States）体现出这两种方法的局限性。在第一个案例中，最高法院认为国会并没有得到联邦宪法的授权，要求州政府屈从于联邦政府的行政管辖权之下。在第二个案例中，最高法院认为联邦政府不能凌驾于州政府之上。联邦政府不能通过任何方式号令州政府执行统一的联邦命令。因此，有学者总结道，"联邦政府对州政府的控制，必须是通过州政府的自愿选择发生作用的。联邦既不能强制州政府贯彻自身的意图，也不能直接对州的决策进行否定"⑤。

---

① Roderick M. Hills, Jr., "The Political Economy of Cooperative Federalism: Why State Autonomy Makes Sense And 'Dual Sovereignty' Doesn't", Michigan Law Review, Vol.96, No.4, 1998, pp. 813-944.

② 联邦优占是指当联邦法律和州法律发生冲突时，联邦法律的效力优先于州法律——笔者注。

③ David B. Walker, The Rebirth of Federalism, Chatham, NJ: Chatham, 2000, p.129.

④ 伯恩斯等著：《美国式民主》，谭君久等译，中国社会科学出版社 1993 年版，第 82—83 页。

⑤ 杨利敏：《关于联邦制分权结构的比较研究》，载《北大法律评论》2003 年第 5 卷第 1 辑。

总的来说，联邦和州政府之间的权力关系经历双重联邦主义（Dual Federalism）、合作联邦主义（Cooperative Federalism）、新联邦主义（New Federalism）和复调联邦主义（Dynamic Federalism）等阶段的变迁。联邦和州政府间的权力作用方式也在这些不同的发展阶段中逐渐得到巩固和维持，进而充分发挥了多效的国家治理主体能力。

四、美国"弱耦合型"的国家治理模式

传统美国国家治理模式的"弱耦合"特征首先体现在"耦合"上，其次体现为"弱关系"。耦合包括国家治理结构上的耦合和国家与社会间的耦合。弱关系指在美国国家治理权力结构下，治理主客体之间存在丰富的弱相关关系。

"耦合（Coupling）"作为一个名词和概念在物理学、通信工程、软件工程和机械工程等领域中被广泛运用。在物理学的经典定义中，"耦合是指两个或两个以上的电路元件或电网络的输入与输出之间存在紧密配合与相互影响，并通过相互作用从一侧向另一侧传输能量的现象"①。虽然"耦合"一词在不同的学科领域定义不同，但是，研究者也可从上述定义中抽取出普遍的特性，从而将耦合概念移植到社会科学领域。因此，本研究试图将耦合的含义归结为，两个或两个以上的个体相互共存于一个系统或结构中，这些个体之间存在着相互依赖、相互影响和相互适应的相关关系。存在耦合相关关系的个体能够通过相互作用相互调适，最终使得整个系统得到结构及功能上的优化。在本次研究中，美国国家治理模式存在两个维度的耦合，即国家治理结构上的耦合和国家与社会间的耦合。

第一个是国家治理结构上的耦合。此种耦合主要通过复合国家治理权力结构的嵌入优势来实现。本文所指的"嵌入"是指，美国国家复合治理结构组成部分之间的相互联系程度。如前所述，国家治理结构由多元治理主体和多重治理所组成，它使一种基于多重权力主体间相互作用而形成的复合结构。由于多重治理主体的权力不等、利益不同、范围不均，它们之间存在的多重互动博弈导致的变化最终直接影响到国家治理结构的变化。联邦宪法将美国联邦和州政府各自拥有的权力划分为以下四种类型，即固有权力、列举权力、暗示权力、共享权力。这

---

① 方岱宁、刘彬：《力电耦合物理力学计算方法》，高等教育出版社 2012 年版，第28页。

些权力在不同层级的权力主体间发生相互关系，形成了复合性宪政结构、复合行政运行机制和复合司法体系。这些复合结构、机制和体系共同构成了美国国家治理复合治理结构。如同阿历克西·德·托克维尔（Alexis-Charles-Henri Clérel de Tocqueville）所说，"美国有两个相互结合而且可以说是相互嵌入对方的不同社会"[①]。这些复合治理结构之间存在着相互认同、渗透、嵌入、衔接、适应和依赖等互动关系。美国国家治理结构是一种具有良好嵌入性的治理结构。另外，由于治理结构上存在结构洞的现象，治理主体在桥接"结构洞"的时候，形成了包括价值、组织和机制等治理资源生成的社会空间与流动的渠道。通过治理结构在功能和条件上的耦合关系，治理资源在不同的治理结构之间相互流通。复合的治理结构也通过资源的生成和流动，不断的相互调适和形塑。正如金观涛等人认为的那样，"当不同的子系统的功能和条件（输入和输出）能完全地耦合起来时，这些子系统就能组成一个稳定的大系统"[②]。

第二个是国家与社会间的耦合。此种耦合主要通过多元核心价值体系的高认同统一和多效国家治理主体能力的强渗透性发挥两种途径来实现。

如前所述，美国国家治理核心价值体系多元且统一。在从北美殖民地早期，到美国建国，上述思想内涵已经逐渐得到政府和民众的一致认同。在多元核心价值体系的构建过程中，不仅"美国人"的民族认同得到统一，而且，国家治理主客体对各自的权力（利）范围给予宪法的尊重；同时，治理主客体也对通过联邦共和、法治和多元主义达成合作共治的目标也达成高度一致和认可。在美国国家治理过程中，多元核心价值体系发挥了高度重要的作用，也成为耦合国家与社会关系的黏合剂。

美国国家治理主体能力主要体现在联邦政府和州政府的权力关系及作用方式上。在美国国家治理模式下，"联邦对州所能采取的控制方式主要是在联邦法律最高条款下的联邦优占和国会的开支权，被分别称为'大棒'和'胡萝卜'"[③]。

---

① 阿历克西·德·托克维尔：《论美国的民主》（上卷），董果良译，商务印书馆 1988 年版，第 267 页。

② 金观涛、唐若昕：《西方社会结构的演变——从古罗马到英国资产阶级革命》，四川人民出版社 1985 年版，第 64—65 页。

③ Roderick M. Hills, Jr., "Federalism In Constitution Context", Harvard Journal of Law and Public Policy, Vol.22, No.1, 1998, pp. 181–1057.

前者是在传统宪法规定的联邦法律至上基础上的延伸，后者是联邦与州进行合作的主要依托方式。在上述权力作用方式下，美国国家两大治理主体发挥了多效的强渗透性。美国国家治理主体能够发挥较强的渗透性，主要体现在联邦政府和州政府间平衡的权力关系以及多元治理的网络化分布。在这种情况下，美国国家与社会间的关系保持了有限度的相关关系，联邦政府的权力实际上很难直接渗透到地方治理体系。但是，这种有限的相关关系并不意味着国家治理能力的弱小，反而为国家治理提供了手段多元的实验机会和自发治理体系调适的社会空间。

其次，美国国家治理模式的"弱耦合"特征体现在"弱关系"上。如前所述，如果从社会关系的理论出发，则存在三种治理权力结构形态，即高度脱耦结构、弱耦合结构和高度耦合结构。依照上述划分方法，美国国家治理模式的治理权力结构形态属于"弱耦合"结构。在此种权力结构下，治理主客体之间存在丰富的弱关系。大量弱关系的存在导致结构洞的出现。美国"弱耦合"治理模式允许治理行为体自发桥接结构洞。在这种桥接过程中，就相继出现了利益集团、政党、社会组织等中介组织。这些处于多元治理行为体中间的中介组织，可以整合、分配和调和治理行为体的不同利益诉求。弱耦合的治理权力结构也给美国治理模式带来较大弹性。美国的国家与社会关系显现出相对弱的相关关系。在这种视角下，国家与社会的关系不能简单地用"大政府、小社会"或"小政府、大社会"来概括。美国国家治理模式下的国家与社会弱相关关系，是对两者的互动关系强弱的一种动态性效度评估。

美国国家治理模式，主要是通过多元核心价值体系的认同统一、复合国家治理权力结构的嵌入优势和多效国家治理主体能力的渗透性发挥实现了有效的国家治理。这三个维度因素的最终合力形成了一种国家治理不同部分的有效耦合，保证了国家治理能够实现的基本效度。此外，由于美国国家治理模式存在治理行为体间丰富的弱关系，弱关系同时导致了结构洞的出现。治理行为体通过桥接结构洞，能够实现社会资源流动渠道多维且通畅，并生成更多的社会资源和市场资源，同时为阶层利益提供相对大的整合空间和多种整合手段。"有效耦合"和"弱相关"的结合，就形成了本次研究所提出的核心概念——"弱耦合"型国家治理模式。

五、"弱耦合型"国家治理模式的根本缺陷

美国"弱耦合型"国家治理模式是多元价值观和多权力中心并存的治理过程，其核心内涵包括保护州权、保护公民自由权利和少数人权利等方面内容。依托美国国家治理模式蕴藏的思想价值，美国国家治理绩效突出。但是，美国国家治理模式存在难以克服的悖论和两种分离趋势。悖论是指保护的是"少数人"权利还是"少数白人精英"的权利？两种分离趋势是指"联邦化"和"反联邦"的趋势。这种国家治理顶层设计中存在的缺陷，导致美国国家治理中存在许多难以克服的问题。

托克维尔认为美国费城制宪会议是一场白人精英的制宪会议，"制宪会议虽然人数很少，但却荟萃了新大陆当时的最精明、最高尚的人物，而乔治·华盛顿就是它的主席"①。因此，在制宪者看来，"多数人的暴政"本质上乃是"民主的暴政"，是对于白人精英有产者的财产权的直接威胁。因此，联邦党人不仅强调权力获得的选举民主性，而且更强调权力的授予、分散和限制的重要性，设计一种基于共和原则但又确保少数人财产安全的政体，以防止普遍多数对权力的滥用。英国学者约翰·阿克顿（John Acton）认为，"美国的宪法远不是民主革命和反对英国体制的产物，而是对民主强烈反作用的结果，并且倾向于母国的传统"②。从此意义而言，在制宪时代，美国国家治理所提倡的保护"少数人权利"，事实上是指保护"白人少数精英"的权利。此种保护少数人权利的认识，固然维护了代议制民主和"央地关系"的制度基础，但也反映出顶层制度设计的"盎格鲁-撒克逊"精英主义的倾向。

美国国家治理顶层设计存在这一的悖论，对美国民族问题造成深远影响。保护"少数白人精英"的保护少数思想，导致了不同种族间的冲突。自美国建国伊始，围绕是否废除奴隶制爆发了南北战争。20世纪，则出现了两次大规模的黑人人口迁徙运动及20世纪60年代的民权运动。进入21世纪，相继出现了著名的歧视案件，如2012年的特雷文·马丁枪击事件、葆拉·迪恩事件和近期发生的弗格森枪击事件。

---

① 阿历克西·德·托克维尔：《论美国的民主》（上卷），董果良译，商务印书馆1988年版，第126页。

② 阿克顿著：《自由史论》，胡传胜、陈刚等译，译林出版社2011年版，第288页。

此外，美国政治文化天然存在二元性，导致美美国国家治理顶层设计出现了两种难以克服的分离趋势，即"联邦化"和"反联邦"的趋势。两种内化的分离趋势引起了联邦政府和州政府之间权力的角逐。

罗伯特·凯利（Robert Kelley）指出，"革命的一代聚合了两类不同的人及两类不同的理念。经过不断的修正与发展，这种分野可以说一直持续至今"①。在政治理念方面，"美国从建国伊始就存在着两套相互矛盾的基本原则，即自由主义与保守主义的原则"②。总的来说，美国宪法的根本目的是保护个人的自由权利。保护个人自由的目的却是通过形成一种集体制度来实现。因此，个人自由和集体约束将不可避免地发生矛盾。在这种矛盾相互作用过程中，布莱斯（James Bryce）认为存在"个人顺从的向心力"和"追求个人自由的离心力"两种不同的作用力，即"通过法律阐释形成的向心力促使人们集合形成一个有组织的团体，但同时这种向心力又会促使人们产生脱离团体的冲动"③。上述两种作用力同时通过美国宪法表述出来，便引导了两种截然不同的发展趋势，即"联邦化"和"反联邦"的趋势。这两种相反趋势，将导致美国民族向心力和离心力的不断分离。一方面，"联邦化"强调民族性的统一和盎格鲁一致性。另外一方面，"反联邦化"反而强调了民族和文化的多元性。这两种相反的认识，已经导致美国国家治理不断出现族裔冲突和地方矛盾。

结　语

综上所述，多元核心价值体系、复合国家治理权力结构和多效国家治理主体能力构成了美国"弱耦合"型国家治理模式的重要组成部分。多元核心价值体系作为治理模式中的顶层设计理念，不仅是挫败州分裂运动的有力武器，而且成为了推动和维护联邦发展的动力之一。从19世纪上半叶的美国内战期间，林肯总统发表的"葛底斯堡的演说"提到的"民有、民治、民享"的联邦政府开始，至2013年"我们人民"脱离联邦运动时，白宫公共事务办公室主管强·卡尔森对

---

① Robert Kelley, "Ideology and Political Culture from Jefferson to Nixon",The American Historical Review, Vol. 82, No. 3, 1977, pp. 531–562.

② 唐士其：《美国政治文化的二元结构及其影响》，载《美国研究》2008 年第 6 期。

③ James Bryce, Studies in History and Juriprudence,New York: Oxford University Press, 1901, p.256.

此运动的回复中，提到的 "世世代代美国人努力捍卫的一项权利。"保护公民自由权利的核心思想，一直是维护联邦统一的最好注脚。历任总统也以此种思想为出发点，通过联邦政府干预的自由主义手段或还政于州的保守主义手段，赋予美国国家治理以不同时代的新内涵。

复合国家治理权力结构则是美国国家治理模式的基本权力构架。在该治理模式中，由于存在多中心的治理主体，包括联邦政府和州政府两大主要行为主体及其他第三方治理主体。治理客体则包括则主要个人、公司、社团等。由于受到宪法的强力约束、传统乡镇治理的路径依赖和民众对政府权力的天然警惕三个因素的影响，美国国家治理存在相对碎片化和网络化的局面。因此，国家治理主客体之间存在丰富的弱关系。大量弱关系的存在导致结构洞的出现。美国 "弱耦合"治理模式允许治理行为体自发桥接结构洞。在这种桥接过程中，美国国家治理机制、社会结构及治理主客体能够在自组织与层级治理之间取得动态平衡。

多效国家治理主体能力则是美国国家治理模式的主要运转形态。美国国家治理模式通过维持联邦政府和州政府间平衡的权力关系以及多元治理的网络化分布，来实现国家意志的有效渗透。虽然美国国家与社会间的关系保持了有限度的相关关系，联邦政府的权力实际上很难直接渗透到地方治理体系。但是，这种有限的相关关系并不意味着国家治理能力的弱小，反而为国家治理提供了手段多元的实验机会和自发治理体系调适的社会空间。

此外，虽然美国 "弱耦合" 国家治理模式通过多元核心价值体系的认同统一、复合国家治理权力结构的嵌入优势和多效国家治理主体能力的渗透性发挥共同形成了一种国家治理不同部分的有效耦合，保证了国家治理能够实现的基本效度。但是，由于国家治理模式存在难以克服的悖论和两种分离趋势。此种制度设计难以克服的根本矛盾，导致美国国家治理过程中出现了许多问题，最为明显的就是出现了福山所说的否决型政体（Vetocracy）。由于美国国家能力的构建并不完全。福山说道，"美国出现了'民主膨胀'的现象，导致美国政府权力受到法律和民主的过度制约，以至于政府决策效率低下，形成所谓的'否决型政体'"[1]。美国的 "否决型政体" 导致行政、立法和司法三个机构权力失衡，

---

[1] Francis Fukuyama, The Fall of America Inc, Newsweek, October 13, 2008.

福山认为目前尚未出现改变此种格局的趋势，"美国的问题在于法治和民主僭越了界限，而国家能力的构建却迟迟不能追上。如果不能及时修正自己，美国的政治衰败将会不断持续"①。

① Francis Fukuyama, Political order and political decay: From the industrial revolution to the globalization of democracy, NY: Farrar, Straus and Giroux, 2014, p.582.

角色转变与制度调适：英国国家治理与议会改革

严行健^①

一、作为现代权力运行模式的国家治理

近年来，国家治理这一概念开始被国内学界广泛使用，但对其内涵和界定还存在颇多争议。通过文献检索可以发现，长期以来，绝大多数以"治理"为题的文献出自自然科学，尤其是环境科学研究领域（如沙漠化治理，水污染治理等）。少数以此为题的社科类文献多涉及边疆、民族及经济管理问题。从中可以看出，社会科学领域内对"治理"概念的使用大多由英文"governance"概念转译而来，而非中文"治国理政"之意。关于英文"governance"之意，牛津词典将其解释为"治理（governing）国家或组织的行动或方式"。因此，从词源意义出发，对国家治理的概念至少可以有两点认识：第一，国家治理乃是"对国家的治理"，而非以国家为主体的"国家去治理"。第二，国家治理强调的是治理的行动或方式，它强调对治理方式的总结，而非关注具体的治理行为（即不是对动词"govern"的研究）。综上，本文认为，国家治理实际上关注的是国家权力在进行诸如立法、政策制定、社会管理等活动时表现出的权力运行模式问题。

国家权力进行的上述活动本身就是界定国家权力的核心要素。换句话说，上述活动在国家出现的第一天起就已存在。那么，是否可以认为国家治理是一个历史性的概念？从当前学界对这一概念的使用情况来看，大多数学者认为，国家治理乃是现代社会的复杂性和多元性特征（如公民社会和自治组织的发展）所催生

---

① 严行健，华东政法大学政治学研究院助理研究员；主要研究方向为立法机构及比较立法机构理论与方法、中英宪政及立法机构等。

出的新型权力运行模式。相比较于各类传统的国家权力运行模式，国家治理模式具有四个鲜明特征。[①]

第一，权力主体具有多元性。同传统权力运行模式不同，国家治理模式不再强调权力所有者和权力行使者之间清晰的界线，不再把宏观的政府（包括立法机构、行政机构和司法机构等）作为权力的唯一行使者，不再将政府以外的群体看作政策执行的目标。这一转变导致权力主体的多元化。例如，政府之外可能存在如公共组织、民间团体和非政府组织等其他权力主体，政府有时会受到利益集团、游说集团的控制，反而成为政策制定中的被影响者。政府有时甚至受到如欧盟或联合国等超国家组织的影响，从而引申出全球治理与国家主权之争。第二，国家治理模式强调尽量减少决策者与受决策影响的利益相关者之间的层级和距离。减少二者距离的需求来自于现代社会中决策制定过程所具有的专业性和复杂性特征。这一特征要求决策制定者和相关群体之间在时间上，甚至在空间上保持较近的距离，以保证双方在决策制定和实施过程的每一个阶段保持充分的沟通和协商。第三，国家治理模式强调权力运行的多中心特征，其表现为在政府管理社会的基础上出现一定程度上的社会自治的因素。在社会环境日趋复杂的背景下，国家直接对社会进行管理所产生的问题已在实践和理论研究中受到学者的广泛关注。在这一背景下，政府向社会放权，利用社会团体等进行社会管理的改革已变得愈发重要。第四，国家治理模式强调政治权力对社会的管理应当基于广泛的协商和共识，而非通过压制性的权力进行管制。

综上，国家治理是传统权力运行模式在当代的新发展，它是现代社会日益复杂化所导致的产物。权力运行模式的新变化必然导致承载权力的权力结构出现变化。这一变化表现为主要政治制度（如立法机构）在政治系统内承担的角色发生变化，并因此引发制度设计的变化。英国议会在20世纪下半叶的改革之路正是这一模式的缩影。

---

① 参考徐湘林：《"国家治理"的理论内涵》，载《人民论坛》2014年第10期；刘建军：《和而不同：现代国家治理体系的三重属性》，载《复旦学报（社会科学版）》2014年第3期；何增科：《理解国家治理及其现代化》，载《马克思主义与现实》2014年第1期；杨雪冬：《全球化进程与中国的国家治理现代化》，载《当代世界与社会主义》2014年第1期；杨光斌：《一份建设"有能力的有限政府"的政治改革清单——如何理解"国家治理体系和治理能力现代化"》，载《行政科学论坛》2014年第1期；俞可平：《论国家治理现代化》，社会科学文献出版社2014年版。

二、英国传统权力运行模式的当代困境

1066 年的诺曼征服逐渐将英国政治史带入封建时代，其主要特点是名义上依附于国王的土地所有者和贵族依靠其经济实力和国王的王权展开"拉锯战"。围绕征税问题，二者的权力实现了动态的均衡。这种均衡的代表性事件如 1215 年《大宪章》以及《牛津条约》等国王权力约束性条约的签订，以及普通法系统和法治理念的萌芽和发展。[①]

这一均衡态势在 17 世纪被打破。基于实力的权力均衡被人民主权论下的代议民主制度取代。议会在传统上由来自全国各地的，声称代表民意的议员组成。这一制度安排使得其获得了压倒君主的权力。凭着光荣革命及《继承法》的效力，议会获得了政治主权，并在 18 世纪获得进一步巩固。以议会为中心的代议制权力运行模式在 19 世纪后期达到顶峰，出现了所谓议会的"黄金年代"。19 世纪杰出的宪法理论家戴雪（A.V. Dicey）将这一模式总结为"议会主权加法治"。学界也将其看作是威斯敏斯特模式（或曰议会模式）的核心要旨。[②]

议会声称代表民众而获得政治主权，但在 20 世纪以前，实际的选民数量极为有限。因此，完善代议民主制的具体制度设计成为议会不可回避的问题。在民众的一系列抗争和运动中，19 世纪及 20 世纪上半叶的数次议会法案极大地扩大了选民规模并消除了选举舞弊行为。然而，以议会为中心的代议制权力运行模式并没有因为代议制度的完善而进入平稳运行的阶段。相反，该模式在 20 世纪（尤其是 20 世纪下半叶至今）受到各种挑战。作为威斯敏斯特模式中各政治实体的枢纽，议会无疑处于改革的中心。这些挑战的核心问题是议会在国家治理中的地位问题，其理论表现是戴雪"议会主权"理论受到的质疑，其具体落实为议会与政府、议会与其他政治实体以及议会与社会间的关系问题。

在议会与政府关系问题上，议会的"黄金时代"在 20 世纪宣告终结。在立法方面，作为立法机构的议会实际上逐渐将法律的发起和具体起草工作交到了政府手中，议会的角色则由主动的立法者转变为被动的法案审议者，其实际功能主

---

① 参考维尔：《宪政与分权》，三联书店 1997 年版；斯科特·戈登：《控制国家：从古代雅典到今天的宪政史》，江苏人民出版社 2005 年版。

② Albert Venn Dicey, Introduction to the Study of the Law of the Constitution, London: St. Martin's Press, 1959 [1889], Chapters 1 & 4.

要是通过行使"认可性授权"（Assent Giving）的方式将法案转变为具有实际约束力的法律。① 从 20 世纪至今，公众对立法效率和立法质量的要求不断提升，议员的职业政客属性无法满足这种效率和质量的要求，立法权的转移成为某种必然。

19 世纪和 20 世纪初的议会改革极大地扩大了选民范围，民众型政党模式由此取代了原先的精英型政党模式。民众型政党不但成为议会与政府间关系的核心纽带，也成为改变二者关系模式的重要因素。政党的出现使得议会的政治主权实际上聚集于首相及其内阁之手。在此情况下，议会与政府间正式的权力结构逐步转化为议会内政党间非正式的关系。议会对政府的控制逐渐变为议会内在野党和执政党之争，进而转变为执政党领袖（首相）及核心成员（内阁重要大臣）与在野党领袖（影子内阁首相）及其核心成员（影子内阁重要大臣）之争。② 国家政策之争则转化为党派纲领之争。这一变化很明显地体现在"首相总统化"趋势和"索兹伯里惯例"（Salisbury Convention）等强调政党作用的新制度和惯例中。③尽管政党控制在 20 世纪 70 年代后有所放松，但政党政治的主宰地位仍然非常明显地动摇了议会对政治主权的掌控。

戴雪总结的权力运行模式在近几十年内还受到来自其他政治实体的挑战，这其中影响最大的是欧盟政治一体化进程和苏格兰、北爱尔兰及威尔士三个地区性议会的建立。议会在 1972 年通过了《欧共体法》（*European Communities Act*），从法理上认可了英国的欧共体（及其后的欧盟）成员国地位。该法承认了现有及未来欧共体立法对本国事务的管辖权。换句话说，该法已将议会对未来所有欧共体立法的认同打包交出，其后的所有立法都不再需要获得议会通过。④议会可以考虑如何更好地利用欧盟指令，但却不能拒绝它们。议会因此直接丧失了一部分政治主权。

威斯敏斯特模式强调法律主治，但相关的权力运行模式在英国加入欧盟后

---

① Philip Norton, Legislatures, Oxford ; New York: Oxford University Press, 1990, p. 1.

② Ivor Jennings, Cabinet government, Cambridge: University Press, 1951 [1947], Chapter 4.

③ 索兹伯里惯例指上议院不得阻挠下议院执政党根据其竞选纲领转化而来的法案。它与首相总统化趋势一样，表明英国当代的选举已经变为民众按竞选纲领选党和按领袖魅力选国家元首的过程，而不是传统上的选本选区议员。

④ Philip Norton, Divided Loyalties: The European Communities Act 1972, Parliamentary History, No. 1, 2011.

也出现巨大改变。一方面，欧盟立法获得了高于英国国内法的地位。在二者冲突时，法院需优先援引欧盟立法，或将案件交付欧洲法院管辖。此举使得议会的政治主权之上出现了一个更高的主权。另一方面，1998 年通过的《人权法》（*Human Rights Act*）授权法院审查国内法中违背《欧洲人权公约》（*European Convention on Human Rights*）的条款，并向议会递交"冲突声明"（*Declaration of Incompatibility*），要求议会修改相关条款。这一授权使得法院在一定程度上获得了类似于司法审查的职能，[①] 从而进一步侵蚀了议会的政治主权。

从 20 世纪下半叶开始，要求由更接近民众的机构进行政策制定及立法的呼声不断在苏格兰、北爱尔兰及威尔士等地区增长，其导致了英国权力结构模式大刀阔斧的放权改革和上述三个地区性议会的设立。[②] 三个地区性议会先后获得了广泛的立法权，这种权力是"负面清单"式的，即除威斯敏斯特议会明确保留的立法领域外，地区议会在其他领域内的立法不需获得威斯敏斯特的授权。这一改革对英国的权力运行模式产生极为深远的影响，它不但对议会主权原则构成了进一步的威胁，甚至还造成了多重的政治主权，使得英国的政体设计具有了某些联邦制的特征。

在议会与民众的关系上，威斯敏斯特模式在近几十年内面临着来自两个方面的压力。一方面，民众对本选区议员的需求输入在不断增加。研究表明，这种输入在 20 世纪下半叶出现极大增长。[③] 议员们为应付选民各类需求而付出的大量精力影响到了他们对其他职责的履行。特别是对于同时还兼任行政职务的前座议员来说，他们的双重身份更是导致了职责上的冲突。另一方面，现代社会的复杂性使得决策和立法过程的利益相关者数量增加，利益的博弈过程也更为复杂。决策和法律制定的质量来自于充分且真实的信息。如何为这些信息搭建进入立法和决策制定过程的桥梁，并在广泛汇集民智的基础上进行决策制定，成为权力运行模式面临的重要挑战。研究指出，民众参与不足甚至政治冷漠的情况必须通过新的

---

① Jeffrey Jowell ,Oliver Dawn, The changing constitution, Oxford: Oxford university press, 2011.pp. 53–60; Philip Norton, Parliament in British politics (2nd Edn), Basingstoke: Palgrave Macmillan, 2013.p. 182.

② Michael O'Neill, "Challenging the centre: home rule movements," in Devolution and british politics, ed. Michael O'Neill harlow: longman, 2004.

③ Philip Norton, Parliaments and citizens in western europe, London: Fank Cass, 2002.pp.20–9.

制度设计加以改变。①

三、转向治理型政治：议会的角色

来自上述三方面的挑战折射出英国传统代议制权力运行模式在当代社会中所面临的困境。简言之，戴雪笔下威斯敏斯特模式两大原则之一的法律主治原则被坚持下来，但议会主权原则出现了重大改变，它似乎已经不能概括英国权力运行模式的核心特征，正如戴维·佳奇（David Judge）所言，"每一次宪法改革……都必须象征性地重申已主宰我们超过一个世纪的议会主权论，并以此赋予改革和政府合法性"。②除了议会主权原则受到的挑战外，日益复杂和专业化的政策和法律制定过程也要求决策和立法机构必须获得充分、真实且及时的信息，它要求制度为数量庞大的利益相关者提供信息输入和协商的平台。

这些新的因素和挑战促使议会的角色发生三个重大变化。第一，议会由直接的决策者和立法者变为决策和立法的审议者和监督者。这一角色变化的直接表现是政府成为议会法案的主要发起者和起草者。此外，社会团体、专业组织和专家也参与到立法的起草工作当中。议会立法程序则主要致力于对立法进行审查和完善。在对苏格兰、北爱尔兰和威尔士进行放权改革之后，议会在这三个地区更是主要扮演监督者的角色。

第二，议会权力的特征出现变化。在经典威斯敏斯特模式下，议会权力是一种强制性权力（Coercive Power）。这种权力在 20 世纪以来的快速衰落是导致议会主权论被质疑的主要原因。面对强制性权力的衰落，议会发展出一套行之有效的柔性权力模式加以应对。柔性权力可以被归纳为说服性权力和制度性权力两类。说服性权力指议员通过发言、动议以及与内阁大臣会商等途径来明确表达他们对政府政策或立法计划的反对。在大多数情况下，政府会考虑到立法机构的压力而撤回相关决策。制度性权力则表现为一系列制度设计和议程设置所产生的权力。例如，规则可能形成一个瓶颈，限制政府每次提交的决策的数量。甚至，诸如"政

---

① Hansard Society Commission on the Communication of Parliamentary Democracy, Members Only? Parliament in the Public Eye, London: Hansard Society,2005.Andy Williamson et al., Coonecting Citizens to parliament, Hansard Society Report, 2011.

② David Judge, whatever happened to parliamentary democracy in the united kingdom? , Parliamentary Affairs, Vol. 57, 2004.

府决策非经立法机构确认不得颁行"，"法院仅依照经立法机构通过的法律进行审判"这样的刚性制度设计也为议会提供了结构性权力。[①]通过运用上述两种权力，威斯敏斯特模式中那种以立法权为代表的最高且不可让渡的权力转化为一种柔性权力。[②]

第三，议会虽然仍是沟通行政与公众的桥梁，但这一角色的实质出现了重大变化。经典威斯敏斯特模式依托代议制民主理论进行构建。在理论上，议会将权力所有者（民众）让渡出的政治主权交由议会中的政府行使；在制度上，政府大臣和首相由民众所选出的议员担任。然而，随着立法和决策过程的复杂性、专业性及利益相关群体规模的增长，议会沟通行政与公众的桥梁作用开始不仅限于理论和制度两个层次，它更多地表现为双方信息的沟通桥梁。也即，议会一方面要将民众的需求进行整合并导入立法和决策过程，另一方面也要尽可能有效地向外界输出决策信息。

从本文第一部分对传统权力运行模式和国家治理模式的对比中可以看出，议会对其新角色的适应过程实际上就是其由传统的威斯敏斯特权力运行模式转向现代国家治理模式的过程。具体来说，第一，国家治理强调国家主体的多元性，而议会恰好致力于扮演监督者而非直接实施者的角色。这一改变将国家治理的主体性更多地赋予政府乃至社会组织，从而增加决策过程的民主性和科学性。第二，国家治理强调由社会来管理国家，尽量减少决策者与决策利益相关者之间的层级和距离。议会对三个地区的放权改革在一定程度上即以此为目的。第三，国家治理强调权力运行模式的多中心特性，而当代的英国国家治理模式也表现出这一特征——议会掌握政治主权的唯一性被打破，在议会权力中心之外，出现了欧盟及法院等新的权力中心。第四，国家治理强调权力的运行应当基于共识之上，而非基于强制力的管制。议会在建立柔性权力方面所做的努力即以此为目的。

综上，与戴雪的经典威斯敏斯特国家权力运行模式相比，当代英国的国家治理模式可以归纳为"法律主治和柔性议会主权原则下的多元及多中心治理"。它是对传统威斯敏斯特模式在当代的新发展。为适应这一新的权力运行模式及议会

---

① Philip Norton. Parliament in British politics (2nd Edn). Basingstoke: Palgrave Macmillan, 2013, pp. 5-7.
② 议会行使立法权的刚性早在光荣革命时期即已由洛克进行了系统性的阐发，参考洛克：《政府论（下篇）》，商务印书馆 1964 年版，第 11 章。

在其中的功能定位，议会从 20 世纪下半叶开始进行了一系列的制度改革。

四、适应新角色：议会的改革

始于 20 世纪下半叶的议会制度改革以适应上述三个新角色为目标。角色的多样性使得议会改革具有多个具体目标。因此，与 19 世纪不同，这一时期的议会改革表现为一系列主题之上的具体制度调整。总的来说，改革有三大主题：委员会制度的建立、对上议院的改革以及对透明度及民众参与度的提升。

委员会是当今世界各国立法机构为应对立法复杂化和实效性要求而普遍设立的制度。在 20 世纪 70 年代以前，英国议会中的委员会主要是法案审议型委员会。此类委员会的作用仅是使得多个法案可以同时得到审议，而不用排队接受全院审议，其工作也仅限于在文字和法理上完善具体条文。因此，它对议会"监督立法、决策及行政工作"的新角色并无太多作用。

议会在 1979 年开始设立的部门特设委员会（Departmental Select Committee）标志着议会制度从政党主导之下的全体会议模式迈入了一个新的阶段，同时也可以被看作是议会制度在 20 世纪下半叶乃至整个 20 世纪里最重要的发展。此类委员会的职责是监督政府部门及其附带公共机构的其开支、管理及政策制定情况。1979—1983 年度的议会一共设立了 14 个部门特设委员会，囊括了大多数政府部门。其后，此类委员会的数量又不断增加。如今，其已覆盖政府所有部门，一些委员会还可以跨部门监管某些事务或对特定问题展开调查。[1] 委员会已经成为议会制度中一个具有广泛且持续影响的重要制度设计，成为立法评估与行政监督的核心机构。委员会是议会中非常活跃的力量，负责对特定领域内的议题进行审查。在广泛搜集信息的基础上，委员会发布针对性的报告。这些报告名义上是为议会提供参考，实际上是针对政府而提出，且政府必须在一定时间内对报告做出回应。[2] 在当代权力多元化，特别是行政权逐渐占据主导地位的情况下，委员会制度成为议会行使柔性主权，对行政部门施加说服性及制度性权力的重要途径。

---

① Norton, Parliament in British politics (2nd Edn),pp. 30–31，另可参考议会特设委员会网页 http://www.parliament.uk/about/how/committees/select/

② David Natzler , M Hutton, "Select Committees: Scrutiny a la carte," in The future of parliament: issues for a new century, ed. Philip Giddings ,Basingstoke: Palgrave Macmillan, 2005.

委员会制度的一些具体设计还满足了国家治理对参与主体专业性的要求。例如，上议院的特设委员会不与政府部门直接对口，而是围绕五个英国政治中的重大议题进行设置。上议院议员在各领域极高的专业性使得这些委员会中的成员和主席能够就相关重大议题展开宏观且深入的分析调研。

为应对英国加入欧盟以及向三个地区进行放权所带来的主权挑战，议会通过在两院中分别设置委员会或设置联合委员会的形式加强对相关议题的审议，确保议会在相关领域内的影响力。依照"下议院委员会负责具体事务，上议院委员会负责宏观调研"这一分工模式，两院分别设立了欧洲评估委员会（European Scrutiny Committee）和欧盟委员会（European Union Committee）。两个委员会负责审查和处理欧盟的文件，并能够对身处布鲁塞尔的英方代表施加潜在的影响。针对法院围绕《欧洲人权公约》对英国法进行审查的结果，议会组建两院联合委员会进行分析并对存在冲突的法律条文提出相应修改意见。以 2012—2013 年度委员会为例，该委员会由十一人组成，其中包含五名大律师，保证了议会对法院的声明做出专业性的回应。

增强信息透明度和民众参与度成为议会为适应新角色所进行改革的另一重点。这一领域改革的重要性来源于作为代议机构的议会在代议制民主中的核心地位。如前所述，国家治理强调决策中心多元化和社会管理代替政府管制等新的权力运行模式，它使得议会不但需要在制度上成为决策者和民众之间的联络人，还需要在行为模式上成为二者信息的传递者。因此，议会的运行应有充分的透明度和较高的民众参与度。同时，透明度有着比参与度更加重要的意义：透明度不但是责任制政府的基础，而且是与民众参与的前提。举例来说，选民如果不能详细知晓选区议员以及所支持的党派在议会内的行为，就无法在下次选举中做出准确选择。此时，作为政治参与直接表现的投票率必然是低下的。[①]

议会透明度改革主要有三个具体措施：一是对制度的运行进行公开。其主要手段是通过广播和电视等传统媒体渠道对会议过程（包括全院会议及委员会会议）进行播出。通过广播对会议进行播出的改革于 1978 年实现。通过电视播出会议的改革在经过几十年的讨价还价和论证后最终于 1989 年实现。同时，新闻媒体

---

① Stephen Coleman, John Taylor, and Van de Donk Wim, Parliament in the age of internet, oxford: OUP, 2000, p. 4.

在议会中的活动空间和制度保障也在不断增加。例如，限制媒体报道内容的"十四天规则"于 1957 年被废除。[①] 在大多数记者泄密事件中，议会通常不会追究记者的责任，而是追究议员泄密的责任。[②] 增加透明度的第二个举措是利用网络技术降低民众信息获取的复杂性和成本。议会网站是信息公开工作的绝对主力。自其成立以来，其公布文件的数量和内容都在不断拓展。[③] 以《信息公开法案》为代表的第三类措施虽没有对制度进行直接改变，但其影响相当深远。该法实施后，对于立法及决策信息公开起到了立竿见影的效果。一些与议会及内阁（政府）有关的信息在披露后产生巨大社会反响，并间接推动了相关制度改革。

民众参与立法机构的重要性在本世纪逐渐受到重视。[④] 相关改革主要由汉萨德学会（Hansard Society）推动实施。[⑤] 该学会与议会合作，围绕该议题发布了大量报告，并主导了一系列改革。这些改革有的成功，有的因效果不理想而被终止。在这些小范围制度调整的不断推动下，议会在这一领域取得了很大的进步。例如，在 2008 年，议会与汉萨德学会（Hansard Society）合作，鼓励并帮助上议院议员建立博客。此举使得上议院的运行变得更加透明且亲民。议会也尝试建立了"e-Consultation"等网络协商平台，通过网络途径吸引公众为全体会议及委员会工作提供信息及相关支持。

为适应其新角色，议会还对上议院进行了规模较大的调整。上议院是制度历史惯性的产物，而非制度设计的产物，其议员世袭制与当代代议民主政治理念存在重大冲突。改革上议院的努力最早可追溯至 19 世纪晚期。1911 年和 1949 年两次改革削弱了其权限，使其成为辅助下议院完善立法及决策的第二院。上议院较弱的权限也暂时平息了其议员由世袭产生所引发的不满。

然而，随着议会在英国现代国家治理体系中新角色（监督者而非直接的立法者）的逐步确立，下述两个需求变得急迫起来。一方面，英国议会迫切需要提升

---

① "十四天规则"指媒体不得对即将在两周内进行议会辩论的议题进行讨论和报道。

② 参考下议院辩论记录 HC Deb 09 February 1988 vol 127 cc192–286。

③ http://www.parliament.uk/site-information/foi/transparency-publications/。

④ Philip Norton, Parliament and Citizens in the United Kingdom, The Journal of Legislative Studies, No. 3–4, 2012.

⑤ 汉萨德学会成立于 1944 年，其目的是推进议会民主。它是一个半官方的研究机构。例如，两院的议长都在学会内任副主席，还有大量的议员和相关专家参与其中。

其专业性。绝大多数下议院议员都是职业政客，他们虽有政治经验，但无专业知识，这难免使得议会在行使说服性权力的时候底气不足——如果在特定专业领域缺乏专家，议会很难对政府专门部门起草的相关法案开展审查。许多法律事务也需要专门的法律人才加以审查（如前文提到的"冲突声明"）。另一方面，议会需要平衡党派性。在理论上，某一政党在赢得下议院多数席位后，只要本党议员在法案表决时不出现倒戈，就总能够推行其政策。党内一致性在威斯敏斯特模式中的重要价值导致了英国相比其他欧美国家较强的政党纪律性以及党鞭较大的权力。然而，这一制度设计会导致决策中心的单一化甚至寡头化，而且不利于利益相关者之间开展广泛的协商，因此与现代国家治理方式有所冲突。

上述两个需求促使改革上议院的呼声由进一步将其削弱乃至废除转化为改造其议员产生方式并激活其功能。1999年的《上议院法》将大多数世袭贵族清除出上议院，他们留下的空缺由增封的终身贵族所填补。终身贵族来自各行各业富有经验的杰出领军人才。他们中不乏大律师、大学各学科著名教授、医学专家等。这一改革很好地满足了上述两个需求，并进一步完善了英国的国家治理体系。[①]简言之，改革创造出一个无政党居优势的中立性议院，并引入了大量专家以提升其监督能力。同时，改革还解决了上议院合法性不足的问题，使其有足够的权威行使监督及审议等职能。[②]

五、总结与启示

英国议会制度延续几百年，以其为核心的威斯敏斯特模式不但为英国在工业革命时代崛起为世界大国起到至关重要的作用，而且至今仍然是整个国家治理体系的枢纽。这间百年老店之所以能屹立不倒，其对制度改革的开放态度起到了很大的作用。英国整体政治氛围虽然趋于保守，但面对社会环境的变化，它绝非墨守成规。在当代权力运行模式向国家治理模式转型的过程中，议会主动建立起行之有效的委员会制度，利用现代媒体和信息技术提升了信息的透明度和公众的参

---

① 具有同样作用的改革还有几个，但改革的步伐不如1999年改革大。如全院选举上议院议长，剥离其最高法院等。

② 上议院改革的具体历程可参考 Peter Dorey and Alexandra Kelso, House of Lords reform since 1911: must the Lords go?, Basingstoke: Palgrave Macmillan, 2011, chapter. 6.

与度，并对上议院进行了改革。这些改革虽不如 19 世纪的议会改革那样对整个宪制结构产生影响，但它成功应对了现代社会结构转型对政治体系所产生的压力，保障了英国权力运行的平稳和效率。总的来说，以 20 世纪中期为分水岭，英国议会发展的历程可以归纳为由宪法性改革到治理型改革的转向。

必须注意到，威斯敏斯特模式虽然在近几十年里出现了巨大的变化，但其主要是对戴雪经典理论中"议会主权"理论的发展；威斯敏斯特模式的另一支柱——法律主治——并不曾出现丝毫动摇。法律主治不直接体现于权力运行模式中，但却是其平稳运行的关键。例如，在当代治理模式中，议会尚能依靠柔性权力行使其政治主权，即是法治原则的功劳。试想如果政府可以随意定立政策而不需通过立法加以确认和执行，那么议会的制度性权力早已不复存在。

此外，议会在二战后的改革路径和策略对于推进我国治理体系和治理能力现代化具有重要参考价值。从具体制度层面上说，议会为适应其新角色而建立的委员会等相关制度体系可以为中国人大制度体系的发展完善提供借鉴。从改革过程来说，英国经验显示，小规模、持续性的制度创新一方面可以避免制度在改革中出现巨大波动，另一方面也可以实现制度的发展。从制度原则上说，议会改革过程对法律主治原则的坚持彰显出法治乃是推进国家治理现代化的重要保障。

社会主义政治建设的战略分布和策略组合

汪仕凯 [①]

一、社会主义政治建设的战略分布

政治建设不仅是社会主义事业的基本构成部分，而且是支撑社会主义事业不断向前推进的主导性要素。政治建设的重要性由两个方面的原因共同决定：一方面是中国在近代史上的被动挨打局面，塑造了政治上的成功对于国家命运的极端重要性；[②] 另一方面是在当今的国际政治格局中建设社会主义，基本上取决于执政党的执政能力和治国水平。

政治建设不是中国的特殊任务，实际上所有的现代国家都面临着政治建设的任务，从事着政治建设的实践。一般而言，政治建设的基本内涵就是构建国家权力并依照公共性的原则规范国家权力运行的过程。国家权力在本质上就是从社会中产生的公共权力，[③] 因此也可以把政治建设界定为构建公共权力和有效行使公共权力的过程。国家权力之所以是公共权力，根本的原因在于国家权力受到来自社会的公共利益的制约，并且必须实现和增进公共利益，所以国家权力始终处在同社会的互动之中，而正是此种互动塑造了公共权力的双层特性。按照迈克尔·曼的解释，公共权力包括两个层次：一个是专断性权力，另一个是基础性权力，专断性权力是指其运作无须同社会中的各个集团进行协商的国家权力，即是一种执行能力；基础性权力则是指国家渗透社会、组织和协调社会生活以及社会影响国

① 汪仕凯，华东政法大学政治学研究院副教授；主要研究方向为比较政治（民主转型、阶级政治）与中国政治（地方政府、基层治理）等。

② 罗兹曼主编：《中国的现代化》，比较现代化课题组译，江苏人民出版社 2005 年版，第 188—189 页。

③ 《马克思恩格斯选集》第 4 卷，人民出版社 1995 年版，第 170 页。

家的权力，因而是一种形成共识和政策的整合能力。^①

由此可见，必须从专断性权力和基础性权力的双重角度来理解政治建设的内涵和逻辑。政治建设致力于构建公共权力并有效地行使公共权力，因此，能够促进公共利益和公民福利的国家权力的出现是政治建设成功的基本标志。但是，国家权力的公共性取决于基础性权力的强大，而将基础性权力形成的公共性落实为公共利益和公民权利则取决于专断性权力的强大，所以政治建设不仅要构建强大的基础性权力和专断性权力，而且要构建基础性权力与专断性权力相互促进的政治机制。

社会主义政治建设具有现代国家政治建设的一般性，即其基本内涵同样是从专断性权力和基础性权力两个层次来构建公共权力，有效地行使公共权力，以实现公民福利。但是，社会主义政治建设也有其特殊性，由于政治建设在社会主义事业中的主导性地位，执政党在吸收现代国家政治建设的经验和分析我国自身条件的基础上，才能够形成和执行社会主义政治建设的战略。

中国的社会主义政治建设可以分为三个历史阶段：从新中国成立到十一届三中全会召开是政治建设的第一个阶段，其中心任务是政权建设，对应的政治建设战略是一体化战略，落实一体化战略的策略是大众动员、单位化、组织化和整风；从十一届三中全会召开到十六届六中全会做出构建社会主义和谐社会的决定是政治建设的第二个阶段，其中心任务是制度建设，对应的政治建设战略是市场化战略，落实市场化战略的策略是分权、法治化、政治吸纳、安抚和地方化实践；从十六届六中全会召开至今可以视为政治建设的第三个阶段，其中心任务则是责任建设，对应的政治建设战略是社会化战略，落实社会化战略的策略则是公共精神培养、社会组织培育、政治信任构建、政府改革、公民参与深化。

虽然不同的历史时期政治建设的中心任务和战略不同，但这并不意味着政治建设的中心任务之间是彼此相斥的，事实上，政权建设、制度建设、责任建设都是社会主义政治建设的构成部分，政治建设战略的变迁反映着政治建设的发展逻辑。

---

① 迈克尔·曼：《社会权力的来源》第2卷，陈海宏等译，世纪出版集团2007年版，第68—69页。

二、一体化政治建设战略及其策略选择

社会主义政治建设是从政权建设开始的，所谓政权建设，就是构建对外独立和对内统一的国家权力的过程。政权建设不仅是社会主义政治建设的逻辑起点，同样也是社会主义政治建设的历史起点。进入现代政治之初的中国面临着深重的主权危机和政权危机，危机不仅使旧的国家权力在事实上处于破碎状态，也使得组织国家权力的旧的统治形式失去了存在的价值，辛亥革命的意义正在于宣告了旧的统治形式的结束，并且指明了通过民主共和的国家制度来组织国家权力的政治建设方向。

虽然以民主共和的国家制度来重新组织国家权力成为了致力于政权建设的各政治集团的共识，但是，在国家权力的性质问题上各政治集团则存在根本性的冲突，毛泽东准确地分析了这个差别："一九二四年，孙中山亲自领导的有共产党人参加的国民党的第一次全国代表大会，通过了一个著名的宣言。这个宣言上说：'近世各国所谓民权制度，往往为资产阶级所专有，适成为压迫一般平民之工具。若国民党之民权主义，则为一般平民所共有，非少数人所得而私也'。除了谁领导谁这一个问题以外，当作一般的政治纲领来说，这里所说的民权主义，是和我们所说的人民民主主义和新民主主义相适合的。只许为一般平民所共有、不许为资产阶级所私有的国家制度，如果加上工人阶级的领导，就是人民民主专政的国家制度了。"[①] 很明显，在共产党的政治理念里国家权力的人民性或曰公共性一开始就是政权建设的题中之义。

当时从事政权建设的基本政治力量是国民党和共产党，虽然国共两党合作发起了国民大革命和北伐战争，但是合作半途而废，因而革命的目标未能实现。国民党建立并初步巩固的国家权力，只不过是依赖沿海身份和口岸城市的能力有限、力量贫弱的独裁主义政权。[②] 国民党政权的性质和事实上的政治分裂，说明构建完整的国家权力仍然是未竟的事业，而且由于共产党所领导的革命的复合影响，政权建设在政治建设中的地位越发凸显出来，进而在新中国成立之后成为社会主义政治建设的中心任务。

---

① 《毛泽东选集》第 4 卷，人民出版社 1991 年版，第 1477—1478 页。

② 巴林顿·摩尔：《民主和专制的社会起源》，拓夫等译，华夏出版社 1987 年版，第 155—156 页。

共产党领导的革命将国家权力的归属即国家权力的阶级性质视为革命的根本性问题，因而共产党领导的革命就不只是要构建完整的国家权力，而且要使国家权力服从和服务于人民，换言之，国家权力及其公共性问题是不可分割地联系在一起的，必须在革命过程中同时解决。同国家权力的公共性相契合，共产党所领导的革命是社会革命，社会革命的目标是建立社会主义社会，而社会主义社会不可能自动产生，只能借助于无产阶级掌握政权之后逐步剥夺资本建立生产资料公有制才能实现，① 因此共产党领导的革命必须将政权建设置于首要位置。

共产党在城市的开国建政并不意味着政权建设的完成，而是意味着政权建设的开始。为了完成政权建设，共产党采取了一体化的政治建设战略。所谓一体化战略，就是指共产党以国家权力为支撑、以组织化为手段、以全面领导为目标的政治建设战略。一体化战略的确定是共产党立足政治建设的中心任务和可资利用的资源做出的理性选择。首先，政权建设是社会主义政治建设的中心任务，政治建设的基本内容就是要扫除旧中国的双层治理结构，也就是要扫除县以上官治、乡村绅治的治理结构，建立一体化的治理结构和国家权力同公民的直接关系，实现从"非直接统治型国家"向"直接统治型国家"的转变。② 其次，共产党拥有的资源是其严整的组织体系、强大的动员能力和执掌的国家权力，从资源类型及其相互关系来看，三者都是政治资源且相互之间存在高度的内在一致性，因此在将资源投入政权建设的实践中就表现为党的一元化领导。

一体化政治建设战略的推进需要相应的策略，概括来说，新中国成立后的三十年里，共产党同时采取了大众动员、单位化、组织化、整风等策略来贯彻一体化的政治建设战略，其中大众动员和单位化是基础性策略，组织化是核心策略，整风是修复性策略。

动员群众参与到政治建设中来，使群众成为政权建设的基本力量，从而将政权直接建立在群众支持和认同的基础上，这是一体化战略得以实现的基础性策略。单位（城市中的工厂、机关，农村中的生产队）实际上是国家治理的基本形式，国家通过单位来集中和使用经济资源、社会资源、人力资源，从而实现国家权力

① 《马克思恩格斯选集》第 1 卷，人民出版社 1995 年版，第 293 页。

② 戴维·瓦尔德纳：《国家构建与后发展》，刘娟凤等译，吉林出版集团有限责任公司 2011 年版，第 25 页。

对社会各个领域和各个群体的渗透和治理，因此单位化同样是支撑一体化战略的基础性策略。无论是进行大众动员还是开展单位化的治理，党的组织体系都是基本的行动者，作为社会主义事业领导者的党必须通过各级党组织有效掌握和充分行使政治领导权，否则大众动员策略和单位化策略对于政治建设的积极效果将难以发挥。党是政权建设的领导核心，为了保障政权建设的顺利进行就必须保持党的领导能力，这就意味着党组织自身必须具有一种自我更新机制即党内的整风，党内的整风是党力图对自身的组织、纪律、纲领和作风进行检验和强化的周期性举动，进而达到保持和增强党的领导能力的目的，因此整风是一体化战略不可或缺的修复性策略。

一体化政治建设战略以及相应的大众动员、单位化、组织化和整风策略，在推进政权建设方面取得了成功，使得完整的国家权力和强而有力的治理结构得以建立。共产党领导的政权建设"第一次建成了强大的政治体系控制社会、改造社会，重要的经济、文化、教育、农村活动都置于政府的管理范围之内"，[①] 与此同时，群众第一次通过正常渠道进入政治领域成为公民，其所具有的政治作用比新中国成立之前要重要得多。[②]

三、市场经济对政治建设战略的重构

一体化政治建设战略虽然成功地推进了政权建设，但也存在自身的局限，集中体现为一体化政治建设战略造成了国家极大地压缩了社会空间、政企不分、党政不分、权力过度集中等问题。从社会主义政治建设的角度来审视一体化战略带来的问题，可以概括为两个方面：一方面是国家对社会的极大压缩减少了国家与社会的互动空间，因而国家的基础性权力与专断性权力基本上混合在一起，相互之间难以区分、界限不明，因而政治建设难以获得长足的发展，另一方面是政治建设可资利用的资源比较匮乏，能够使用的资源基本上是政治资源，而且政治资源的种类也比较有限，除了党的组织体系和动员能力，就只有国家权力本身了。

社会主义政治建设的进一步发展要求重新制定政治建设的战略，并且为新的政治建设战略的推行储备资源。从十一届三中全会确定改革开放的基本国策开始，

---

① 傅高义：《共产主义下的广州》，高申鹏译，广东人民出版社 2008 年版，第 332 页。

② 傅高义：《共产主义下的广州》，第 333 页。

制度建设开始取代政权建设成为社会主义政治建设的中心任务，同时市场化战略也逐步取代一体化战略成为推进社会主义政治建设的指导方针。

制度建设开始成为社会主义政治建设的中心任务基于三个条件：首先，经过三十年的政治建设，完整的国家权力和有效的治理结构已经基本形成，政权建设的任务基本完成了，接下来的政治建设任务自然应该以国家权力的规范化和治理结构的法治化为主要内容；其次，一体化政治建设战略的推行遭遇到瓶颈问题，政治建设的持续缺乏足够的资源，因此通过制度建设一方面使制度成为推动政治建设的资源，另一方面通过制度来整合各种有利于政治建设的资源，就能够在政治建设的中心任务与支持政治建设的资源之间形成一种"同构"关系，进而塑造政治建设的长效机制；最后，以建立社会主义市场经济为导向的改革有着巨大的制度建设需求，因为社会主义市场经济体制改变了国家与社会之间的关系、政府与企业之间的关系，进而导致了党的领导体制和执政方式以及国家的治理模式的改革，这些都是制度建设的过程。

所谓制度建设，就是通过法治化的途径，明确国家的基础性权力和专断性权力之间的区别，划定基础性权力和专断性权力的限度，并且使基础性权力与专断性权力在各自的制度空间有效运转，以达到国家能力增强和公民福利增多的目的。有学者认为，制度建设可以归纳为八种机制建设：维护国家安全和公共秩序的强制机制建设、动员和调度社会资源的汲取机制建设、塑造国家认同和社会核心价值的共识机制建设、维护经济与社会生活秩序的监管机制建设、确保国家机构内部统一和有效工作的统领机制建设、维护社会公平的再分配机制建设、表达民众意愿和诉求的参与机制建设、协调不同利益形成公共政策的整合机制建设。[①]

当制度建设成为社会主义政治建设的中心任务之后，市场化战略也就相应地逐步取代一体化战略进而指引改革开放以后的政治建设。市场化政治建设战略的确立有着三个方面的原因：首先，从政治建设可资利用的资源来看，市场经济所造成的巨大经济效益和社会效益，成为政治资源之外的、推动制度建设的政治建设资源，而且政治资源总量的增长和结构的优化，也必须从市场经济的经济效益和社会效益中寻找动力、提取资源。其次，社会主义市场经济体制本身就是一个

---

① 胡鞍钢等主编：《第二次转型：国家制度建设》，清华大学出版社 2009 年版，第 403 页。

规模巨大、结构复杂、机制精密的制度体系，也就是说市场经济内在地就具有巨大的制度建设需求，因此政治建设的重点自然是建立市场经济体制及其配套制度。最后，从国际政治格局来看，中国的发展面临着巨大的国际竞争压力，现代化被视为我国自改革开放以来最大的政治，因此，市场经济作为实现现代化的利器自然具有重大的政治意涵，市场经济体制不仅成为推进政治建设的重要力量，甚至成为政治建设的重要组成部分。

同市场化政治建设战略相配合的策略可以归纳为分权、法治化、政治吸纳、安抚和地方化实践。市场经济本身就是一个分权的体制，唯有通过国家还权给社会、政府还权给企业、中央还权给地方，才能形成市场经济所不可或缺的多样性的行动主体；同样重要的是，只有通过分权才能激活政治资源，促进政治资源与市场资源的互通，最终逐渐改变一体化的政治建设战略。法治化同样是紧密顺应市场经济需要的策略，通过立法和执法过程来确立市场经济运行的基本规则以及配套制度，使之规范政府机构、市场主体和社会力量的行为，保障市场经济的秩序和有效运行，才能获得市场经济的经济效益和社会效益，从而汇集能够支持政治建设的资源。

政治吸纳和安抚是紧密相关的两个策略，市场经济固有的分化效应体现到社会后果上就是社会阶层的分化。对于社会主义政治建设而言，应该提供通畅的制度渠道来吸纳新兴的社会阶层，使之成为政治建设的有益力量。同时，必须制定有效的社会政策来保障不具有市场优势的工人阶级和农民阶级的权益，安抚其在社会变革中所受到的冲击和不适。要言之，只有通过政治吸纳和安抚的相互配合，才能实现社会阶层与国家制度的良性互动。地方化实践对于制度建设来说意义非凡，社会主义政治建设究竟要建成怎样的制度体系并无确定的答案，因此制度建设是一项风险较大、成本和收益难以预料的探索性工程，于是，鼓励通过地方性实践来进行制度建设，就能够将政治建设保持在可控状态。在快速市场化和社会急剧变革的过程中，地方化的制度建设应该是进行社会主义政治建设最为妥当的策略。

四、社会建设与政治建设战略的转型

经过改革开放以来近三十年的努力，制度建设取得了重大的成就，现代国家所必需的八种机制都是在制度建设的过程中形成的，虽然制度建设的总体布局是完整的，但是各种机制建设的推进则是不平衡的，由此导致的制度能力衰退和政治建设难题都是不可小视的。为了推进现代化建设，处理好改革、发展和稳定之间的关系，国家必须具有强大且有效的专断性权力，这就导致了与专断性权力直接相关的强制机制、汲取机制、统领机制和整合机制在制度建设的过程得以重点建设，而与基础性权力直接相关的共识机制、再分配机制、监管机制和参与机制在制度建设的过程中则被有意无意地轻视了。

机制建设的不平衡在短时间内确实增强了国家所需要的专断性权力，但是基础性权力的弱化导致了国家与社会之间关系的异变，国家难以准确地回应社会的要求，社会也难以提供国家需要的支持，在这种国家与社会的关系格局中，专断性权力的行使遭遇到了很多障碍，给国家和社会都造成了巨大的成本。基础性权力不能有效地支持专断性权力，于是专断性权力只能诉诸强制机制、汲取机制、统领机制和整合机制，这些机制的过度使用不仅造成专断性权力的扭曲，而且造成了机制本身的病变，这些都将国家的权威和制度的能力推向了危险的境地。

以制度建设为中心的政治建设虽然改变了一体化战略时期基础性权力与专断性权力混合不清的局面，但是也造成了专断性权力虚强和基础性权力贫弱的问题。尽管党和国家政权的组织体系及其外围组织深入到了社会基层，但是组织和协调社会生活的效果并不理想，同样社会的愿望和要求进入国家政治过程的渠道也不通畅，公共性难以形成，公共利益和公民权利被损害。近十年来日渐增多的群体性事件，都说明了国家的基础性权力亟待强化。基础性权力是存在于国家与社会之间的权力，基础性权力的衰败将导致国家与社会之间的冲突，由于国家有专断性权力的支撑，缺乏基础性权力支持的社会将发生溃败，因此强化基础性权力就必须进行社会建设。

社会建设直接针对的是社会失衡问题，我国的快速发展似乎陷入了一种困境：经济发展越快，滋生的社会问题越多，引发的社会矛盾也越尖锐；经济越繁荣，

产生的社会不满和不安全感就越普遍。①但是，社会建设不可能仅仅凭借社会自身的力量来完成，社会自身也不可能解决存在于社会领域中的各种复杂问题和尖锐矛盾。因为市场经济的趋利和扩张特性试图将所有的事物都商品化，从而破坏社会赖以存在的基础和自我运行的空间，面对市场经济的冲击，社会将产生一种"自我保护运动"以对抗市场的破坏力量，但是社会的"自我保护运动"只能诉诸国家对市场经济的管制才能取得实效。要言之，自我保护的社会之所以能够存在，关键性的原因在于国家权力对社会的支持。②支持社会的国家权力只可能是基础性权力，由此可见，社会建设自然要求强化基础性权力，因此社会建设包含着重要的政治内容。

既然国家的基础性权力的强化有赖于社会建设，而社会建设又有赖于国家权力的支持，那么基础性权力与社会建设之间就存在一种内在契合性。基础性权力一方面是国家渗透社会、组织和协调社会生活的工具，另一方面也是社会以利益表达和政治参与的形式嵌入国家、控制国家的渠道，因此基础性权力实质上是一种双向权力，既是国家对社会的权力，也是社会对国家的权力。③基础性权力的双向特性是由双向责任决定，一方面国家权力作为来源于社会、服务于社会的公共权力，对社会的公共利益和公民福利负有不可推卸的责任；另一方面社会及其成员是国家权力的公共性形成的根本要素，对于公共权力的规范运行同样负有监督和配合的责任，因此双向责任既是构成基础性权力的核心要素，又是基础性权力运行的根本条件。分析至此不难发现，基础性权力的强化和社会建设的根本之处，就在于双向责任的建设。

社会主义和谐社会战略目标的提出标志着执政党已经清楚地认识到市场化政治建设战略的不足，并且开始将社会主义政治建设的中心任务转移到强化基础性国家权力和社会建设上来，也就是转移到双向责任建设上来，自此社会主义政治建设步入一个新的历史阶段，即以双向责任建设为中心的阶段。政治建设中心任务的转移必然带来政治建设战略的革新，同双向责任建设相适应的政治建设战略是社会化战略。所谓社会化战略，就是通过构建社会主义和谐社会来积累社会资

---

① 周建明等主编：《和谐社会构建》，清华大学出版社2007年版，第319页。

② 卡尔·波兰尼：《大转型》，冯钢等译，浙江人民出版社2007年版，第112—115页。

③ 迈克尔·曼：《社会权力的来源》第2卷，陈海宏等译，世纪出版集团2007年版，第69页。

源，在将社会资源投入政治建设的同时，也为社会创造更加有效的参与国家政治过程的渠道，最终实现基础性权力和专断性权力相互强化、国家与社会之间关系平衡的目的。

从制度建设到责任建设、从市场化战略到社会化战略，是政治建设走向成熟的必然要求，国家制度无非是国家与社会之间的相互适应，[①] 没有健康有活力的社会，就不可能在国家与社会的互动中形成强大的基础性权力，也就不能够释放出国家制度的能力。政权和国家制度是政治的根本问题，而责任则是国家权力的内在规定性，因此政治建设以责任建设为中心，意味着政治建设的领域从中心走向内核；社会化政治建设战略为政治建设创造了新的可资利用的资源，即政治资源和市场资源之外的社会资源，由此政治建设的资源也就从单一走向了复合。有鉴于此，以责任建设为中心、以社会化为战略的政治建设是社会主义政治建设的关键性阶段，这个阶段的政治建设将汇集和深化过去的政治建设的成果，进而把社会主义政治推向成熟时期。

五、耦合策略推进政治建设

社会化政治建设战略的推行需要相应的策略，而策略的选择取决于政治建设的中心任务，社会化政治建设战略致力于推进国家与社会之间的双向责任建设，因此服务于双向责任建设的策略必须兼顾到国家和社会。换言之，选择的策略对于国家的效益和对于社会的效益必须是相互补充和相互强化的，而不能是相互冲突和相互抵消的，反映到责任建设上来就是国家与社会相互赋权、政府运转与公民参与有效配合、公共利益与公民权利共同促进。本文将落实社会化政治建设战略的策略称为"耦合策略"，它是包括公共精神培养、社会组织培育、政治信任构建、政府改革和公民参与深化在内的策略组合，这个策略组合不仅分享着内在的一致性即双向责任建设，而且每个策略针对的问题和领域也是紧密衔接的，每种策略的有效性有赖于其他策略的支持，因此这几种策略就耦合成一个有机整体。

公共精神是公民所具有的一种参与公共生活和维护公共利益的责任感，公民深切地意识到自身的权利和利益不是孤立地存在着，而是同公共生活、公共利益

---

① 《马克思恩格斯全集》第1卷，人民出版社1956年版，第283页。

密切关联在一起的，公共生活和公共利益不仅是公民权利实现的前提，而且是影响公民权利质量的关键性因素，从这个意义上讲公民精神就是公共精神。^①一个公民缺乏公共精神的国家不会有健全的社会，不可能形成具备双向责任的基础性权力，因此培育公共精神就成为双向责任建设的关键性环节。公共精神的培养是一个政治社会化的过程，也是政治实践塑造的过程，这不仅需要学校教育、大众传媒的灌输，而且需要政治过程开放公民参与的渠道和领域。

社会组织是由公民组成的集体行动者，它不仅是公民组织起来参与公共生活、维护公共利益的载体，同样也是社会自生秩序的表现形式，在国家与社会的互动中，社会组织始终扮演着不可或缺的角色，可以说社会组织是构成基础性权力的基本要素，也是影响基础性权力发展的关键性条件。社会主义政治建设需要大力培育社会组织，努力的方向有两个：一个是大力培育社会法团性质的社会组织，另一个是着力培育综合性的新型社会组织，这样的社会组织不仅能够代表社会利益、实践好国家意志，而且能够实现社会内部不同阶层、利益群体之间的沟通和平衡，在多元利益中不断塑造公共价值，以推动协商型社会的形成。^②

信任是一种社会简化机制，作为一种社会秩序的元要素，它缩小了组织公共生活的成本。政治信任则是公民对国家权力的公共性、政府过程的责任性的判断和认可，因此政治信任也是国家与社会、公民与政府互动成本的简化机制，政治信任的强弱直接决定了专断性权力的行使能否得到基础性权力的支持，如果专断性权力与基础性权力不能紧密衔接、国家与社会不能有效配合，那么国家权力的公共性将被削弱、政府的责任性将受到质疑，这反过来又会侵蚀政治信任。近年来群体性事件层出不穷、越级上访屡见不鲜，都说明必须将政治信任的构建纳入政治建设的范畴，构建政治信任已经是社会主义政治建设的不可或缺的策略。

政府改革是公民精神培养、社会组织发育、政治信任构建的基本条件，因为政府改革并不是一个简单的政府机构内部进行结构优化的过程，转变政府职能、塑造服务型政府才是政府改革的根本所在，而转变政府职能就意味着要调整政府管辖的领域，从而为公民精神的培养和社会组织的发育留出了空间，而塑造服务型政府则为政治信任的构建准备了基本的条件。在社会主义政治建设的过程中，

---

① 托克维尔：《论美国的民主》上卷，商务印书馆 1991 年版，第 268 页。

② 林尚立：《有机的公共生活：从责任构建民主》，载《社会》2006 年第 3 期。

政府改革应该在为公众服务的目标指引下，着力强化政府的执行能力、法治水平、透明性、廉洁性、回应性、责任性。

深化公民参与是社会化战略中的主干型策略，这不仅是因为公民参与本身就是双向责任的集中体现，没有公民参与就没有持久的双向责任和有效的基础性权力，而且是因为公民参与是连接公共精神、社会组织、政治信任和政府改革的关键性机制，[①]一方面上述各方面之间是相互强化的，另一方面公民参与能够整合公共精神、社会组织、政治信任和政府改革的有效性，使之成为推进社会主义政治建设的基本动力。深化公民参与可以从三个方面推进：首先，推进政治民主，完善人民代表大会制度，改革选举制度，拓展国家权力的公共性；其次，推进社会民主，完善基层群众自治制度，提升基层自治的质量；最后，推进协商民主，改革人民政治协商会议制度，挖掘各级政协的协商空间和民主效能。

社会主义政治建设可以从主体和客体两个角度加以审视：从客体的角度论之，社会主义政治建设的基本内容就是构建公共权力和有效行使公共权力，以实现维护公共利益和增进公民福利的目的；就主体的角度来看，执掌国家权力的共产党和人民才是政治建设的基本行动者，社会主义政治建设的战略和策略正是从事政治建设的主体为完成政治建设的客体而确定的基本规划、路径和方法。

综观社会主义政治建设的推进过程可以发现，政治建设的中心任务决定了政治建设的战略选择，而政治建设战略选择的变迁体现了中国政治建设的领域从中心到内核、政治建设可资利用的资源从单一到复合、落实政治建设的策略从分立到耦合的演变过程。

---

① 罗伯特·帕特南：《使民主运转起来》，王列等译，江西人民出版社 2001 年版，第 18—70 页。

第四部分
文明视野下的民主发展路径比较

西方民主发生理论辨析

汪仕凯

一、民主发生理论：对民主化理论问题意识的修正

民主化研究伴随着第三波民主化浪潮兴盛起来，现今已成为比较政治学的核心研究领域。民主政治实践的拓展是推动民主化研究的主要动力，催生了蔚为大观的民主化理论。民主化是指从威权政治向民主政治转变的过程，因此民主化理论关注的焦点就自然落在非民主政治是如何崩溃、民主政治是如何建立的问题上。综观当前的民主化理论，学者之间的讨论主要致力于解释以下几个方面的问题：民主化过程的分析，即探讨政治行动者在民主化过程中的分化组合、联盟、博弈状况及其对民主化的影响，有学者认为政治行动者之间的互动对于理解民主化过程来说具有决定性意义；[①] 民主化方式的分析，即非民主政权是以何种方式结束的，塞缪尔·亨廷顿（Samuel Huntington）根据谁领导民主化进程归纳出变革、置换、移转等方式，特里·卡尔（Terry Lynn Karl）和菲利普·施密特（Philippe C. Schmitter）依照精英和大众战略互动的关系总结出协定、强加、改革、革命等方式，唐纳德·夏尔（Donald Share）基于领导权和持续性概括出渐进、决裂、斗争、和解等方式；[②] 民主化条件的分析，即研究何种条件有利于民主化以及何种条件阻碍着民主化，学界的讨论比较注重经济发展水平、社会不平等、公民受教育的

[①] Graeme Gill, The Dynamics of Democratization: Elites, Civil society and the Transition Process, London: Macmillan Press LTD, 2000, p.59.

[②] 亨廷顿：《第三波》，上海三联书店 1998 年版；Terry Lynn Karl and Philippe C. Schmitter, "Modes of Transition in Latin American and Eastern Europe", International Social Science Journal, Vol.43, No.2, 1991, pp.269-84; Donald Share, "Transition to Democracy and Transition Through Transaction", Comparative Political Studies, Vol.19, No.4, 1987, pp.525-548.

程度、公民社会的成熟程度、既往的民主经历等条件。①

当学者们沉浸在民主化浪潮带来的激动之中时，民主化的政治后果开始显露并让他们感到沮丧，有些国家尽管建立了民主体制但是民主政治却没有兑现，有些国家刚刚建立的民主政体旋即崩溃重新回到威权政治，民主化的后果说明那些被认为实现了民主转型的国家只不过经历了"政治转型"。②民主化的政治后果对民主转型的否定促使民主化研究转向，即关注的核心问题开始由民主转型变成民主巩固，后者旨在回答民主转型的国家如何将民主稳定下来并深入发展。综观民主巩固的研究文献不难发现，学界的思考集中在民主巩固的标准、序列、条件、民主质量等问题上，其中制度设计与民主巩固的关系尤其受到研究者的重视，一些西方学者认为宪政结构、政党体制、选举制度、国家结构、经济体制等制度之间的搭配对于民主巩固来说发挥着关键的作用。③

民主转型的政治后果不一定就是民主政治的建立，民主政治建立之后也不一定就能够巩固下去。理论与实践的困境导致了民主化研究的核心问题从民主转型向民主巩固转向，然而此种转向则暴露出主流民主化理论的一个十分重要的缺陷：民主化理论的问题意识内在的预设在旧政权瓦解之后必然出现民主政治。民主化理论的问题意识实际上就是民主转型意识，其提问的方式是"民主化的过程是怎样的？旧的非民主政治是怎样被摆脱的？"这种提问方式认为旧的非民主政治解体之后接替它的将是民主政治，似乎民主的建立是无须前提条件的，民主政治是非民主政治瓦解的自然后果，所以如何摆脱非民主政治即民主转型就成为民主化研究的核心领域。民主化理论的问题意识明显的受到了第三波民主化浪潮所孕育的乐观情绪的影响，其实理论和经验都难以支持民主政治自然在非民主政治解体之后建立起来的论断，真相正如吉列尔莫·奥唐奈（Guillermo O' Donnell）

---

① Seymour Lipset, "Some Social Requisites of Democracy", American Political Science Review, Vol.53, 1959, pp.69–105; Philippe C. Schmitter, "Civil Society", in Larry Diamond and Marc Plattner eds: Consolidating the Third Wave Democracies, Baltimore: The Johns Hopkins University Press, 1997; Adam Przeworski, Democracy and Development, New York: Cambridge University Press, 2000.

② 陈尧：《新兴民主国家的民主巩固》，上海人民出版社 2011 年版，第 41 页。

③ Juan Linz and Alfred Stepan, "Political Crafting and Democratic Consolidation or Destruction", in Robert A. Pastor ed: Democracy in Americas: Stopping the Pendulum, New York: Holmes and Meier, 1989; Arend Lijphart and Carlos Waisman, Institutional Design in New Democracies, Colorado: Westview Press, 1996.

和施密特所言"民主转型是一个高度不确定的过程",①托马斯·克罗瑟（Thomas Carothers）就指出建立民主政治的"无先决条件"的狂热激情主导了 20 世纪 80 年代和 90 年代民主化研究。②

民主化研究的核心问题变成民主巩固是为了应对问题意识的缺陷而采取的避重就轻而又合乎情理的策略，说它避重就轻是因为民主化研究只是转移了自己的核心议题，却并没有从根源上反思自身的问题意识，而是延续了存在缺陷的问题意识，说它合乎情理是指既然民主是现实中最优的选择，而且民主的建立和保存又如此艰难，那么民主化研究理应将民主巩固问题作为重点。问题意识是理论的开端和根源所在，如果一种理论的问题意识存在缺陷，那么不仅理论的发展空间和解释效力会受到很大程度的限制，而且理论本身在逻辑上的自洽性也将遭遇质疑。有鉴于此，本文试图对民主化理论的问题意识进行修正，以便提升民主化理论的理性品质、拓展民主化理论的发展空间、强化民主化理论的解释效力。

本文对民主化理论问题意识的修正是将其问题意识的基本预设——非民主政治解体之后代替它的自然是民主政治——转换成民主化理论必须回答的问题，即为什么在非民主政治解体之后代替它的是民主政治？或者说，在非民主的政治环境之中，民主的条件是怎样组合在一起并相互作用的，进而使得民主政治能够在旧政权解体之时破茧而出？本文将修正后的民主化理论的问题意识称为民主发生的问题意识，并将发端于这个问题意识的理论称为民主发生理论。民主发生理论的主旨自然区别于民主转型理论和民主巩固理论，它致力于解释民主是如何在非民主的政治环境中发生的，当然它绝不是外在于民主化理论的理论，而是内在于其中的一种理论转向，其目的是通过修正民主化理论的问题意识，重新理解和整合由于民主化问题意识固有的缺陷而遮蔽了的、原本就散落在民主化理论之中的民主发生理论的构成要素。

依据上述分析，本文的基本工作是在民主化理论所呈现的纷繁复杂的解释要素中将民主政治的发生机制和解释逻辑整理出来，也就是在民主发生的问题意识

---

① Guillermo O'Donnell and Philippe C. Schmitter, Transitions from Authoritarian Rule: Tentative Conclusions about Uncertain Democracies, Baltimore: The Johns Hopkins University Press, 1986, p.5.

② Thomas Carothers, "How Democracies Emerge: The Sequencing Fallacy", Journal of Democracy, Vol.18, No.1, 2007, pp.12–27.

的指引下归纳出研究文献中存在的比较政治学、历史社会学、政治经济学三种民主发生的解释模式。[①] 比较政治学的解释模式诉诸经济发展、公民社会、政治文化三个条件，只有当作为经济发展的"外溢效应"的公民社会足够强大，政治文化趋于成熟，并且同经济发展耦合在一起时民主才能发生；历史社会学的解释模式诉诸资本主义、社会结构、阶级力量均势三个条件，当资本主义发展所更新的社会结构能够形成政治上重要的阶级之间均势的时候民主才能发生；政治经济学的解释模式诉诸经济不平等、资本类型、政治资源分布三个条件，而民主的发生机制实际上是存在于不平等、资本类型和政治资源分布之间的制约关系中的阶级之间的结盟和敌对关系。

最后本文将摆脱比较政治学、历史社会学、政治经济学三种解释模式的束缚，进一步探讨比较政治学、历史社会学、政治经济学三种解释模式的联系和差别，理解三种解释模式的有效性和局限性，并尝试借助新的理论资源来探寻综合性的民主发生理论的分析框架和解释模式。

二、比较政治学的解释模式：经济发展、公民社会与政治文化

比较政治学的解释模式可以追溯到西蒙·马丁·李普塞特（Seymour Martin Lipset）和斯坦因·罗坎（Stein Rokkan），他们在 1967 年提出了著名的"冰点"命题，主要内容是欧洲的民主具有异乎寻常的稳定性，尽管遭受了危机、战争和法西斯主义的摧残，但是民主在战后迅速的恢复了。为何民主在战后欧洲能够重现呢？李普赛特和罗坎认为战前欧洲国家内部达到了一种均衡状态并且凝结成型，所以纵使民主在强力作用下被暂时摧毁，然而只要外在强制不复存在，民主就能够自我修复。[②] "冰点"命题甫一提出就被热烈讨论，并激发了很多学者的学术灵感，学者们试图找寻隐藏在民主背后凝结成型的均衡状态的具体内容以及相互之间发生作用的机制。

经济发展是比较政治学解释民主发生的重要角度，很多学者认为经济发展改

---

① 本文所做的学科划分基于两个理由：首先是从事民主化研究的学者对学科领域的自我认同或者是学界对研究者的学科领域归属的一般评价；其次是构成解释模式的关键要素组合所具有的学科属性，例如经济发展、公民社会与政治文化的相互适应一直是比较政治学的基本分析视角，发展中的阶级状况是历史社会学的基本分析视角，经济和政治资源的分布状况则是政治经济学的基本分析视角。

② 拉尔森：《政治学理论与方法》，上海世纪出版集团 2006 年版，第 30—31 页。

善了国民的生活水平和社会基础设施，于是国民在满足生存之余会产生参与政治的愿望，并且此种愿望也能够从不断改善的社会设施中获得便利。[①] 如果说经济发展与民主政治确实存在关联，那么如何解释这种关联呢？李普塞特主张使用国民收入、工业化、城市化、教育水平等指标来衡量特定国家的经济发展水平，并进一步探寻各项指标与民主政治之间的关系，他的研究发现四种指标与民主政治之间确实存在一种正相关关系。[②] 罗伯特·达尔（Robert Dahl）认为民主政治的发生存在一个经济发展水平的区间，只有当特定国家的经济发展水平进入这个区间时，经济发展与民主政治之间才存在正相关关系，而当经济发展水平低于这个区间的最低值或者高于这个区间的最高值时，经济发展水平与民主政治的发生之间并不存在明显的联系。[③] 由此可见，经济发展与民主之间的关系被很多学者误解了，经济发展并不能决定民主政治的发生。

笔者认为比较政治学虽然将经济发展作为思考民主发生的基本向度，但是绝非在经济发展与民主政治之间持一种决定论立场，经济发展虽然处在基础位置，但是仅凭经济发展并不足以导致民主发生，经济发展存在巨大的"外溢效应"，正是这些"外溢效应"和经济发展组合在一起共同导致了民主的发生，具体而言，经济发展改变了国家与社会之间的关系、推动了公民社会的成熟，经济发展提高了教育水平、发展了传媒技术从而实现了政治文化的转型，当经济发展、公民社会与政治文化组合在一起之时民主政治就应运而生了。李普塞特曾意识到这一点，他说"一个国家越富裕，它准许的民主的可能性就越多。从亚里士多德到现在，人们一直认为，只有在富裕社会，即生活在现实贫困线上的公民相对较少的社会，才能出现这样一种局面：大批民众理智地参与政治，培养出必要的自我约束，以避免盲从不负责任煽动的呼吁。一个分化成大多数贫困民众和少数显贵的社会，要么导致寡头统治（少数上层分子的独裁统治），要么导致暴政（以民众为基础的独裁统治）"[④]。不难发现，李普塞特敏锐的意识到"理智"的与"自我约束"的政治文化、中产阶级为主导的公民社会同富裕之间的关系，以及它们组合起来

① Ross Burkhart and Michael Lewis-Beck, "Comparative Democracy: the Economic Development Thesis", American Political Science Review, Vol.88, No.4, 1994, pp.903-23.

② 李普塞特：《政治人》，上海人民出版社 1997 年版，第 27—39 页。

③ 罗伯特·达尔：《多头政体》，商务印书馆 2003 年版，第 73—85 页。

④ 李普塞特：《政治人》，第 27 页。

时同民主政治之间的关联。

在当前的民主化研究中，公民社会可能是除民主之外最受关注的概念，在施密特看来，这种现象意味着公民社会与民主政治之间存在着十分密切的关系。[①]集体组织是民主政治的关键行动者，民主博弈中的主要参与方都是按照集体利益组织起来的并依据相应的策略去行动的，而各种正式的利益团体、政治组织和非正式的社会网络正是公民社会的基本构成部分，这就是说公民社会提供了民主政治所需的行动者。在非民主的环境中，不管民众对现政权有多么强烈和广泛的不满，只要民众没有组织起来就不能产生实质性威胁，戈登·怀特（Gordon White）的研究表明公民社会充当了将反对派组合起来的工具。[②]强大的反对派是摧毁非民主政权的利器，但是反对派之间的斗争以及反对派的我行我素同样是肢解民主政治的快刀，因此妥协、宽容的政治文化就是公民社会走向成熟的基本要素。

加布里埃尔·阿尔蒙德（Gabriel A. Almond）和西德尼·维巴（Sidney Verba）将政治文化区分为村落地域型、臣民依附型和积极参与型，同民主政治相契合的政治文化是混合了上述三种类型并在积极与消极、卷入与回避之间实现平衡的公民文化，因为民主政治需要公民参与以获得合法性，但是公民参与又必须是有限度的，否则民主政治的能力与绩效并不足以满足公民对政府责任的要求。[③]公民文化倡导节制、温和、宽容、妥协等政治观念，一方面它推动公民参与政治生活，另一方面又为公民形成基本政治共识提供了基础。

节制、温和、宽容、妥协的政治文化是民主发生所不可或缺的资源，因为民主内在的具有不确定性。民主为所有的政治力量提供了追求自身利益的机会，但其后果是由制度框架与政治力量在竞争中运用的资源共同决定的，因此政治行动者清楚博弈的输赢对自己意味着什么，然而自己究竟是赢是输则难以预料。亚当·普沃斯基（Adam Przeworski）指出，民主是一种有规则的开放体系，政治博弈的结果绝非是预先确定好的，但是输赢只是一时的，输家能够接受现有的结

① Philippe C. Schmitter, "Civil Society", in Larry Diamond and Marc Plattner eds: Consolidating the Third Wave Democracies, Baltimore: The Johns Hopkins University Press, 1997, pp.239–242.

② Gordon White, "Civil Society, Democratization and Development: Clearing the Analytical Ground", Democratization, Vol.1, No.3, 1994, pp.379–383.

③ 加布里埃尔·阿尔蒙德、西德尼·维巴：《公民文化》，东方出版社 2008 年版，第 439—442 页。

果并积蓄力量等待下次机会，正因为如此人们才组成集团参与到政治中来。①只有当政治行动者接纳了民主政治固有的不确定性的时候，民主政治才能在这个国家中生根发芽，而节制、温和、宽容、妥协的政治文化不仅是政治行动者认知民主内在不确定性的资源，而且在政治行动者的相互关系中构建出盛放民主内在不确定性的空间。要言之，成熟的政治文化的出现，意味着民主政治发生的迈出了关键性的一步。

比较政治学关于民主发生理论的解释模式诉诸经济发展、公民社会和政治文化三个要素，其中经济发展居于基础性地位，没有经济发展就难以出现强而有力的公民社会和成熟的政治文化，但是比较政治学的解释模式绝不将经济发展置于一种机械的决定论立场，它的核心内容在于只有当经济发展导致了强而有力的市民社会和成熟的政治文化出现的时候，而且当经济发展、公民社会、政治文化组合在一起发挥作用的时候，民主政治才会发生。

三、历史社会学的解释模式：资本主义、社会结构与阶级均势

民主发生理论的历史社会学解释模式建立在资本主义发展的基础之上，众所周知资本主义发展是一个系统过程，作为一种新的生产方式和经济过程，它不仅创造和积累了前所未有的物质财富，而且改造了传统的社会结构、重组了阶级之间的关系、塑造了有利于被统治阶级的阶级均势，因而导致了民主政治的发生，要言之，在历史社会学的解释模式之中，民主政治发生的根源在于资本主义发展重新塑造的阶级关系。

巴林顿·摩尔（Barrington Moore, Jr.）是从历史社会学的视野探寻民主发生机制的鼻祖，在《民主和专制的社会起源》一书中，摩尔首次将民主发生同资本主义发展、阶级结构、阶级关系联系起来。资本主义发展改造了传统的社会结构：土地贵族以各种方式、程度不同的融入到商品经济中去，农民阶级或是逐渐消灭或是继续依附于土地，新兴的资产阶级和工人阶级开始登上历史舞台，并成为决定政治变迁前景的重要变数。摩尔非常看重土地贵族和农民阶级对民主起源发挥的决定性影响，他认为"土地贵族是否转向农业商品经济，是决定尔后政治进程

---

① 亚当·普沃斯基：《民主与市场》，北京大学出版社 2005 年版，第 3 页。

的最关键的因素"，而农民阶级的消灭对于民主来说是好兆头。[①] 摩尔认为土地贵族是否以及通过何种方式转向农业商品经济有着重要后果，首先，如果土地贵族融入到商品经济中去，那么他们在开辟了实现自身利益的新渠道的同时也将"形成资产阶级习性"；其次，如果土地贵族不转向商品经济，通过庄园制延续对农奴的控制，那么土地贵族将寻求国家暴力机器的帮助来获得地租，土地贵族对暴力机器的依赖反过来推动暴力机器的发展，而强大的暴力机器恰是民主政治的大敌；最后，土地贵族转向商品经济将消灭小农，因为小农阶级可能变成极端政治的温床故而会对民主构成严重问题。[②]

与摩尔从传统势力的角度来解释民主发生不同，迪特里希·鲁施迈耶（Dietrich Rueschemeyer）等学者认定资产阶级和工人阶级才是决定民主发生的关键因素，尤其是工人阶级扮演了决定性的角色，尽管工人阶级被长期排斥在政治过程之外，但是正因为如此工人阶级才坚定地斗争以争取政治参与权，当然工人阶级在民主发生过程中的决定性地位是与工人阶级自身的规模和组织化程度直接联系在一起的。[③] 资本主义的发展增强了工人阶级的力量，一方面它将大量的人口从高度离散的地域集中到工厂和城市中来，这不仅壮大了工人阶级的队伍，而且将工人阶级置于有利于同具有相同地位的人进行联络、开展集体行动的环境中来，另一方面它促进了工人阶级自我组织能力和动员能力的发展，并且提供了工人阶级在全国范围内进行组织、动员、联系的技术手段和交通条件。因此鲁施迈耶得出结论说："尽管工人阶级没有被证明是资本主义的掘墓人"，但是工人阶级成功的迫使统治阶级在政治上接纳工人阶级，并满足了工人阶级的部分实质性利益。[④]

应当如何理解工人阶级的决定性作用呢？在民主发生的关键时期，工人阶级利用自身的组织资源和集体行动为民主发生过程的持续提供了强大的动力。戴维·科利尔（Ruth Collier）概括了工人阶级的作用：首先，工人阶级的集体行动不断地动摇威权政治的稳定性、侵蚀威权政治的合法性，这就在威权体制中打开

---

① 巴林顿·摩尔：《民主与专制的社会起源》，华夏出版社 1987 年版，第 339、342 页。

② 巴林顿·摩尔：《民主与专制的社会起源》，第 340 页。

③ Dietrich Rueschemeyer, Evelyne H. Stephens and John D. Stephens, Capitalist Development & Democracy, Chicago: University of Chicago Press, 1992, p.59.

④ Dietrich Rueschemeyer, Evelyne H. Stephens and John D. Stephens, Capitalist Development & Democracy, Chicago: University of Chicago Press, 1992, pp.271–272.

了缺口从而为民主因素的发展创造了空间；其次，工人阶级在塑造新政治空间的过程中，如果不是充当协调和整合反对派的领导者，就是处在不可或缺的次要位置，在这种位置上工人阶级的行动决定了民主发生的节奏和速度；最后，在各派势力聚集起来商讨民主方案的过程中，工人阶级所代表的激进民主方案使得工人阶级组织（工会和政党）成为了举足轻重的谈判者，没有工人阶级组织的参与就难以形成切实可行的政治妥协方案和稳定的民主体制。[①]工人阶级的决定性作用取决于自身力量的大小，而后者则建立在工人阶级组织化的程度和政治领导能力的基础上，如果工人阶级能够团结在自己政党的领导之下，那么工人阶级的决定性作用将发挥得更加显著。

虽然工人阶级在民主发生过程中发挥了决定性作用，但是单枪匹马的工人阶级成就不了民主，工人阶级必须寻找盟友。鲁施迈耶等人的研究表明城乡中小资产阶级有可能与工人阶级结盟，进而在民主发生的过程中成为另外一个重要力量，而且在工人阶级力量比较弱小的情况下，资产阶级将取代工人阶级在民主发生过程中的首要地位，然而资产阶级对待民主却持模棱两可的态度，资产阶级是否与工人阶级结盟取决于它与统治阶级的关系和自身的利益。[②]就资产阶级自身的阶级位置和内部的复杂性来说，资产阶级倾向于投靠统治阶级，但是如果统治阶级过于保守，拒绝赋予资产阶级政治参与权，与此同时，要求政治参与权的工人阶级能够尊重资产阶级的市场权利，那么资产阶级将会与工人阶级携手促进民主政治的发生。既然存在资产阶级与工人阶级结盟并在民主发生过程中发挥首要作用的情况，那么这是否意味着同工人阶级在民主发生过程中的决定性影响相矛盾呢？其实不然，工人阶级力量弱小的国家，民主政治要么带有很强的寡头色彩，要么难以稳定。

在解释民主发生时历史社会学家分别将决定性的位置赋予了不同的阶级，摩尔看重传统政治势力的作用，而鲁施迈耶和科利尔等人则青睐新兴政治势力的影响。如何理解这种分歧呢？历史社会学为此提供了答案：民主政治是阶级力量之间均势的结果，它使被统治阶级的利益能够在集体决策中得到反映，同时又保证

① Ruth Collier, Path Toward Democracy, New York: Cambridge University Press, 1999, pp.110–165.

② Dietrich Rueschemeyer, Evelyne H. Stephens and John D. Stephens, Capitalist Development & Democracy, Chicago: University of Chicago Press, 1992, p.272.

统治阶级能够反对觉察到的侵害其重大利益的决策。资本主义发展不只是改造了传统的社会结构，而且重组了阶级之间的力量对比，资本主义发展在壮大了工人阶级的规模、增强其组织化权力的同时也削弱了土地贵族的力量，正是阶级力量对比的变化创造了政治发展的空间。结合摩尔和鲁施迈耶等人的研究可以发现阶级力量对比的变化形成了一系列均势，其中王权与贵族之间的相互制约、土地贵族与资产阶级之间的复杂结盟状态、工人阶级的温和政治立场以及其力量对国家暴力机器的抗衡都是不可或缺的。民主政治是由十分复杂的阶级均势结合在一起而形成的，所以民主政治自然带有脆弱的品质。

历史社会学的解释模式将阶级力量的均势视为根本性的条件，但是阶级力量的均势受到国家机器和跨国权力关系的影响，因此只有将国家机器和跨国权力关系视为塑造阶级力量之间均势的重要变量时，民主发生的历史社会学解释模式才是完整的。鲁施迈耶等学者将国家机器对阶级均势的影响概括为两个方面：一方面是强大的国家机器足以摧毁社会中追求民主的势力，因此工人阶级和资产阶级为了对抗共同的敌人将会结成同盟；另一方面是资本主义发展提高了公民社会的组织化程度，重组了阶级之间的关系，尤其是增强了工人阶级和资产阶级的力量，同时削弱了统治阶级的力量，这就扩大了国家机器相对于统治阶级的自主性，进而造就了有利于民主发生的阶级均势。[①]

跨国权力关系则将阶级均势的形成置于世界体系中理解，世界体系中的依附国家处在国际劳动分工的不利地位，对技术进口和初级产品出口的依赖阻碍了工业化的发展，这不仅限制了工人阶级的力量，而且保存了地主阶级的力量，所以一般而言经济依附阻碍了民主发生。其实，经济依附对于民主发生来说是一把双刃剑，凯文·纽豪瑟（Kevin Neuhouser）的研究就发现全球经济的波动会推动有利于民主发生的阶级均势的形成。[②]处在工业化进程中的依附国家必须就国民收入在消费与积累之间进行分配，统治阶级为了加快工业化进程会选择压制消费促进积累的政策，压制消费意味着国内市场的消费能力是不足的，所以统治阶级必

[①] Dietrich Rueschemeyer, Evelyne H. Stephens and John D. Stephens, Capitalist Development & Democracy, Chicago: University of Chicago Press, 1992, p.5.

[②] Kevin Neuhouser, "Transitions to Democracy: Unpredictable Elite Negotiation or Predictable Failure to Achieve Class Compromise?" Sociological Perspective, Vol.41, No.1, 1998, pp.70–73.

须依靠出口才能保持经济平衡，但是只要全球经济出现波动影响到了本国的出口，资产阶级又无法利用国内市场来解决消费问题，于是危机的持续将导致资产阶级同长期以来因为工资水平比较低、生活水平难以随着经济发展而提高的工人阶级结成同盟，此时民主的时刻就到来了。

历史社会学的解释模式将民主政治的发生置于资本主义发展的背景之下，认为资本主义发展不仅更新了社会结构、重组了阶级关系，而且推动了国家机器与公民社会之间关系的调整，也在创造世界体系的同时构建了跨国权力关系，正是在势力不同的阶级、国家机器、跨国权力体系的相互影响中形成了复杂的阶级力量之间的均势，这种阶级均势一方面使得被统治阶级获得了政治参与权利，另一方面又保证了统治阶级的关键利益，于是民主政治就在阶级均势的基础上发生了。

四、政治经济学的解释模式：经济不平等、资本类型与政治资源

政治经济学所提供的民主发生的解释模式同样将经济因素置于首要位置，但是政治经济学的解释模式不是笼统的考虑经济发展，而是从经济不平等入手，也就是说财富在不同社会集团之间的分配结果将对民主发生产生根本性的影响。现代社会的经济不平等同政治过程密切相关，是国家推行的再分配政策的结果，它反映了不同社会集团之间的力量对比状况。

在政治经济学看来民主的发生是一个政治经济过程，经济不平等、再分配和资本类型之间的相互制约关系是民主发生机制的核心内容。卡莱斯·鲍什（Carles Boix）将民主发生的政治经济学机制经典的表述如下："政治制度的选择是由该政权下公民收入分配结果决定的。我们知道每种政治制度都是某一社会通过整合个体偏好继而实现经济资产理想分配的特定机制，所有政治参与者都拥有相应的策略以保障对自己最有利的政治制度，即实现各自福利的最大化。获益最少的个体会支持民主制，因为民主制给予其重新建立一个对自己有利的再分配机制的机会。与之相反，在民主之下收入会受损的富裕公民则青睐只有富人拥有投票权的宪政结构。"[①] 易言之，政治体制调节着能够决定谁将获益的政治权力的分配，而民主政治则赋予贫穷的公民更多的政治权力以影响决策，于是民主政治中的再

---

① 卡莱斯·鲍什：《民主与再分配》，上海世纪出版集团 2011 年版，第 158 页。

分配政策在很大程度上取决于经济不平等的程度，经济不平等程度越低的国家能够推行温和的再分配政策，富裕阶级被剥夺的程度就较低，故而反民主的力量也就越小，民主就越有可能发生，而经济不平等程度越高的国家，再分配的压力就越大，富裕阶级为此要承担巨大的成本，因此会强烈地敌视民主，民主发生的可能性就越低。

经济不平等对民主发生的影响是通过再分配政策实现的，但是由于公民对于再分配政策的后果早已清楚，而且不同阶层将根据预先知道的后果采取相应的政治行动，因此再分配政策必然受到一些学者所说的"政治上可行性"的制约。①再分配政策在政治上的可行性取决于资本类型和政治资源在各阶级中的分布状况在何种程度上对再分配政策形成了制约，因此政治经济学的民主发生解释模式必须将经济不平等、资本类型和政治资源的分布状况结合起来，并且从三者之间的制约关系中寻找民主政治的发生机制。

资本类型可以从资本的流动性和资本的专用性两个角度分析，资本的流动性是指资本在地理空间里面实行转移的能力，资本的专用性则是被特定用途锁定的程度，或者说资本被改变用途之后价值降低的程度。资本的流动性和资本的专用性是富裕阶级面对国家税收政策时进行策略选择的基础，流动性越强、专用性程度越低的资本，越是能够抗拒国家高税收政策，而流动性越弱、专用性程度越高的资本，越是难以抗拒国家高税收政策。在资本流动性强、专用性低的情况下，如果国家执行过激的再分配政策，富裕阶层就可以将资产转移到国外以抗拒损害自身利益的政策，鉴于资本跨国转移的可能性，国家不会推行过激的再分配政策，因此民主政治对于富裕阶级而言也不会是一个不可接受的选择。如果富裕阶级的资产是难以转移且专用性程度高的固定资产，那么当国家推行激进的再分配政策时，难以进行资本转移的富裕阶级将会强烈地反对民主政治转而拥护威权政治。

当然，资本的流动性与专用性并不是一成不变的，经济的发展将对资本的类型产生强烈的塑造作用，可以说经济发展在很大程度上就是将缺少流动性的资本转化为具有更多流动性的资本的过程。经济发展对资本类型的重塑得到了全球化、金融资本、国际体系等因素的配合，全球化推动资本在世界流动，金融资本的兴

---

① Dimitri Landa and Ethan Kapstein, "Inequality, Growth and Democracy", World Politics, Vol.53, 2001, pp.289-295.

起强化了资本的非专用性，而主权国家林立的国际体系则充当了流动资本的保护伞。高度非专用性的金融资本在全球的流动，构成了 20 世纪很多国家民主政治得以发生的强劲动力，正如卡莱斯·鲍什所总结的那样"对新发明的系统投资逐步重塑了经济资产的属性和分配方式。财富新来源的产生，依赖于政治分裂的国际体系的支持，以及国内层面地主间制度化均势的存在，而后者有效保障了潜在投资者免遭统治集团完全没收的威胁。这些新兴资产的流动性反过来令其持有者对民主结果的出现更加自信。此外，不断增值的人力资本等推动了财富向其他领域的不断扩散，这些新型资本进一步促进了民主的转型过程。"[①] 由此不难理解，为何民主化浪潮总是与全球化的浪潮紧密相连，民主化的时间和规模几乎同全球化的实践和规模一致。

经济不平等和资本类型对民主发生的影响通过阶级的策略选择发挥作用，不同的阶级究竟采取何种策略受制于利益的计算和政治资源的分布，政治资源分布状况所限定的阶级之间的结盟和敌对关系是政治体制的决定因素。虽然富裕阶级倾向于反对民主，但是富裕阶级的策略选择受到贫穷阶级政治行动的制约，如果贫穷阶级拥有达成团结的政治资源，那么富裕阶级对民主的反对将引发革命，一旦组织起来的贫穷阶级革命成功，富裕阶级的财产将被剥夺殆尽。达龙·阿塞莫格鲁（Daron Acemoglu）和詹姆斯·罗宾逊（James Robinson）指出，即使存在严重的经济不平等和激进的再分配政策，慑于革命的压力，富裕阶级很可能被迫同意将政治权利授予贫穷阶级的民主方案。[②]

富裕阶级与贫穷阶级之间的政治博弈在中产阶级介入的情况下将会更为复杂，中产阶级的结盟策略将对政治博弈的结果产生重要影响，中产阶级的结盟策略主要受到再分配政策对其利益的影响、自身力量的强弱等因素的制约。鲍什分析了利益计算对中产阶级结盟策略的影响，如果中产阶级与贫穷阶级之间的经济不平等大于中产阶级与富裕阶级之间的经济不平等，中产阶级将与富裕阶级共同承担民主体制下的再分配政策的成本，利益受损的中产阶级就会同富裕阶级结成反对民主的联盟；如果中产阶级与贫穷阶级之间的经济不平等小于中产阶级与富

① 卡莱斯·鲍什：《民主与再分配》，上海世纪出版集团 2011 年版，第 215 页。

② Daron Acemoglu and James Robinson, "A Theory of Political Transitions", American Economic Review, Vol.91, No.4, 2001, pp.938–963.

裕阶级之间的经济不平等，民主体制下的再分配政策的成本将由富裕阶级承担，作为受益者的中产阶级将会和贫穷阶级结成支持民主的同盟。[1] 利益计算是中产阶级根据再分配政策进行的，再分配政策的具体内容则受到中产阶级力量强弱的影响，因此中产阶级的利益计算将会伴随自身力量的强弱而发生变化。

中产阶级力量的强弱决定了其在民主政治中的影响力，因此它是制约中产阶级在民主发生过程中的策略选择的关键性条件。如果中产阶级规模比较小、力量比较弱，那么中产阶级会在富裕阶级与贫穷阶级之间的政治冲突中作壁上观，但是如果中产阶级规模比较大并且比较富裕，那么其中间位置将形成非常有利于民主发生的影响，富裕的中产阶级倾向于选择温和的再分配政策，这不仅保证了再分配政策不会过于损害富裕阶级的利益，而且保障了贫穷阶级能够改善自己物质收益。规模大且富裕的中产阶级调和了富裕阶级与贫穷阶级之间的利益矛盾，正如阿塞莫格鲁和罗宾逊所言，富裕阶级镇压贫穷阶级的企图和贫穷阶级发动革命以剥夺富裕阶级的企图，都因为中产阶级的缓冲作用而得到了遏制。[2] 中产阶级是民主政治的天然基础和支持者，只是由于受到经济不平等的程度、资本的类型、阶级之间关系的制约，中产阶级可能沦落为富裕阶级的同路人从而成为民主的敌人，中产阶级同富裕阶级的结盟所产生的最好的政治结果只能是有限的民主或曰"半民主"，而民主只能发生在中产阶级与贫穷阶级结盟的基础上。

民主发生理论的政治经济学解释模式将结构因素与行动策略结合在一起。经济不平等程度、资本类型和政治资源的分布状况组合在一起，实际上构成了再分配政策关涉到的不同社会集团进行策略选择的空间，中产阶级在此空间中进行的策略选择对于民主发生来说十分关键，可以说没有中产阶级的参与就不会有民主的发生，易言之，民主发生的政治经济学机制存在于经济不平等、资本类型、政治资源分布状况之间的制约关系之中，这种机制可以归纳为经济不平等、资本类型和政治资源分布所限定的阶级之间的结盟和敌对关系。

---

① 卡莱斯·鲍什：《民主与再分配》，上海世纪出版集团 2011 年版，第 39—46 页。

② 达龙·阿塞莫格鲁、詹姆士·罗宾逊：《政治发展的经济分析》，上海财经大学出版社 2008 年版，第 90—93 页。

五、总结与思考：寻求更加有效的解释模式？

民主发生理论通过对主流民主化理论问题意识的修正，致力于解释在非民主的环境中，民主的条件是怎样组合在一起并相互作用的，从而使民主政治能够在非民主政治解体之后破茧而出。民主发生的问题意识指引笔者重新理解民主化研究的经典文献，并且厘清民主发生的构成要素，进而对民主发生理论的构成要素进行逻辑重构，最终归纳出比较政治学、历史社会学、政治经济学三种解释模式。梳理潜藏在民主化研究文献中的民主发生理论的构成要素并且对其进行逻辑重构并非本文的最终目的，本文的最终目的是在归纳民主发生理论的解释模式的基础上进一步挖掘三种解释模式之间的联系和差别，理解三种解释模式的有效性和局限性，进而尝试摆脱三种解释的分析框架并借助最新的理论资源来探寻综合性的民主发生理论的分析框架和解释模式。

比较政治学诉诸经济发展、公民社会和政治文化来建构民主发生的解释模式，历史社会学则从资本主义所造就的阶级力量之间的均势来解释民主的发生，而政治经济学的解释模式则形成于经济不平等、资本类型、政治资源分布之间的制约关系中。虽然三种解释模式的构成要素不尽相同，但是三种解释模式之间存在着延续性。比较政治学的解释模式和历史社会学的解释模式都将民主发生的基础定位在现代化之上（经济发展或者资本主义发展），而且都认定现代化进程将借助一定的中介机制来催生民主，只不过比较政治学的解释模式诉诸的中间机制是公民社会和政治文化，而历史社会学的解释模式诉诸的中介机制是阶级力量之间的均势。两种解释模式诉诸的中介机制的不同是由各自的研究视角决定的：比较政治学采取了横断面式的研究视角，即是通过对欧美成熟的民主国家的研究发现民主政治发生在发达的经济水平、成熟的公民社会、宽容的政治文化相互配合的条件之下；历史社会学则选取了纵向式的研究视角，这就是说如果民主政治发生在一定的条件组合之中，那么此种条件组合是在怎样的历史情境中形成的。

比较政治学解释模式的经验基础使得此种解释模式带有很强的"理想类型"的色彩，而历史社会学解释模式对民主发生的特定条件组合的历时性考察，似乎表达出民主发生存在特定路线图的意涵，即追求民主的后来者势必要遵循欧美国家已经走过的道路，因此历史社会学的解释模式在一定意义上将比较政治学所建构的"理想类型"发展成了"欧美中心主义"。政治经济学的解释模式对"理想类型"和"欧美中心主义"有着清醒的认识并力图自我约束，故而有追求更强的理论解释力的动机。政治经济学的解释模式较之比较政治学和历史社会学的解释模式存在两个特点：首先，政治经济学的解释模式抛弃了经济发展、资本主义、阶级结构等宏大的概念，诉诸经济不平等、资本类型、政治资源等更具操作性的概念来建构民主发生的解释逻辑；其次，政治经济学的解释模式是一种博弈论的逻辑，它不仅提供民主发生的条件组合，而且着力解释特定条件组合中的特定行动者对客观条件和行动者之间互动模式的理性思考对他们策略选择的影响。

政治经济学解释模式的问题是局限于"强调短期经济收益对政治上重要的行动者的策略选择的影响"[1]，也就是说没有考虑经济发展过程中不同阶级的利益变化的可能性。经济发展的不同阶段存在着经济不平等、资本类型和政治资源分布的不同状况，因而形成行动者之间不同的博弈过程和民主发生的可能性：经济发展与收入不平等之间存在一种倒 U 型关系，这就是说在经济发展的中级阶段收入不平等的程度将伴随着经济发展而不断扩大，与此同时贫穷阶级的规模和组织性权力也得到了增强，如果此时赋予公民普选权进行民主转型，那么憎恨不平等的贫穷阶级将利用选举政治来重新安排财产权和收入分配，这种政治前景将严重的损害富裕的统治阶级的利益，从而促使统治阶级选取敌视民主政治的立场。如果此时贫穷阶级的民主诉求得到了自身组织资源的有力支持，那么统治阶级的镇压和贫穷阶级的革命将难以避免。爱德华·米勒（Edward Muller）就曾指出，经济发展与收入不平等之间的复杂关系彰显出民主政治发生的时间的关键性，如果普选权在经济发展的中级阶段实现，不断扩大的经济不平等与民主政治之间就存在严重的冲突，但是如果普选权在经济发展的后期实现，那么经济发展将缩小收入的不平等，从而有利于民主政治的建立。[2]

在民主何以发生问题意识引导下，三种解释模式都努力合理地选择和清晰地界定解释模式的构成要素，从而形成各具特色的解释逻辑，不同的解释模式以特

---

[1] Stephan Haggard and Robert Kaufman, "The Political Economy of Democratic Transitions", Comparative Politics, Vol.29, No.3, 1997, pp.263–281.

[2] Edward Muller, "Economic Determinants of Democracy", American Sociological Review, Vol.19, No.4, 1995, p.968.

定的经验为基础，同民主政治的发展历程密切联系在一起。比较政治学的解释模式主要以英美两国的政治经验为基础，英美是最早建立民主政治的国家，其稳定的民主政治是在相当长的历史时期里面循序渐进的结果，因此比较政治学的解释模式是对成熟民主政治的发展史的理论概括。民主政治在 20 世纪上半叶经历的反复为历史社会学的解释模式提供了经验基础，民主政治开始在欧洲和美国之外的南美等地区出现，更值得关注的事实是民主政治只在一部分被认为具有共同特性的国家出现了，而且建立了民主政治的国家在民主政治的稳定性方面又存在巨大的差别，秉持历史社会学视角的学者正是以民主政治的此种差异性经验来建构自己的理论的。第三波民主化浪潮不仅将民主政治推广到亚非拉地区，而且提供了近距离观察民主发生过程的机会，不同社会集团在结构性条件限制下动员政治资源进行的博弈，构成了一幕内容丰富、过程跌宕的民主发生的戏剧，尤其是民主在不同的国家经历了不同的命运，这就要求学者的理论建构必须容纳更为复杂的差异性，因此可以说政治经济学的解释模式恰是第三波民主化的结果。

社会科学以实现更好地解释为己任。为此查尔斯·蒂利（Charles Tilly）试图创建更为有效的解释模式，他认为民主的实质不过是政府代理人和政府所管辖的人口之间的平等关系，因此民主发生的过程就是走向高水平的受保护协商的过程。问题是高水平的受保护协商如何才能出现呢？蒂利认为出现在公共政治、类属不平等、信任网络三个相互依赖的领域之间的互动之中，只有当信任网络整合进公共政治领域、类属不平等绝缘于公共政治领域、公共政治领域向着更加平等的公民—代理人关系转变等积极的变迁交织在一起的时候民主才会发生。[1] 蒂利指出公共政治、类属不平等、信任网络之间的互动过程莫不发生在重大政治斗争中，从欧洲的历史经验来看，革命、征服、对抗、殖民化四个重复发生的政治斗争对现存的社会安排进行了出其不意的冲击，在此冲击之下多种多样的民主发生机制被激活，当然被激活的绝非都是民主发生的机制，也有遏制民主发生的机制，因此民主是多种不同机制作用下出现的偶然结果。[2]

蒂利的民主发生模式最为重要的特点和新颖之处在于：首先，建构民主发生解释模式的要素是政治本身的要素，这就意味着民主发生归根结底是政治本身的

① 查尔斯·蒂利：《欧洲的抗争与民主》，上海人民出版社 2008 年版，第 13—15 页。
② 查尔斯·蒂利：《欧洲的抗争与民主》，第 22—25 页。

转型，而非政治所存在的环境的转型；其次，民主转型是政治本身的要素实现更新和重组的过程，不利于民主的类属不平等被逐渐排挤出公共政治，而有利于民主的信任网络则被逐渐整合进公共政治；再次，民主发生伴随着更多的人口进入公共政治领域，并且在能够保障自身利益的具有约束性的框架之内同政府代理人进行协商，而此过程是与大规模的集体抗争紧密相连的；最后，大规模的集体抗争构成了政治转型的动力，与此过程相伴随，多重的条件和复杂的机制被激活或者被压制从而孕育出民主发生的机会，因此不仅民主发生只是政治转型的偶然后果，而且不同国家的民主发生机制和条件组合也会存在差异。

马克思主义经典文献不仅形成了独特的民主发生的理论解释模式，而且致力于提供一种综合性的民主发生的理论解释模式。在马克思主义经典理论看来，民主政治的发生是多种要素综合作用的结果，特别是同现代化进程、资本主义发展、社会结构的更新（新社会集团的成长壮大）、阶级力量对比的扭转、生产资料所有制的变革、资产阶级革命和工人阶级革命等重大的政治斗争、政治领域本身的转型（国家从暴力机器向社会公共事务管理机构的性质回归）、政治平等的推进、经济不平等的消除、主流意识形态的变化（社会主义价值观占据主导地位）、公民自治性社会组织的壮大等因素密切相关，可以说马克思主义经典文献为比较政治学、历史社会学、政治经济学的解释模式提供了丰富的解释元素和理论灵感。

马克思主义经典文献所提供的解释模式的独特性在于区分了两种不同性质的民主，即以政治平等为核心内容的形式民主和以经济平等为核心内容的实质民主。形式民主是资产阶级在保持统治地位的条件下向工人阶级的利益做出有限让步的结果，因此马克思主义经典文献对形式民主发生的解释同历史社会学、政治经济学所提供的解释模式是相通的。虽然资产阶级主导的形式民主确立了政治平等的基本原则，但是经济不平等的广泛存在却限制了政治平等的实现程度，因此必须将形式民主推进到实质民主，而实质民主的发生有赖于工人阶级革命的积极后果的巩固和发展，特别是生产资料公有制的建立、经济平等的落实、国家从暴力机器向社会公共事务管理机构的性质回归、公民自治性社会组织的发展是至关重要的条件。由此可见，马克思主义经典文献不仅提供了一种综合性的民主发生的解释模式，而且包含了民主政治自身如何从形式向实质推进的重要理论见解。

总结而论，民主发生理论是在修正民主化研究问题意识的基础上重新理解和整合民主化研究的特定成果而提出的，就民主发生理论的未来而言，或许每个国家的民主发生过程、条件和机制都不尽相同，因此建构民主发生理论的元素必须更为开放、包容、多样，唯有如此才能带来民主化研究问题领域的拓展和理论解释效力的提升，甚至可能带来民主化研究核心议题的更新和民主化理论的转型。

例外状态与赤裸生命：阿甘本对西方民主的批判

高奇琦

吉奥乔·阿甘本（Giorgio Agamben）是当代意大利最有影响的政治哲学家、法学家和美学家。他与斯洛文尼亚哲学家斯拉沃热·齐泽克（Slavoj Zizek）、法国哲学家阿兰·巴迪欧（Alain Badiou）、法国哲学家雅克·朗西埃（Jacques Rancière）并称为当下欧洲最为流行的四位左翼思想家。[①]目前大陆学术界对阿甘本的引介主要集中在以下方面：一、阿甘本的两本著作——《幼年与历史：经验的毁灭》和《剩余的时间——解读〈罗马书〉》被译成中文；[②]二、《国外理论动态》刊物上出现了一些介绍阿甘本的文字；[③]三、一些学术辑刊如《生产》系列中出现了关于阿甘本的专辑。[④]总体而言，大陆学术界对阿甘本的引介还相对有限。阿甘本最重要的几部著作还未被译成中文，而且对阿甘本思想进行深度解读和评析的成果还很少。台湾学术界对阿甘本的引介相对丰富一些。阿甘本最

[①] 参见南京大学张一兵教授对巴迪欧著作《世纪》的短评。阿兰·巴迪欧：《世纪》，蓝江译，南京大学出版社 2011 年版，封底。

[②] 阿甘本：《幼年与历史：经验的毁灭》，尹星译，河南大学出版社 2011 年版；阿甘本：《剩余的时间——解读〈罗马书〉》，钱立卿译，吉林出版集团 2011 年版。

[③] 国内刊物上发表的论文为 3 篇，其中 1 篇是胡继华的相关介绍性文字，参见胡继华：《生命政治化——简述乔治·阿甘本》，《国外理论动态》，2006 年第 5 期，第 53—56 页。另外 2 篇分别是根据国外相关材料的一个翻译性编撰，每篇都分上下发表，参见郑秀才编写：《生命政治与主体性（上）——阿甘本访谈》，2005 年第 6 期，第 41—44 页；郑秀才编写：《生命政治与主体性（下）——阿甘本访谈》，2005 年第 6 期，第 37—39 页；黄世权编写：《生命权力：福柯与阿甘本（上）》，《国外理论动态》，2007 年第 7 期，第 75—78 页；靳琦编写：《生命权力：福柯与阿甘本（下）》，《国外理论动态》，2007 年第 8 期，第 60—64 页。

[④] 《生产》是国内学者汪民安主编的系列辑刊。《生产》的第三辑和第七辑中有阿甘本的专辑，其他的一些辑中也会散见一些阿甘本的短篇译文。

重要的一部著作《例外状态》被翻译为中文，^①东海大学社会学教授朱元鸿发表过一篇关于阿甘本的深度评析论文，^②另外还有两篇以阿甘本思想为内容的学位论文。^③整体来看，国内学术界对阿甘本思想的介绍仍相对有限，特别是关于阿甘本生命政治思想的介绍。本文首先对阿甘本的生命政治思想进行较为系统的梳理，然后在对西方民主政治批判的逻辑基础上展开对阿甘本思想的分析，最后对阿甘本思想的意义进行总结。

一、生命政治：从福柯到阿甘本

阿甘本的生命政治思想部分来自于法国思想家米歇尔·福柯（Michel Foucault）。生命政治是福柯后期政治思想中最重要的一个概念。^④在 1976 年法兰西学院的课程中，福柯首次使用生命政治的概念。福柯认为，从 18 世纪下半叶开始，西方社会出现了一种新的权力技术。这种权力技术不是传统的惩戒技术，但它也不排斥惩戒技术，而是包容它，把它纳入进来并部分地改变它。福柯指出："不同于针对肉体的训诫，这种新的非惩戒权力所运用的对象不是作为肉体的人（man-as-body），而是活着的人（living man），或者说是，作为生命存在的人（man-as-living-being）；进一步讲，如果你能接受，这种权力所针对的是作为类别的人（man-as-species）。"^⑤福柯认为，惩戒技术试图通过监视、训练、利用、惩罚个体来支配人类群体，而这种新的生命技术则力图通过管理生命的过程如出生、死亡、生产、疾病等来控制人类群体。福柯将这种管理生命的过程称为生命政治（biopolitics）。福柯指出："在 18 世纪下半叶，出生率、死亡率、寿命这

---

① 阿甘本：《例外状态》，薛熙平译，台湾麦田出版公司 2010 年版。

② 朱元鸿：《阿冈本"例外统治"里的薄暮或晨晦》，载《文化研究》（中国台湾），2005 年第 1 期，第 197—219 页。

③ 薛熙平：《例外状态：阿冈本思想中的法与生命》，台湾国立政治大学法律研究所硕士论文，指导教师：陈起行，2006 年 7 月；柯朝钦：《例外状态的统治与救赎——论阿冈本的两种例外状态模式》，台湾东海大学社会学研究所博士论文，指导教师：朱元鸿，2006 年 12 月。

④ 有学者认为，生命政治这一概念并不是福柯的首创。譬如，美国学者托马斯·拉姆克认为，在 20 世纪上半叶，在那些论述生命和种族的调节和管制的著作中，特别是德国国家社会主义者的论著和论文中，这个概念就已经成型。参见托马斯·拉姆克：《生命政治及其他——论福柯的一个重要理论之流布》，载汪民安、郭晓彦主编：《生命政治：福柯、阿甘本与埃斯波西托》，江苏人民出版社 2011 年版，第 56 页。

⑤ Michel Foucault, "Society Must Be Defended": Lectures at the Coll è ge De France, 1975–76, trans. by David Macey, New York: Picador, 2003, p. 242.

些过程，与所有经济和政治问题相联系，构成了知识的首要对象和生命政治学控制的首要目标。"① 在《性史》的第一卷第五章，福柯重申了其生命政治的观点。福柯认为，肉体的规训和人口的规制构成了生命权力机制展开的两极。人口的规制是在 18 世纪中叶之后形成的，"它关注作为种类的身体（species body），关注与生命机能联系且作为一种生物过程而存在的身体，如繁殖、出生、死亡、健康水平、寿命和长寿，以及一切使这些要素发生变化的条件。它们的监管是通过一连串的干预和规制性的控制（regulatory controls）来完成的，其实质是一个人口的生命政治（a biopolitics of the population）"②。

在 1978 年法兰西学院的课程中，福柯进一步指出，生命政治实际上是一种关于人口的治理术（gouvernementalité）：治理术的"目标是人口，其主要知识形式是政治经济学，其根本的技术工具是安全配置"③。福柯明确指出："我们生活在一个治理术的时代，这种治理术最早是在 18 世纪发现的。"④ 对于这一现象，福柯持有一种批判性的立场："国家的治理化是一个非同寻常的扭曲现象。"⑤ 在 1979 年的课程中，福柯再一次强调了这种治理所面临的问题："治理从未充分地认识到它总会面临治理过度的危险，或者，治理从未很清楚地认识到怎样治理才正好足够。"⑥ 在另一篇文献中，福柯给出一个生命政治内涵的界定："我用这个词，意在表明一种始于 18 世纪的行为，它力图将健康、出生率、卫生、寿命、种族等问题合理化。一群活着的人组成人口，而这一特定实践，使得治理

---

① Michel Foucault, "Society Must Be Defended": Lectures at the Collège De France, 1975–76, p. 243.

② Michel Foucault, The History of Sexuality: Volume I: An Introduction, Trans. by Robert Hurley, New York: Pantheon, p. 139.

③ 米歇尔·福柯：《安全、领土与人口：法兰西学院演讲系列，1977—1978》，钱瀚、陈晓径译，上海人民出版社 2010 年版，第 91 页。

④ 米歇尔·福柯：《安全、领土与人口：法兰西学院演讲系列，1977—1978》，第 92 页。福柯将国家的形式分为三种：一是司法国家，其产生于封建型领土政体，对应的是法律社会，涉及一整套义务和诉讼的相互作用；二是行政国家，产生于 15、16 世纪的欧洲国家中，对应的是管制社会和规训；三是治理国家，产生于 18 世纪中期之后，其以人口的多寡、容量和密度进行界定和规制。米歇尔·福柯：《安全、领土与人口：法兰西学院演讲系列，1977—1978》，第 92—93 页。

⑤ 米歇尔·福柯：《安全、领土与人口：法兰西学院演讲系列，1977—1978》，第 92 页。

⑥ 米歇尔·福柯：《生命政治的诞生：法兰西学院演讲系列，1978—1979》，莫伟民、赵伟译，上海人民出版社 2011 年版，第 15 页。

实践必须面对这些问题。"①在这里，福柯的生命政治主要讨论"特定的人口和生命问题在治理技术的框架内是如何被提出来的"②。福柯还将这种生命政治与西方的自由主义联系在一起。福柯用略带批判的眼光看待自由主义："这样，自由主义就被看作使治理实践变得合理化的一种原则和方法。"③福柯将这种生命政治的权力运作逻辑看成是一种多元的权力技术相互作用的结果。这其中的多元权力技术，既包括外在的政治技术，也包括内在的自我技术。在福柯看来，自由主义的本质便是一种内在的自我进行约束的技术。

对于福柯的生命政治理论，阿甘本给予了高度评价。阿甘本认为这一概念描述出西方政治的一个主要特质，即将自然生命作为政治的基本策略。但同时，阿甘本又不完全同意福柯关于生命政治运行逻辑的分析。阿甘本认为，生命政治的运行逻辑并不是福柯所说的多元权力技术作用的结果，而是一种主权决断的结果。④而且，与福柯对生命政治持描述与批判的双重模糊立场不同，阿甘本对西方的生命政治模式进行了较为激烈的批判。阿甘本认为，主权权力通过例外状态的形式将各种常态规范悬置，并制造出在主权决断影响下的赤裸生命。在阿甘本的思想中，例外状态与赤裸生命这两个概念是最为重要的。下面将详细对阿甘本在这两个概念上的讨论进行阐述。

二、例外状态与政治决断

阿甘本关于例外状态概念的阐发是在德国政治学家卡尔·施密特（Carl Schmitt）的理论基础上完成的。在《政治神学》一书中，施密特指出："例外状态其本身无法纳入现有的法律秩序，它可以被描述为一种极端危险的情况（a case of extreme peril），一种威胁到国家存亡的情况（a danger to the existence

---

① 福柯：《生命政治的诞生》，汪民安译，载汪民安、郭晓彦主编：《生命政治：福柯、阿甘本与埃斯波西托》，江苏人民出版社 2011 年版，第 3 页。

② 福柯：《生命政治的诞生》，第 7 页。

③ 福柯：《生命政治的诞生》，第 3 页。

④ 阿甘本指出："甚至可以说，生命政治身体的生产是主权权力的原初性活动。在这一意义上，生命政治至少像主权一样古老。"Giorigio Agamben, Homo Sacer: Sovereign Power and Bare Life, Thans. by Daniel Heller-Roazen, Stanford: Stanford University, 1998, p.6.

of the state）。"① 换言之，这里的例外状态所指的是一种紧急状态，即当国家遭遇到外敌入侵或国内动荡等特殊情况时，现有的法律体系无法适用，因而国家对现存法律秩序进行悬置。施密特强调，主权者对这种法律悬置的宣布是例外状态出现的关键。关于这一点，施密特明确指出："主权者（sovereign）便是决定例外状态的人。"② 施密特认为，紧急事件的出现打破了常规的法律状态，这时候需要主权者的介入并以非常规的手段将紧急状态的危险排除，然后才可以恢复正常的法秩序。施密特特别强调主权决断对于法秩序的构成作用。施密特指出："像每一个其他的秩序一样，法律秩序建立在决断而非规范之上。"③

阿甘本认为，施密特的观点存在一种悖论，即施密特意义的主权者置身于法律秩序之外，但又内在于法律秩序之中。在其经典著作《受谴者：主权权力与赤裸生命》（*Homo Sacer: Sovereign Power and Bare Life*）的第一章"主权的悖谬"中，阿甘本援引了施密特下面的话："他（主权者）决定什么是极端的紧急状态（extreme emergency）以及应该做什么事情去消除这一紧急状态。虽然他（主权者）置身于常规的、合法的法律秩序之外，然而他又属于这一法律秩序，因为只有他才可以决定宪法是否需要完全被悬置。"④ 阿甘本对施密特的话进行了进一步的总结："我，主权者，置身于法律之外，宣布没有任何事物可以置身法律之外。"⑤ 阿甘本认为，施密特理论的悖谬实际上反映了例外状态的本质性特征：例外状态是常态与混乱之间的无区分状态。阿甘本指出："在这个意义上，主权例外是一种定位（Ortung），它并不把自己限定在从外部来界定内部，而是力图处于两者之间的门槛状态（例外状态），以便进入那些使得法秩序成为可能的复杂拓扑关系（topological relations）之中。这里的门槛状态既处在外部也处在内部，既是一种常规状态也是一种混乱状态。"⑥

从这一点出发，阿甘本对例外状态理论的阐发转向一个新的结论：在法的秩

---

① Carl Schmitt, Political Theology: Four Chapters on the Concept of Sovereignty, trans. by George Schwab, Cambridge: The MIT Press, 1985, p.6.

② Carl Schmitt, Political Theology: Four Chapters on the Concept of Sovereignty, p.5.

③ Carl Schmitt, Political Theology: Four Chapters on the Concept of Sovereignty, p.10.

④ Carl Schmitt, Political Theology: Four Chapters on the Concept of Sovereignty, p.7; Giorigio Agamben, Homo Sacer: Sovereign Power and Bare Life, p. 15.

⑤ Giorigio Agamben, Homo Sacer: Sovereign Power and Bare Life, p.15.

⑥ Giorigio Agamben, Homo Sacer: Sovereign Power and Bare Life, p.19.

序（nomos）与无法的失序（anomie）之间，存在着一种越来越常态化的例外状态。例外状态是主权者在面对紧急事件时对常态规则的暂时悬置，但是目前这类悬置越来越导向一种长期化和例行化。在阿甘本看来，现代最典型的例外状态案例便是希特勒统治下的纳粹德国。希特勒在掌权之后就发布了《保护人民与国家令》，悬置了魏玛宪法中关于个人自由的条款。由于这一命令在第三帝国期间一直未被废除，因此可以说此时的德国持续了十二年的例外状态。阿甘本认为："现代极权主义可以被定义为一种以例外手段进行合法内战的制度。这里的合法内战允许对政治敌人和那些无法被整合进政治系统的公民进行肉体的消灭。从此之后，有意制造的永久性紧急状态（permanent state of emergency）便成为当代国家的重要实践之一，包括那些所谓的民主国家，虽然其可能并未在技术意义上宣告。"① 阿甘本的这一观点受到本雅明的启发。阿甘本认为，在施密特和本雅明之间有一场隐匿的对话。施密特在表述其思想时暗含了对例外状态合理性的一种确认，而本雅明则援引当时的历史背景来批评例外状态已经成为规则。②

在阿甘本看来，这种例外状态常态化已经成为当代西方国家政治的一个重要趋势。阿甘本指出："面对着'全球内战'无休止的推进，例外状态已经成为当代政治中最主导的治理范式。这种临时的例外措施向统治技术的转变根本地改变了（事实上已经明显地改变了）不同的宪政形式间传统区分的结构与意义。的确，从这一视角来看，例外状态已经变成了民主和专制主义之间的一个不确定的门槛（threshold）。"③ 阿甘本《例外状态》的写作时期正值美国"9·11事件"之后的反恐时代。"9·11事件"之后，美国在总统紧急权力的基础上扩张了行政和军事部门的权力。2001年10月26日，美国参议院公布了"美国爱国者法案"（USA Patriot Act），该法案允许首席检察长在七日内可以不依据移民法或任何其他法规，对涉嫌危及美国国家安全活动的人予以拘留。同年，11月13日，美国总统布什颁布军事命令，授权军事法庭可以将那些涉嫌恐怖活动的嫌疑犯予以无限期拘留和审判。对于这一点，阿甘本写道："作为一种通过悬置法律自身而将生命纳入

---

① Giorigio Agamben, State of Exception, trans. by Kevin Attell, Chicago: The University of Chicago press, 2005, p. 2.

② Giorigio Agamben, State of Exception, pp. 57–58.

③ Giorigio Agamben, State of Exception, pp. 2–3.

的原初结构，例外状态因而所直接具有的生命政治内涵清楚地显现在美国总统在2001 年 11 月 13 日发布的军事令中。"①

相比而言，施密特和阿甘本对例外状态内涵的阐发立基于不同的政治立场。施密特所阐述的例外状态主要为其独断论的政治理论提供支撑。②施密特在使用这一概念时，更多持有一种认同的态度，认为例外状态和政治决断是一种应然的结果。正如阿甘本所指出的，"当施密特写作时，他试图表达，主权决断证明它自己并不是需要法律（need law）而是要创造法律（create law）"③。而阿甘本在使用例外状态这一概念时，主要从一种批判的视角出发。阿甘本用日益常态化的例外状态来批判西方的政治现实。阿甘本认为，"例外状态"已经成为西方政府的一种"治理术"。西方政府以"紧急"之名将政治决断作为社会治理的主要手段，并使得法治（rule of law）成为一句空谈。

三、受谴者、集中营与赤裸生命

阿甘本对赤裸生命的讨论主要是从古罗马法中的"受谴者"（homo sacer）形象出发的。④在古罗马法中，受谴者是一种被人法所判罚的人，这类人不能被献祭给神，⑤但同时，他已经不受到人法的保护，这意味着他可以被任何人杀死，而行凶者则不会因为杀他而触犯杀人罪。在一些罪罚中（如儿子对父亲施予暴行），

---

① Giorigio Agamben, State of Exception, p. 3.

② 施密特认为，国家的主要作用在于维持秩序和安定，因而宪法必须给予总统决断秩序和安定的权力。参见刘小枫：《施密特论政治的正当性——从〈政治的概念〉到〈政治的神学〉》，载《施密特：政治的剩余价值》（《思想与社会第二辑》），上海人民出版社 2002 年版，第 86 页。

③ Giorigio Agamben, Homo Sacer: Sovereign Power and Bare Life, p.19.

④ 这里采用了受谴者这一译法。在中文的一些文本中，这一概念分别有如下译法：朱元鸿将其译为"受谴咒的人"。参见朱元鸿：《阿冈本"例外统治"里的薄暮或晨晦》，第 199 页；薛熙平将其译为"神圣之人"。参见薛熙平、林淑芬：《导读》，载阿甘本：《例外状态》，薛熙平译，台湾麦田出版公司 2010 年版，第 14 页；大陆学者多将其译为"牲人"。参见胡继华：《生命政治化——简述乔治·阿甘本》，第 53 页。在这几个译名中，笔者认为"受谴咒的人"最能体现源语言的综合背景信息，但由于其表述较长，所以将其调整为"受谴者"。"神圣之人"最接近 homo sacer 的字面意思，但如果这样译的话，则需要加引号，因为阿甘本主要是在反讽的意义上使用这一概念。"牲人"意指"被牺牲或献祭的人"，这与 homo sacer 不能被献祀的意思相矛盾。

⑤ 在古罗马法中，触犯神明的罪犯普遍适用献祭刑，即直接作为牺牲品献祭给神明，形式如悬挂在绞刑架上、作为最严厉处罚的乱棒打死，或沉入水底等等。参见朱塞佩·格罗索：《罗马法史》，黄风译，中国政法大学出版社 1991 年版，第 126—127 页。

犯罪者被人民法庭宣告为受谴者，受谴者处于人法（ius humanum）与神法（ius divinum）的双重例外状态之中：一方面，受谴者被行凶者杀死，而行凶者却不因此而获刑，所以这是人法的一种例外状态，同时，人法宣告说受谴者不受人法的保护，这种宣告又意味着从一开始人法已经对受谴者的地位进行了规定；另一方面，受谴者不能被献祭给神，这是神法的例外，同时，由于其不能被献祭这一特质而使得其以一种排除性纳入的方式卷入神法的领域之中。

阿甘本指出："主权意味着所有的人都是潜在的受谴者，而对于受谴者而言，每个人都是主权者。"[①] 这句话有双重内涵：前半句意味着作为主权者的国家随时都可能做出例外状态的决断，并制造出赤裸生命；后半句的意思则是，因为受谴者不受人法的保护，所以每一个人都可能不受惩罚地对他们做出影响其生死的决定。在阿甘本看来，受谴者的本质就是一个处于生物生命和政治生命之间的、随时可能被杀死的赤裸生命。在这里，主权并不直接杀死生命，而是将生命逐出人类社群之外，使其成为裸命。阿甘本的这一观点实际上来自哲学家汉娜·阿伦特（Hannah Arendt）：阿伦特对一战后兴起的难民潮进行反思，认为那些失去公民身份和法律保障的难民，也就是仅仅在生物意义上具备人类的属性。在阿伦特看来，这些难民身上仅仅剩下一个被宣称为"神圣不可侵犯"的人权，"这个世界在抽象的赤裸裸的人类身上发现没有一点事情可谓神圣"。[②]

受谴者这一惩罚所创造的是一种与生物性死亡脱钩的政治性死亡。构成生命政治原型的受谴者所表现的便是这种自然存活与政治死亡之间的不一致。所以，生命政治中主权的决断力所体现的并不是在生理上杀死某人，而是在政治上杀死某人，并让其表现为一个活着的赤裸生命。在阿甘本看来，这种赤裸生命才是生命政治中的生命。阿甘本将西方政治看成是主权者制造赤裸生命的过程。西方政治运作的一个核心逻辑便是，将生命从政治中抽离，同时将生命像受谴者一样呈现在主权者的决断面前。主权决断是施密特的经典观点。施密特认为，只有在战争状态中，主权才具有支配肉体生命的权力，而阿甘本则认为，在实际运作中，主权无时无刻不在制造赤裸生命，或者说，主权的核心功能就是制造和掌握赤裸生命，而从古代罗马到当代的西方政治中，每个生活在主权逻辑

---

① Giorigio Agamben, Homo Sacer: Sovereign Power and Bare Life, p. 84.

② 汉娜·鄂兰：《极权主义的起源》，林骧华译，（台北）时报出版社 1995 年版，第 422 页。

下的人都潜在地是一种类似于受谴者的赤裸生命。受谴者的赤裸生命还不仅仅处于一种随时可能被主权者杀死的状态，而更处于一种被悬置和被抛弃的状态。这一观点使得阿甘本在立场上非常接近阿伦特。阿伦特深刻地指出："无权利带来的灾难，并非被剥夺生命、自由、追求幸福、或者在法律面前平等、言论自由——这些都是设想来解决社会内部问题的公式——而是不再属于任何一个社会。他们的困境并非在法律面前不平等，而是对他们不存在任何法律；不是他们受压迫，而是甚至没有人想压迫他们。"[①]受谴者并不马上被执行死刑，而是处在一种"随时都可能杀死但又不会得到任何保护"的被遗弃状态。这种状态制造了一种更极端的心理恐怖。

在受谴者这一形象之外，赤裸生命的另一类典型形式则展现在"营"（camp）这一空间中。阿甘本认为，营是例外状态成为常规时被开放的空间。[②]这种空间意味着例外已经不再是一个偶发性的事件，而是成为一个在正常秩序之外持续存在的状态。营是正常秩序持续地捕捉或抛弃例外状态的场所。在这个场所中，在例外状态中作为主导的主权决断成为一种常态的运作模式。阿甘本重点讨论了在奥斯维辛集中营中的"穆斯林"（der Muselmann）现象。穆斯林是对集中营中的一群"活死人"（living dead）的特殊称呼。由于生理上的营养失调或心理上的极度恐怖等原因，这些人变成对外部刺激不再有任何反应的行尸走肉。[③]阿甘本转引幸存者布鲁诺·贝特海姆（Bruno Bettlheim）回忆录中的文字来描述"穆斯林"："他们必须完全放弃对环境做出反应，而成为客体，因此他们也需要放弃作为人。"[④]对此，阿甘本评论道："在这里，虽然人明显仍然是人，但他已经停止作为人。这便是'穆斯林'，而营则是'穆斯林'的展示场所。然而，当人变成非人时，这意味着什么呢？是否存在一种人类的人性，其可以与人类的生

---

① 汉娜·鄂兰：《极权主义的起源》，第417页。

② Giorigio Agamben, Homo Sacer: Sovereign Power and Bare Life, pp. 168-169.

③ Giorigio Agamben, Homo Sacer: Sovereign Power and Bare Life, p. 185; Giorigio Agamben, Remnants of Auschwitz: The Witness and the Archive, New York: Zoon Books, 1999, pp. 41-44. 对"穆斯林"名称的由来，主要有两种说法：一种来自"穆斯林"这个词的阿拉伯字面含义："无条件地臣服上帝意志的人"。另一种说法是集中营中这些人的姿势往往是蜷伏在地，很像伊斯兰教徒的敬拜方式。Giorigio Agamben, Remnants of Auschwitz: The Witness and the Archive, New York: Zoon Books, 1999, pp. 41-44.

④ Bruno Bettlheim, The Informed Heart, New York: The Free Press, 1960, p. 152.

物人性（biological humanity）相区别和相分离呢？"① 阿甘本认为，集中营是现代生命政治的典型场所。换言之，集中营是一个主权决断的场所，也是一个作为政治对象的生命和作为生物对象的生命之间的联结场所。为此，阿甘本指出："现代民主政治所令人费解的地方在于，原本是展示人的自由和幸福的赤裸生命，却显示出了人对权力的臣属。"②

除了集中营之外，还有其他形式的营。较为典型的便是现代的拘留营。拘留营的产生与"9·11 事件"后布什的新政策有关。对此，阿甘本指出："布什命令的创新之处在于，它根本性地消除了被拘留者的任何法律地位，并生产了一个在法律上无法命名和无法归类的存在（a legally unnamble and unclassifiable being）。在阿富汗被俘虏的塔利班成员不仅不享有日内瓦公约所规定的战俘地位，甚至也不享有根据美国法律所控诉的犯罪人地位。他们既不是囚犯，也不是被指控的被告，而仅仅是被拘留者（detainees）。因为完全被排除在法律与司法审判程序之外，所以他们成了一个纯粹的事实性统治的对象（the object of a pure de facto rule），一个不仅在时间上而且在本质意义上被无限拘留的对象。"③ 阿甘本将这些无限期拘留者与纳粹集中营中的犹太人相类比："唯一可能与他们相提并论的是纳粹集中营（Lager）中犹太人的法律境遇：这些被拘留者不仅仅丧失其公民权，而且还丧失其所有的法律身份。与其相比，犹太人至少还保留了他们的犹太人身份。正如朱迪斯·巴特勒（Judith Butler）所清楚地指出的那样，在关塔那摩的被拘留者身上，赤裸生命达到了其无从决定自身的极致（its maximum indeterminacy）。"④

阿甘本的赤裸生命概念与例外状态的内涵紧密交织在一起。阿甘本深刻地指出："生命政治身体的生产是主权权力的原初性活动。"⑤ 阿甘本认为，统治的逻辑就是将赤裸生命作为一种例外状态加以排除。阿甘本把统治权理解为介于内在性和外在性之间的有限概念。统治权的自身建构存在一种悖论：它从外部建构自身，同时又宣称并没有什么外部。换言之，统治权通过排除性决断建立自身，

① Giorigio Agamben, Remnants of Auschwitz: The Witness and the Archive, p. 54.
② Giorigio Agamben, Homo Sacer: Sovereign Power and Bare Life, p. 9.
③ Giorigio Agamben, State of Exception, pp. 3–4.
④ Giorigio Agamben, State of Exception, p. 4.
⑤ Giorigio Agamben, Homo Sacer: Sovereign Power and Bare Life, p.6.

同时它的力量悖谬地在排除状况中得到肯定。简言之，排除使得政治秩序成为可能。在阿甘本看来，西方政治的统治权是按照排除的逻辑运作的，而统治的特殊对象便是生命。统治权通过生产出生命政治的身体而建构自身。

从与福柯的关联来看，阿甘本进一步发展了生命政治的内涵。福柯的生命政治理论认为，现代政治已经与亚里士多德意义的良善政治生活大相径庭，同时现代政治的关切已经将焦点转向个体与族类的生物生命。而阿甘本则认为，被剥除政治存在和社会生活的赤裸生命已成为西方政治的根本范畴。同时，被排除了所有政治生活的赤裸生命，也由于其浓重的非政治性变得看起来更属于政治。阿甘本指出，在古希腊时期，在指涉生命时，并没有一个单独的词汇，而是用 Zoê 来指称纯粹自然的生物性生命，用 bios 来指称有群体生活方式的政治性生命。因此，阿甘本认为，政治从一开始就不断地在生命的区分上运作着。[1] 赤裸生命（bare life）是一种不受政治和法律保护的生命形式，同时，作为一种悖谬的结果，这种生命形式由于例外状态的悬置，使其更加臣属于政治，而不是远离政治。阿甘本认为，这种生命形式并非仅仅在少数被排除者的身份上发生，而是生活在西方现代政治中的每个人所面临的困境。尽管阿甘本沿用了福柯的生命政治概念，但是阿甘本给这一概念注入了更多阿伦特的元素。阿甘本认为，西方当代政治中的代表性形象已经不是福柯笔下的那些被规训和惩罚的公民个体，而是阿伦特所关注的那些被抛弃的、无主体的难民个体。这里的难民并不是一个身份概念，而是一个心理概念。在阿甘本看来，西方的公民权所凸显的是一种建立在赤裸生命之上的生物性权利。面对主权者，每一位公民都以一种被排斥的方式被纳入，每个人都可能成为主权者决断为例外的对象。在这一图景中，每个人都可能会成为难民，同时每个人的政治生命都可能被化约为赤裸生命。

四、阿甘本批判对西方自由主义的强大冲击力

阿甘本的例外状态概念直接指向西方的法治国家神话。西方主流观念认为，西方发达国家已经进入一个法治社会。但是，在阿甘本看来，西方社会的治理实际上一直处在法治与法外治理之间的紧张关系之中。一方面，法治成为描述西方

---

[1] Giorgio Agamben, Homo Sacer: Sovereign Power and Bare Life, pp.1-2.

社会运行的一个规范性词汇，另一方面，实际的社会运作又总是大大地超出法律规范的范围。例外状态所描述的便是一个在法律状态与非法状态之间的无区分地带。在这一状态中，僭越法律和维护法律是无法区分的。而且，例外状态之中最常见的特征就是，主权者的决断成为社会治理的主导性力量。德国《南德日报》文化主编乌尔利希·豪尔夫（Ulrich Raulff）对阿甘本有一次重要的访谈。在这次访谈中，阿甘本再一次指出了关塔那摩囚犯事件对于西方法治神话的反讽意味："关塔那摩囚犯的处境，从法律上说，实际上可以和纳粹集中营中的囚犯相提并论。关塔那摩的被拘留者不具备战俘身份，他们完全没有法律地位。"当豪尔夫问及："是不是说，法律的时代结束了呢？我们现在是否生活在一个命令（schaltung）统治的时代，一个控制式的管制以及对人类进行纯粹行政管辖的时代？"阿甘本回答道："看起来确实有这种印象，通过行政和通过管理来治理已经处于支配地位，而法律的统治则看似处在衰落之中。我们正在经历着管制的胜利和一种缺乏次序的行政管制。"①

阿甘本的赤裸生命概念则直接指向西方国家一直作为政治武器的人权概念。在对1789年的《人权与公民权利宣言》进行解读后，阿甘本指出，这份文件首次宣告了人的生命直接作为权利的主体这一事实。阿甘本认为宣言的前三条构成了一个生命政治的循环。宣言的第一条是"人生而保持自由和平等的权利"，第二条是"一切政治结社的目的在于保持人自然的和不可剥夺的权利"，第三条是"一切主权本质上存在于民族（Nation）之中"。阿甘本认为，第一条强调以生命出生的事实作为取得权利的基础，第二条通过公民结社以及参与政治生活来保障人权的实现，第三条则将政治的最高权威——主权归附于民族。通过词源学的考证，阿甘本认为，Nation与nascere（出生）是同一词源，同时这一点又暗示人类生命的出生实质构成了主权的基础。这样，宣言的前三条构成了一个"人权—公民权—主权"的生命政治循环。②西方国家在将人权概念作为政治武器使用时，往往只强调宣言的第一条。而阿甘本解读出的内涵是，人权并不是孤立存在的，人权的实现需要依赖一个完整的循环，即要实现人权，需要首先实现公民权，而要

---

① Giorgio Agamben, Ulrich Raulff, "An Interview with Giorgio Agamben," German Law Journal, Vol. 5, No. 5, 2004, pp. 610–611.

② Giorigio Agamben, Homo Sacer: Sovereign Power and Bare Life, pp. 126–128.

实现公民权，则需要首先实现主权。

阿甘本对人权的批判同样在很大程度上继承了阿伦特的观点。阿伦特将法国大革命之后兴起的人权观念看成是一种幻象："只有自己民族的主权解放才能使人权得到保障。自从法国革命以来，人类一直相信世界各国是一个家庭，这实际是一个幻象，因此，渐渐地，人的形象应该是民众，而不是个人，应成为自明之理。"[①]阿伦特认为，人权必须立基于民族权利之上，而没有主权保护的人权是没有意义的。对于这一点，阿伦特指出："人权的恢复（例如最近以色列国的例子证明）到目前为止也只是通过恢复或者建立民族权利才能达到。在以假设人类本身存在为基础的人权概念崩解之时，正值那些虔诚地相信此概念的人首次面对另一种人——那些人确实失去了一切其他特性和具体关系，只除了他们还是人。"[②]

阿甘本批判实际指出了西方民主的一个非常重要的问题，即公民权存在边界，而只有一定范围的人才拥有公民权利。在古希腊城邦中，公民人数仅占人口总数的很小比例。只有年过二十的雅典男子才享有积极公民的资格，女性、小孩和奴隶都不具备公民资格。[③]到法国大革命时，这一状况并没有多大改变，女性、儿童、外国人以及对公益没有贡献的人都没有公民权。[④]发展到现代，西方公民的范围已经扩大到女性和归化了的少数族群。尽管如此，实质却仍然是这样的，即公民权仍然存在一定的范围。实际上，目前主流的西方学者仍然要求在共同体内部实现正义原则。美国哲学家罗尔斯的差别原则是其实现国内正义的主要原则，但他并不希望把这一原则运用到国际社会当中。[⑤]美国哲学家米歇尔·沃尔泽（Michael Walzer）将其分配正义理论置于社群主义的框架之下，即在共同体内部，基于共

---

① 汉娜·鄂兰：《极权主义的起源》，第413页。译文略有调整。

② 汉娜·鄂兰：《极权主义的起源》，第422页。阿伦特深刻地指出："在人在缺乏自己的政府而不得不回到最基本的权利时，没有一种权威能保护它，没有一种机构愿意保障它。"汉娜·鄂兰：《极权主义的起源》，第413页。阿伦特另一句经典的表述是，"只有失去了一个国家，才使他被逐出人类"。汉娜·鄂兰：《极权主义的起源》，第419页。

③ 戴维·赫尔德：《民主的模式》，燕继荣等译，中央编译出版社1998年版，第28页。

④ Giorigio Agamben, Homo Sacer: Sovereign Power and Bare Life, p.130.

⑤ 罗尔斯在《正义论》中提出倾向于弱势群体利益的差别原则，但是当另一位学者普林斯顿大学政治学教授查尔斯·贝茨（Charles Beitz）将罗尔斯的差别原则运用到全球领域时，罗尔斯却表示反对："在此一假设世界，全球分配原则带来的会是我们无法接受的结果。"约翰·罗尔斯：《万民法：公共理性观念新论》，张晓辉等译，吉林人民出版社2001年版，第125页。

同体成员的身份进行按需分配。① 按需分配原本是共产主义的分配理想，沃尔泽在这里将其修正为一种将外来者排除在外的做法。西方民主虽然宣称其具有普世性，但其在适用时仍然具有一个明显的边界，即仅仅在本国或本共同体的范围内适用。从这里可以看出，西方民主仍然缺乏一种世界的胸怀。

阿甘本的批判同样指向西方自由主义的原子个体假设。受到马克思影响的西方思想家一直在对自由主义进行批判。在《极权主义的起源》一书中，阿伦特深刻地指出：资本主义对资本积累和资本价值的强调造就了西方现代社会的以追求物欲、远离公共事务、与生活世界疏离、孤独而又绝望、彼此无法联合的原子化个体。② 美国社会心理学家埃里希·弗罗姆（Erich Fromm）也指出，西方社会给予个人越来越多的自由，但由于人们之间的关系日益残酷和敌对，在心理上感到更多的孤独和不安，最后人们忍受不了这种随自由而来的孤独和寂寞，乃至患上精神病，并试图通过各种方式来逃避这种社会的自由。③ 弗罗姆认为：“‘摆脱束缚，获得自由’与‘自由地发展’两种自由之间的鸿沟越来越大，人挣脱了束缚自由的纽带，但又没有积极实现自由和个性的可能性，这种失衡在欧洲的结果便是，人们疯狂地逃避自由，建立新的纽带关系，或至少对自由漠然视之。”④ 最近对这一问题有深入论述的是美国政治学家本杰明·巴伯（Benjamin Barber）。巴伯认为，西方的民主政治已经变成了一种“作为动物管理的政治”（politics as zookeeping），而“自由主义民主看起来已经被塑造成动物园的形象”。⑤ 巴伯指出：

① Michael Walzer, Spheres of Justice, New York: Basic Books, 1983, p. 78.

② 蔡英文：《〈极权主义的起源〉导读》，载汉娜·鄂兰：《极权主义的起源》，林骧华译，台北：时报出版社，1995年版，第XII—XIII页。阿伦特指出：“人几乎不作为一种完全解放的、完全孤立的存在而出现，不依托某种更大的全面秩序而在自身得到尊严，他很可能再度消失在人群中。从一开始起，在宣称不可分离的人权中就包含了一种吊诡，即它重视一种好像根本不存在的‘抽象’的人，事实上，即使连野蛮人也生活在某一种社会秩序里。”汉娜·鄂兰：《极权主义的起源》，第413页。

③ 弗罗姆：“它使个人得到发展，却又使人更加孤立无援；它增加了人的自由，却又创造了一种新的依赖……现代社会结构在两个方面同时影响了人。它使人越来越独立、自主，越富有批判精神，同时又使他越来越孤立、孤独、恐惧。”埃里希·弗罗姆：《逃避自由》，第75页。

④ 埃里希·弗罗姆：《逃避自由》，刘林海译，国际文化出版公司2002年版，第25页。

⑤ 巴伯进一步描述道：“在这种动物园中，充满了所描述的各种动物和家畜：作为最高统治者的狮子，高贵的狐狸，胆怯的绵羊和卑鄙的冷血动物，缺乏同情心的野猪和处于管理者地位的鲸鱼，狡猾阴险的狸猫，机灵的郊狼，品性卑劣（通常披着羊皮）的狼，最后，在汉密尔顿令人恐惧的想象中，人本身也是一种重要的野兽。”本杰明·巴伯：《强势民主》，彭斌、吴润洲译，吉林人民出版社2006年版，第22页。

"作为一种欲望的动物，或者作为一种理性的由契约对欲望进行规定的动物，自由主义式的个人看起来并不能承担其想象的重任。"[①]

与前述这些思想家相比，阿甘本的批判可能是最深度的。阿甘本的批判在一定程度上瓦解了自由主义的原子个体假设。在阿甘本看来，西方自由主义的原子个体都是去政治化的赤裸生命，而这些原子个体所组成的政治生活又会容易被例外状态所支配，也就是说，主权决断会成为这种政治生活的主导。简言之，赤裸生命指向的是西方自由主义的个体假设，而例外状态则指向这一假设的结果。阿甘本认为，存在一种矛盾性的嵌入，即人对权利和自由的要求恰恰刻入到人对权力的屈从当中。每一个主体都通过将其生命嵌入权力的过程来重复这种生命的例外状态。在这里，纳入性排除和排除性决断这两个概念对理解阿甘本的批判思想是关键的。纳入性排除的实质是排除，但在形式上看来是纳入其中的。以移民群体为例，这些移民从地理空间上看是在居住在移入国内的，但其在一些权利上是缺位的，即从本质上是排斥在公民身份之外的。西方的民主政治也是如此。从形式上看，每一位公民都是参与其中的，但从本质上，由于政治冷漠，绝大多数公民是被排除在外的。排除性决断则意味着这种排除的过程并不是基于某种对话或沟通的过程，而是基于一种权威的决断。

结　语

阿甘本思想的意义需要放在整个世界社会主义运动低潮的时代背景下理解。在苏东剧变和苏联解体之后，世界社会主义运动陷入低谷。同时，对西方民主制度的理解也一度进入一种神话的状态。最重要的例证就是日裔美国学者弗朗西斯·福山（Francis Fukuyama）"历史的终结"的发表。[②]然而，西方的左翼思想家并未因此而停止发出声音。法国思想家雅克·德里达（Jacques Derrida）用"马

---

① 巴伯对这种自由主义个人的缺点进一步批判道："自由变得与自私自利难以区别，并且由于冷漠、疏远和道德沦丧而变得腐化堕落；平等变成市场交换，同时也与它本来需要的家庭背景和社会背景相脱离；而幸福则是通过不利于其精神品质的物质满足来衡量的。"本杰明·巴伯：《强势民主》，第25页。

② 福山在1989年发表的论文《历史的终结？》中指出，自由民主将会成为人类意识形态进步的终点，并构成历史的终结。Francis Fukuyama, "The End of History?" National Interest, Vol. 16, Summer 1989, pp. 3–18. 在1992年的书中，福山对这一观点进行了进一步的阐发。Francis Fukuyama, The End of History and the Last Man, New York: Macmillan, 1992.

克思的幽灵"开启了对西方民主政治的批判。他在《马克思的幽灵》一书中批判了福山的观点，并大声疾呼："不能没有马克思，没有马克思，没有对马克思的记忆，没有马克思的遗产，也就没有将来。"① 巴迪欧则用共产主义假设宣判了西方民主政治的终结。巴迪欧2008年在《新左派评论》上发表了《共产主义假设》一文。② 在这篇文章中，他把"共产主义假设"的历史划分为两个序列：第一个序列从1792年的法国大革命到1871年的巴黎公社，第二个序列从1917年的十月革命到1976年的全世界的红色浪潮。巴迪欧指出，从1871年巴黎公社失败到1917年十月革命爆发是第一个序列和第二个序列之间的间歇期，而当前我们正处在历史上的第二个间歇期。在巴迪欧看来，我们能否开启共产主义假设的第三个序列，取决于我们自己的努力。③

从思想提出的时间来看，阿甘本正好介于这两位思想家之间。更重要的是，阿甘本为左翼批判提供了强有力的思想支撑和逻辑论证。阿甘本的意义在于，他糅合了福柯、阿伦特、本雅明和施密特的思想，在更加学理和深度的层面上展开了对西方民主的批判。阿甘本用例外状态和赤裸生命两个概念击中了西方民主政治的命门。例外状态批判了西方民主政治的虚伪面孔，而赤裸生命则指出了西方公民原子个体的虚弱。阿甘本认为，伴随着各种例外状态成为规则，最初处于政治秩序边缘的赤裸生命逐渐进入政治领域。一方面，生命不断嵌入政治秩序之中，另一方面，生命也越来越彻底地暴露于权力之中。在阿甘本看来，与古代西方民主明显不同，现代西方民主正在向极权主义靠近。阿甘本将集中营看成是现代西

---

① 雅克·德里达：《马克思的幽灵——债务国家、哀悼活动和新国际》，何一译，中国人民大学出版社1999年版，第21页。德里达指出，《共产党宣言》"那一开始就显露出来的东西乃是一个幽灵。这第一个父亲般的角色，其力量之强大就好像它是一个不真实的错觉或幻影，而实际上，它要比人们轻率地称作活生生的在场的东西更为真实"。雅克·德里达：《马克思的幽灵——债务国家、哀悼活动和新国际》，第20页。

② 这篇论文指向的事件是2007年右翼候选人萨科奇当选法国总统。萨科奇当选后声称其目标要"一劳永逸地清除1968年五月风暴"，这在巴迪欧看来，萨科奇不仅要消除"经验的共产主义"，而且要消除共产主义一切可能的形式，包括"共产主义的假设"。这篇论文是巴迪欧2007年著作《萨科奇的意义》观点的进一步延伸。《萨科奇的意义》英文版参见 Alain Badiou, The Meaning of Sarkozy, trans., by David Fernbach, London: Verso, 2008.

③ Alain Badiou, The Communist Hypothesis, New Left Review 49, January–February 2008, pp. 29–42. 巴迪欧在2008年将这篇文章延展为一本新著，并在2010年出版英文版。Alain Badiou, The Communist Hypothesis, trans., by David Macey and Steve Corcoran, London: Verso, 2010.

方政治空间的母体。在他看来，集中营并不是一个个案，而是西方一种较为普遍的政治现象。拘留所、机场拘留室、难民营都是这样的局部空间。这种形式在"9·11"之后的美国更加成为一种常态。阿甘本认为，西方的政治空间是依照集中营的范式运作的。集中营是一种对赤裸生命具有极端决断权的空间。在目前的时代背景下，正如德里达指出的，"求助于某种马克思主义的批判精神仍然是当务之急，而且将必定是无限期地必要的"①。阿甘本则恰好继承和发扬了马克思的这种批判精神。当然，尽管阿甘本运用扎实的材料和严密的逻辑来批判西方民主，但是阿甘本思想中仍然存在浪漫批判的色彩。阿甘本把整个西方社会都看成一个大集中营，把难民看成西方公民的全部，这都可能会引来"批判扩大化"的质疑。不过，这恰恰是西方左翼批判的魅力之所在。

---

① 雅克·德里达：《马克思的幽灵——债务国家、哀悼活动和新国际》，第122页。

中国共产党的民主观及其实践：1945—2012

郝诗楠[①]

一、导论

在学界——尤其是历史学界——纷纷关注"中共为什么放弃新民主主义"这个研究主题之时，另一个似乎"不那么重要的"问题却被长期忽视，那就是为什么中国共产党会在国共内战期间"拥抱"自由民主（西式民主）理想，而在建国后却又果断地"抛弃"了它。笑蜀曾将国共内战期间中共及其领导人有关民主的言论、社论与新闻稿等汇编成了一本名为《历史的先声》[②]的集子。乍一看，集子里的每一篇文章都是在推崇与鼓吹自由与民主，这与建国后的那个秉持"以阶级斗争为纲"多年的中国共产党大相径庭。而作者写作本文的主要目的便是要厘清这种变化的原因并挖掘其背后的机制。

本文将采用以行动者为中心（agent-based）的研究途径。但这并不意味着"结构"变得不重要了。相反，本文仍旧注重结构性的因素。不过，与传统的结构主义研究不同，本文将结构化为了行动者——主要指的是中共——的策略，试图寻找的是事件背后的"直接原因"与机制[③]。本文的核心论点是：一方面，我们

---

① 郝诗楠，华东政法大学政治学研究院助理研究员；主要研究方向为比较政治（民主化、东亚政治、文武关系）；当代中国政治（政治改革、港台政治）等。

② 参见笑蜀：《历史的先声》，汕头大学出版社1999年版。这本书主要选取的是在1940年代中期的《新华日报》社论。

③ 罗斯托（Rustow）早前曾讨论过在政治学研究中（主要是民主化的研究）以行动者为中心的研究途径与事件"直接原因"找寻之间的关系。可参见 Rustow, Dankwart A., Transitions to Democracy: Toward a Dynamic Model, Comparative Politics, Vol. 2,No.3 (1970),pp. 337–363。而在此后，行动者为中心的研究途径配合着数理方法的勃兴几乎占据了政治学研究的所有领域。

不能以《历史的先声》上的社论，简单地说共产党是一个追求"自由民主"的政党；另一方面，我们也不能以中共在建国后的诸种行为及其后果断言共产党在1949年后"背叛"了民主。因为，"民主"本身就是一个不断流变的概念，它取决于具体使用者的意愿与偏好，而这种特定的民主观念最终决定了行动者该如何实践民主。

本文将中共对于民主的态度分为三个时期。除导论外，本文主要分为四个部分：第一部分简要地梳理了"民主"作为一种观念"从坏变好"的过程。而接下来的三个部分则考察了中共在1945年抗战结束一直到2012年这个长时段中对于民主的观念与实践的三个不同时期。第一个时期是1945—1949年建政之间的"自由民主"时期；第二个时期是1949—1976年的毛泽东时代。这个时代是一个否弃"自由民主"并回归"人民民主"的时期；而第三个时期则是"后毛泽东时代"，也就是1978年之后，这一时代亦可被称为"社会主义民主"时期。

二、"民主"何以成为"好东西"？

"民主"的定义成千上万，不一而足。但就其本质上来说，民主无疑就是一种个体对政治事务的参与机制。但是作为一种政体，"民主"并非具有某种先验的价值，相反，它是一个社会建构（socially constructed）出来的人造概念。因此，"民主"的内涵并非亘古不变，它在很大程度上取决于使用者对其的阐释与再阐释。从这个意义上来说，民主在现代的实现或曰民主化的过程取决于精英的态度[①]，"民主"这种分享权力的方案只有经由精英的广泛同意才能实行。这不能不说是一个吊诡，但却在很大程度上是一个事实。而精英同意实行民主的主要动力无疑是利益。

历史可以证明上述论点。在现代社会，相信无人会否认"民主是一个好东西"，但在现代之前的西方社会，很少人会持这样的观点，而在民主的故乡古希腊亦是如此。从其词源意义上来说，民主实际指的是古代希腊的一种政体形式。这种政体的特征是平民（贫穷的）统治。不过在这里，"平民"的外延非常窄，仅仅是"自由民"（或曰"公民"）——它排除了女性、奴隶与外邦人的参政权。不

---

① Acemoglu, Daron and James A. Robinson, Economic Origins of Dictatorship and Democracy, Cambridge: Cambridge University Press, 2005.

过即便如此，这种制度在古希腊先哲们的眼中也并非可欲的——尤其是对柏拉图以及亚里士多德来说。在其师苏格拉底被民众判处饮毒自尽之后，民主便在其眼中成了一种"暴力"的代名词。在亚里士多德的政体类型学中，民主是一种堕落的政治体制。而"民主"自古希腊之后到被洛克等人重新拾起已经是千年之后，此时的"民主"已经早已脱离那种暴政的指向从而和理性联系在了一起。

但是这种转变并非理所当然，而是经历了精英们"修剪"。其中对于民主的两大修正增加了"民主"在精英眼中的可接受性。其一是用"代议制"限制民主的非理性成分。密尔的《代议制政府》将"民主"的内涵做了限定——所谓"密尔式的民主"早已脱离了那种大众民主的古典形式，相反它是一种由公民选举代表议事的机制。用密尔自己的话说就是那种"每个人都被平等代表的"政府形式①。这其中当然有现实的考虑，比如国家规模的扩大使得直接民主的成本上升。但是另一方面，代议制背后的所隐含的是用代议士们的"理性"限制平民们的"情感与非理性"，这其中本身就蕴含着一种反平民主义的倾向——王绍光甚至不认为这种民主有资格成为"民主"，他用了"选主"这个词将代议制民主调侃了一番②。但正是"选主"这种对于民主的限定才使得民主获得了合法性，成为了一个可以接受的"好东西"③。第二个对民主的重大修正是"自由民主"。这其中的"自由"指的主要是人身自由与财产自由。这个修正反映了精英尤其是有产者们对于平民暴政的惧怕。因此，民主需要有"底线"，而这个底线就是"民主不能侵犯自由"。而这种"底线"只有被写入了法律才能获致可信度。换言之，"自由民主"又可被视为"法治之下的民主"。

综上，如今作为一个"好东西"的"民主"早已无法等同于"Democarcy"原本的内涵。这些"带着形容词的民主"（Democracy with adjectives）背后反映的一点就是：民主只有符合了精英的利益才有可能实现。而在与精英利益进行"匹配"的过程中，"民主"的意思经常发生改变。

由此观之，即便是在西方，民主的观念也并非一成不变的。因此——回到中国——我们也无法要求"民主"仅能有一个单一的定义。从历史上来看，中

---

① See Mill, J.S, Considerations on Representative Government, Chicago: Henry Regnery, 1966.

② 王绍光：《民主四讲》，生活·读书·新知三联书店 2008 年版。

③ 严海兵：《选举与民主合法性》，法律出版社 2012 年版，第 19、123 页。

国共产党也是诞生于民主的话语之中，而其发展壮大的过程也牢固地与民主承诺无法割裂。但是中国共产党对于民主的看法及其实践是随着政治格局的演变有所变化的。在 1945 年抗战结束一直到今天这个长时段中，共产党对于民主的观念与实践经历了三个时期，不同时期中共对于"该接受哪种民主"这个问题的答案是不同的。

三、国共内战与"自由民主"：1945—1949

（一）政治格局与中共的策略性行为

1945 年抗战结束至 1949 年中华人民共和国建国之间的"内战时期"可被视为中共推崇"自由民主"的阶段。这一时期政治上的结构性特征是一种"双头对抗型"的格局。其中，国民党是体制内的政治集团，而共产党则是体制外的政治集团，两者均拥有武力、领土、政权组织与人民。一般来说，从共产党的立党原则来看，"自由民主"是与其格格不入的。但正是因为内战时期的这种政治格局，使得共产党采取了一种策略性的方式来再阐释其民主观，因此也就有了《历史的先声》中的那些如今看起来仍是不可思议的推崇西式民主的社论。

这里暗含了一个假设：执政党与在野党的行为总是不同的，而体制内政治集团与体制外政治集团行为更是不一样。简单地说，体制外政治集团在力量对比失衡的状态下，为了保证自身的生存以及对体制内集团的瓦解，可能采取一些背离它本意的行为[①]。

追溯历史，中共对于民主的广泛推崇可以追溯到抗战时期。一方面，实行民主的目的在于发动群众参与抗战，共产党人相信"只有民主才能动员广大民众抗战，最终获得国家的解放"[②]。除此之外，推崇民主还能够突出自己与国民党的"消极抗战"之间的差距，进一步地获取政治以及道德资源。另一方面，从国际形势看，为了促使美国加强对于日本的牵制与打击并体现中美之间存在着共同的"连

---

① 严格来说，1949 年以前共产党不能算作在野党或者反对党，因为国民党一直没有在制度上吸纳共产党，两者的一直都是以政治—军事集团的面目进行互动的。而关于国民党作为一个执政党相对于执政之前的行为转变分析，可参见黄坚立：《难展的双翼——中国国民党面对学生运动的困境与抉择：1927—1949 年》，商务印书馆 2010 年版，第 233—235 页。

② Li, Cunshan, "The development of democratic concepts in China", Social Sciences in China, in Lin Chun (ed.),China (Volume II.):The Transformation of Chinese Socialism ,Dartmouth: Ashgate Publishing, 2000, pp.68–82.

接纽带"，共产党与国民党一样大肆赞扬美式民主甚至是罗斯福的"四大自由"，并极力将共产党与民主自由的实现相联系。

而中国共产党在1945年以后继续推崇"自由民主"的主要目的依然与前述理由相若，除了争取以美国为首的西方阵营的支持之外，中共对民主的呼吁乃是意在在"双头政治格局之中"获得政治动员力量，并且在另一方面对国民党政权实行"去中心化"——也就是解构国民党政府的权威。当时共产党所推崇的"自由民主"包括了全民普选、"四大自由"、解除党禁（反对党治）以及军队国家化，这其中每一条都是针对国民党政权的。这是一种解构国民党保守主义权威的策略性行为。因为在对抗型双头政治格局之中，一旦实现了以上的选项，不仅可以保证共产党自身的生存，还可以争取到国内外不满国民党统治的党派、团体的支持。

（二）"民主"的选项：最优与次优

不过，对于不断壮大力量的共产党来说，"自由民主"的实现——抑或是"联合政府"的成立——仅仅是一种分享权力方案，从收益来看，这对于任何一个有能力挑战现存霸权的行为体来说这仅仅是一个"次优选择"。图1给出了中共在国共内战期间的博弈树，其中包括了各项策略的预期与报酬（pay-off）。

首先，摆在中共面前的是两个选择：一个是"内战"，一个是"谈判"。若共产党主动挑起内战，其胜算并非不大，因为与日本抗战后，承担着正面战场抗战的国民党基础被削弱[1]。由于国民党政府的先天不足，日本的入侵在1937年后对于这个从开始就没有支架好的政权来说，破坏实在太大了[2]。而共产党在战后已经占据了涵盖9 000万人口的领土[3]。同时，该党不仅在农村站稳了脚跟，而且在东部沿海的大城市中也根植了广泛的地下组织[4]，而中共领导人也并不惧怕内战，并深信拥有获胜的可能。但是从成本方面来说，内战获胜或曰"独占权力"

[1] See Joseph Esherick," Ten Theses on the Chinese Revolution", Modern China 21,No.1 (1995), pp. 45–76；而巴林顿·摩尔则认为：日本的侵略同时也给予了共产党以有利的条件，其一是因为侵略者赶走了农村中的上层分子；其二则是侵略使得农民更加团结。详见巴林顿·摩尔（Barrington Moore）著，拓夫译：《民主与专制的社会起源》，华夏出版社1987年版，第178页。

[2] 费正清：《伟大的中国革命》，世界知识出版社2001年版，第265页。

[3] See Tomkinson, John L., War and Warfare, Athens: Anagnosis, 2006, p.81. 不过，根据塞尔登的论述，到1945年日本投降的时候，中共已经在华北、东北、华中等地控制着一亿人口。参见马克·赛尔登：《革命中的中国：延安道路》，社会科学文献出版社2002年版，第264页。

[4] Pye, Lucian, China: An Introduction, New York: Harper Collins,1991, p.173.

方案的实现在当时的政治格局之下需要通过战争甚至是伤亡来实现，而且还需要考虑美国和苏联的因素，而一旦战败则可能面临"灭顶之灾"（收益为负）。而与国民党谈判并非不是一个好的选择。不过中共深信国民党绝不会轻易让出权力（压制中共的概率为0.6），但是经由纯粹的谈判（假设双方都不动武）获致或失去权力，其收益与损失均小于内战。因此，在此例中，对中共来说"内战"的期望收益为1.75，而"谈判"的期望收益则稍大——为1.8。自然地，中共会首先选择"谈判"，而在"谈判"这一选项中又属"联合执政"的收益最高。

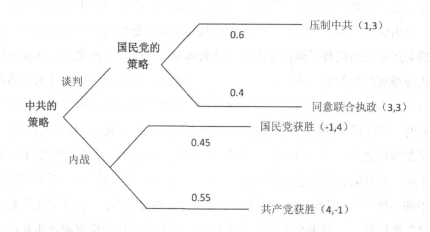

图4-1 中共在国共内战期间的博弈

这里，共产党明智的地方在于：它深知国民党无法给予西式两党的"自由民主"，因为对于国民党来说，接不接受"民主"是一个"两难"（dilemma）的选择：一方面，若接受了"民主"就等于接受了共产党。而对于共产党来说"民主"的实现就是其进入体制的第一步。而另一方面，若不接受"民主"则会落下个"独裁"的名号，得到国内外的挞伐，进一步失信于民。

四、回归"人民民主": 1949—1976

(一)新政权与再中心化需求的兴起

在国共内战时期,共产党是体制外政治集团,它唯一需要做的就是"迎合"大众,"解构"权力中心。而在内战胜利建国之后,中共便失去了国民党这位博弈赛局中的对手。因此从某种意义上来说,中国共产党在这一时期拥有了高度的行动自由,也失去了策略性行动的动力。

1949年之后,中国的政治结构从"双头格局"转向了"单中心格局"。因此,此时的共产党无须再继续坚持去中心化的"解构"策略,可以转而实践自己的政治纲领,这就需要"再中心化"或曰"再权威化"。换言之,中共此时明确地否弃了"自由民主"观,回归了其一直以来与其意识形态相符的"人民民主"观。此时的共产党已然代替了国民党成为了新的体制内(领导)的集团,周围的民主党派也纷纷拥护共产党,不存在体制外的反对集团。因此共产党要开始"塑造"大众口味而不是一味地"迎合",并逐步将中国社会依照自身的承诺进行改造。

此时,"自由"、"民主"这些词的内涵也相应发生了变化。一位学者指出:"在毛主义的宣传之中,'自由主义'变成了'反党'的代名词,甚至变成了人们在人格上的一种缺陷,因为它会带来社会混乱;而'资产阶级民主'则是剥削大众方式中的一种。"① 因此,在向"社会主义"过渡的过程中,"四大自由"被"集体主义"所取代,一种去个人化的观念与实践随着集体化的推进而逐步获得其在政治上的唯一正确性。

(二)"人民"的民主

然而,中共并非要抛弃"民主",而是要对"民主"做出符合自身偏好的新限制——加上新的"形容词"。首先,中国共产党在"民主"之前加上了"人民"两字。根据马克思主义国家学说,"人民民主"是一种具有阶级性的民主,其不仅仅有民主,而且还有"专政"的一面——对于所谓的"敌人"要实行暴力统治。因而,被明确宣布为"敌人"的人是不能享有民主权利的。换句话说,"民主"是有实行范围的——它的边界是"人民"。而在这一时期,"谁是人民"则取

---

① Cheek, Timothy and Juan Lindau, "Market liberalization and democratization: the case for comparative contextual analysis", in Timothy Cheek and Juan Lindau (eds.),Market Economics and Political Change, Lanham: Rowman & Littlefield, 1998, pp.3–32.

决于一个人的政治态度 —— 主要是对待共产党以及社会主义的态度。

这一时期对"民主"的第二个限制体现在"民主集中制"一词之中，它也是实现"人民民主"的组织与活动方法。民主集中制是一种民主与服从同一化的制度。这类似于一个典型的卢梭式"公意"命题。其逻辑是：有民主，便服从，因为服从是基于"民主"的，服从的就是我们"自己"。而"公意"在实践中总是无法成形的，因此需要组织化。而共产党便是这种社会意愿的组织化表达渠道，在中国则表现为党代表人民的利益①。在中共的话语体系中，党是没有特殊利益的，因为党的利益就是人民的利益，两者是高度统一的。党与人民 —— 换句话说 —— 就是一体的。因此，反党便是反人民。党不会做错事，因为人民不会错，只有个体会出错。所以，有学者认为，在毛时代所谓"民主"就是做党告诉你要去做的事情②。

此外，"人民民主"是通过"群众路线"来实现的 —— 这也是"民主集中制"的题中之义。"群众路线"并不是一种大众民主的方式，而是一种中国古代"民本"传统的现代表现形式。有学者认为，在传统中国的政治思想中虽然没有关于人民参与的理论资源，但确实是十分关注人民的福祉③。的确，在古代帝王的统治合法性源自"天道"，江山社稷、为民福祉是天赋义务。但是，在实践中这仅仅是一种比喻而已。所谓"天道"的实现是取决于统治者对于"天"的信念和恐惧的，并非有一个"天"时时刻刻地在"监督"皇帝④。而"群众路线"也是如此，它的主动性不在民众，而在党。换言之，"为人民服务"的实现则取决于共产党员的先进性。因此，"群众路线"也并非是一个现代西方意义的民主机制，相反，

① Schurmann, Franz,Ideology and organization in Communist China, CA: University of California Press,1968, p.110.

② Cheek, Timothy and Juan Lindau, "Market liberalization and democratization: the case for comparative contextual analysis", in Timothy Cheek and Juan Lindau (eds.),Market Economics and Political Change, Lanham: Rowman & Littlefield, 1998, pp.3–32.

③ Womack, Brantly , In Search of democracy: public authority and popular power in China, in Brantly Womack , Contemporary Chinese Politics in Historical Perspective, Cambridge: CambridgeUniversity Press ,1991, pp.53–89.

④ Li, Cunshan, "The development of democratic concepts in China", Social Sciences in China, in Lin Chun (ed.),China (Volume II.): The Transformation of Chinese Socialism , Dartmouth: Ashgate Publishing, 2000, pp.68–82.

那些选举或者民权之类的民主机制（在群众路线之中）是被边缘化的①。在"民主集中制"的原则下，群众的意见最终是要被"集中"起来的，最终的结果也只能是单一的②。总得来看，偏好与实行"人民民主"是与共产党的单一权威是的政治结构是相契合的。

（三）"人民民主"的崩溃："文革"十年

在这一时期的后半段，由于"文革"的爆发，"人民民主"脱离了党的领导畸变为了"大民主"。毛泽东动员大众广泛参与，并且鼓励非制度化的行为——"造反"，从而实现其"革命"意志——打碎官僚机器——用"民主"来消解高层中的"黑线"以及"当权派"们的权威。

这种"民主"最终演变成为了民粹主义甚至是无政府主义的"民主"。在这样的"民主"中，每一个都看似很"自由"：他们肆意地打砸抢、斗批改，享受着无边无际的快感，刚建立不久的国家权威又遭到了"解构"。但是，这种"民主"却无法被视为"自由民主"，其一是因为这次主导解构过程的并不是体制外反对集团，而正是毛泽东本人，因此，是在"红旗"——毛泽东的意志——之下进行的；其二"文革"的"大民主"并未脱离"人民民主专政"的范畴，只是变得极端化了。在此时的中国，一群人在用"民主"扼杀另一群人的"自由"，因而它又是压迫性的。这在某种程度上变成了那个曾被称为"坏东西"的"平民政体"——其中充斥着群众的非理性与暴力。简言之，"文革"中的"大民主"是一种在低制度化——甚至是去制度化——环境中的政治参与。这种参与的扩大导致了"参与内爆（implosion）"③，最终使得"文革"甚至超出了领袖的控制④。

① Womack, Brantly , In Search of democracy: public authority and popular power in China, in Brantly Womack , Contemporary Chinese Politics in Historical Perspective, Cambridge: Cambridge University Press ,1991, pp.53–89.

② Angle, Stephen,"Must we choose our leaders? Human rights and political participation in China", Journal of Global Ethics, Vol.1,No.2,(Dec. 2005), pp.177–196.

③ Huntington, S. and J.M. Nelson, No Easy Choice: Political Participation in Developing Countries, Mass: Harvard University Press, 1976, pp.24–25.

④ 参见王绍光：《超凡领袖的挫败：文化大革命在武汉》，中文大学出版社 2009 年版。

五、"社会主义民主"及两对张力：1978-2011

中共有关民主的态度与实践的第三个时期是在"文革"之后，也可被称作是"社会主义民主"时期。这一时期，对于"民主"的观念很大程度上是一种对于"文革"的反动。"文革"期间由于内爆无序的政治参与毁坏了政治权威及其机构。因此，邓小平等新一代领导集团的第一要务就是重新规范政治参与并重建权威，以推动政治经济的改革。但是，经济改革并没有为中国带来西方意义上的"自由民主"，其表现为两对张力在中国政治中依然明显：其一是经济自由化与低度政治参与的张力；其二是"公民社会"自主性与依附性之间的张力。

（一）经济自由化与低度政治参与的张力

1978 年之后出现的社会大范围争论中出现了质疑党治合理性的思潮，尤其是 1979 年的"西单民主墙"风波使得邓小平等人认为有必要重新强调共产党的至上地位，以保证刚起步的改革进程不会出现对基本体制的乖离进而危及政权的合法性，因此审时度势地提出了"四项基本原则"，以此为经济与政治改革设定了边界。因此，让许多秉持着"市场化带来民主"观念的人所失望的是：1978 年之后的市场改革并没有带来一个自由民主政体，相应的，"自由民主"依然在中国官方政治话语中拥有不好的名声。但是，高层也意识到了民主的重要性，提出实现"社会主义民主"的目标，但是在另一方面，他们又强调民主或参与要"有序"——也就是应该符合共产党的指导。

不过，值得注意的是，随着市场化而来的是政治与社会领域的自由化——尽管这仍然没有被官方承认。这在一些文献中是民主化的第一步[①]。这里，"自由化"表现为在"四项基本原则"之外，人们拥有了行动的自主权与空间，相应地也出现了多元化的利益诉求——包括部门、地方以及不同社会群体的利益，这些都为进一步扩大政治参与提供了基础与前提。我们可以看到的是，一些地方性的较为分散的政治参与逐渐浮出水面。

值得注意的是，这种由利益推动的政治参与和之前相比，动员的一面减弱，而自发的一面则有所增强。然而，正如一位学者所观察到的那样：现存的法律与

---

① 参见亚当·普沃斯基：《民主与市场》，北京大学出版社 2005 年版。

政治制度依然不足以保证中国人民的政治参与[1]。法律与政治制度依然是"参与限制"取向的。而这种自由化与参与限制之间的张力在 1989 年的"政治风波"中达到顶峰，而在那次事件之后，不论是政府官员还是民众似乎都患上了一种"参与恐惧症"，使得"稳定"和"维稳"一直都拥有着一种广泛的社会基础。

（二）"公民社会"自主性与依附性之间的张力

随着"自由化"的深入，另一个值得注意的转变是社会自发组织开始出现，并随着互联网络等新型的民间互动方式的兴起，一个哈贝马斯意义上的"公共空间"似乎逐步开始形成。这不能不令人联想到西方学界对于公民社会与民主化之间的那种联系。在民主化理论中，公民社会无疑有着"神圣"的地位。

不过这些鼓吹"公民社会推动民主"论调的人们似乎忽视了中国的独特性。的确，传统社会主义集权模式被自由化的脚步所动摇，越来越多的人脱离了政治与政府，拥有了自主的行动权利。但是，对于这种自主性的夸大依然是误导性的。与西方政治发展轨迹不同的是，在中国一直都没有独立于政治权威，甚至与其对抗的"公民社会"。相反，中国的民间组织一直都是依附性的。特别是在改革开放以后，一些社会组织不得不通过与政府合作来获得自身存续的权利。还有学者指出：由于中国的"官"与"商"之间有着强烈的相似性，因此无法产生出（西方意义上的那种）公民社会[2]。

因此，不加批判地选用哈贝马斯的公民社会模式来套用在中国的政治实际上无疑会得出错误的结论。一个常被边缘化的另一种公民社会模式——有学者称之为"葛兰西模式（Gramscian civil society model）"似乎则更适合用于中国政治分析。在葛兰西的理论中，"公民社会"是指教育、宗教以及社会的结社等机构。而它们的作用则是帮助"政治社会"（political society）——也就是通常所说的"统治阶级"——来实现它对其他阶级的霸权（hegemony）；换言之，公民社

① Angle, Stephen,"Must we choose our leaders? Human rights and political participation in China", Journal of Global Ethics, Vol.1,No.2,(Dec. 2005), pp.177–196.

② Solinger, Dorothy, Urban Entrepreneurs and the State: the merger of state and society, in A. Rosenbaum (ed.), State and Society in China: The Consequences of Reform, Boulder: Westview Press,1992.

会与国家在这个意义上是一体的①。反观中国的现状，很明显的是，社会组织的自治空间是以政治因素的消失为代价来换取的②。"公民社会"必须与"政治社会"合作，否则很容易便失去持存的空间。

六、结论与反思

"民主"并不是一个一成不变的"普世价值"。根据"时代"需要，"民主"可以有不同的含义。西方如是，东方如是，中国亦如是。进一步来说，"时代"本身也是一种观念，亦是源自于社会的建构——尤其是精英对其意义的阐释与再阐释。而目前的"时代"对中国来仍未是一个需要被解构的时代。因此，西式"自由民主"在很长时间内并不会被中国共产党所接受。

然而，正是因为"民主"仅仅是一个语词，它的内涵是不断变化的。所以任何一种固化的"民主观"或者"反民主观"都是不切实际的。中国的政治领袖谈及拒绝民主——主要是西方式民主——的一个重要理由就是：中国近代史上的民主实践都是失败的，它所造成的是无政府与混乱③。他们所指的实践主要有二：其一是北洋政府时期的立宪悲剧；其二则是国共内战期间"联合政府"的破产。

这些实例确实能够说明民主的无力，以及民主的非普适性。但是另一方面，这些实践都是在非常时期（甚至是在极端的条件下）——换言之是军事或者尚武精神占主导时期——的产物，因此，不能基于这样的例子归纳或推导出一个普遍性的结论。因此，这种"民主实践失败论"是一个伪命题：这些实践的失败并不能证明"民主"本身的失败，"民主"还包括很多方面的综合性建设。

当然，这些只是理论上的讨论。在实际生活中，逻辑是一回事，而政治现实又是另一回事。我们无法期待政治总是遵循逻辑来运行——那仅仅是存在于理

---

① Cheek, Timothy, "From market to democracy in China: gaps in the civil society model",in in Timothy Cheek and Juan Lindau (eds.),Market Economics and Political Change, Lanham: Rowman & Littlefield,1998, pp. 219–252.

② Howell, Jude, "New directions in civil society: organising around marginalised interest", in Jude Howell (ed.),Governance in China, Lanham: Rowman & Littlefield, 2004, pp.143–171.

③ Cheek, Timothy, "From market to democracy in China: gaps in the civil society model",in in Timothy Cheek and Juan Lindau (eds.),Market Economics and Political Change, Lanham: Rowman & Littlefield,1998, pp. 219–252.

性主义者脑中的长久梦想。现实中的政治是一种审时度势和妥协的艺术。必须承认，民主的发展确实需要循序渐进，更需要制度建设。我们不能仅仅因为民主的"失败"而否定民主的价值；当然，也不能仅仅是因为"民主"在逻辑上可行，而妄图在一夜之间实行民主化。

第五部分
协商民主的理论与实践

东亚协商政治与民主转型的比较研究：模式、理论与实践 —— 以马来西亚和印度尼西亚为例

阙天舒①

一、西方协商民主模式的前景与发展

协商民主是 20 世纪 90 年代以来在西方政治学界兴起的一种民主理论。1980年，毕塞特（Joseph Bessette）在《协商民主：共和政府的多数原则》一文中首次从学术意义上使用"协商民主"一词。后来曼宁（Bernard Martin）和科恩（Joshua Cohen）的研究进一步发展了协商民主理论。20 世纪 90 年代后期，协商民主理论引起了更多学者的关注，成为大多数民主理论的核心。约瑟福·瓦希德（Yusel Waghid）认为，理解协商民主中的民主有三个主要的相关范畴：作为一种制度的民主、讨论中的民主和体现为一种意义的民主。前两种是与民主的两个概念相联系。首先，民主体现为进行政治决策的代议制；其次，在社会和政治生活领域中民主体现为人们享有平等的机会并能自我发展、自我实现和自我决定。在这方面，代议制民主最大限度地增加了公民进行自决的机会，因此，他们必须与其他人一起生活，（这）必然要求他们必须有时遵从对所有成员具有约束力的集体协议。莱文（Levine）指出了民主需要协商的三个原因：（1）公民能就公共问题进行讨论并产生意见；（2）民主当选的领导人在选举之后更能了解公共议题；（3）人们要对他们的观点进行论证以便我们能从中择优。协商仅仅指出了民主政府的一个构想，即确保在政治生活中的理性讨论（理性协商）。对于艾米·古

① 阙天舒，华东政法大学政治学研究院副教授、副院长；主要研究方向为比较政治学理论与方法、比较政党政治与网络政治发展等。

特曼（Amy Gutman）和丹尼斯·汤普森（Dennis Thompson）而言，协商民主理论中的"民主观念保证了讨论在政治生活中的中心地位"。他们认为协商民主理论的前景就在于寻求"每个公民都能接受的合作"，这是由于当代社会充斥了深层冲突和道德分歧。詹姆斯·博曼（James Bohman）则是另一个协商民主的捍卫者，他提出民主在某种程度上意味着公共协商；亦即，"如果决定不是仅仅强加于他们，那么公民的协商则是必要的，毕竟，同意是民主的功能"。换而言之，只要政策是在公民和他们的代表的公开讨论和争辩过程中产生，那么政治决策就是合法的，这就超越了自我利益而反映了公众利益或他们的共同利益。

在众多关于协商和协商民主的定义中，有一种定义最切合实际：协商是一种决策方法，其中公民可以从多重视角来考虑相关事实，而且可以通过彼此的交谈斟酌他们的意见并丰富他们的视角、观点和理解。协商民主强调了在统治中要反映出公民的声音，不同种族、阶层、年龄和地域的公民可以通过协商来直接影响公共决策。因此，公民的影响力在影响他们日常生活和未来的政策和决定中显现。不过，协商民主模式要与其他被称为聚合式民主的民主模式加以区别。科林·法雷利（Colin Farrelly）认为，聚合式民主是理解民主的一种比较普遍的模式，它常常在我们力图消除分歧中使用。在这种民主模式中，决策过程仅仅就是要在选择官员和政党中聚合公民的利益，而公民主要通过投票来表达自己的偏好。正因如此，缺乏公共讨论的聚合式民主只是将个体偏好简单地汇集成多数决定，由于完全依赖于聚合的程序，这样不但不能提升民主的品质，还将产生武断的集体选择，这些选择不是基于对公共利益的考虑，也不可能对公共利益的需要做出合理说明。协商民主认为，个体偏好不是先天形成和固定不变的，协商能够引起反思性，这样在协商者的互动过程中，协商者容易改变他们的判断、偏好或者观点。而互动内容包括说服但不包括压制、控制或者欺骗。所以，协商民主强调公共协商的重要性，通过公开、公正、自由、平等的讨论来修正自己的偏好和价值，将利益冲突转化为利益共识。

协商民主中一个隐含性的承诺，是公民乐意接受其他人的观点并且相互尊重。当公民必须参与到协商过程中来时，他们身上某些优良品质就会得到发扬。许多人认为，那些作为自由、平等的公民而经常参与协商的人更有可能形成自主、理性和道德特征。在这种情况下，公民美德通过这一过程得到了弘扬。"参与公共事务可以提高参与者的道德、实践和知识水平，它不仅使他们成为更好的公民——这一点是至关重要的——而且成为更好的人。"协商民主可以使公民在协商中增强自主性，完善公民人格，体会理性的宽容与妥协和彼此合作的重要性，进而不断提高公民素质。协商民主可以培养公民美德，使共同体成员之间相互理解，学会尊重他人要求，节制自身需要，增强集体责任感。协商意味着对少数一方权利的尊重，意味着多数一方并未凭借集体优势对少数进行简单的压制与强迫，而是通过多方的协商与谈判解决分歧。"协商民主可以使公民在对话中相互学习。彼此协调，进而使公民学会在相互宽容中相处，不断提高其自身素质。克里斯蒂亚诺认为，公共协商体现了公民之间的相互尊重与关怀，就相互尊重与关怀是正义的要求而言，一个团体内的人们以这种方式对待彼此在本质上是很重要的。这种观点认为，每个人都有权利参与自由、平等人们之间的协商过程。"

二、东亚协商民主的政治实践及检验

马来西亚和印度尼西亚在实施协商民主上有不同的方法，出现这种情况主要是因为这两个国家的政治环境不同。马来西亚统治者认为民主实践不能影响种族和谐，其目的是要推行有限的言论、集会和出版自由；而在印度尼西亚，自从苏哈托下台以来，许多人认为民主及其价值观要维护人民的幸福、在广大的群岛地区实现政治平等和稳定。因此，下面将通过这两个国家的政治实践来检验协商民主的成效。

（一）马来西亚的"精英协商式"民主实践

为了维护政治稳定和维持种族和谐，马来西亚政府在限制国内言论等自由前提下实行了协合式民主政治（consociational democracy）。虽然说种族和民族问题是派系政治和群体冲突产生的"温床"，但联合政治或协合政治有助于巩固社会的团结。阿伦德·利普哈特（Arend Lijphart）声称，协合民主实质就是，分裂社会中的每个集团领袖可以通过达成协议来共同管理政府，因此，协合主义完全就是以共同分享权力的方式来终结统治权上的争夺的。前总理拉萨克（Tun Abdul Razak）把马来西亚民主描述为"适合于具有不同社群的发展国家的民主"，它是考虑到马来西亚现实情况的民主，即马来人—非马来人之间的仇视，这种民主实践并没有危及脆弱的稳定，只要条件能够维持，政治竞争还是被认可的。自马来西亚独立以来，共同分享权力的协议就存在了，虽然巫统在国民阵线中（BN）居于主导地位，而且马来西亚的行政权主要是由马来领导人把持，但其他非马来政党，特别是马来西亚华人公会（Malaysian Chinese Association）和马来西亚印度人国大党（Malaysian Indian Congress）进入了内阁并在一定程度上影响了政府的政策。然而，由于巫统是代表马来人利益的政党，这就意味着在它的领导下马来人仍然掌控政治权力。在马来西亚社会中，由于少数人并不认同占据大多数的马来人支持的居于主导地位的价值观，因此就很难发现相关的共同利益概念，不过，维持社会秩序和种族和谐可作为共同利益而成为要达到的核心价值观和政治目的。

协合主义、达成共识的决策以及尊崇权威是马来西亚种族之间保持政治稳定和分享权力的重要因素。马来和儒家的价值观则是达成共识的基础，它们都强调了统治者的权威性，同时，它们也指出了权威性就在于公正对待民众以及与地方精英进行协商。实际上，稳定也需要保证非马来人的利益不被忽略，我们可以从1969年5月13日种族骚乱的惨痛经历中得出这样的教训。从以上我们可以看出，达成共识和慎重对待群众在目前的马来西亚政治中依然是基本要素。威廉·卡斯（WilliamCase）写道，"即使巫统在马来人之前就宣称维护他们与生俱来的权利，它也竭力向华裔和印裔保证它会摒弃马来沙文主义，但打破这种平衡的体制基础理所当然就是具有商议性的国民阵线的方式"。然而，我们要指出的是这种协合式解决方式并不是协商方式，因为它忽略了协商所必需的最狭义概念，而且对协商者进行了限制。

由领导人选择的战略已成为共识性政治，其中单一的"伞状"运动似乎聚拢了所有政党和利益，从而可以避免激烈反对。这种通过国民阵线表现出的共识性政治，既不是共产主义方式的一党执政，也不是自由民主政府中的政党轮替，反对者在这种政治中被边缘化了。丹妮·莫奇（Diane K. Mauzy）指出，"虽然马来西亚政治体现了民主的一些外在特征和属性，但为了让冲突调节机制和精英之间的融合变为现实，实质性控制政治竞争和群众性参与也是有必要的，尤其是自1969年以来"。虽然这种大联盟制有悖于民主概念中隐含的竞争原则，但是统治精英并不这么看。马华公会前主席李三春认为，国民阵线既是社群之间冲突消弪的平台，也是它们彼此融合的动力。不同类型的政党也都有这样一种共识，如果政权中派系冲突不断，那么马来西亚的社会问题可能永远都不会得到解决。李三春解释说，国民阵线在某种程度上是对所面对政治的一种否定，它也表达了对协商和共识政治、善意和合作政治的允诺。不过，在马来西亚政治中，除了下议院中讨论之外，在媒体上的有关敏感政治问题的公共争论和讨论渠道都被封堵了。这就是为什么马来西亚媒体不能公开转播国会下议院中一些讨论的原因，当然除非这些讨论和争论在政治上不敏感而且不会削弱政府作为强有力权威者的形象。

决策过程体现了协商民主的某些要素，但这个过程也只是精英层面的协商，而不是公共协商，精英应代表马来西亚多元社会共同利益来进行决策。托伊恩·梵·迪克（Teun Van Dijk）解释说，精英是那些能掌控话语与沟通程度的人，他们有权控制通过媒体沟通的程度与方式，比如通过新闻发布会和其他形式来打消对他们的质疑。他把这形容为"话语路径"。精英的话语形式与沟通模式越多，他们对集团和机构进行控制的社会权力和能力也就越强。在马来西亚，大多数人都认为观念和知识的输出必须要符合政府的目标，亦即要促进国家的建设和繁荣。在这里，统治精英是唯一可以对何种观念维护了国家利益与没有维护国家利益做出界定的人。因此，确定谁以及怎样在马来西亚的公共政治话语中起作用就离不开庇护模式等社会经济结构标准。有能力传播观念的那些人基本上是通过正式或非正式方式接近政治精英的人，而没有接近政治精英的人就很难有机会进入到公共政治话语中。

沙德（Shad）承认，由于马来西亚采取优先保证种族稳定的严格政策而使它具有了很高的宽容程度，因而他认为马来西亚是宗教和文化宽容的一个极好例子。中国和印度移民社群在马来西亚独立时就被赋予了公民权，而且他们还可以保留自己的文化语言和宗教。马来西亚用丰富的"文化马赛克"铸造了一个大熔炉，这使它成为了具有多种生活方式的多元社会。然而，由于政府对反对党并不宽容，就使公开的公共协商很难在马来西亚展开。反对活动除了受严厉的法律管制之外，还由复杂的机构网络所控制，比如市政委员会、民政事务处、国家支持的宗教机构等。维持种族和谐俨然成为支持统治精英在政府中居于主导的合法因素。一般而言，政府并没有优先发展言论自由。事实上，政府认为反对党和人权活动往往是由国外的国家和组织推动，这不利于国家的经济发展和稳定。马来西亚前总理——马哈蒂尔·穆罕默德（Mahathir Mohamad）认为，公民社会中的运动由于常常干涉政治而应加以控制，这主要是因为它们的目的是要削减政府权力，而且对公共利益并不利。政府支持这样的观点，即政党和非政府组织应受到严密监控，因为他们可能会影响公共舆论，危害公共秩序，甚至阻碍国家发展。

马来西亚政治方向在很大程度上由领导人引领，比如马哈蒂尔和巴达维以及最主要的马来政党——巫统。虽然反对党是存在的，而且协会和事业团体也被许可，但他们的政治言论权却逐渐被削减、动员群众影响决策的能力不断被减弱。政府或者是通过不断减少充当个人与国家之间中介的集团，或者是不让他们参与到权力的角逐中，来不断弱化他们对决策的影响力。从这一点我们可以看出，在马来西亚，协商民主或公共协商并不能如愿实施，因为普通民众无法参与决策，尤其是为确保权力上的胜出，决策过程普遍由政府掌控。因此，为了应对种族斗争和维护种族利益，马来西亚的政治体制就很少具有民主性，而更多具有专制性。

（二）印度尼西亚在民主转型中的政治实践

自独立以来，印度尼西亚领导人就主张实施能充分体现民意的民主。印度尼西亚的开国元勋，比如苏哈托（Sukarno）和穆罕默德·哈达（Muhammad Hatta）就竭力要寻求一种有别于印度尼西亚传统的民主，而印度尼西亚传统主要强调的是集体主义和民众参与。印度尼西亚的公共协商传统被认为是一种"达成协商一致而进行的讨论"（musyawarah-mufakat），它在决议中发挥了重要作用。作为印度尼西亚国家意识形态的潘查希拉（Pancasila）中也提到它——尤其是在涉及协商和共识性民主的第四个原则中。

在印度尼西亚，体现协商民主精神的一个很重要例子就是，印度尼西亚独立筹备委员会成员于1945年5月通过开会来确定新生的印度尼西亚国家意识形态。在会上，争论的焦点是，印度尼西亚的国家意识形态应是伊斯兰主义还是被称为潘查希拉的世俗主义。经过穆斯林、民族主义和少数非穆斯林领导人在由他们组成的委员会中展开长期的拉锯式协商和讨论后，他们终于达成协议把潘查希拉作为国家的意识形态。在这个例子中，参与者不是通过投票来决定印度尼西亚国家意识形态基础的，而是通过充足的协商和讨论来寻求更充分的互易性的合法理由。

然而，协商民主精神在两任总统——苏哈托（Suharto）和苏加诺（Sukarno）的威权民主中并不明显，即便他们都声称要贯彻协商和共识精神。苏加诺主张印度尼西亚应在协商和共识基础上奉行自己的民主而抛弃西方式民主，因为他认为西方的民主是反印度尼西亚文化的。他把许多事情都是通过投票来确定的西方民主称为"自由斗争式民主"（Free Fight Democracy）。苏加诺则使用了许多政策都是由苏加诺确定并得到他的助手支持的"指导式民主"（Guided Democracy）。苏哈托和他的新秩序统治也主张贯彻协商精神以达成共识，并提出要在决策中考虑到包括少数者意见在内的许多意见。为了证明他们对印度尼西亚控制的合法性，"人民的至高无上的权力"一词常常在新秩序统治中出现。不过。苏哈托时期所称的共识是经过精心策划的，在国会中只有支持他的那些人，"人民的至高无上的权力"只是属于少数军队领导人、技术官僚和苏哈托的家人。

印度尼西亚期待已久的民主转型终于在 1998 年 5 月苏哈托下台时拉开了帷幕。这似乎符合亨廷顿（Samuel Huntington）和纳尔逊（JoanNelson）的理论，亦即为了维护国家的经济发展和政治稳定，专制政权在长时间压制反对声音和限制自由之后将会遭遇参与式的爆炸。在苏哈托的统治下，印度尼西亚的政治稳定和经济发展持续了 20 年，但他也压制了政治活动并限制了自由。根据亨廷顿和纳尔逊所述，当民众要求更多的自由和政治参与时，专制阶段将会终结，因为被压制的参与最终会爆炸。亨廷顿所描绘的图景同样也适用于印度尼西亚，在这种情况下人们期盼着苏哈托专制政权在某一天垮台，也希望他们能自由表达政治意愿。机会终于在 1998 年 5 月出现，经济危机促使苏哈托下台，他下台后，新颁布的法律允许了言论自由和政治参与。相应地，民众也要求取代苏哈托的哈比比（Habibie）总统采取行动来修订宪法，并推动议会制定新的能让民众自由讨论、组织、组建政党和举办自由大选的法律。哈比比几乎满足了所有的政治要求，而且在 1999 年 7 月为自由换届选举拟定了时间表。

随着苏哈托的下台，人们期盼印度尼西亚能实行真正的协商民主。此时，长期处于新秩序统治压制下的组织和政党的有限表达自由已放开，民众现在可以真正参与到大选中，因此，印度尼西亚国会和地方议会成了政治竞争的场所。然而，参选之后，政党和议会等政治机构并不乐意在决策层面实现人们的意愿，这就促使一些人直接参与到政治中。

民众参与到政府的政策和计划中和其中的协商过程所呈现的新景象是在两个专制政权统治 40 年后出现。此时，人们开始组织起来形成利益集团来增进他们的利益。许多非政府组织也成立了，其中一些非政府组织的功能是批评政府的政策，另一些是倡导维护妇女权益、保护儿童与环境等议题。改革伊始，这些新组织要求被视作苏哈托傀儡的哈比比下台，同时，其他利益集团在哈比比身后也被组织起来。除了这些利益集团的参与可能会被动员的情况，它也表明了在新的民主体制内利益集团的发展态势。在后苏哈托时期，许多新旧利益集团如雨后春笋般涌现出来。政治人物甚至总统在利益集团和公共舆论的支持下为他们的政策合法性找到了理由。这些迅速兴起的利益集团就包括一些伊斯兰政治集团，他们由于在意识形态上倾向于伊斯兰国家而长期受到倾轧，其中有一些集团是通过在地方上推行伊斯兰教教法而启动了国家伊斯兰化的进程。

三、东亚国家实践协商民主模式的评估及反思

"在西方理论中，政党、代议制被认为是民主制的核心，公平、诚实、定期的选举，是民主制质量的决定性因素。" 然而，从马来西亚和印度尼西亚的政治实践来看，议会和政党等政治机构确实存在而且也在运作，但协商民主并不完善。正如前面所述，协商民主的条件是决策更合法而且人们能公共讨论并产生意见。除了这样的考虑之外，在马来西亚和印度尼西亚年轻而又新的民主体制内，人们践行协商民主还有其他原因。在向民主转型中，协商民主之所以产生是因为在许多善治问题上政府有承诺但并没有实施，比如民主价值的实现、腐败的根除、透明政府以及法律的实施等。政府开展反腐败运动也只是为了要获得人们的支持，他们并没有采取实际行动去根除它。按道理，议会和政党等政治机构应推动政府去解决这样的问题，但它们在这方面的作用并不大。有三个原因可以说明这样的情况：

第一，国家和地方上的议员还没有具备成为"好"的政治家的条件。在印度尼西亚，长期处于受控制的等级政治制度中的人们面临了有充分的机会并能自由参与政治的冲击。自由确实促使整个社会阶层开展竞选，然而，这些议员所受的教育程度不高，所以并不能指望他们能很好地代表人民发挥作用。由此，马来西亚的霹雳（Perak）州政府颁布了一个新规定，即成为国会或参与选举的候选人的一个条件就是必须至少具有学士学位。教育程度对于印度尼西亚和马来西亚来

说都很重要。

第二，糅合了比例和地区制的印度尼西亚选举制度以及马来西亚的简单多数制选举制限制了国会议员去表达民众的利益。政党依然可以确定参加议会竞选的候选人名单和各级行政职位。因而，对党忠诚比对人民群众忠诚就显得更为重要，另外，当选议员也经常会漠视人们的要求，这些就使政党寡头化进一步加剧。然而，为了公共利益，这种政党寡头势头必须要制止，这样才能确保协商民主的实施。

第三，议会等政治机构在当前的弱势主要与这样的情况有关，即印度尼西亚的新秩序统治中沿革下来的政治庇护行为或文化，以及马来西亚巫统依然在社会中居于主导。正如哈迪兹（Hadiz）所言，为了适应新政治制度的需要，新秩序中的政治文化已做了改变。他认为，在印度尼西亚新民主制度的政治机构中，占主导地位的是旧制度中的"掠夺性利益"，它并不以推动改革进程为目的。例如，政党在大选中继续利用暴徒、恐吓和金钱来动员群众并获得支持。如果是在过去，政府中的政党——专业集团党会通过操纵议会选举来满足它的利益，而现在的选举是由商人、政党捐客和政治候选人一起来举办。在马来西亚，侯赛因·阿拉塔斯（Syed Hussein Alatas）指出，虽然封建司法和行政体制随着19世纪后半叶马来半岛的现代化发展而逐步瓦解，但封建心理依然存在。在大多数马来社群中统治者与被统治者之间的关系由于心理上的保护需要而进一步加深，这种心理需要是希望自身的社群能在与经济上处于优势的华裔的竞争中获取利益。无一例外，巫统主席和总理充当了保护伞。不过，对于保护者的忠诚不只是封建心理的作用，正如在其他政治制度中，被保护者对保护者的忠诚是因为保护者可以提供待遇和地位，因而这种具有跟随心态的新封建文化是另一个普遍特征。

在这种情况下，社会中的学者、学生和妇女诟病了议会和其他政治机构的作用。他们批评议会成员违背自己的承诺而没有真正实现人们的愿望。人们开始对改革进程的缓慢和经济繁荣的迟迟没有到来表达了不满，他们要么直接参加反对团体组织的街头抗议活动以及在媒体上发表意见，要么在电视和互联网等公众和政府颇为关注的论坛上进行讨论。总之，如果马来西亚和印度尼西亚相信协商民主体制，那么政党就会在有争议的腐败问题和敏感的宗教问题上进行有益的理性对话，以便解决这些问题并消解由这两个问题所带来的困难。当然，政党并不能以禁绝公共协商和言论自由来换取对这些问题的解决，他们应体现出最起码的社会责任感。正如瓦拉德斯（Jorge M. Valadez）等人认为的，协商民主是一种民主治理形式。因此，通过对话以及之后的执行和实施，这些问题可以解决，分歧也可以避免，最后双方能达成妥协。

我国民主政治中协商能力的构建：
结构、规范与价值

阙天舒

一、协商能力的规范性界定

协商民主理论是 20 世纪末期西方政治学界兴起的一种新的民主理论范式，它主要是指：在政治共同体中，自由与平等的公民，通过公共协商而赋予立法、决策以正当性，同时经由协商民主达至理性立法、参与政治和公民自治的理想。当然，这种政治理想是建立在公民实践理性基础上的。不过，"从这个意义而言，协商本身就是一种沟通，它可以采用言论、口述（讲故事）和幽默之类的沟通形式。真实世界中的政治沟通一般综合了这些形式，并且那些不涉及论点的沟通能更有效地去反映偏好。然而，一些如说谎、威胁和命令之类形式的沟通本质就是反协商的"[①]。

"在某种程度上，沟通应是种非强制性的协商，它能反映公民个人所有的偏好，并把个人与团体的特殊利益与更广泛的原则相联系。"[②]古特曼（Gutmann）和汤普森（Thompson）认为协商的主要特征是互惠性，亦即所述论点要能为其他人所接受。在沟通方面，这个特征则可被描述为通过沟通让其他人接受。例如，可以使用言论激起一个人对宗教、种族或民族集团的感情。而在另一方面，上述集团重视宗教、种族主义和民族主义的象征意义，而这些象征意义可在发

[①] John S. Dryzek, Democratization as Deliberative Capacity Building, Comparative Political Studies , 2009, Vol. 91, p.119.

[②] Dryzek, J. S, Deliberative democracy and beyond: Liberals, critics, contestations, Oxford University Press, 2000, p.68.

言者的言论中得到体现。"个人很少有机会反映其政治偏好的政治制度则是不民主的。专制也许对个人偏好很感兴趣，但也只在强制性的威胁下说服人们接受其政权的教化。如果煽动者呼吁民族主义价值观，那么就违背了更具普遍性原则的标准"①。当然，运用协商原则来评估沟通的情况并不意味理所当然地承认它在分析和评估政权或政治制度就是有用的。为此，我们还需要对国家的协商能力进行界定和诠释。

协商能力可从协商结构的可信性、包容性和间接性等方面来界定。兼具这种能力并不意味就会符合特定制度中的要求（竞选、宪法或一组论坛），但是它可以确保与不同类型的制度和实践相契合。可信性可被理解为协商应反映更具普遍性的原则，并体现出互惠。包容性指出了各种政治利益和话语都可得到反映。倘若没有包容性，就不会有民主。间接性所体现的寓意是，协商性的过程并不需直接影响集体性的决定或社会结构，亦即公共协商可对不参与协商的决策者产生影响。比如，非正式的讨论会上提出的建议被决策者所采纳时就有可能会发生这种情况。被讨论的结果不需要转变成明确的决议；他们可能会是由一个网络产生的一种非正式的结果，从而就会形成"没有政府的治理"。因此，具有高度可信性、包容性以及间接性协商结构的政体将会有一个有效的协商制度。

二、协商能力的发展路径

在决策层面，协商能力体现出决策的过程能容纳每个受决策影响的公民；实现参与的实质性政治平等以及决策方法和确定议程上的平等；自由、公开的信息交流，以及于理解问题和其他观点的充分理由。"把协商纳入到政治中来的最为常规的做法，就是试图把协商因素吸纳到国家制度中来（主要是立法机关和法院）。在美国，法院被强调为协商的一个主要场所，美国法院在政策制定中的作用比其他国家要大得多。"② 而"在一些社团主义国家如斯堪的纳维亚半岛国家，我们几乎无法奢求立法机关中的协商行为，因为政策中至关重要的

---

① John S. Dryzek,Democratization as Deliberative Capacity Building,Comparative Political Studies , 2009, Vol. 91,p.119.

② 约翰·德雷泽克：《不同领域的协商民主》，王大林译，载《浙江大学学报（人文社会科学版）》2005 年第 5 期。

方面都由其他部门决定：通过政府、商界以及各种协会的执行部门的代理人之间的谈判而达成"①。因此，应当承认在不同的政治体系中以不同的方式来实现并提高这些能力是可能的。

公民陪审团和集会、民意测验、共识性的会议以及利益相关者之间的对话之类的论坛在发展中国家中也存在，并且这些有助于提升发展中国家的协商能力，因此，这并不是已发展自由民主国家所具有的唯一特素。本哈比（Benhabib）和哈贝马斯（Habermas）重视非正式的公共领域，在非正式的公共领域中，协商产生了能影响立法机构审议的公共舆论。公共领域在正式的立法审议不足或欠缺的国家发挥了特别重要的作用。例如，在 20 世纪 80 年代早期，波兰就缺乏具有审议能力的立法机构。不过，相反的是，由于团结工会的运动，该国的公共领域方兴未艾，其中协商被付诸于实践而且协商能力也得以构建。埃科奇（Ekiert）和库比克（Kubik）认为，即便在 1989 年后，波兰的公共领域还是可以作为弥补国家机构协商不足的一个场域。任何一个民主国家的公共领域应该是一个这样的地方，即观点和想法得以产生、政策决议受到了质疑，而且公民的能力得到发展。以上观点"不是把协商建立在狭小的封闭空间基础，而是建立在更为广阔的公共领域的对话基础之上"②。因此，着眼于公共领域与市民参与是协商能力得以提升的基础。

协商能力也可以诉诸于治理网络之类的非传统制度形式。治理网络超越了政治制度，而且又跨越了国家边界。它们可由许多公共和私人行动者组成。有时，它们纯粹是非正式的；有时它们的作用籍借由政府或非政府组织发挥；有时它们的协商能力不足。比如，卡斯特利斯（Castells）所述的全球金融网络，它是在以市场为导向的新自由主义基础上运转③。不过，布雷思韦特（Braithwaite）和德拉伍斯（Drahos）所述的跨国调控网络，包括形成互动关系的非政府组织、商业、活动家和政府官员，需要发展协商能力 —— 因为互动始于竞争性的认识和价值观，而且需要在最高权威失缺下实施有效的调控。当治理网络跨越国界时，它们

---

① 约翰·德雷泽克：《不同领域的协商民主》，载《浙江大学学报（人文社会科学版）》2005 年第 5 期。

② 约翰·德雷泽克：《不同领域的协商民主》，载《浙江大学学报（人文社会科学版）》2005 年第 5 期。

③ Castells.M,The information age: Vol.1.The rise of the network society,Oxford, UK: Basil Blackwell,1996.

依然有助于提升国家的协商能力[①]。例如，借由欧盟的治理网络，很多欧洲国家提升了协商能力。而在国内，如我国的温岭的民主恳谈，以及自治领域的社区议事会等等也鉴于这种考虑。治理网络正日益取代主权国家生产集体性产品。在国内，国家被"掏空"；在国外，跨国网络"遮蔽"了国家的决策行动。协商能力方面的民主的界定可适用于治理网络。因此，治理网络是协商能力提升的新路径。

三、我国民主政治中协商能力发展的价值

民主的发展取决于协商，亦即一个体制的协商能力越强，那么它的民主性就越高。协商不仅有助于政权的生存，而且也能提高民主的质量。在我国民主政治发展中，协商能力的提升是一个生长点，对我国民主政治的发展起到了积极的推动作用，而且在现实情况下，协商能力的发展比追求协商的形式要更具价值。

首先，协商能力的发展促成了民主合法性和价值偏好的实现。在现代社会，政府和领导人的统治合法性只有在获得了选民的共识和授权后才是正当的。这一点对于政府有效地制定和实施政策非常重要。"联系到民主的制度性特征，它来自社会成员的讨论和决策，即在设计用来承认其集体权威的社会政治制度中并通过这种制度表现出来。这是民主概念的抽象描述，同时也是协商的描述。"[②]因此，我国围绕政策建议的各种分歧都应通过协商而达成共识，使决策建立在广泛考虑所有人需求和利益的基础上，从而赋予决策以合法性。另外，现代民主政治是以选举为基础，但"如果仅仅把民主简化为选举，选举简化为选票，选票简化为多数决定，那么民主政治就会被简化为投票的统计学，这种民主政治的简约主义将会导致民主的异化，在拼选举的情况下，民主的工具意义大于民主的价值意义，选举发生了扭曲，带来民主政治的庸俗化和金钱化"[③]。在中国政治发展强调民主的效率、不主张政治多元化的非竞争性民主体制下，竞争性民主就不可能成为首选价值偏好。这样，未来中国民主政治建设中民主合法性的获得就很自然地会趋向提升协商能力。

① John S. Dryzek,Democratization as Deliberative Capacity Building,Comparative Political Studies , 2009, Vol. 91,p.119.

② 马奔：《协商民主：我国民主政治发展的一种选择》，载《理论学刊》2006 年第 9 期。

③ 马奔：《协商民主：我国民主政治发展的一种选择》，载《理论学刊》2006 年第 9 期。

其次，协商能力的发展推动了政治承认的获得和社会冲突的消弭。在许多社会中，种族、民族、宗教或语言的分化对民主化构成了挑战。协商能消除冲突主要在于双方对彼此价值观和身份的合法性的承认。"如果没有这种承认，政治就成为了力图取缔另一方价值观的斗争，而不是容忍一些损失和妥协的竞争。"① 在这样的争斗中，任何一方都不能容忍即便是暂时的瑕疵，而且集体性的结果将失去合法性。与之相反的是，"民主运作的特点是在有争议的价值观的合法性上达成规范的元共识。元共识可以促成各部分在政治上形成的互动能为主要政治行动者接受，正因为如此，协商则是必要的"②。因此，在诸多解决冲突的方式中，协商妥协应是一种可选方式，尽管这不是最优的方式，不能满足双方的全部要求，但至少可促成一种基于双方要求得以兼顾而形成的和谐局面。中国在从计划经济向市场经济的转型过程中面临的社会冲突问题，是一个非常敏感但却不可回避的问题。不同的社会阶层在经济、社会和政治等方面的权利、利益也呈现出巨大的差异。这种利益差异表现为明显的贫富差距和权利不平等，弱势群体边缘化，群体性事件频发，社会冲突日益加剧，社会不稳定程度提高。如何更好地促进公共利益，更完整地表达和维护各社会阶层的利益，在个人、团体和阶层利益与公共利益之间寻求平衡，则需要在对活、反思、辩论、审议中进一步提升协商能力。

再次，协商能力的发展有助于厘清责任边界和约束行政权的膨胀。协商是一种共同解决社会问题的手段。当然，从技术上来说可以从上而下地解决问题；或者可以经由准市场机制来解决。不过，我们不是通过比较解决社会问题的方法来评估协商的有效性，而是框定了协商的责任：对大家接受自身所提出的意见进行解释、倾听并回应他人的理由和观点以及力图拟定所有人都能接受的方案。因此，较高的协商能力应该能反映较高程度的集体理性和社会责任。"20 世纪中后期以来，行政机构的权力或者说官僚自由裁量权日益膨胀，也即行政机构获得了制定规则以确定公共政策的内容而无须承担同等民主责任的问题。行政权的膨胀最容易侵犯人民群众的利益。"③ 此时，较高的协商能力就体现在公民积极参与与

---

① John S. Dryzek, Democratization as Deliberative Capacity Building, Comparative Political Studies, 2009, Vol.91, p.119.

② John S. Dryzek, Democratization as Deliberative Capacity Building, Comparative Political Studies, 2009, Vol.91, p.119.

③ 陈家刚：《协商民主：概念、要素与价值》，载《中共天津市委党校学报》2005 年第 3 期。

公共利益相关的公共事务，还对公共权力机关进行认可、监督和支持，不断在促进国家权力规范运行的同时，保障公共决策和意愿的有效表达。

四、我国协商能力构建的结构性安排

当今时代已是一个民主的时代。民主已成为当今时代一种普遍的政治价值取向，在世界范围内已成为一股不可逆转的世界潮流，以至于没有任何一个国家在致力于国家发展的进程中，把本国政治置身于民主大潮之外，拒绝民主化的进步。民主更是社会主义的生命。邓小平就曾言明："没有民主，就没有社会主义。"国家协商能力的发展对我国的民主政治发展有着积极的作用。由于我国目前的"治理为重"的儒家传统、非竞争性的民主体制等特点，我们应根据自身的政治、经济现状和历史、文化传统，构建适合自己的协商能力结构。

（一）政治体制内注重"政治协商"能力

对现存的政治体制而言，协商能力是政治制度设计与制度安排是否具有实效性的标尺之一。如果协商能力不强，那就说明一些具体制度方面就会很不完善和规范。政治协商作为一种中国特色政治制度安排，以人民政协为载体，立基于中国社会主义民主的规定性，关注政治体系的运作效率，平衡利益、追求共益，从而使各党派、各界别、各社会团体以及各界社会人士之间的协商与合作的制度真正具有实效性。"中国协商政治的原则与结构政治的选择实际上是一个主体直接作用选择对象的过程，在这个过程中，主体对对象的认识和把握，将直接决定所确立的政治形式的适应性和有效性。"[①] 因而，这个过程在体制内更多地注重"职能协商"，提高政治主体能力。从政治协商制度的设计看，各级党委政府、人民政协组织及其政协委员共同构成了协商主体。因此，纳入决策程序中的政治协商，明确了党委、政府、政协及有关部门的职责。不过，在基层实践中却存在"剃头挑子一头热"现象，双向互动合作氛围尚未形成，影响了政治协商能力的成效。所以，党政要带头实施协商，强化协商主体的职责，主动邀约政协各参加单位协商，通报政情，听取民意，真正把政治协商纳入决策程序；同时，在既有框架内，既发挥原有的人民政协的政治协商职能，又扩大协商的范围，成为"具备利益分

① 林尚立：《协商政治与中国特色基本民主政治的基本形态》，载《毛泽东邓小平理论研究》2007年第9期。

配和利益整合功能的政策综合机构"。

（二）公共场域中关注"公共协商"能力

本哈比（Seyla Benhabib）、德雷泽克（John S.Dryzek）、哈贝马斯等强调发生在公共领域中的、非正式的协商话语形式，其关注焦点是正式决策制度外的、非结构化的、开放的对话。因此，协商能力是通过各种组织、社会运动、网络和媒体参与开放的公共话语来表达的。为了具有合法性，公共协商意味着社会成员的广泛参与，要求"公民社会中的各种行为者，如社会运动和赋权的公民，都站出来，积极地参与公共话语"①。因此，"协商运行于公民在基层社会生活中的自治之中，体现为公民权利的实践与维护以及自治的运行和实现"②。"由于中国是一个国家主导型社会，以国家权力特别是以行政权力来支配社会是个根深蒂固的客观存在的事实。政府对社会团体的全面控制造成了公民社会一直处于弱小的甚至是缺位的状态。"③正处在从生长发育到初步成长壮大时期的公民社会存在着很多问题，如某些组织的行政化、等级化和依附性倾向明显，其自治和桥梁功能无法独立发挥；在公民社会内部的关系中，自由、平等的契约关系规则还很不健全，外部关系缺乏法律制度环境的有效保障，等等。我国要构建和谐社会，提高公共协商能力，必然要培育一个协作型的公民社会，通过宪政建设依法保护公民的言论自由、结社自由等基本权利，确保公民能以平等的公民身份进行公共协商，同时通过制度创新，积极动员与吸纳最广泛的民众参与开放性的公共商谈中。从而能动员和集中大量的社会力量和资源参与国家建设，发挥社会治理的重大作用，使公共领域成为协商的大场域。

（三）治理网络中重视"合作协商"能力

"政府和各类公民组织作为平等的参与者纳入治理的过程，将对其就共同关注的问题，在协商互动中形成的合作网络的治理"④。在这其中，优秀的协商能力来源于政府部门和非政府部门的其他公共行动主体彼此合作，在相互依存的环境中重新构建共权力，共同治理公共事务的合作能力。在治理网络运行的过程中，

---

① 陈家刚：《多元主义、公民社会与理性：协商民主要素分析》，载《天津行政学院学报》2008年第4期。

② 林尚立：《协商政治与和谐社会：中国的国家建设之路》，载《天津社会科学》2008年第3期。

③ 铁锴、王振亚：《论协商民主的政治基础及社会条件》，载《河南大学学报》2007年第6期。

④ 铁锴、王振亚：《论协商民主的政治基础及社会条件》，载《河南大学学报》2007年第6期。

"各参与治理主体的权力边界可能存在着不确定性"①。参与治理主体的"权力与职责"不断"磨合、互动与博弈"。因此，一个负责、高效、法治的政府的参与对合作网络的正常运行和有效治理有着重要意义，在协商过程中，"与建设服务型政府相结合，通过盘活体制内部政治资源，调整职能提高政府的回应性和责任；与建设和谐社会相结合，通过协商了解不同主体的利益需求提高政治决策的合法性"②。另外，在社会利益不断分化、社会关系日趋复杂的现代民主社会里，不同利益主体既有合作又有矛盾，协商与对话则是促进社会利益平衡的基本条件和必备手段。目前，在中国农村推行的议事协商制度，可以改善民意不足的治理结构，通过民意的吸纳使政府的决策的正当性得以提高，因此，这种机制对于合作协商能力的提升有着广阔的拓展空间。

---

① 周松强：《社会化维权与"多中心协同"治理网络的创新——以义乌市总工会为例》，载《中共宁波市委党校学报》200 年第 1 期。

② 吴晓林、左高山：《协商民主理论与中国民主政治发展教学与研究》，载《教学与研究》2009 年第 4 期。

第六部分
比较政治学的学科发展

试论比较政治学与国家治理研究的二元互动

高奇琦

比较政治学与国家治理研究看似是两个完全不同的领域和内容。比较政治是政治学下面的一个二级学科，而国家治理是近年来新兴的一个研究概念和范畴。然而，这两个领域的内容实际上有非常大的交叉。并且更重要的是，这两个研究领域目前在中国都出现了重要的发展契机。并且，这两大内容之间有非常重要的相互推动作用。笔者在这篇文章中尝试考察比较政治学与国家治理研究之间的互动关系。文章的框架基本如下：首先，笔者对国家治理的内容从经验和学理上做出一些界定；其次，笔者就比较政治对国家治理研究的意义进行讨论；再次，笔者就国家治理对比较政治研究的意义进行分析；最后，笔者从中国的国家治理模式与中国的比较政治研究之间的关系进行更为深入的探讨。

一、何谓国家治理

在政治学研究中，"国家治理"是一个相对新的概念。正因为这一概念比较新，对其内涵和外延的学术共识远没有达成。所以，多数国家治理研究还只是在概念的内涵和外延上进行讨论。相比而言，"治理"却是一个在中国流行了近二十年的概念。当然，关于"治理"概念的共识也未完全达成。目前关于治理概念内涵的讨论，主要集中在两层含义：一、治理有强烈的非中心和社会导向的内涵；二、治理就是问题的有效解决。

从字面上来看，"国家治理"是"国家"与"治理"的组合。然而，这种组合并没有标示清楚"国家"与"治理"之间的关系。因此，研究者在使用"国家治理"这一概念时，可能会出现三种不同的含义：一是以国家为单元的治理，即

"国家的治理"。从这个意义上来看，我们可以把"国家治理"作为一个层级嵌在"乡村治理"、"城市治理"、"地区治理"（超国家）和"全球治理"的序列治理结构之中。二是以国家为主体的治理，即"国家去治理"。这层含义强调国家作为主动性的角色去干预和调控经济和社会生活的方方面面。三是以国家为客体的治理，即"对国家的治理"。这层含义强调国家的利维坦性质，并认为如果不对国家形成有效的制约和限制，那么国家将会对个人的生活和社会的活力形成压迫性的影响。这三层含义相互牵制，并存在一些紧张关系。然而，多数研究者在使用时，把这三者关系合并在一起讨论。

以上对国家治理概念的讨论还主要基于字面和规范层面。笔者尝试从比较政治发展的历史脉络来对国家治理的构成内容进行分析。从经验上来看，国家治理主要包括三部分内容：国家构建、国家发展与国家转型。国家构建是国家治理的最初阶段，它是一个从无国家到有国家的过程。国家构建有两大任务：财政自主和暴力垄断。财政自主就是国家形成一套自主地向社会汲取资源的系统。许多比较政治的研究成果表明，这种财政自主能力的形成往往与战争联系在一起。[①] 暴力垄断则是国家将暴力的使用权垄断，而其他行为体不能使用暴力或必须经过国家的授权才可有限度地使用暴力。[②] 判断一个国家是否完成国家构建，就看这个国家是否形成了最低程度的财政自主和暴力垄断。需要说明的是，因为国家构建是国家治理的初始阶段，所以，国家在构建之初时并不一定会形成非常高程度的财政自主和暴力垄断。从这个意义上来看，国家构建也就是政治秩序的基本构建。没有完成国家构建的国家，我们一般称其为失效国家。[③]

在国家构建之后，就产生国家发展的问题。国家发展可以从两个层面来探讨。第一个层面涉及国家治理能力，即国家发展是从弱国家到强国家的发展过程。区

① 查尔斯·蒂利：《发动战争与缔造国家类似于有组织的犯罪》，载彼得·埃文斯、迪特里希·鲁斯迈耶、西达·斯考切波：《找回国家》，方力维、莫宜端、黄祺轩等译，生活·读书·新知三联书店2009年版，第246—251页。

② Charles Tilly, Coercion, Capital, and European States, AD 990–1992, Malden, MA: Blackwell Publishers, 1990, pp. 16–28. 查尔斯·蒂利：《强制、资本和欧洲国家（公元990—1992年）》，魏洪钟译，上海人民出版社2007年版，第19—31页。

③ 20世纪90年代之后，一些后殖民国家并未完成国家构建，并进入了无政府状态，如索马里和民主刚果等。在社会科学研究中，这类国家被称为失效国家或失败国家（failed state）。Daniel Thurer, "The 'Failed' State and International Law," International Review of the Red Cross, No. 836, 1999, pp.731–761.

分国家强弱的主要标准是看国家财政自主和暴力垄断的程度。强国家意味着国家的资源汲取能力非常强，即非常高比例的社会资源被国家提取，并用于再分配。强国家还意味着，除了国家之外没有其他的暴力使用。即便存在其他的暴力形式，那么这些暴力使用也需要获得国家的允许和授权。当然，国家治理能力还存在内容完整和效率评价的问题。内容完整是指，国家治理能力不仅要包括资源汲取能力和秩序稳定能力，而且还应该包括公共服务提供能力和公共危机应对能力。效率评价是指，强国家能力不只是看其财政自主和暴力垄断的绝对程度，还要看其实现这些程度所使用的人力和物力资源。简言之，基于效率评价的国家能力是财政自主和暴力垄断的绝对程度与实现这些程度所使用的资源之间的比值。

第二个层面涉及国家治理体系，即国家发展是从秩序国家到赋权国家和创新国家的过程。如前所述，国家在构建之初时最主要的功能是汲取资源和垄断暴力，然而这两大功能都会产生强烈的社会反抗和社会压制。所以，从国家整体发展的角度来看，国家治理是一个系统工程。具体而言，国家治理至少还需要包含其他两大类功能：第一，合法性功能。① 暴力的过度使用可能会导致暴力垄断的丧失，而过度汲取资源同样会引起社会的反抗，所以汲取资源和垄断暴力需要更为复杂的多方参与的社会过程，这种社会过程可以承担将汲取资源和垄断暴力合法化的功能。在现代社会，国家治理的合法性功能主要通过选举民主和协商民主等形式来实现。第二，激发经济和社会创新。过度汲取资源可能会导致社会资源的枯竭，所以一个卓有成效的国家治理模式不会过度汲取社会资源，而是在一定程度上汲取社会资源的同时激发经济和社会的创新。经济和社会创新可以将社会资源的总盘子做大，从而可以保证国家可以在更大程度上汲取资源。从这两点来看，一个完整意义的国家治理体系应该包括秩序系统、赋权系统和创新系统。

在国家发展的过程中，会逐步出现国家转型的问题。国家转型的路径与国家构建时的初始路径密切相关。如果在国家构建的初始阶段，社会部门很强大，那么就很容易形成赋权国家。如果在国家的初始构建时，经济部门很强大，那么国家就很容易形成创新国家。正因为社会部门和经济部门很强大，那么国家的汲取

---

① 哈贝马斯认为，至少满足两个条件，一种统治才可以说是合法的：一、必须从正面建立规范秩序；二、在法律共同体中，人们必须相信规范秩序的正当性，即必须相信立法形式和执法形式的正确程序。尤尔根·哈贝马斯：《合法化危机》，刘北成、曹卫东译，上海人民出版社，2000年版，第128页。

能力就会相对弱些，所以，国家就会相对比较弱，或者说，国家的自主性就比较差。在这样一个背景下，国家转型的内容就是要使得国家变得强大，而国家强大使得再分配变得更加可能。这类的国家转型可以总结为国家集权化的过程。美国和英国的国家转型就体现出这样的特点。在美国建国之初，社会部门的影响尤为突出。美国是一个在相对扁平化的社会基础上建立起的国家。法国思想家托克维尔对美国公民社会的赞叹在一定程度上反映了美国建国之初的强社会特征。[①] 因此，从建国一开始，美国就体现出赋权国家和创新国家的特征。之后，美国的国家转型也就体现为国家集权化的过程，这一过程集中表现在罗斯福新政以及二战后美国的福利国家建设之中。英国的情况也类似。在国家构建之初，英国社会力量的强大体现在其参与式地方政府的传统中。盎格鲁—萨克森的国王及其诺曼后继者培育出一个以郡县和自治城镇为基础的参与式地方政府形式，其标志是陪审团制度，即不依靠中央权威来进行司法裁决。[②] 同时，英国的强社会特征还体现为贵族的力量。[③] 英国绝对主义王权的建立就是国王向贵族借钱，并以大宪章的形式约定双方权力边界的过程。在光荣革命之后建立的英国议会政体中，立法权力明显优于行政权力。前者在很大程度上是社会的代表，而后者则更多是国家的代表。19世纪末工人运动的兴起更加强化了社会的力量。之后，英国的国家转型在很大程度上就体现为国家权力集聚的过程。这一转型过程在 20 世纪三四十年代启动，并在战后达到高峰。

如果在国家的初始构建时，社会部门和经济部门相对较弱，那么就会容易形成强国家。在这样一个背景下，国家转型就是强国家向赋权国家或创新国家的转型。法国和德国的国家治理就更多地体现出这一路径的特征。在法国和德国的国家建立之初，社会的力量相对薄弱，所以从一开始这两个国家的国家构建和国家发展就体现为以魅力型领袖为中心的中央集权的形成。在法国，中央集权是由路易王、拿破仑和戴高乐完成的。而在德国，中央集权则是由俾斯麦和希特勒完成的。然而，在强国家形成之后，社会力量逐渐积聚和发展，并在不同时段产生出

---

① 托克维尔：《论美国的民主》，董果良译，商务印书馆 1991 年版，第 635—640 页。

② 托马斯·埃特曼：《利维坦的诞生：中世纪及现代早期欧洲的国家与政权建设》，郭台辉译，上海人民出版社 2010 年版，第 186—204 页。

③ 社会是一个相对于国家的概念。国家代表了向中央积聚权力和资源的力量，而社会则代表了向地方分散权力和资源的力量。在这一时期的英国，社会的分散性力量主要以地方贵族的形式体现出来。

一些对国家的反抗。在法国，社会反抗的典型案例是巴黎公社和 1968 年运动。在德国，社会反抗主要是二战后的反思以及 20 世纪六七十年代之后的社会运动。幸运的是，法国和德国基本上以比较和平和改良的方式最终完成了国家的转型。

无论是英美的集权化转型，还是法德的赋权化 / 社会化转型，国家转型的最终目标都是平衡国家。平衡国家主要体现为两点：第一，能力平衡。能力平衡又体现为两个方面，一是国家和社会之间的能力都比较强，相互之间形成一定程度的制约，二是能力的效应与能力的成本之间相对比较平衡。第二，体系平衡。体系平衡则主要表现为秩序系统、赋权系统和创新系统之间的平衡。秩序系统过于强大，那么经济和社会创新就可能受到压制，同时赋权系统的活动空间则可能会会被秩序系统以安全之名进行限制。过于强大的赋权系统会引致过度的社会动员，并可能最终导致政治失序，而政治失序的国家无法有效地激励经济和社会创新。创新系统过于强大可能会导致资本泛滥和技术统治，这些都会对政治秩序和公民赋权带来负面的影响。因此，三大系统之间的平衡对于国家治理是至关重要的。

需要说明的是，国家构建、国家发展和国家转型这三个部分的内容存在一定程度的交叉和重合。譬如，国家发展和国家转型的内容之间有重叠之处。就其内容而言，国家能力的"从弱国家到强国家"与国家转型的"集权化路径"很接近。再如，国家体系中"赋权系统"和"创新系统"的形成与"赋权化 / 社会化路径"也很接近。从更精细的角度来讲，国家发展所描述的是一个国家构建后全面发展的目标（从国家能力和国家体系上），而国家转型则更加侧重对国家变迁模式的总结。因此，笔者更愿意把这两部分看成是相似知识内涵在不同向度上的表述。并且，概念往往是学者们对实践的一种抽象总结，然而实践的内容总是会比理论和概念更加丰富。在实践中，这三部分内容往往交织在一起。例如，很难明确地将国家构建和国家发展的实践作为两个阶段区分开来。这其中，最难操作化的一个问题是，什么是最小意义的秩序国家？如何进行界定？同样的问题也会出现在国家发展和国家转型的关系上。国家转型是指国家部分地调整传统的治理模式，并形成新的治理模式的过程。因此，这里的"部分"在操作时就会面临很大的困难。

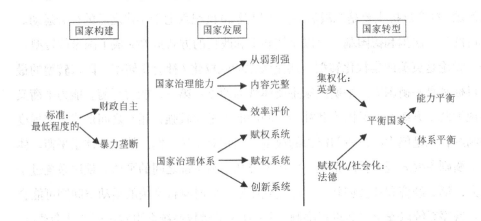

图 6-1 国家治理的三个阶段及其内容

二、比较政治学对国家治理研究的意义

国内关于国家治理的研究主要采用规范的分析方法，[①] 即从政治哲学的角度来讨论国家治理的价值、意义和基本逻辑。[②] 规范分析对于国家治理研究非常重要。理论和逻辑的推演对于厘清概念具有基础性的作用，而许多重要概念的前期研究都是从政治哲学开始的。譬如，目前政治科学中最重要的概念 —— 民主，其早期研究也主要是在政治思想史（即政治哲学）的层面上展开的。国家治理是

---

① 关于规范分析方法的讨论，可参见大卫·马什、格里·斯托克：《政治科学的理论与方法》，景跃进、张小劲、欧阳景根译，中国人民大学出版社 2006 年版，第 176—199 页。

② 国内关于国家治理的代表性成果主要包括：俞可平：《论国家治理现代化》，社会科学文献出版社 2014 年版；张小劲、于晓虹：《推进国家治理体系和治理能力现代化六讲》，人民出版社 2014 年版；郑言、李猛：《推进国家治理体系与国家治理能力现代化》，载《吉林大学社会科学学报》，2014 年第 2 期，第 5—12 页；何增科：《理解国家治理及其现代化》，载《马克思主义与现实》，2014 年第 1 期，第 11—15 页；胡伟：《国家治理体系现代化 —— 政治发展的向度》，载《行政论坛》，2014 年第 4 期，第 1—4 页；任剑涛：《国家治理的简约主义》，载《开放时代》2010 年第 7 期，第 73—86 页。这些成果基本上都在政治哲学（规范理论）的基础上讨论国家治理问题。

治理的一部分，而国外关于治理的研究也首先是从规范分析的角度展开的。① 西方的关于国家治理的经典成果有一些也是在政治哲学的层面上展开，譬如，帕特里克·邓利维和布伦登·奥利里的《国家理论：自由民主的政治学》，② 克劳斯·奥菲的《福利国家的矛盾》③ 以及弗朗西斯·福山的《国家构建》等。④ 然而，规范视角的国家治理研究也有其不足。这种方法高度依赖研究者的价值定位。持批判立场的研究者总会认为自己国家的国家治理模式有问题，而持自我中心立场的研究者则总会认为自己国家的国家治理模式是最优越的。缺乏公正立场的规范主义研究很容易出现自说自话的问题。

因此，国家治理研究不仅需要在规范层面上展开，而且更需要在实证层面上展开。国内关于国家治理的实证研究相对较少。这些实证研究成果一方面集中于对中国国家治理经验的探讨，⑤ 另一方面则集中于某国的国别治理模式或经验研究（案例多为俄罗斯和东亚国家等）。⑥ 本文在这里希望从方法论的角度

① 关于治理研究的英文早期经典文献主要包括 James N. Rosenau and Ernest-Otto Czempeil, eds, Governance without Government: Order and Change in World Politics, Cambridge: Cambridge University Press, 1992; The Commission on Global Governance, Our Global Neighborhood, Oxford: Oxford University Press, 1995; David Williams, Tom Young, Governance, the World Bank and Liberal Theory, Political Studies, Vol. 42, No. 1, 1994, pp. 84–100; James Rosenau, Governance in the Twenty-first Century, Global Governance, Vol.1, No.1, 1995, pp. 13–44; R.A.W. Rhodes, New Governance: Govern without Government, Political Studies, Vol. 44, No. 4, 1996, pp. 652–667; Marie-Claude Smouts, "The Proper Use of Governance in International Relations," International Social Science Journal, Vol. 50, No. 155, 1998, pp.81–90. 这些文献基本上都在政治哲学（规范理论）的基础上讨论治理。

② 帕特里克·邓利维、布伦登·奥利里：《国家理论：自由民主的政治学》，欧阳景根等译，浙江人民出版社 2007 年版。

③ 克劳斯·奥菲：《福利国家的矛盾》，郭忠华等译，吉林人民出版社 2006 年版。

④ 弗朗西斯·福山：《国家构建：21 世纪的国家治理与世界秩序》，黄胜强、许铭原译，中国社会科学出版社 2007 年版。

⑤ 徐湘林：《转型危机与国家治理：中国的经验》，载《经济与社会体制比较》，2010 年第 5 期，第 1—14 页；渠敬东：《项目制：一种新的国家治理体制》，载《中国社会科学》2012 年第 5 期，第 113—130 页；周雪光：《运动型治理机制：中国国家治理的制度逻辑再思考》，载《开放时代》2012 年第 9 期，第 105—124 页。

⑥ 关于俄罗斯国家治理的研究成果较多，参见杨光斌、郑伟铭：《国家形态与国家治理——苏联—俄罗斯转型经验研究》，载《中国社会科学》，2007 年第 4 期，第 31—44 页；景维民、张慧君：《国家权力与国家能力：俄罗斯转型期的国家治理模式演进》，载《俄罗斯研究》2008 年第 3 期，第 6—13 页；景维民、许源丰：《俄罗斯国家治理模式的演进及其对中国的启示》，载《俄罗斯中亚东欧研究》2009 年第 1 期，第 49—53 页。其它国家的国家治理研究，参见卢正涛：《东亚发展型国家的制度建设问题——基于国家治理转型的分析》，载《学术界》2013 年第 2 期，第 35—43 页；潘光：《穆罕默德·阿里改革对国家治理的启示》，载《阿拉伯世界研究》2013 年第 3 期，第 18—28 页。

更为完整地讨论国家治理的实证研究。根据美国政治学家阿伦·利帕特（Arend Lijphart）的划分，社会科学的实证研究方法可以分为四种：实验方法、统计方法、比较方法和个案方法。利帕特认为，科学研究的要旨在于：在控制其他变量不变的前提下，在两个或多个变量之间建立一种经验关系。实验方法最接近自然科学的意义和理想状态，[①] 但是由于存在操作的困难或者伦理上的考虑，这一方法很少被应用于社会科学研究中。统计方法是对实验方法的替代和近似，并且在社会科学研究中有非常广泛的应用。比较方法在科学逻辑上与实验方法和统计方法类似，只是这一方法主要处理"变量太多、案例太少"的问题。个案方法主要是针对单个案例的深入研究。[②] 目前来看，这四种研究在国内的社会科学中都出现了各自较为适用的研究领域。譬如，实验方法则在心理学、管理学等领域出现了一些发展，统计方法近年来在经济学、管理学、社会学、政治学等学科的微观研究中都出现了快速发展的趋势，个案方法在社会学、人类学、民族学等学科的微观研究领域的运用越来越深入，而比较方法则在政治学、社会学、经济学等学科的宏观领域得到适用。

这四种方法都可以用来进行国家治理研究，然而它们都会有其优势和不足。实验方法更加接近科学的特征，但是对国家治理进行实验在现实中很难操作。实验方法在社会科学中的运用主要是对微观个体的研究（如心理学和管理学）。相比而言，这一方法对国家和社会的整体研究很难展开。研究者无法承担实验失败后的巨大成本，而且这样的实验从操作上来看也不存在可行性。统计方法在国家治理研究中有一定的可行性，然而，统计方法的适用也只能限定在一些微观数据容易获得的领域，如选举、经济、社会福利、人口等。对于国家治理中更为常见和主要的非量化信息，统计方法显然无能为力。个案分析更多适用于社会学和民族学等研究中，主要基于田野调查来获得研究数据。对于国家治理研究而言，个案分析是必要的。譬如，对某国国家治理的模式、特征、内在机理等内容进行研究。同时，个案研究也是不充分的。与规范研究相似，个案研究也是很容易导致

---

① 实验方法的一般形式是，设定两个相同的组，对其中一个进行某种激励，然后对两个进行比较，并且把两组变化的结果归因于这一激励。

② Arend Lijphart, "Comparative Politics and the Comparative Method," The American Political Science Review, Vol.65, No.3, 1971, pp. 683–693.

自说自话的缺点。

相比以上三种方法而言，比较方法最适合进行国家治理研究。其中理由如下：第一，比较方法可以突出多国比较。国家治理的特征和优势需要放在比较的环境下才能更好地加以总结。或者说，国家治理的科学性需要放在比较中进行验证和观察。第二，比较方法是少案例比较。这一点与国家治理的研究特征相契合。国家的比较很难获得太多的案例。如果案例太多，案例的细节特征就很难把握。前面也讨论过，如果案例数量足够多（如30个以上），而且量化的数据容易获得，那么就可以进行定量研究。但是，国家的比较如果强调政治制度、政治文化等较为质性的变量，并且，假如影响结果的质性变量又很多，那么较为适合的方法就是比较方法。简言之，比较方法最适合针对那些"案例少，变量多"的研究问题展开研究，而国家治理就非常符合比较方法的研究特征。国家治理是相对宏观的研究问题，其涉及经济、政治、社会、文化等多个方面的影响变量，同时，要完整地把握这些变量，又很难获得较多的案例，所以，国家治理最适合的研究方法应该是比较方法。应该说，比较方法有非常浓重的质性特征。当然这里的"质性"并不是"拍脑袋"意义上的质性研究，而是基于科学设计的质性研究。比较方法的基本逻辑仍然是控制，即通过比较来控制无关变量，并观察结果变量和原因变量之间的关系。

用比较方法研究国家治理可以有如下领域：第一，国家治理的类型学。类型学的研究是比较政治研究中最重要的内容之一，[①] 其主要在知识归纳的基础上展开。可操作化的类型学研究至少有两种：一种是标签类型学，即在基本特征的基础上进行类型总结。例如，乔万尼·萨托利根据1975年之前各国政党体制的基本情况，把政党体制分为一党制、霸权党制、优势党制，两党制、温和多党制、极化多党制。[②] 该类型学分析的实质是归纳逻辑，其把现实的案例通过合并同类项，归为几个可以贴以标签的类别。这种类型学分析的优点是接近现实，即分类的类型容易在现实中找到对应的例子。另一种则是矩阵类型学，即以两个变量或多个

---

① 盖伊·彼得斯（Guy Peters）将类型学分析与单一国家研究、程序及制度研究、区域性统计分析和全球性统计分析并列为比较政治研究中最重要的方法。Guy Peters, Comparative Politics: Theory and Methods, New York: New York University Press, 1998, pp.11-22.

② 萨托利：《政党与政党体制》，王明进译，商务印书馆2006年版，第182页。

变量为基础进行矩阵的排列组合。例如，利帕特分别用政治文化和精英行为作为对民主进行分类的两个变量，同时这两个变量分别有两种程度的类型区分：将政治文化区别为同质性的和碎片化的，将精英行为区别为联合式的和竞争性的。这样，两维交叉后就分为四种类型：同质性的政治文化和联合式的精英行为构成了去政治化的民主（depoliticized democracy）；同质性的政治文化与竞争性的精英行为组成了向心式民主（centripetal democracy）；碎片化的政治文化与联合式的精英行为组成了合作型民主（consociational democracy）；碎片化的政治文化与竞争性的精英行为组成了离心式民主（centrifugal democracy）。[①] 标签类型学和矩阵类型学都可以帮助总结国家治理的模式特征。本文在第四部分就尝试将治理能力和治理体系作为两个维度进行矩阵类型学的分析。

第二，国家治理的质性比较分析。质性比较分析（Qualitative Comparative Analysis）是比较政治研究近年来的新进展，其内容由布尔代数（Boolean algebra）和模糊集合（Fuzzy Sets）两种方法构成。该方法的主要逻辑是将多个案例在不同变量上的基本表现（这里的基本表现在布尔代数法里就是 0 或 1 的赋值，而在模糊集合法中则是 0 到 1 之间的刻度值），用一张真值表（truth table）表现出来，然后再用逻辑运算得出结果变量与解释变量之间的关系。该方法最接近传统比较政治研究的方法，同时也是传统比较政治研究的科学化。传统比较政治研究主要依赖于研究者在其头脑内部的真值表排列，这种方法对于案例较少（2—3 个）和变量较少（3—4 个）的情况是有效的。然而，当案例数量和变量数量都比较多时，研究者就无法通过头脑中的简单排列来完成，那么真值表的意义就凸显出来。质性比较分析最佳的案例数是 15—35 个（其中包括负面案例），最佳的解释变量数为（5—6 个）。质性比较分析的优势是其可以得出导致结果的原因组合。换言之，运用质性比较分析，我们可以找到导致国家治理成功或失败的原因组合。目前关于国家治理的许多研究成果都可以用 QCA 方法来进一步提升其分析结果的质量。譬如，目前关于失效国家出现了大量的研究成果，那么我们可以在已有研究成果的基础上针对国家失效进行原因组合分析。

第三，国家治理的比较历史分析。比较历史分析（comparative historical

---

① Arend Lijphart, "Typologies of Democratic Systems," Comparative political Studies, Vol. 1, No. 1, 1966, p. 38.

analysis）也是目前比较政治研究的新进展，其主要集中在两个方向的分支发展上。第一类分支力图在过程性机制上有所突破，这类方法被冠以中介性机制（intervening mechanism）分析法、过程追踪分析（process-tracing）、[1] 或样本内分析（within-case analysis）等名称。[2] 这种方法尝试对统计分析的结构性缺陷进行弥补。一般来说，统计分析只关注自变量 X 和因变量 Y 之间的相关性，对自变量 X 的变化如何导致因变量 Y 变化的过程和方式往往缺乏研究。而这种方法则尝试通过对中介性机制的发现，来找到 X 与 Y 之间的内在关联。换言之，统计分析在变量 X 和 Y 之间存在一个解释的黑箱，而中介性机制方法则希望打开这个黑箱。第二类分支则试图建立比较历史的综合分析框架。这类方法试图发展出关于比较历史分析的一系列完整概念，如路径依赖、初始条件、偶发事件、关键节点、自我强化、顺序、持续时长、时机等，并在这些概念的基础上构建一个综合分析框架，以试图找到事件在历史中的位置、持续时间以及先后顺序等因素对结果的影响。比较历史分析是一种过程分析。运用这种过程分析，可以把国家治理的动态过程完整地剖析和展现出来。

三、国家治理对于比较政治学的意义

从比较政治研究的学术史来看，国家治理本身就是最重要的内容。按照比较政治学奠基人之一、美国政治学家哈里·埃克斯坦（Harry Eckstein）的研究，比较政治学的渊源可以追溯到亚里士多德。[3] 亚里士多德关于政体的分类，实质是关于国家治理模式的分类。[4] 现代意义的比较政治学源自 20 世纪初兴起的旧制度主义。旧制度主义主要在各国比较的基础上关注那些涉及国家、行政、选举、立法、司法、央地、政党、议会等方面的正式政治制度。旧制度主义的代表人物包括德国法学家和政治学家卡尔·施密特（Carl Schmitt）、英国法学家艾弗·詹宁

---

① Alexander L. George and Andrew Bennett, Case Studies and Theory Development in the Social Sciences, Cambridge, MA: MIT Press, 2005, p. 206.

② James Mahoney, "Qualitative Methodology and Comparative Politics," Comparative Political Studies, Vol. 40, No.2, 2007, p. 131.

③ Harry Eckstein, "A Perspective on Comparative Politics, Past and Present," in Harry Eckstein and David E. Apter, eds., Comparative Politics: A Reader, New York: The Free Press of Glencoe, 1963, p. 3.

④ 亚里士多德：《政治学》，吴寿彭译，商务印书馆 1983 年版，第 133—134 页。

斯（Ivor Jennings）、英国政治学家欧内斯特·巴克（Ernest Barker）、德裔美国政治学家卡尔·弗里德里克（Carl Friedrich）等。[①]旧制度主义的这些作品基本上都是围绕国家和政府的基本制度展开的。

比较政治学的第二次大发展出现在二战后的美国。以加布里埃尔·阿尔蒙德（Gabriel Almond）在1954年建立"美国社会科学研究顾问委员会比较政治学分会"为重要的标志，比较政治学进入其发展的黄金时期。经过五六十年的发展，目前比较政治学已经发展出结构主义、理性主义和文化主义的三大流派，而这三大流派中有许多关于国家治理的经典研究。结构主义的比较政治学以旧制度主义和西方马克思主义现代化理论为基础，并吸纳了政治社会学和历史社会学的一些成果。结构主义将人类的社会生活视为由过程、关系以及互动形式构成的宏观系统。结构主义关注的具体内容包括大规模过程（国家构建、战争、现代化、工业化、社会分化、人口流动、阶级变迁等）和政治制度（正式政治制度和非正式的规则），同时其更为关注事件与过程之间的因果关联。具体而言，结构主义的国家治理研究主要集中在如下主题：第一，国家治理模式。例如，在《专制与民主的社会起源》中，巴林顿·摩尔（Barrington Moore）所考察的便是，哪些因素导致了这些国家治理模式（民主或专制）的不同，同时摩尔在案例选择时也基于民族国家（英国、法国、美国、中国、日本和印度）。[②]再如，卢斯·科里尔（Ruth Collier）和戴维·科里尔（David Collier）的《塑造政治舞台》实际上也在关注国家治理模式，只是其作品主要从拉丁美洲的劳工被国家吸纳的方式这一角度来观察其与国家治理模式之间的关系。[③]第二，国家崩溃和国家构建。例如，西达·斯考切波（Theda Skocpol）的《国家与社会革命》将民族国家作为她的分析单位，并重点考察了国际背景和国内因素如何影响了旧政权的国家崩溃以及新政权的国

① 相关经典著作参见 Carl Schmitt, The Crisis of Parliamentary Democracy, Cambridge: MIT Press, 1923; Ivor Jennings, Cabinet Government, Cambridge: Cambridge University Press, 1947; Ernest Barker, The Politics of Aristotle, Oxford: Clarendon Press, 1946; Carl Friedrich, Constitutional Government and Democracy, Waltham, Mass.: Blaisdell, 1968; Herman Finer, Theory and Practice of Modern Government, New York: Holt, 1949.

② Barrington Moore, Social Origins of Dictatorship and Democracy: Lord and Peasant in the Making of the Modern World, Boston: Beacon Press, 1966.

③ Ruth Collier and David Collier, Shaping the Political Arena: Critical Juncture, the Labor Movement, and Regime Dynamics in Latin America, Princeton: Princeton University Press, 1991.

家构建。^①再如，在《变动社会中的政治秩序》中，尽管赛缪尔·亨廷顿（Samuel Huntington）使用的概念是政治秩序和政权，但其实质上也在讨论国家构建的问题。^②又如，查尔斯·蒂利（Charles Tilly）的《强制、资本和欧洲国家》则考察了990年到1992年之间欧洲国家的形成及其与强制和资本之间的关系。^③另如，杰克·戈德斯通（Jack Goldstone）在《现代世界早期的革命与反叛》中对国家构建和国家崩溃的问题进行了颇有见地的讨论。^④第三，国家自主性。埃里克·诺德林格（Eric Nordlinger）的《民主国家的自主性》和斯蒂芬·克拉斯纳（Stephen Krasner）的《捍卫国家利益》则对国家自主性的问题有非常深入的分析。^⑤第四，国家与现代化转型。彼得·埃文斯（Peter Evans）在《国家与工业转型》中的研究试图解释为什么一些国家成功地实现了社会的工业化转型，而另一些国家则还远未成功。^⑥整体来看，结构主义学派对国家治理研究是非常重视的，这一点还可以从那本极有影响的论文集《找回国家》中得到印证。正是因为这本书，埃文斯和斯考切波等人还被学界赋予了"国家回归学派"的称谓。^⑦总而言之，结构主义使用一种整体主义的视角关注国家治理模式、国家构建、国家发展以及国家崩溃等一系列宏大问题。结构主义将国家治理视为一个宏观的历史进程，强调关键事件、历史节点以及时序等因素在国家治理模式形成中的特殊作用。

理性主义的比较政治学是在新制度经济学的影响下发展出来的，主要借用理性人假设、产权、交易费用等基本概念来分析比较视野下的政治问题。理性主义

---

① Theda Skocpol, States and Social Revolutions: A Comparative Analysis of France, Russia and China, Cambridge: Cambridge University Press, 1979.

② Samuel Huntington, Political Order in Changing Societies, New Haven: Yale University Press, 1968.

③ Charles Tilly, Coercion, Capital, and European States, AD 990–1992, Malden, MA: Blackwell Publishers, 1990.

④ Jack Goldstone, Revolution and Rebellion in the Early Modern World, Berkeley: University of California Press, 1991.

⑤ Eric Nordlinger, On the Autonomy of the Democratic State, Cambridge: Harvard University Press, 1981; Stephen Krasner, Defending the National Interest: Raw Materials, Investments and U. S. Foreign Policy, Princeton: Princeton University Press, 1978.

⑥ Peter Evans, Embedded Autonomy: States and Industrial Transformation, Princeton: Princeton University Press, 1995.

⑦ Peter Evans, Dietrich Rueschemeyer and Theda Skocpol, eds., Bringing the State Back in, Cambridge: Cambridge University Press, 1985.

的基本假设是，行为者在最大化其利益的目标基础进行理性的选择和行为。该流派重点关注个体行为如何导致集体结果。理性主义关于国家治理的经典研究集中体现在曼库尔·奥尔森（Mancur Olson）和罗伯特·贝茨（Robert Bates）等人的作品中。奥尔森在《国家兴衰探源》中提出的问题是：国家为什么会有兴衰？不同的国家为什么会有不同的经济增长速度？同一国家在不同的历史时期为什么发展有快有慢？奥尔森研究的出发点是微观视角，即社会各集团的利益考量，然而，奥尔森的结论却具有整体意义。奥尔森试图证明国家衰落和经济萧条与利益集团的分利行为有密切的关系：如果国家可以形成限制分利集团的低成本制度，那么国家就可以获得持续的经济繁荣。[1]贝茨的《热带非洲的市场和国家》也遵循了这种"微观着手，宏观着眼"的分析路径。在该书中，贝茨讨论的一个悖论是：非洲国家的领导人很清楚何种经济政策可以刺激经济走向成功，然而他们却明显回避这些政策而采取了一些病态的政策。通过对政治精英的行为和选择的调查，贝茨试图找到导致这些非洲国家病态政策的宏观原因。[2]玛格丽特·莱维（Margaret Levi）的《同意、异议与爱国主义》则从微观视角出发考察了国家（统治者）与社会（被统治者）之间的税收谈判问题。统治者希望最大化其提取税收和暴力垄断的能力，然而，交易成本的存在使得统治者不得不设计一个交易成本较低的制度，而这一制度的关键是被统治者的半自愿服从（quasi-voluntary compliance）或有条件的同意（contingent consent）。[3]理性主义的国家治理研究从利益集团或政治精英的微观行为出发，探讨这些理性选择行为如何导致国家兴衰以及政策失败等宏观问题。

文化主义的比较政治学以西方主流现代化理论为基础，并汲取了文化学和人类学的一些研究成果。文化主义试图把握人们对生活方式、意义系统以及价值观的不同理解，其重点关注是其所观察的政治现实的特殊性及其背后的文化意涵。文化主义路径的这一研究特征集中体现在以下经典作品之中。在《公民文化》一书中，阿尔蒙德等人力图表明国家对文化的建构作用实际上微不足道，而更应该

---

① Mancur Olson, The Rise and Decline of Nations, New Haven: Yale University Press, 1981.

② Robert Bates, Markets and States in Tropical Africa: The Political Basis of Agriculture Policies, Berkeley: University of California Press, 1981.

③ Margaret Levi, Consent, Dissent, and Patriotism, Cambridge: Cambridge University Press, 1997.

重点关注的是公民价值对政治的深远影响。①在《想象的共同体》中，安德森对国家以及以国家为中心的意识形态（即民族主义）采取了一种解构的手法，把国家和民族主义解释为一种在印刷资本主义基础上的"想象的共同体"。②格尔茨的《十九世纪巴厘的剧场国家》则将这种国家的文化解释发挥到极致。格尔茨认为，在巴厘的政治模式中，整个国家就是一个剧场，国王和王子是主角、祭司和导演，农民是群众演员、舞台职员和观众，而场面、仪式、荣耀以及冲突则构成了剧情的内容。格尔茨的这种文化主义解释将国家的作用倒转过来："权力为场面服务，而不是场面为权力服务。"③换言之，在这里，仪式不是权力的工具，而本身就是一种目的。整体而言，文化主义的国家治理研究尽管在研究国家，但是其结论却是在削弱国家的作用，或者说是给国家层面的互动提供一种文化解释。

尽管国家治理对于比较政治研究如此重要，然而，之前的研究者并没有非常自觉地认识到这一点，也并没有将国家治理作为一个比较政治学的重要内容将其抽取出来。自20世纪80年代后期以来，西方比较政治学的核心议题逐步转向民主化和民主转型，④而实际上这两个概念中都蕴含着某种知识的霸权。按照西方学者的表述，民主化和民主转型都是指一种从非民主政治（权威政治）转向民主

---

① Gabriel Almond and Sidney Verba, The Civic Culture: Political Attitudes and Democracy in Five Nations, Princeton: Princeton University Press, 1963.

② Benedict Anderson, Imagined Communities: Reflections on the Origin and Spread of Nationalism, London: Verso, 1991.

③ Clifford Geertz, Negara: The Theatre State in Nineteenth Century Bali, Princeton: Princeton University Press, 1980, p. 13.

④ 西方重要的比较政治学者几乎都在民主化或民主转型的议题上发表过成果。一些相关成果如下：Guillermo O'Donnell, Philippe Schmitt and Laurence Whitehead, eds., Transition from Authoritarian Rule: Prospects for Democracy, Baltimore: Johns Hopkins University Press, 1986; Samuel P. Huntington, The Third Wave: Democratization in the Late Twentieth Century, Norman: University of Oklahoma Press, 1992; Scott Mainwaring, Guillermo O'Donnell and Samuel Valenzuela, eds., Issues in Democratic Consolidation, Notre Dame:University of Notre Dame Press, 1992; Pridham Geoffrey, ed., Transitions to Democracy: Comparative Perspective from Southern Europe, Latin America and Eastern Europe, Aldershot: Dartmouth, 1995; Juan Linz and Alfred Stepan, Problems of Democratic Transition and Consolidation, Baltimore: Johns Hopkins University Press, 1996; Larry Diamond, Developing Democracy:Toward Consolidation, Baltimore: Johns Hopkins University Press, 1999. 西方比较政治学界还编辑了两本专门研究民主化和民主转型问题的杂志：《民主杂志》（Journal of Democracy，创刊于1990年）和《民主化》（democratization，创刊于1994年）。

政治（自由民主政治）的过程。[①] 而且，从西方学者对中国的界定来看，中国不是民主国家，而是需要向民主转型的权威主义国家。[②] 所以，按照这一思路，中国的政治制度就是差等制度。因此，如果我们接受了这一表述，实际上也就接受了西方知识对中国制度的一种带有意识形态特征的安排。需要特别说明的是，美国是西方比较政治学学科最发达的国家，而美国的比较政治学则有着非常明显的意识形态特征。从某种程度上讲，美国的比较政治学一直在为美国的对外战略服务，即通过政治知识的传播，确立发展中国家对美国模式的尊崇地位。需要特别强调的是，美国的一些比较政治学者长期接受美国政府部门（如美国中央情报局）的资助，这种资助使其很难摆脱意识形态的束缚。

因此，比较政治研究需要恢复国家治理在其内容中的核心地位。国家治理对于比较政治研究的意义主要体现在两点：首先，国家治理是一种系统性思维。如前所述，国家治理体系包括秩序系统、赋权系统和创新系统三部分。秩序系统的主要内容是自主性征税和暴力的垄断，其标志是行政国家的建立。赋权系统则主要包括选举系统、代议系统和协商系统等。创新系统则要激发和保障经济部门与社会部门的创新。国家治理的这种系统性思维可以克服西方比较政治研究中的线性逻辑，从而可以更完整地把握国家治理的整体框架。换言之，这种系统性思维可以避免"头痛医头、脚痛医脚"的简单逻辑。前文中讨论的 QCA 方法所关注的原因组合就试图发现组合性原因对于国家治理的意义。

其次，国家治理是一种实践性思维。目前西方政治科学出现了严重的知识论与实践论分离的倾向。一些发表在《美国政治科学评论》（西方公认的政治科学的顶尖期刊）的文章完全沉溺于知识的游戏（其中很大一部分是数学知识的游戏），而对现实指向的意义越来越淡薄。这种知识论与实践论分离的倾向可以被看作是西方知识的一个普遍特征，然而，目前的问题是这种分离越来越明显和强化。这

---

① 多数西方学者都将民主化与民主转型混在一起使用。当然，也有一些学者对两个概念做了进一步的区分。如胡安·林茨和阿尔弗莱德·斯泰潘就认为民主化应该包括民主转型和民主巩固。参见胡安·林茨和阿尔弗莱德·斯泰潘：《民主转型与巩固的问题：南欧、南美和后共产主义欧洲》，孙龙等译，浙江人民出版社 2008 年版，第 3—7 页。

② 例如，在其最近的一篇关于中国民主的文章中，日裔美国学者弗朗西斯·福山（Francis Fukuyama）开篇就将中国定性为威权主义政权（authoritarian regime）。Francis Fukuyama, "China and East Asian Democracy: The Patterns of History," Journal of Democracy, Vol. 23, No. 1, 2012, p. 14. 这样的界定在西方政治学的话语体系中非常常见。

种分离倾向对比较政治的研究也产生一定的负面影响。因此，国家治理研究可以有助于消解这种知识纯粹化的问题。国家治理本身源于实践，并且基于丰富的地方性知识。许多发展中国家的案例都表明了国家治理的特殊性。因为国家治理研究本身源自具有充分特殊性的实践知识，同时国家治理研究的目的也是对国家的治理实践有直接的指导或参考意义，所以国家治理研究可以将知识论与实践论有机地结合起来。前文所述的关于国家治理的比较历史分析也重在探求国家治理的具体实践过程以及各种因素相互作用的内在机制。

表 6-1　比较政治学三大流派对国家治理的研究

三大理论	理论特征	关于国家治理的经典作品	关于国家治理的研究特点
结构主义	结构主义将人类的社会生活视为由过程、关系以及互动形式构成的宏观系统。结构主义重点关注事件与过程之间的因果关联。	摩尔的《专制与民主的社会起源》、斯考切波的《国家与社会革命》、蒂利的《强制、资本和欧洲国家》、诺德林格的《民主国家的自主性》、埃文斯的《国家与工业转型》等	结构主义关注国家治理模式、国家构建、国家发展以及国家崩溃等一系列宏大问题。结构主义将国家治理视为一个宏观的历史进程，强调关键事件、历史节点以及时序等因素在国家治理模式形成中的特殊作用。
理性主义	理性主义从理性人假设出发，从行为者最大化其利益的角度来分析世界。理性主义重点关注个体行为如何导致集体结果。	奥尔森的《国家兴衰探源》、贝茨的《热带非洲的市场和国家》、莱维的《同意、异议与爱国主义》等	理性主义的国家治理研究从利益集团或政治精英的微观行为出发，探讨这些理性选择行为如何导致国家兴衰以及政策失败等宏观问题。
文化主义	文化主义试图把握人们对生活方式、意义系统以及价值观的不同理解。文化主义重点关注是其所观察的政治现实的特殊性及其背后的文化意涵。	阿尔蒙德的《公民文化》、安德森的《想象的共同体》、格尔茨的《十九世纪巴厘的剧场国家》等	文化主义的国家治理研究尽管在研究国家，但是其结论却是在削弱国家的作用，或者说是给国家层面的互动提供一种文化解释。

四、中国的国家治理与中国的比较政治研究

多年以来，中国的比较政治学一直在蓄势待发中酝酿着新的发展。①之前，比较政治学的研究一直在借鉴和学习西方的成果。这种借鉴和学习在学科建立之初非常必要，但是仅仅停留在借鉴的阶段也很难推动学科走向成熟。应该说，中国比较政治学成熟的标志是有自己的议题、价值和方法，并在其基础之上产生有影响的作品。在这里，研究议题是第一位的。只有对经典的研究议题进行充分研究，才会产生在世界上有影响的概念和理论。中国的比较政治研究首先需要总结中国的国家治理经验。一方面，中国的比较政治学者会对中国的国家治理实践更为熟悉。另一方面，中国的国家治理实践也确实值得深入研究。1993年中国第二轮国有企业改革启动时，国内外对中国的国有企业和整体经济都不是很乐观，然而，二十年之后，中国却实现了令世界瞩目的经济奇迹。中国是如何实现这一经济奇迹的？这背后的原因和经验有哪些？这些经验对其他发展中国家有什么启示？这显然是比较政治研究的重要主题和内容。

同时，对中国模式的研究和总结同样需要放在世界文明的大范围中考察。这里既要分析中国模式的特殊性，也要考察中国模式的普遍性。这里的普遍性有两层内涵：一是中国模式与其他国家的发展模式是相通的。譬如，社会财富的初期积累与储蓄有密切的关系。二是中国模式可以被其他国家所借鉴和学习。譬如，中国形成强国家能力并用以推动产业升级和转型的经验，可以为其他发展中国家所参考。再如，中国建立相对稳定的政治社会秩序的经验对许多发展中国家也具有参考价值。②这两层内涵都是比较政治学的内容。因此，对中国模式的总结以及将中国模式至于国际比较的视野当中，可以进一步激发中国比较政治学的发展。

比较政治研究是一个国家强大与否的重要标准。比较政治研究的重要目的之一是为世界贡献自己的知识。从这个意义上讲，比较政治研究是一国软实力的重要组成部分。美国能成为超级大国，不仅是因为美国的硬实力居世界首位，同时还因为世界上的许多规则和标准都是由美国制定的。换言之，支撑美国超级大国地位的重要组成部分是其文化影响力。美国的政治模式（总统制、选战与电视辩

① 杨光斌：《蓄势待发的中国比较政治研究——中国政治学展望》，载《中国社会科学报》2011年12月30日。

② 郑永年：《国际发展格局中的中国模式》，载《中国社会科学》2009年第5期，第20—28页。

论、利益集团和社会运动）、消费文化（麦当劳、沃尔玛和好莱坞）以及美国梦
（以马丁·路德·金、林肯和奥巴马为偶像的个人奋斗和跨层流动）构成了美国
软实力的组成部分，而美国的比较政治研究则在美国文化向世界传播的过程中发
挥了重要的推动作用。中国在未来的进一步发展也需要形成自己的政治和文化模
式，并且通过比较政治研究将这种模式向世界分享和传播。

　　同时，比较政治研究的另一重要目的则是充分了解世界。中国经济的持续成
长和中国海外利益的拓展，迫使中国必须更加积极和主动地了解世界。中国在海
外投资时，需要首先以对投资国的整体治理状况有充分的了解，特别是对其政权
的未来变化要有一定的研究和判断，否则很容易造成海外投资的损失。另外，中
国要成为开放的大国，就要有动力和有信心了解世界的每一个角落。只有充分地
了解世界，才可以更为完整和客观地认识自己。越希望成为世界性大国，越要虚
心地向世界求教。这里也要充分地意识到，中国的国家治理仍然存在许多的缺失
和不足。从模式来看，中国的国家治理与法国和德国的经验有类似之处，即先形
成强大的国家，然后再进行赋权化/社会化的治理转型。因此，中国的国家治理
研究不仅需要研究中国经验对世界的意义，还需要谦虚地继续向世界学习。中国
国家治理的研究者需要在世界文明的坐标中找到中国的位置。

　　习近平提出的"国家治理体系和治理能力现代化"意味着，[①] 我们的国家治
理体系和国家治理能力还存在进一步现代化的空间。首先，中国的国家治理体系
还不够完善。中国的秩序系统已经比较发达，同时中国的创新系统也有长足的发
展，然而，中国的赋权系统还不够完善，或者说，中国国家治理中的"政治输入"
还不能完全匹配"政治输出"。习近平最近提出的"切实防止出现人民形式上有
权、实际上无权的现象"，[②] 正是此处的题中之义。未来中国赋权系统的完善主
要集中在如下几个方面：一、增加人民代表大会在政治代议和决策审议过程的实
际权力；二、增加人民政协在政治协商过程中的实际权力；三、推动党群协商以
增加群众意愿对党的直接输入。

　　其次，中国的国家治理能力还有进一步提升的空间。相比许多发展中国家而
言，中国的国家治理能力已经很强，特别是在资源汲取能力和秩序稳定能力这两

---

① 《中共中央关于全面深化改革若干重大问题的决定》，载《人民日报》2013 年 11 月 16 日。

② 习近平：《在庆祝全国人民代表大会成立 60 周年大会上的讲话》，载《人民日报》2014 年 9 月 6 日。

方面。然而，如前所述，国家治理能力还应该包含公共服务提供能力和公共危机应对能力，而这两点内容则具有一定的变动性和不确定性。例如，公共服务提供能力在不同历史时期的要求是不同的。伴随着生活水平和审美能力的提高，人们对公共服务的要求和界定也不一样。因此，公共服务提供能力是一种相对变动的、并且是"没有最好只有更好"的要求。公共危机应对能力也具有不确定性。公共危机应对是一种非常态的事件，而这种情况很难在常态下训练和形成，所以公共危机应对的能力准备也很难有明确的尺度。因此，这两项内容的能力需要不断地进行提升和现代化。同时，国家治理能力还存在一个效率标准，即不能只看实现这些能力的效果，而且还要计算治理能力的效果与成本之间的比值。换言之，治理能力的使用要更加符合科学规律和效率原则。

中国的国家治理体系和治理能力现代化问题也需要在国际比较的视野下展开。如果将国家治理体系和治理能力分别作为两个维度，并将治理能力和治理体系分别用"强/弱"和"完善/不完善"进行分类，那么我们将得到一个分为A、B、C、D四个象限的矩阵图。我们可以通过简单的质性判断将一些国家作为典型案例放在这四个象限中。例如，鉴于其国家治理能力强且治理体系完备，德国和新加坡可以作为国家治理的范例国家。德国和新加坡都是先形成较强的国家能力，然后再通过赋权化/社会化完成了国家转型。印度则是先形成赋权系统，同时其在现代化过程中尚未形成较强的国家治理能力，所以其是B象限的典型国家。如前所述，中国是先形成较强的国家能力，同时，中国的赋权化/社会化还未完全完成，因此，中国是C象限的典型国家。相比而言，泰国和埃及则是国家治理的失效国家。这类国家的治理能力较弱，同时其治理体系也不完善。多数发展中国家基本上都属于这一类型。

表6-2　国家治理体系与治理能力的二维矩阵比较图

	治理能力强	治理能力弱
治理体系完备	A 德国、新加坡	B 印度
治理体系不完备	C 中国	D 泰国、埃及

结 语

尽管国家治理的概念在之前一直有学者使用，但是国家治理成为政治学界的热门概念是在十八届三中全会之后。因此，国家治理概念的流行应该具有一定的政治性。然而，与之前的政治性概念不同，国家治理的概念深受政治学界的青睐。之前的政治性概念如"三个代表"、"科学发展观"、"和谐社会"等主要受到马克思主义学科的研究者的关注，而政治学学者很少使用这类概念来分析问题。可以预见的是，国家治理在未来几年内会受到政治学界的持续关注，因为目前对这一概念的讨论才刚刚开始，关于这一概念的内涵和外延等共识并未达成。

同时，尽管一直有学者呼吁比较政治学的大发展，然而，中国的比较政治学目前仍然基本停留在对西方成果的引进和介绍阶段。比较方法是比较政治学最核心的内容，而国内的许多比较政治研究在比较方法的运用和科学设计的形成方面都还非常欠缺。真正经典的作品需要结合目前国际上比较方法的前沿进展，并对国际和国内的现实问题做出有效地回应。也只有产生类似《民主与专制的社会起源》和《国家与社会革命》这样的经典作品，中国的比较政治学的学科才会真正地具有社会影响和学科地位。另一方面，中国比较政治研究的国际化程度仍然有待提高。到目前为止，就笔者目前掌握到的资料而言，中国大陆学者在 *Comparative Political Studies*、*Comparative Politics* 这些重要的国际比较政治学期刊上的发表还非常少。

目前这两个领域的研究正在形成呼应和合流的趋势。这两个领域的内容也在相互提供支持和给养。国家治理可以为中国比较政治学的发展提供关键性的议题领域。中国的比较政治学可以在中国国家治理的经验以及世界各国国家治理的比较基础上形成自己的经典作品。同时，比较政治学可以为国家治理研究提供新的方法论支持。国家治理研究要突破规范性的基础研究，就需要与各国实践结合形成实证的比较成果。类型学、质性比较分析和比较历史分析等比较方法则可以有效地推动国家治理研究的实证化和科学化。

论西方比较政治学与国际关系学理论路径的趋近

高奇琦

在西方政治科学领域中，比较政治学和国际关系学同是政治科学下面的次级学科。一般认为，这是两个完全不同的学科领域。比较政治学的研究重点是各国的国内政治，主要关注选举政治、政党运行、国家社会关系、政治结盟、公众态度变迁、政治精英作用、行政官僚机构、政治稳定、政治效能、政权合法性、政治认同、国内政治经济关系等领域。[①] 国际关系学的研究重点则是国家间政治，具体的研究领域包括国家间的权力和利益分配、国际冲突与和平、国际合作与相互依存、国际政治经济关系、国际制度与规范等。从已有研究来看，比较政治学与国际关系学最明显的区别在于国家在这两个学科中的不同功能。在比较政治学中，国家是一个为各政治行为体提供选择和激励的背景系统，而在国际关系中，国家则作为构成国际体系的基本单元出现。[②] 与传统的强调两学科差异性的观点不同，本文提出一个新的研究发现，即近十余年来西方比较政治学与国际关系学

---

① 爱尔兰政治学家彼得·梅尔（Peter Mair）认为，比较政治学主要由三个部分组成：一是国别研究，即以某一国家的政治制度或政治过程为内容的个案研究；二是国家之间的系统比较，即辨识不同政治系统之间的不同与相同之处，并以此形成一定可以检验的理论；三是比较的研究方法，即比较的规则与标准、比较分析的层次、比较本身的局限性和适用性等。参见彼得·梅尔：《比较政治学：综述》，载罗伯特·古丁、汉斯·迪特尔·克林格曼主编：《政治科学新手册》，钟开斌等译，生活·读书·新知三联书店2006年版，第444—445页。综合来看，比较政治学与政治学理论更接近，主要关注国内政治，只是在研究方法上偏重外国案例或是整体比较。如果撇开比较的研究方法，比较政治学与政治学理论关注的政治实践内涵基本一致。

② 对于国内政治与国际政治的不同，国际关系理论中的现实主义大师肯尼思·华尔兹（Kenneth N. Waltz）曾经有过经典的描述："国内政治是权威、管理和法律的领域，而国际政治则是权力、斗争与和解的领域……对国内政治的描述有许多种：等级制的、垂直的、中央集权的、异质的、受领导的、人为设计的。而国际政治则被描述为无政府的、横向的、分权的、同质的、不受领导的、相互适应的。"参见肯尼思·华尔兹：《国际政治理论》，信强译，上海人民出版社2003年版，第149页。

在理论路径上出现明显的接近趋势。在对两学科理论路径趋同的表征、实质以及原因进行阐述之后，本文试图对这一合流趋势的中国意义进行探讨。

一、比较政治学与国际关系学的理论流派

目前西方的比较政治学理论已经基本形成理性主义、文化主义和结构主义三大理论流派，这一点鲜明地反映在美国科罗拉多政治学教授马克·利希巴赫（Mark I. Lichbach）和布朗大学政治学教授阿兰·朱克曼（Alan S. Zuckerman）主编的《比较政治：理性、文化和结构》一书的框架体例中。[①]理性主义的比较政治学主要是在新制度经济学的影响下发展出来的，其借用理性人假设、产权、交易费用等基本概念来分析比较视野下的政治问题。华盛顿大学国际问题教授马格丽特·利瓦伊（Margaret Levi）将理性主义的产生表述为"比较政治学的经济转向"。[②]具体来看，理性主义的基本假设是，行为者以最大化其利益为目标进行理性的选择和行为。该流派习惯运用数理模型并力图实现解释的精确化，并主要着眼于研究个体行为如何导致集体结果。理性主义研究所关注的具体问题包括选民投票、革命运动、联盟政治、政治经济学、制度形成和变迁以及国家构建等。从方法特征上看，理性主义试图从诸多个案中抽象出一些普遍性通则。

文化主义的比较政治学以西方主流现代化理论为基础，并汲取了文化学和人类学的一些研究成果。[③]文化主义试图把握人们对生活方式、意义系统以及价值观的不同理解，其分析重点是其所观察的政治现实的特殊性和代表性，其所关注的问题涉及集体认同、社群传统、道德观念、政治文化以及意识形态等。该流派习惯在不同的社会和文化中进行实地观察和田野走访，力图精确地描述特定案例，强调具体案例的情境以及运行模式，反对将特殊案例与一般性解释联系起来。文

---

① 马克·利希巴赫、阿兰·朱克曼主编：《比较政治：理性、文化和结构》，储建国等译，中国人民大学出版社 2008 年版，第 25—141 页。

② Margaret Levi, "The Economic Turn in Comparative Politics," Comparative Political Studies, Vol.33, No.6/7, 2000, pp.822–844.

③ 美国人类学家克里福德·格尔茨（Clifford Geertz）关于文化解释的研究和美国文化人类学家迈尔福德·夏皮罗（Melford Spiro）关于文化与人性的研究是文化主义比较政治学者引用较多的文献。Clifford Geertz, The Interpretation of Cultures, New York: Basic Books, 1973; Melford Spiro, Culture and Human Nature: Theoretical Papers of Melford E. Spiro, Chicago: University of Chicago Press, 1987。

化主义在研究时常常提供非常详尽和细腻的调查文本，但这种研究由于其在抽象和归纳上的缺乏以及在其他案例中的适用性不足而常常受到质疑。

结构主义的比较政治学以旧制度主义和西方马克思主义现代化理论为基础，并吸纳了政治社会学和历史社会学的一些成果。①结构主义将人类的社会生活视为由过程、关系以及互动形式构成的宏观系统。关于这一特征，查尔斯·蒂利（Charles Tilly）用"大结构、大过程和大比较"来表述。②该流派强调对案例进行系统的加工和比较，其关注的重点是供个体思考、活动和选择的环境秩序。结构主义关注的具体内容包括大规模过程（国家构建、战争、现代化、工业化、社会分化、人口流动、阶级变迁等）和政治制度（正式政治制度和非正式的规则）。就方法特征而言，结构主义更为关注事件与过程之间的因果关联，并试图将这一关联抽象为普遍性理论。当然，在理论抽象的过程中，特殊案例群的选择是其分析的关键。

目前，西方国际关系的理论也基本呈现为现实主义、自由主义和建构主义三大理论流派。现实主义主要包括传统现实主义、结构现实主义、进攻现实主义和防御现实主义等分支流派。对于现实主义的整体特征而言，罗伯特·吉尔平（Robert Gilpin）将其界定为国际政治的冲突本质、国家利益的重要性、权力和大国关系的重要性三点。③出于下面统一分析的考虑，笔者对吉尔平的表述略加调整，将现实主义的共通要素界定为：第一，国际政治的冲突性本质；第二，国际体系（无政府状态和权力分配）的结构性影响；第三，国家作为国际互动的基本单位。

对于自由主义，罗伯特·基欧汉（Robert O. Keohane）将其分为共和自由主义、商业自由主义、调节自由主义和复杂自由主义四种。④就自由主义的特征而言，约瑟夫·奈（Joseph S. Nye）将其表述为如下三点：（1）非国家行为体的国际交往（如跨国界贸易、人民之间的接触以及国际制度）是国际关系的重要内容；

---

① 譬如，人类学家和经济史学家卡尔·波兰尼（Karl Polanyi）关于社会大转型的探讨、美国历史学家和政治学家巴林顿·摩尔（Barrington Moore）关于专制和民主社会起源的分析、美国女社会学家西达·斯考克波尔（Theda Scocpol）就国家和社会革命以及美国政治起源的分析等都是结构主义的经典研究。

② Charles Tilly, Big Structures, Large Processes, Huge Comparisons, New York: Russell Sage Foundation, 1984.

③ Robert Gilpin,"No One Loves a Political Realist,"in Benjamin Frankel, ed., Realism: Restatements and Renewal, London: Frank Cass, 1996, pp.6–8

④ 罗伯特·基欧汉：《局部全球化世界中的自由主义、权力与治理》，门洪华译，北京大学出版社2004年版，第88—95页。

（2）国际政治实际是国内政治的延伸，同时个体行动者在国际关系中有着重要的作用；（3）日益增强的经济、社会和生态相互依存正在弱化国际政治的冲突性。①为与前文对现实主义的总结相一致，本文将自由主义的要素总结为：第一，国际冲突的有限性和国际和平的可控性；第二，个体行动者的理性选择对国际结果的构成性影响；第三，国家、社会团体、商业公司、公民都可以成为国际互动的基本单位。

就建构主义而言，约翰·鲁杰（John Ruggie）将其分为新古典建构主义、后现代建构主义和自然建构主义三种。鲁杰认为，新古典建构主义以实用主义哲学的认识论为基础，主张将沟通行为理论、进化论的认识论等引入国际关系分析，以尼古拉斯·奥努弗（Nicholas Onuf）和玛莎·芬尼莫尔（Matha Finnemore）等为代表；后现代建构主义以米歇尔·福柯（Michel Foucault）和雅克·德里达（Jacques Derrida）的后现代主义理论为基础，强调行为主体的语言性建构和社会科学的话语霸权本质，以理查德·阿什利（Richard Ashley）为代表；自然建构主义以科学实在论为理论基础，强调自然科学和社会科学认识论的一致性，以亚历山大·温特（Alexander Wendt）为代表。②在鲁杰的分类提出之后，建构主义又出现了一些新的发展。例如，塞缪尔·巴尔金（Samuel Barkin）在《现实建构主义》一文中，将温特的建构主义称为自由建构主义，并与此相对应地提出强调建构主义与现实主义融合特征的现实建构主义。③尽管建构主义存在多个分支流派，但是笔者认为建构主义在以下特征方面还是较为一致的：第一，国家间文化与国际冲突之间有密切关联；第二，国际结构与个体行动者存在互构的关系；第三，与自由主义相近，承认非国家行为体的作用。

---

① 约瑟夫·奈：《理解国际冲突：理论与历史》，张小明译，上海人民出版社2002年版，第7—8页。

② 约翰·鲁杰：《什么因素将世界维系在一起？新功利主义与社会建构主义的挑战》，载彼得·卡赞斯坦、罗伯特·基欧汉、斯蒂芬·克拉斯纳主编：《世界政治理论的探索与争鸣》，秦亚青等译，上海人民出版社2006年版，第283—285页。

③ Samuel Barkin, "Realist Constructivism," International Studies Review,Vol.5, No.3, 2003, pp.325–342; Patrick T. Jackson and Daniel H. Nexon, "Constructivist Realism or Realist— Constructivism?" International Studies Review, Vol.6, No.2, 2004, pp.337–341.

二、西方比较政治学与国际关系学理论路径的趋近

笔者认为，目前比较政治学中形成的三大理论流派与国际关系学中的三大理论流派之间出现了接近的趋势。具体而言，结构主义与现实主义、理性主义与自由主义、文化主义与建构主义在本体论、认识论和方法论等特征上均表现出较为鲜明的一致性。本体论、认识论和方法论是表述学科特征的三个重要向度。在哲学意义上，本体论是关于存在及其本质的抽象学说。①就更为宽泛的社会科学而言，本体论是关于研究对象本质的理论体系。因为不同学科所研究的对象不同，所以各学科的本体论观照也明显不同。认识论是探讨存在与认识关系的学说，涉及人类认识的本质、认识产生的前提和基础、认识发生和发展的过程及规律、认识的真理标准等问题。认识论分为五种：机械的反映论、能动的反映论、新实在主义的一元论、批判实在主义的二元论和建构主义认识论。机械的反映论和能动的反映论都属于反映论。反映论一般认为，物质第一性，意识第二性，意识是对客观世界的反映。机械的反映论把认识理解为主体对客体的直观的、映射式的反应。能动的反映论在承认认识对象的先在性和客观性的基础上，又承认认识的主观性和能动性。新实在主义的一元论认为，认识的对象和关于对象的认识是一个整体。譬如，当我们看花时，关于花的认识和花是结合在一起的一元。批判实在主义的认识论认为，意识和存在是相互独立的二元。在意识中呈现的知觉内容不是对象本身，也不是外界事物的真实反映，而只是求知外界事物的工具。建构主义的认识论来自让·皮亚杰（Jean Piaget）的发生认识论。皮亚杰认为，人的认识结构是机体结构在演化过程中自然发展的结果。机体结构在适应环境的过程中不断地进行新的各种水平的同化和顺应，不断地变化、丰富和发展起来，最后达成认识结构。②方法论是关于如何认识世界以及如何与世界互动的一般方法的学问，关注人们用何种方式和方法来观察事物和处理问题。方法论可以从个体主义和整体主义两个向度上来考察。个体主义认为，个体才是社会的真实本体和社会分析的基本单元。社会不能脱离个体存在，社会是个体行为的集合和关系组合，任何社会现象都需要最终还原为个体和个体行为来进行解释。方法论的个体主义重点关

---

① 蒋永福、吴可、岳长龄：《东西方哲学大辞典》，江西人民出版社 2000 年版，第 56 页。

② 皮亚杰：《发生认识论原理》，王宪钿等译，商务印书馆 1985 年版，第 96—106 页。

注个体行为如何产生制度变迁和社会变革。整体主义认为，社会整体大于部分之和，社会整体显著地影响和制约着其部分的行为，个人行为应该从作为整体社会系统的宏观法则以及个人在整体中的作用中演绎出来。方法论的整体主义集中考察社会制度和惯例如何制约个人行为。① 简言之，本体论、认识论和方法论分别解释三个问题，即世界是如何构成的、人与世界的关系以及用什么方法认识世界。

结构主义关注政治系统中的正式制度以及政治社会变迁中的宏大历史结构，旧制度主义、马克思主义现代化理论、政治社会学和历史社会学的成果都表现出这一宏观的研究取向。现实主义关注国际无政府状态和国际体系中的权力分配对国家行为的决定性影响，传统现实主义、结构现实主义、进攻现实主义和防御现实主义都坚持这一结构性影响对个体的构造性功能。因此，结构主义和现实主义都强调宏观结构对政治结果的决定性作用，只不过其关注的结构层次不同。结构主义关注国内政治中的国家社会结构，而现实主义则关注国际政治中的国际体系结构。理性主义偏重研究公民及其团体的个体选择对政治过程的构成性影响，理性投票模型、政治联盟分析、集体行动逻辑、公共选择理论和理性选择制度主义都表现出这种研究偏好。自由主义同样将个体作为其假设的核心，把国际互动的基本单位还原到社会团体、商业公司和公民，并强调这些单元的理性选择对国际结果的影响。民主和平论强调民主国家中公民的理性选择对战争的遏制作用，贸易和平论突出跨国公司的利益实现对国家间冲突的消解和调停功能，而制度和平论暗示国际组织在冲突管理和信息沟通方面的优势。因此，理性主义和自由主义都偏重分析单元的理性选择对政治结果的构成性影响。文化主义侧重分析社会成员个体间文化的作用，如加布里埃尔·阿尔蒙德（Gabriel A. Almond）和西德尼·维巴（Sidney Verba）关于公民间文化的跨国比较研究、爱德华·班菲尔德（Edward C. Banfield）对南意大利城镇中农民以及群体间文化的研究等。② 建构主义重点分析国家间文化与国际冲突的密切关联。譬如，主流建构主义致力于建构安全共同体来消解国家间的冲突性，现实建构主义则强调安全共同体构建的关键在于明确

① 王宁：《个体主义与整体主义对立的新思考——社会研究方法论的基本问题之一》，载《中山大学学报（社会科学版）》，2002 年第 2 期，第 125—131 页。

② 马克·霍华德·罗斯：《比较政治分析中的文化和身份》，载马克·利希巴赫、阿兰·朱克曼主编：《比较政治：理性、文化和结构》，第 62—63 页。

何为他者（敌人）。整体来看，文化主义和建构主义都偏好分析单元间文化的作用，同样，两个理论流派间的差别也主要出现在分析的层次上。

在认识论上，结构主义认为人类是现实世界和社会结构的囚徒。人类无法改变现实世界，而只能更好地适应现实世界。现实政治中一些恶的问题如权力压迫、经济腐败、地位不平等等都是不能完全根除的。现实主义则认为，在国际政治中冲突是不可避免的，战争是国际政治的常态，而和平是战争状态的间歇。弱现实主义主张人类智慧可以在一定程度上减少战争的频率和烈度，但不可能完全消除战争。而强现实主义持有更加悲观的观点，甚至将人类进步和世界和平视为一种负相关关系，譬如工业现代化决定性地导致了两次世界大战的发生，而核技术的发展又使得世界濒临毁灭的深渊。整体来看，结构主义与现实主义都持有一种机械主义的反映论观点，都认为人类的认识是物质世界的客观反映，同时人类对物质世界除了顺从之外无能为力。理性主义强调人类可以理性地认识政治世界。人类可以通过经验总结和反思性学习把握政治世界中的客观规律，并在尊重规律的基础上通过改变规律发生的情境来改善社会的道德和物质条件，从而可以消除现实政治中的一些丑恶问题。自由主义同样突出人类在国际政治中的能动性。人类可以用理性构建的国际制度限制或消解国际冲突发生的可能，并通过国际层面和国内层面各行为体的良性互动最终实现如国内社会般的良善秩序状态。简言之，理性主义和自由主义都持有一种能动的反映论，都认为人类的理性可以认识和改造现实世界。文化主义认为不存在一种对现实世界普遍的和静止的认识。不同群体的文化是认识不同世界的工具，而任何认识都处于一种个体与文化互动的过程之中。在文化主义看来，任何所谓的政治规律都是虚妄的和不真实的。政治事实需要放在文化的情境和互动的过程之中来理解。建构主义认为，作为施动者的国家与作为情境的国际体系结构存在一种互相构成的关系，而国际政治的理解需要放在这一互动的过程之中。总之，文化主义与建构主义都是一种建构主义的认识论观点，都强调文化和过程对于认识的重要作用。

在方法论上，结构主义表现出整体主义的特征，其研究往往是从整体主义出发，关注整体对个体的影响。在具体方法上，结构主义偏好全球的或大过程的比较、多案例比较、多变量比较和关联比较。巴林顿·摩尔（Barrington Moore, Jr.）的《民主和专制的社会起源》便是这些方法的综合展现。专制与民主是横跨全球范围和横贯人类历史的一组经典对应概念。在分析中，摩尔使用英国、法国、美国、中国、日本和印度等多国案例，关注平等、能力、分化、认同、参与、贯彻和分配等多变量在农业社会以及现代化中的作用，最后证明了民主进程与权力结构变化两者的因果关联。同样，现实主义也是一种整体主义的方法论，在具体方法上与结构主义有相同的取向，例如肯尼思·华尔兹（Kenneth N. Waltz）在《人、国家与战争》一书中的分析。人、国家与战争这样的主题本身便展现出一种宏大的过程。通过多案例的比较，华尔兹试图考察人性、国家内部结构以及国际体系这三个变量与国际冲突的关系。华尔兹的基本结论是，人性无论善恶，国家不分资本主义和社会主义，只要国际社会仍然是"无政府状态"，即各主权国家彼此不存在从属和支配关系，战争便可能发生。[①] 理性主义则持一种个体主义的方法论，其研究往往从个体出发，关注个体对整体的构成性作用。理性主义在具体方法上偏好经济学和博弈论的分析模型。理性主义学者多数本身就是经济学家或有经济学学习的经历，其分析的特征是用经济学方法研究比较政治中的问题。自由主义与理性主义在方法论和具体研究方法上的特征基本一致。与现实主义截然相反，自由主义的研究如公共外交、国家与社会的关系、国内政治分析等往往从公民或社会集团出发。在研究方法中，自由主义对经济学模型和博弈论也多有喜好，譬如罗伯特·阿克塞尔罗德（Robert Axelrod）运用博弈论分析国际社会中的合作问题。[②] 文化主义的方法论在整体主义与个体主义之间。一方面，文化表现出一种主体间性，这意味着文化是由个体组成的，个体间的互动构成了文化的内容；另一方面，文化表现为一种整体的意义，并且作为个体选择的背景产生影响。在具体方法上，文化主义偏好田野调查、特殊案例分析和诠释学方法。班菲尔德、卢西恩·派伊（Lucian Pye）和詹姆斯·斯科特（James C.Scott）的研究都表现出这样的方法特征。建构主义对文化的同样关注也决定了其方法论特征处于整体与个体之间。在具体方法上，建构主义同样偏好特殊案例的分析，譬如彼得·卡赞斯坦（Peter Katzenstein）在其著作中《文化规范与国家安全——战后日本警察与自卫队》的分析。[③]

---

① 肯尼思·华尔兹：《人、国家与战争——一种理论分析》，倪世雄、林至敏、王建伟译，上海译文出版社 1991 年版，第 193—205 页。

② Robert Axelrod, The Evolution of Cooperation, New York: Basic Books, 1984.

③ Peter Katzenstein, Cultural Norms and National Security: Police and Military in Postwar Japan, Ithaca: Cornell University Press, 1996.

需要说明的是，国际关系理论内部的通约努力对两大学科的比较造成了一些干扰。在国际关系的理论内部，三大流派之间出现了通约的趋势。一方面，主流的自由主义和建构主义部分接受了现实主义的结构主义假设。自由主义中最主流的规制自由主义（或称新自由制度主义）接受了现实主义所强调的国际无政府状态假设，而只是把无政府状态界定为"国际关系中缺少明显的政府特征"，同时，这一学派所强调的国际制度本身也具备一些结构主义特征。[①]主流建构主义者如温特也接受了国际无政府状态的假设，同时只是把结构界定为社会意义上的结构，即国际行为体的共有观念，而与结构现实主义的物质性结构相区别。[②]另一方面，主流的现实主义和建构主义也吸收或接受了自由主义的理性主义假设。华尔兹在构建其结构现实主义框架时将理性主义的要素包含其中。[③]温特在提出建构主义时也接纳了理性主义的一些基本判断。[④]尽管国际关系理论的内部通约为两大学科之间的理论通约造成了一定的麻烦，但两大学科子流派的对应关系还是明显的。从原初的意义上来讲，自由主义与理性主义更接近，[⑤]而现实主义与结构主义更接近。

---

　　① 大卫·鲍德温：《新自由主义、新现实主义和世界政治》，载大卫·鲍德温主编：《新现实主义与新自由主义》，肖欢容译，浙江人民出版社 2001 年版，第 15 页。

　　② 载亚历山大·温特：《国际政治的社会理论》，秦亚青译，上海人民出版社 2000 年版，"译者前言"，第 23—24 页。

　　③ 华尔兹将国家的主要目标假设为确保自身的生存。这种假设本身就是一种理性主义假设。参见肯尼思·华尔兹：《国际政治理论》，第 122 页。

　　④ 温特接纳了理性主义分析的基本观点，即认可意愿和信念在国家对外行为中的作用，并在此基础上继续追问：理性选择的偏好是如何被建构出来的。参见亚历山大·温特：《国际政治的社会理论》，第 146—152 页。

　　⑤ 英国学者马丁·怀特 20 世纪 50 年代在伦敦经济学院讲授国际关系时，曾提出现实主义、理性主义和革命主义三个传统的说法。在这里，怀特用理性主义来指称与自由主义相同的内涵。理性主义提倡法律和秩序，认为国际关系的唯一法则是理性法则，国际政治意指国际交往、大国协调和国际合作。参见 Martin Wight, "Preface in International Theory," in Gabriele Wight and Brian Porter, eds., International Theory: The Three Traditions, Leicester: Leicester University Press, 1991, pp: 14–16.

表6-3　西方比较政治学与国际关系学理论路径的比较

	本体论	认识论	方法论
结构主义	宏观结构（国家社会结构）的影响	机械的反映论：人们只能适应现实世界，但无法改变现实世界。现实困扰人类的政治问题难以彻底根除	整体主义的方法论：在具体方法上偏好全球的或大过程的比较、多案例比较、多变量比较和关联比较
现实主义	宏观结构（国际体系/国际无政府结构）的影响	机械的反映论：冲突是不可避免的，战争也不可能完全消除	整体主义的方法论：在具体方法上偏好全球的或大过程的比较、多案例比较、多变量比较和关联比较
理性主义	单元（公民、社团或政党）的理性选择	能动的反映论：人们可以理性地认识政治世界。通过对规律的发现，可以改善社会的道德和物质条件，从而使社会进步成为可能	个体主义的方法论：在具体方法上偏好经济学和博弈论的分析模型
自由主义	单元（次国家行为体/国家）的理性选择	能动的反映论：人类可以理性地找到国际冲突的根源。通过国际制度的设计，国际社会也可以实现如同国内社会的有序状态	个体主义的方法论：在具体方法上偏好经济学和博弈论的分析模型
文化主义	单元间（公民间或公民社会组织间）文化的作用	建构主义认识论：个体选择与作为个体选择背景的文化之间处于互构的关系。要认识政治现象，关键在于对政治互构过程的把握。	整体与个体之间的方法论：在具体方法上偏好田野调查、特殊案例分析和诠释学方法。
建构主义	单元间（民族国家间）文化的作用	建构主义认识论：作为施动者的国家与作为背景情境的国际无政府结构存在互构关系。要把握国际政治的实质，关键在于对国际政治建构过程的理解	整体与个体之间的方法论：在具体方法上偏好特殊案例分析和诠释学方法

　　需要补充的是，本文在这里使用了"趋近"而不是"通约"，这表明两大学科之间仍然存在一些明显差异。整体来看，这些差异主要表现在以下五点：第一，从研究的问题领域来看，国际关系学更为宏观，而比较政治学则更为微观。第二，在各自的学科领域中，三大流派出场的相对顺序不同。譬如，理性主义在比较政

治学中出现得较晚，①而建构主义在国际关系学中出现得较晚。第三，如前所述，国际关系的主流理论更加趋向结构主义和理性主义特征的融合，这一点与比较政治学中三大流派的泾渭分明相区别。第四，国际关系的学科界限较比较政治学更清晰。国际关系学的每一次理论发展都与学科界限的划定联系在一起，②而比较政治学经常被批评为"学科界限模糊"。第五，就成果发表而言，比较政治学呈现出相对衰落的趋势，而国际关系学则更为兴盛。以学术期刊为例，西方学术界关于比较政治学的重要刊物有两本《比较政治》（*Comparative Politics*）和《比较政治研究》（*Comparative Politics Studies*），它们都在 1968 年创刊，是比较政治学黄金十年的产物。但在此之后，比较政治学几乎没有标志其学科独特性的刊物创刊。③相比而言，到 20 世纪 60 年代末时，国际关系学也仅拥有《外交事务》（*Foreign Affairs*）、《国际事务》（*International Affairs*）、《国际组织》（*International Organization*）等刊物，但之后，带有鲜明国际关系学科特征的刊物不断涌现，其中一些非常有影响的刊物如《国际安全》（*International Security*）、《千禧年》（*Millennium*）等。④整体而言，国际关系的发展要比比较政治学更成熟。这主

---

① 理性主义的一些经典著作虽然在 20 世纪 60 年代就已经出现，但这些经典著作进入比较政治学领域是在公共选择理论和理性选择制度主义兴起之后。

② 例如，丹麦国际问题研究院高级研究员史提法诺·基尼（Stefano Guzzini）对国际关系学科确立过程中的两位重要人物评价道："如果说摩根索在范式上开创了独立的国际关系学科，那么华尔兹则通过限定它的研究边界和研究纲领进一步捍卫了国际关系学科的独立性。"参见 Stefano Guzzini, Realism in International Relations and International Political Economy, New York: Routledge, 1998, p.126.

③ 《发展与变迁》（Development and Change）中有较多的比较政治学论文，但这一期刊的影响相对有限，且学科特征也不明显。比较政治学的文章主要出现在以下三类刊物上：第一，地区性研究刊物，如《太平洋事务》（Pacific Affairs）、《西欧政治》（Western European Politics）、《拉美展望》（Latin American Perspective）等。第二，具体政治过程领域的专业期刊，如《政党政治》（Party Politics），《议会事务》（Parliamentary Affairs），《选举研究》（Electoral Studies）等。第三，综合性政治学刊物，如《世界政治》（World Politics）、《美国政治科学杂志》（American Journal of Political Science）、《美国政治科学评论》（American Political Science Review）等。比较政治学的文章在第一类期刊中出现较多，但文章的理论性和抽象性一般都较低。第二类期刊中出现的比较政治学论文相对理论性较强，文章数量也有一些，但这类期刊本身种类有限。第三类期刊中论文的理论水平较高，但比较政治学的论文在其中所占比例有限。这些情况都表现出比较政治学学科独立性较差和影响衰微的趋势。

④ 其他一些重要的刊物包括《伦理与国际事务》（Ethics & International Affairs）、《欧洲国际关系杂志》（European Journal of International Relations）、《国际政治科学评论》（International Political Science Review）、《国际问题研究》（International Studies Review）、《冲突解决杂志》（Journal of Conflict Resolution）、《国际利益》（National Interest）、《国际政治经济学评论》（Review of International Political Economy）、《英国政治与国际关系》（British Journal of Politics & International Relations）等。

要体现在国际关系学理论流派不断的内部分化以及相互辩论上。每一次理论发展和辩论的出现都在一定程度上加固了国际关系学科与其他学科的界限，促进了本学科内理论范式的通约，也推动了本学科知识的创造和发表。

三、对趋近原因的解释

对于西方比较政治学和国际关系学理论路径趋近的原因，本文提出如下几点：第一，这两个学科都有一种内在的跨学科性，而这两个学科的三大流派划分则可以被视为社会科学理论路径的一种经典划分。比较政治学本身就较为关注宏阔的政治社会领域，而且其方法具有很强的跨学科性。美国政治学家哈里·埃克斯坦（Harry Eckstein）认为，比较政治学的特色在于它重新焕发出对一些问题的研究兴趣，促使学者们在更大的领域里进行比较研究，并对政治的特性、政治的相关事物在相对更大的范畴内进行概念界定。[①] 同时，比较政治学不只具有实质性内容，同时还是一种研究方法。就研究方法而言，比较政治学的方法可以应用到其他社会科学领域中去。[②] 国际关系的跨学科性则体现在其内容观照的广博性及其对其他学科知识的兼容并蓄上，这一点清晰地体现在美国学者昆西·赖特（Quincy Wright）对国际关系理论内容的分类上。赖特以理论和应用为横轴，以抽象和具体为纵轴，把国际关系理论中涉及的内容分为四个区域：在理论和抽象交叉的部分包括心理学、社会学和伦理学等科学内容，在应用和抽象交叉的部分包括政治、殖民政治、组织、法律、经济、通讯、教育等哲学内容，在理论和具体交叉的部分包括地缘学、人口学和技术学等历史内容，在应用和具体交叉的部分包括战争艺术、外交艺术和对外关系行为等内容。[③] 从这些总结来看，国际关系学几乎包含了社会科学各个方面的内容，只是国际关系学关注的侧重点主要是国际层面或

① Harry Eckstein, "A Perspective on Comparative Politics, Past and Present," in Harry Eckstein and David E. Apter, eds., Comparative Politics: A Reader, New York: The Free Press of Glencoe, 1963, p.20.

② 正如彼得·梅尔的评述："一些最重要的比较方法研究属于整个社会科学，而不仅仅是政治科学。说到具体的争议，比较政治学的研究领域好像很难与其他政治科学领域区分开来，因为所有的调查研究既可以是比较的（使用跨国性资料），也可以是非比较的（使用单国家资料）……如果将内容与方法两者分割开来，比较政治学就只能消融于整个政治学，甚至从更广泛的意义上消融于整个社会科学。"参见彼得·梅尔：《比较政治学：综述》，载罗伯特·古丁、汉斯—迪特尔·克林格曼主编：《政治科学新手册》，第445页。

③ 转引自倪世雄：《当代西方国际关系理论》，复旦大学出版社2001年版，第12页。

全球层面。

理性主义、结构主义和文化主义可以作为社会科学理论中的经典分类。马克·利希巴赫（Mark I. Lichbach）认为，这"三种理想类型的研究传统——理性主义、文化主义和结构主义——活跃于当代比较政治学，正如它们活跃于整个社会科学界"①。"贝茨、斯科特和斯考克波尔绝对可以看社会科学中理想型研究流派的代表人物。每个传统都共享一种本体论、一种方法论和一种科学哲学。"②整体而言，"理性主义者进行静态比较的实验，文化主义者生产诠释性的理解，而结构主义者研究真实社会类型的历史动力。实证主义、诠释主义和现实主义是社会科学的备选哲学"③。从整个社会科学范围来看，理性主义传统由托马斯·霍布斯（Thomas Hobbes）和亚当·斯密（Adam Smith）开创，主张个体理性、实证研究和微观分析，在经济学分析中最为活跃。结构主义传统由马克思开创，强调比较历史、因果动力和宏观分析，在政治学领域中占据主导地位。文化主义传统由孟德斯鸠(Charles de Secondat, Baron de Montesquieu)和马克斯·韦伯（Max Weber）开创，强调案例诠释、身份认同和中观分析，在社会学领域中拥有强势影响。

第二，学科交叉大趋势下其他学科对政治学的全面渗透，导致政治学分支学科理论特征的趋同。学科交叉的原动力来自学科领域的相对局限性和学科发展的相对不平衡之间的矛盾。一些学科如经济学由于学术效益和社会效益丰厚而集中了较为密集的学术人才，但同时其传统研究领域是相对固定的，所以这些学术人才出于学术生存或发展的需要，而被迫用学科殖民或学科嫁接的方式创造知识。这种知识创造最终导致了学科交叉的方法论革命。学科交叉有两种：一种是用本学科（A学科）的知识方法去占领其他学科（B学科）的研究领域，如安东尼·唐斯（Anthony Downs）和詹姆斯·布坎南（James Buchanan）都是经济学家，但

---

① 马克·利希巴赫：《社会理论与比较政治学》，载马克·利希巴赫、阿兰·朱克曼主编：《比较政治：理性、文化和结构》，第317页。

② 马克·利希巴赫：《社会理论与比较政治学》，载马克·利希巴赫、阿兰·朱克曼主编：《比较政治：理性、文化和结构》，第321页。利希巴赫把罗伯特·贝茨的《市场奇迹的背后》、斯科特的《弱者的武器》和斯考克波尔的《国家与社会革命》视为比较政治学中引用最广和最受尊敬的三本著作。这三位学者和著作分别是理性主义、文化主义和结构主义的代表。

③ 马克·利希巴赫：《社会理论与比较政治学》，载马克·利希巴赫、阿兰·朱克曼主编：《比较政治：理性、文化和结构》，第330页。

其用经济学方法研究政治学领域或管理学领域的问题。另一种是用其他学科（B学科）的知识为本学科（A学科）的发展寻找新的动力，如道格拉斯·诺思（Douglass C. North）从马克思那里汲取营养为经济学找到另一种重要的要素——制度，从而推动了新制度经济学的发展。[①] 在这两种情形中，创新者的初始目的都是获取其在本学科中的地位，但客观上会造成效果的外溢或反哺。譬如，A学科知识对B学科的进入导致B学科产生方法论上的革命，从而激励B学科去深入学习A学科的知识。再如，B学科对A学科的给养会使得B学科的自信心大增，从而引导其加速对A学科知识的学习或诱发其对A学科进行更为深入的殖民。学科反哺的例子清晰地体现在新制度经济学和历史社会学的发展中。经济学从政治学（结构主义）的制度分析中借鉴知识，产生了新制度经济学，最后又以新制度主义政治学的方式对政治学的发展产生推动。社会学从政治学（结构主义）的历史分析中汲取营养产生了历史社会学，[②] 而历史社会学的发展又为结构主义的新发展提供动力。

具体而言，比较政治学和国际关系学三大流派的形成都是其他学科侵入导致的结果。譬如，在比较政治学领域中，结构主义是最为传统的路径。理性主义的兴起表现出经济学对比较政治学的进入，而文化主义的兴起则体现为文化学和社会学对政治学的进入。再如，在国际关系领域中，现实主义是最为传统的路径。自由主义的兴起部分表现出经济学（制度经济学和博弈论）对国际关系学渗透的特征，而建构主义的兴起则完全表现出社会学进入的态势，致使一些研究将这一态势表述为"国际关系学的社会学转向"[③]。在这些方法论的基础学科或强势学科的冲击中，政治学的分支学科表现出整合后相似的特征。

---

① 诺思曾直言马克思的观点对制度经济学的启发意义，"在详细描述长期变迁的各种现存理论中，马克思的分析框架是最有说服力的，这恰恰是因为它包括了新古典分析框架所遗漏的所有因素：制度、产权、国家和意识形态"。参见道格拉斯·C·诺思：《经济史中的结构与变迁》，陈郁、罗华平等译，上海三联书店2001年版，第23页。

② 第一代社会学家如维尔弗雷多·帕累托（Vilfredo Pareto）、埃米尔·迪尔凯姆（Emile Durkheim）和韦伯都强调历史学和社会学的结合。但到20世纪20年代，在此时成为主导的芝加哥社会学家们在罗伯特·帕克的领导下将关注点转向当代社会，特别是对城市的研究，如贫民窟、犹太人地区、移民、黑帮、流浪汉等，在此时，历史学的方法被抛弃。到20世纪60年代之后，社会学重新向结构主义和历史学汲取营养，历史社会学获得新生。参见彼得·伯克：《历史学与社会理论》，姚朋、周玉鹏等译，上海人民出版社2001年版，第14—20页。

③ 袁正清：《国际政治理论的社会学转向：建构主义研究》，上海人民出版社2005年版。

第三，这两个学科的研究领域和内容也在接近。比较政治学的研究层次在上升，而国际关系学的研究层次在下降。由于跨国政治系统和全球政治系统的进一步实体化，一些新的行为体如国际组织或地区性组织都成为比较政治学新的研究内容。例如，在传统意义上，欧盟研究是国际关系学者占据的领域。欧盟研究中主流学派——新功能主义和政府间主义的代表人物都是国际关系学者。^①然而，伴随着欧盟一体化的深入，欧盟愈加以一种治理实体的面目出现，而关于欧盟民主、合法性以及内部权力制衡的问题的探讨远远超出了国际关系的研究范围，因此，比较政治学因应时势进入欧盟的研究之中，这主要体现在治理学派和宪政学派在欧盟研究中的兴起。治理学派将欧盟视为一个多层网状的政策共同体，而民族国家政府、欧盟机构、非政府组织、政党和个人都可以在一定的问题领域中参与并对决策施加影响。宪政学派认为，欧洲的宪政设计是欧洲未来发展的保证。欧洲宪法、代议制民主、欧洲政党竞争、欧盟主席直选以及欧洲公民权保障是欧洲一体化未来的方向。^②美国威斯康星大学麦迪逊分校政治学副教授马克·波拉克（Mark Pollack）在对欧盟理论进行梳理时认为目前欧盟研究出现了三大理论流派：国际关系学理论、比较政治学理论和治理理论。^③波拉克把宪政学派等同于比较政治学理论，并把治理理论作为单独的流派，而笔者更倾向于将治理学派和宪政学派都归于比较政治学理论之中。但无论哪种分类方法都可以看出比较政治学对欧盟研究的介入。

国际关系学的研究层次在下降。^④华尔兹开创的结构现实主义把国际关系的研究层次提升到国际结构层面，即侧重分析国际无政府结构对单元行为的影响。新自由制度主义和主流建构主义也都在一定程度上受到结构现实主义的影响。然

---

① 新功能主义的代表人物是美国学者厄恩斯特·哈斯（Ernst B. Haas），而政府间主义的代表人物是美国学者斯坦利·霍夫曼（Stanley Hoffmann）和安德鲁·莫劳夫奇克（Andrew Moravcsik）。他们都是国际关系学者。

② 高奇琦：《欧盟民主赤字的争论：国家主义与多元主义的二元分析》，载《世界经济与政治》，2010 年第 5 期，第 88 页、第 96—99 页。

③ Mark A. Pollack, "Theorizing the European Union: International Organization, Domestic Polity, or Experiment in New Governance?" Annual Review of Political Science, Vol.8, 2005, pp.357-398.

④ 参见陈小鼎：《国际关系研究层次的上升与回落》，载《世界经济与政治》，2008 年第 7 期，第 48—51 页；李巍：《层次回落与比较政治学的回归》，载《世界经济与政治》，2008 年第 7 期，第 52—56 页；左希迎：《层次分析的反思与研究领域的拓展》，载《世界经济与政治》，2008 年第 7 期，第 62—66 页。

而，目前的国际关系研究正在从体系结构层次向国内政治甚至公民个体层面回落。被主流国际关系冷落的问题如国内政治过程、国家制度结构、利益集团、选区政治、公民社会、政治精英和社会运动等重新进入国际关系研究的视线，而这些问题与比较政治学的内容紧密联系在一起。国际关系学科的确立是国际关系"脱政治学化"的过程，而目前的研究态势来看，国外大量的国际关系研究已经开始重新强调政治学的作用。譬如，防御现实主义者如杰克·施奈德（Jack Snyder）着手从国内因素来考察国家对外扩张的行为；[①] 新古典现实主义者兰道尔·施韦勒（Randall Schweller）力图从政府能力和国家的内部结构来分析国际政治中的国家权力；[②] 共和自由主义所持有的"民主和平论"本身就强调国家的民主程度（西方式民主的标准）与国际冲突的相关性；[③] 欧洲一体化研究中的自由政府间主义强调参与一体化的成员国行为受到其国内政治和利益集团的影响；[④] 西方马克思主义中的新葛兰西主义强调国家的对外行为是国内历史集团追求利益的结果；[⑤] 西方马克思主义中的阿姆斯特丹学派认为，跨国资产阶级在洛克心脏地带（Lockean Heartland）之内和之外争夺霸权的战争，取代了世界政治的传统形式，而更多表现为"全球国内政治（global domestic politics）"的形态；[⑥] 多层治理理论将全球治理视为民族国家、超国家和次国家行为体共同参与和共享权力的多层治理体

---

① Jack Snyder, *Myths of Empire: Domestic Politics and International Ambition*, Ithaca: Cornell University Press, 1991.

② Randall Schweller, *Deadly Imbalance: Tripolarity and Hitler s Strategy of World Conquest*, New York: Columbia University Press, 1998, pp.218–221.

③ Michael Doyle, "Kant, Liberal Legacies, and Foreign Affairs," *Philosophy and Public Affairs*, Vol.12, No. 3/4, pp.205–235, 323–353.

④ Andrew Moravcsik, "Negotiating the Single European Act : National Interests and Conventional Statecraft in the European Community," *International Organization*, Vol.45, No.1, 1991, pp.19–56.

⑤ Robert W. Cox, *Production, Power and World Order: Social Forces in the Making of History*, New York: Columbia University Press, 1987, pp.105–108.

⑥ Kees Van der Pijl, "Ruling Classes, Hegemony, and the State System: Theoretical and Historical Considerations," *International Journal of Political Economy*, Vol.19, No.3, 1989, p.19.

系。^①这一新的趋势可以被称为国际关系学中的"政治学回归运动"。^②比较政治学研究层次的上升与国际关系学研究层次的下降，一起构成了政治学领域结构层次的双向运动。而这种双向运动把国内政治和国际政治紧密地整合成世界政治。从世界政治的整体视角来分析，比较政治学与国际关系学的内容在很大程度上交叉在一起。只不过比较政治学更多地关注偏下层次的世界政治，而国际关系更多地关注偏上层次的世界政治。

四、对中国学科建设和政治实践的意义

从学理上讲，理论合流趋势将给中国比较政治学和国际关系学的学科建设带来新的机会。改革开放三十多年来，中国这两个学科的建设已经取得一些值得肯定的成绩，但也都存在一些问题。在比较政治学领域，作为西方经典的主流著作大多都被翻译成中文出版，同时，中国学界对西方比较政治学理论的介绍也越来越完整和公正。然而，中国学术界对本土比较政治学知识的构建还尚未有突破性的进展。尽管严强和杨雪冬等学者撰文呼吁中国比较政治学要形成自己的独立性和学术特色，^③但从目前的成果来看，这样的目标还远未实现。国际关系在中国的发展要比比较政治学更兴盛和成熟。例如，西方学界关于国际关系理论的争鸣

---

① Gary Marks and Liesbet Hooghe, "Unravelling the Central State, But How? Types of Multi-level Governance," American Political Science Review, Vol.97, No.2, 2003, pp.233-243.

② 这一提法受到"bring…back in"语式和哲学中"现象学运动"的启发。"bring...back in"是西方学术话语体系中非常流行的一个语式，其含义是"使……回归"。比较经典的是"国家回归（bring the state back in）"分析。现象学运动的含义是，现象学作为一种哲学思维方式，为实现"回到事物本身"的原则，始终把自身的不完美和非终极作为发展的动力，并以此不断地完成反复的自我更新。从这个意义上讲，现象学知识的发展过程本身就是一种运动。用法国哲学家梅洛—庞蒂的话说，"严肃的哲学家把这种情况解释为现象学可以作为方式或作为样式来运用和认识，它在成为一种完整的哲学信仰之前已经作为一种运动存在"。参见莫里斯·梅洛—庞蒂著，姜志辉译：《知觉现象学》，商务印书馆2001年版，第2页。本文认为，国际关系学中的"政治学回归"本身也是一个知识自我更新的过程，所以可以套用"运动"的表述。

③ 严强：《比较政治研究的取向和方法》，载《江海学刊》，1996年第4期，第29—38页；杨雪冬：《关于比较政治学和中国研究范式重构的断想》，载《天津社会科学》，2000年第3期，第39—43页。

也会很快被介绍进来，①而且中国的国际关系学者也开始在西方的重要杂志上发表有影响的理论论文。②然而，与比较政治学情况相类似的是，虽然在2004年之后关于中国学派的讨论愈加热烈，③但中国学派构建的任务似乎还任重而道远。仅有少数学者尝试用中国特色的概念来分析中国外交问题，④或尝试从中国古代的外交实践或思想中提炼新的国际关系理论。⑤

中国比较政治学和国际关系学要实现进一步的发展，可以在两大学科的合流趋势中寻找到新的机会。在目前的世界政治中，有两个重大现实问题需要合流的学者来解决：一是欧洲一体化问题，二是中国和平发展问题。⑥欧洲学界在欧洲一体化研究中已经形成了重要的合流研究，而中国和平发展问题的解决则需要中国学派来完成。和平发展的内涵由和平和发展两部分组成。和平是国际关系学关注的重点，发展是比较政治学关注的重点。从字面意义来看，和平与发展概念的组合本身便意味着两大学科的交叉和融合。在中国关于和平发展的研究中，两大学科主要在各自的视域内对其进行探讨，如国际关系学重点关注和平发展与和谐世界、软实力、中国责任、国际格局之间的关系，⑦而比较政治学更为偏重和平

---

① 譬如，北卡罗来纳大学教堂山分校教授利斯贝特·霍赫（Liesbet Hooghe）和加里·马克斯（Gary Marks）在2008年《英国政治学杂志》上首次提出后功能主义的一体化理论。之后，《英国政治学杂志》为其组织了一些学者的短评来对这一理论进行回应。这一理论争鸣很快被国内学者关注，并撰文讨论。参见李明明：《后功能主义理论与欧洲一体化》，载《欧洲研究》，2009年第4期，第33—45页。

② 例如唐世平发表的论文：Shiping Tang, "Review Article: Reconciliation and the Remaking of Anarchy," World Politics, Vol.63, No.4, pp.711–749; Shiping Tang, "Social Evolution of International Politics: From Mearsheimer to Jervis," European Journal of International Relations, Vol.16, No.1, 2010, pp.31–55.

③ 2004年12月，上海交通大学主办了题为"建构中国理论，创建中国学派"的学术研讨会。这次研讨会之后，关于中国学派的讨论更为热烈。参见郭树勇：《创建中国学派的呼吁——国际关系理论研讨会综述》，载《现代国际关系》，2005年第2期，第59—61页。

④ 秦亚青：《关系本位与过程建构：将中国理念植入国际关系理论》，载《中国社会科学》，2009年第3期，第69—86页。

⑤ 阎学通：《先秦国家间政治思想的异同及其启示》，载《中国社会科学》，2009年第3期，第87—108页；叶自成：《中国传统文化中的义利观与中国外交》，载《国际政治研究》，2007年第3期，第24—29页。

⑥ 已经有学者关注到欧洲一体化研究与中国和平发展研究的相关性。参见曾令良：《欧洲联盟治理结构的多元性及其对中国和平发展的影响》，载《欧洲研究》，2008年第3期，第1—17页。

⑦ 俞新天：《"和谐世界"与中国的和平发展道路》，载《国际问题研究》，2007年第1期，第7—18页；李杰：《软实力建设与中国的和平发展》，载《国际问题研究》，2007年第1期，第19—23页；胡键：《"中国责任"与和平发展道路》，载《现代国际关系》，2007年第7期，第43—47页；贾庆国：《机遇与挑战：单极世界与中国的和平发展》，载《国际政治研究》，2007年第4期，第51—64页。

发展与现代化、科学发展、政治制度和国家建设之间的关系。^①从两大学科合流的视角来进行研究的成果出现了一些，^②但相对有限。更重要的是，仅有的合流研究也主要是在宏观概念层面上展开的。笔者认为，更具价值的合流研究应该出现在具体的问题领域中。中国学术界已经出现了一些相关研究，如市民社会与中国外交等。^③但整体而言，这样的成果还不甚丰富。

本文认为，在中国和平发展的研究中，有两大问题亟须两大学科的合流研究：第一，中国的政治制度与中国的和平发展之间的相容性。这一问题的根在国际关系领域中。中国外交最重要的目标就是保证中国崛起的和平性。然而，目前"中国威胁论"中最主要的论点指向中国的政治制度。简言之，西方将中国定义为"非自由民主的国家"，然后由民主和平论反推出中国崛起的不和平性。^④如何驳斥和破解这一在西方颇有市场的论调？中国学者传统上习惯批评民主和平论的有效性，^⑤但事实上民主和平论已经深入西方公众、学者和政治家的思想深处。因此，对这种论调的进一步批评，需要比较政治学的介入。比较政治学需要向西方证明和解释，中国的政治制度是民主制度的一种。虽然在许多制度设计上有别于西方，但中国的政治制度中也存在大量诸如权力制衡和协商决策等民主要素。这一过程对中国比较政治学的构建也有推动作用。要实现上述的证明任务，中国的比较政治学需要在借鉴和超越西方比较政治学理论知识的基础上，融合马克思主义政治学的基本原理和内涵，并在中国古代政治思想中寻找反映中国政治本源特征的概

---

① 王铁：《和平发展与中国辐射型现代化》，载《河北学刊》，2009年第3期，第179—184页；董漫远：《科学发展观与中国的和平发展》，载《国际问题研究》，2006年第2期，第17—22页；陈学明：《中国和平发展的社会制度基础——兼论社会主义的本质特征》，载《复旦学报》，2005年第4期，第9—20页；杨雪冬：《加快创新型国家建设 保障和平发展》，载《毛泽东邓小平理论研究》，2006年第7期，第19—22页。

② 郭树勇、夏厦：《论多元开放的整体性的和平发展观》，载《教学与研究》，2008年第11期，第51—57页；张耀：《和平发展，和谐社会与中国国防建设的辩证关系》，载《国际展望》，2007年第19期，第10—11页。

③ 王逸舟：《市民社会与中国外交》，载《中国社会科学》，2000年第3期，第28—38页。

④ 朱锋：《"中国崛起"与"中国威胁"——美国"意象"的由来》，载《美国研究》，2005年第3期，第33—59页。

⑤ 李少军：《评"民主和平论"》，载《欧洲》，1995年第4期，第4—8页；王逸舟：《国际关系与国内体制——评"民主和平论"》，载《欧洲》，1995年第6期，第4—13页；庞中英：《对"民主和平论"的若干意见》，载《欧洲》，1995年第6期，第62—65页。

念灵感，结合当前中国政治制度的现实特征和本质内涵，最终形成有中国内涵的比较政治学。

第二，中国的政治学习与中国的国际权力增长的相关性。这一问题的根则在比较政治领域中。比较政治的目的是在国外先进政治经验比较的基础上进行政治学习。政治学习有两个问题：一是如何在适应本国国情的基础上学习国外的先进经验；二是如何避免政治学习带来的国际权力流失问题。前者是比较政治学内部的问题，后者则需要比较政治学与国际关系学共同来解决。政治学习不可避免地会接受西方的一些知识、价值观或评判标准。大量且长期、不加批判地进行政治学习，客观上会造成本国知识自信的减弱、国际软权力的下降以及国际交往的被动参与。因此，比较政治学在研究政治制度的学习时，要运用国际关系的基本原理和分析，考察西方国家在政治制度输出背后的国际权力和国际声望考虑。换言之，要运用国家间竞争的视角来客观看待对西方政治制度的借鉴效果。这一过程对中国国际关系学的构建也有帮助作用。西方国际关系理论有着浓厚的工具理性特征，即以探寻为己获得最大安全和利益的手段为要义。[①] 这与威斯特伐利亚体系以来西方处理国家间关系的规则是一致的。譬如，当暴力手段的收益大于成本时，西方国家会不加思考地选择暴力。古代中国在处理国家间关系时，工具主义的成分要远远小于现代的西方国家。[②] 用赵汀阳的表述就是，中国古代的天下观点，"意味着一种中国式的兼容普遍主义"[③]。中国国际关系学的发展既要吸收西方同行在建构知识体系时的问题意识和理性导向，也需要融合古代中国处理国家间关系的交往理性特征。

结　　论

整体来看，比较政治学与国际关系学两大学科之间的理论接近趋势是不容小

---

① 西方国际关系理论的核心假设是国际无政府状态，即国际社会不存在高于民族国家的政府，各国只能依靠自助行为（包括使用暴力）来处理国家间的自然状态。在无政府状态下，各国的行为都是自私自利的理性行为。参见肯尼思·华尔兹：《国际政治理论》，第135—140页。

② 譬如，在中国古代的朝贡体制中，中国虽是被进贡国，但从经济上看中国常常并不合算。尚会鹏：《"伦人"与"天下"——解读以朝贡体系为核心的古代东亚国际秩序》，载《国际政治研究》，2009年第2期，第29—43页。

③ 赵汀阳：《天下体系的一个简要表述》，载《世界经济与政治》2008年第10期，第57—65页。

视的。这种理论趋近的内在动力是人类对社会世界认识本身的无边界性以及这种认识逐渐深入后产生的同一性。从人类认识的角度来看，学科界限本来是不存在的。对于同一社会问题，关注的角度不同，产生了不同的知识。一些理论归纳的大师们把这些知识系统化，建立了相对完整和独立的知识体系和理论流派。理论流派创立的过程是学科界定其边界的过程。[①] 民族国家对边界的界定产生了与主权相关的两个功能：对内统治的合法性和对外代表的正式性。学科对边界的界定具有类似的功能，一方面形成自己独特的话语体系，理论大师也因此获得受人顶礼膜拜的地位；另一方面，在与其他学科交流或论战时，也可以用学科疆界和话语霸权将对方拒学术讨论之外。这种学科主权的产生有其进步意义，但同时也使得学科之间产生壁垒，影响了学科之间知识的交流和沟通。正如全球化不可阻挡一样，知识的流动也是不可阻挡的。学科边界的界定会在一定程度上减弱知识的流动，但学科为推动其自身发展往往向其他学科借鉴知识，或侵略其他学科的领地。在因应时势变化的强势知识面前，学科界限在很大程度上也会形同虚设。同时，伴随着人类对社会世界的认识越来越全面和体系化，关于某一问题的相关知识会越来越集中，这种集中就会产生一种同一性，这就出现了本文所论及的比较政治学与国际关系学理论路径的趋同问题。在当前知识爆炸的信息社会中，学术界限在很大程度上是反潮流的。学科的发展离不开专业化和细化，但学科的过于细化会导致学科知识的技术化和学科内容的局限化。学科知识的技术化使得学术研究过多地停留在表面，而学科内容的局限化则导致学科在故步自封中走向衰落。因此，打破学科间界限和促进学科间通约是非常必要的，因为各学科所面对问题的社会情境和意义指向是相同的。

社会科学的研究需要在分立的学科之间实现一种视阈融合。视阈融合是汉斯—格奥尔格·伽达默尔（Hans-Georg Gadamer）解释学中的重要概念。在伽达默尔看来，前见是一种视界，其构成了理解者自身的诠释学处境，新经验则是另一种视界，它是与前见不相符合的、新鲜的知识，而人类生活的理解需要在前见

---

① 正如迪尔凯姆在社会学初创时的告诫："社会学不是其他任何一门科学的附庸，它本身就是一门不同于其他科学的独立的科学……一门科学只有形成自己独特的个性，才能让人视为达到了最后的独立，因为只有其他科学没有研究的那类事实成为它的研究对象时，它才有理由独立存在。"参见 E·迪尔凯姆：《社会学方法的准则》，狄玉明译，商务印书馆 1995 年版，第 156 页。

和新经验的不同视界之间进行不断的交融。伽达默尔指出，"理解其实总是这样一些被误认为是独自存在的视阈的融合过程"①。实际上，社会科学研究者一般所处的研究领域构成了前见的主要内容。前见是研究者理解和解释世界的一般知识和主要知识，但是永远停留在前见的内容上很难实现知识的创新。在这个意义上，作为另一种视界的新经验的意义则体现出来。对于研究者而言，就需要进入新的学科领域，并拓展新的知识。但是这些新经验在与传统学科的初期接触时往往会遇到沟通的困难。因此，创新者要真正使这些新经验发挥出价值则需要不断地推动视界融合。视界融合的过程就是不同学科间对话的过程。视界融合还暗示了一种学科间对话的伦理，即在与其他学科对话时，应该允许别的学科知识与本学科的不相容性，对其他学科保持开放，并且在对话中逐渐形成对世界的共同理解和共同知识。

---

① 汉斯·格奥尔格·伽达默尔：《真理与方法 —— 哲学诠释学的基本特征》（上卷），洪汉鼎译，上海译文出版社 1999 年版，第 393 页。

第七部分
比较政治学的方法研究

从单因解释到多因分析：比较方法的研究转向

高奇琦

比较方法是被国内忽视的科学研究方法。比较方法对于比较政治学具有重要的构成意义，这一点在美国政治学家乔万尼·萨托利（Giovanni Sartori）和阿伦·利帕特（Arend Lijphart）那里都有非常明晰的表述。[①]然而，在国内，关于比较方法的讨论却相对不足。在国内的比较政治研究中，国别研究相对发达，而真正意义的"比较研究"则相对缺乏。[②]而这其中一个重要原因便是国内对"比较方法"的研究较为薄弱。本文试图对比较方法进行宏观的整体讨论，并意在探讨近年来在西方比较方法中出现的一种重要研究转向。具体而言，本文的分析框架如下：首先，笔者对比较方法的内涵、特征以及意义进行讨论，并对西方比较方法的学术发展史做较为详细的梳理和回顾；其次，本文总结了经典比较方法中的单因取向特征，同时将近来在定性比较分析和原因分析等次级领域中表现出的新特征界定为多因解释转向；最后，文章讨论了多因解释转向与科学发展总体趋势的一致性，并尝试用贝叶斯分析的框架来整合单因解释和多因分析。

一、比较方法：被国内忽视的科学研究方法

在国内的社会科学界提到"科学研究方法"，多数研究者的第一反应就是统

---

① 萨托利指出："比较政治作为一个研究领域的独特性应该主要体现在其方法上。" Giovanni Sartori, "Comparing and Miscomparing," Journal of Theoretical Politics, Vol. 3, No.3, 1991, p. 243. 利帕特也指出："在政治学的几个次级领域中，比较政治学是唯一一个具有方法意义而非实质内容意义的学科。'比较政治'一词主要表明其如何进行比较，而非具体针对什么内容进行比较。" Arend Lijphart, "Comparative Politics and the Comparative Method," The American Political Science Review, Vol.65, No.3, 1971, p. 682.

② 李辉、熊易寒、唐世平：《中国需要真正的比较政治研究》，载《中国社会科学报》，011 年 10 月 21 日。

计方法。这是一种片面的看法。而根据利帕特的划分，社会科学的研究方法可以分为四种：实验方法、统计方法、比较方法和个案方法。利帕特认为，科学研究的要旨在于：在控制其他变量不变的前提下，在两个或多个变量之间建立一种经验关系。实验方法最接近自然科学的意义和理想状态，[①]但是由于存在操作的困难或者伦理上的考虑，这一方法很少被应用于社会科学研究中。统计方法是对实验方法的替代和近似，并且在社会科学研究中有非常广泛的应用。比较方法在科学逻辑上与实验方法和统计方法类似，只是这一方法主要处理"变量太多、案例太少"的问题。个案方法主要是针对单个案例的深入研究。[②]

这四种方法在国内社会科学研究中的运用表现出不平衡的特征。统计方法近年来在经济学、管理学、社会学、法学、政治学等学科中都出现了快速发展的趋势，个案方法在社会学、人类学、民族学、心理学、教育学等领域的运用也越来越精细和深入，而实验方法则在心理学、管理学等领域有了长足的发展。相比以上三种研究方法而言，比较方法却被长期忽视。在国内的比较政治研究中，真正意义的比较研究还相对缺乏。同时，国内学术界对比较方法的研究和讨论也较为少见。简单枚举就几乎可以罗列出国内所有关于比较方法的讨论：张小劲先生和景跃进先生在《比较政治学导论》的第四章中讨论了比较政治学的主要方法和操作技术等问题；[③]杨光斌先生在《比较政治学评论》创刊号中将有一篇关于比较历史研究方法的长文；[④]李路曲先生近年来对比较政治研究方法有较深入的讨论；[⑤]

[①] 实验方法的一般形式是，设定两个相同的组，对其中一个进行某种激励，然后对两个进行比较，并且把两组变化的结果归因于这一激励。

[②] Arend Lijphart, "Comparative Politics and the Comparative Method," The American Political Science Review, Vol.65, No.3, 1971, pp. 683-693.

[③] 参见张小劲、景跃进：《比较政治学导论》，中国人民大学出版社 2001 年版，第84—113 页。

[④] 杨光斌：《复兴比较政治学的根本之道：比较历史分析》，载《比较政治学评论》（待出）。

[⑤] 参见李路曲：《比较政治分析的逻辑》，载《政治学研究》2009 年第4 期；李路曲：《从对单一国家研究到多国比较研究》，载《政治学研究》2009 年第6 期；李路曲：《个案比较与变量比较方法在制度与政策分析中的应用》，载《晋阳学刊》2011 年第3 期。

此外还有一些关于比较方法的译文。[①] 整体来看，国内关于比较政治研究方法的成果还是比较少的。

如何定义比较方法？笔者认为，比较方法是在"变量太多、案例太少"的情况下对少数案例进行比较性控制的方法。[②] 换言之，比较方法不是微观的统计比较，而是一种宏观比较。比较方法的适用对象往往是国家或类国家的宏大系统。这类系统的案例数量有限，因此进行统计分析会面临案例数量不足的问题。同时，这类系统内部的变量非常多，涉及政治、经济、文化、社会等方面，而且这些变量还包括许多非常庞杂的次级变量。宏观比较研究在其发展过程中形成了处理"变量太多、案例太少"情况的一些独特的研究方法。另外，比较方法的科学逻辑仍然是控制。只是比较的控制逻辑不是统计性控制，而是比较性控制。比较性控制主要通过变量特征的相似或相异来实现。例如，如果某一特征在多个案例中的表现都一样，那我们可以在比较分析中将这一特征视为常量。或者说，这一特征便被控制住了。比较的逻辑有归纳和控制两层含义。国内学术界对比较的理解往往突出其归纳逻辑，[③] 而对比较的控制逻辑却缺乏关注。

比较方法对于比较政治学乃至整个宏观社会科学都有着较为重要的意义。首先，目前中国的比较政治学处于蓄势待发的状态，[④] 而比较政治学又是政治学中唯一用方法来命名的二级学科，因此比较方法对于目前中国比较政治学发展的意义非同寻常。同时，比较方法对整个宏观社会科学也具有重要意义。如前所述，

---

① 阿伦·利帕特：《比较政治学与比较方法》，载《经济社会体制比较》，李陈华译，2006年第3期，第10—23页；詹姆士·马洪尼：《质性方法论与比较政治》，载《华东政法大学学报》，高奇琦译，2012年第5期，第145—160页。另外，华东政法大学政治学研究所主编的《比较政治学前沿》第一辑为"比较政治的研究方法"译文特刊（将于2013年2月出版），将推出一系列关于比较方法经典作品的译文。该组译文的核心观点将陆续在《中国社会科学报》刊发。

② 这里对"比较方法"和"比较政治研究方法"做简要的区分。如前所述，"比较方法"是相对于实验方法、统计方法和个案方法而言的。而"比较政治研究方法"是指在比较政治研究中使用的方法。"比较方法"是比较政治研究中最重要的、最常用的研究方法，但却也不是唯一的研究方法。实验方法、统计方法和个案方法在比较政治研究中也有一定程度的运用。

③ 国内的这种理解受到加布里埃尔·阿尔蒙德（Gabriel A. Almond）的影响。阿尔蒙德便持这种比较的归纳逻辑："通过考察我们所不熟知的安排和假设，比较分析有助于拓展我们对政治可能性的认识。"加布里埃尔·阿尔蒙德等著：《当代比较政治学：世界视野》，杨红伟等译，上海人民出版社2010年版，第35页。

④ 杨光斌：《蓄势待发的中国比较政治研究——中国政治学展望》，载《中国社会科学报》第251期，2011年12月30日。

比较方法的实质是在"变量太多、案例太少"的情形下展开宏大比较，因此，比较方法对于比较法学、发展社会学（或称比较社会学）、发展经济学等学科都具有重要意义。利帕特曾经总结了比较方法相较于统计方法的三个优点：一、统计研究往往将数据限定在国家政治系统上，忽视了对次国家单位的研究，因此造成了斯坦·罗坎（Stein Rokkan）所称的"整体国家偏误"（the whole-nation bias）的问题。而比较研究却可以深入次国家单位的研究；二、统计研究简单地将某些概念或变量扩展到全球，这便产生了萨托利警告的"概念拉伸"（concept stretching）问题。① 而比较分析却可以深入案例，并更为细致地分析数据；三、统计研究更容易受到"高尔顿问题"（Galton's Problem）的影响。"高尔顿问题"认为，案例中的某些特征可能是扩散传播或历史学习的结果，而如果案例不能保证其自主性，那么案例中所证明的因果关系就有可能是虚假关系。从统计分析的数据中很难看出案例的独立性，而比较分析通过对案例细节的关注则可以减少这一问题的负面影响。② 至此，我们已经在对比较方法的国内研究现状、内涵及意义进行了讨论，接下来笔者将把视野转向国外，来梳理国外比较方法发展的学术史文献。

二、国外比较方法的学术史梳理

一般来说，国外比较方法的第一次研究浪潮出现在 20 世纪 60 年代后期到 70 年代末的美国。这次浪潮的核心议题主要集中在三个领域：

第一，比较方法总论。较早对比较方法进行整体讨论的是亚瑟·科尔伯格（Arthur L. Kallberg）的"比较的逻辑：对政治系统比较研究的方法论评注"一文，③ 之后哈罗德·拉斯韦尔（Harold Lasswell）和塞缪尔·比尔（Samuel Beer）也加

---

① "概念拉伸"是指，当一些基于西方国家经验的概念用在发展中国家之后，会出现概念的变形和误用。这里的拉伸是一种形象的使用。就好像一件小号的衣服（类比概念）穿在一个大人身上一样（类比概念的扩展使用）。

② Arend Lijphart, "The Comparable-Cases Strategy in Comparative Research," Comparative Political Studeis, Vol. 8, No.2, 1975, p.163.

③ Arthur L. Kallberg, "The Logic of Comparison: A Methodological Note on the Comparative Study of Political System," Word politics, Vol.19, 1966, pp. 69-82.

入了关于比较方法的讨论。① 除了上述文献外，应该说，这一时期对比较方法进行整体探讨的最重要论文无疑是利帕特在 1971 年的"比较政治与比较方法"。在这篇文献中，利帕特对比较方法的内涵进行了较为深入的讨论，对比较方法与实验方法、统计方法和个案方法之间的异同做了全面深入的比较，并且对比较方法的优势和劣势进行了深入剖析。② 而该时期关于比较方法总论的最重要著作应该是尼尔·斯梅尔塞（Neil Smelser）的《社会科学中的比较方法》一书。③

第二，比较政治研究中的概念问题。在 1970 年发表的"比较政治中的概念误构"一文中，萨托利对比较政治研究的"概念旅行"（concept traveling）和"概念拉伸"等问题进行了开创性的探讨。④ 在之后的另一篇名为"概念分析纲要"的论文中，萨托利对概念的内涵和外延、概念形成、再概念化（reconceptualization）等问题进行了更为全面的讨论。⑤ 整体来看，萨托利对于概念的使用持一种本质主义的立场，即主张民主等核心概念必须有本质性的内涵，并坚决反对在概念使用过程中的程度主义（degreeism）。

第三，比较方法的操作性讨论。这一时期讨论这一主题的最重要著作是亚当·普沃斯基（Adam Przeworski）和亨利·图纳（Henry Teune）在 1970 年出版的《比较社会调查的逻辑》一书。在此书中，普沃斯基和图纳在密尔的求同法（method of agreement）和求异法（method of difference）的基础上提出了"最具相似性系统"（most similar system）和"最具差异性系统"（most different system）的比较研

---

① Harold Lasswell, "The Future of the Comparative Method," Comparative Politics, Vol.1, No.1, 1968, pp.3–18; Samuel Beer, "The Comparative Method and the Study of British Politics," Comparative Politics, Vol.1, No.1, 1968, pp. 19–36.

② Arend Lijphart, "Comparative Politics and the Comparative Method," pp. 682–693.

③ Neil Smelser, Comparative Methods in the Social Sciences, Englewood Cliffs, N.J.: Prentice–Hall, 1976. 该著作很早就被译为中文。但是由于其作者斯梅尔塞更主要是一名社会学家，所以国内比较政治学者对这本著作的关注还明显不够。参见尼尔·斯梅尔塞：《社会科学中的比较方法》，王宏周、张平平译，社会科学文献出版社 1992 年版。

④ Giovanni Sartori, "Concept Misformation in Comparative Politics," TheAmerican Political Science Review, Vol. 64, No.4, 1970, pp. 1033–1036.

⑤ Giovanni Sartori, "Guidelines for Concept Analysis," in Giovanni Sartori, ed. Social Science Concepts: A Systematic Analysis, Beverly Hills: Sage, 1984, pp. 15–85.

究设计。[①] 求同法和求异法在研究中对被控制变量的条件要求比较苛刻，而最具相似性系统和最具差异性系统方法则通过放宽条件大大增加了其在社会科学中的应用性。这一时期对比较方法的操作性讨论还包括图纳的"比较研究中的测量"和利帕特的"比较研究中的可比案例策略"等论文。[②]

国外比较方法的第二次研究浪潮出现在 20 世纪 80 年代末期之后。迄今为止，这一浪潮仍在向前推进。这次浪潮的一些新进展主要集中在以下五个领域：

第一，质性比较分析（Qualitative Comparative Analysis）。查尔斯·拉金（Charles C.Ragin）在 1987 年出版的《比较方法：在质性和定量策略之外》一书中详细讨论了质性比较分析，[③] 并将布尔代数（Boolean algebra）运用到比较政治的研究之中。[④] 在 20 世纪 90 年代末期，拉金逐渐将质性比较分析的重点从布尔代数方法转向模糊集合（Fuzzy sets）方法，并在 2000 年出版了《模糊集合的社会科学》一书。[⑤] 之后，在 2008 年，拉金还出版了《重新设计社会研究：模糊集合及其超越》一书。[⑥] 需要说明的是，目前模糊集合法已经成为一种较为成熟的研究方法。例如，《社会学方法与研究》（*Sociological Methods & Research*）杂志在 2005 年第 4 期组织了专辑来讨论模糊集合方法。在这期专辑中，亚伦·卡茨（Aaron Katz）等人的研究成果显示，在案例数量较少的情况下，

---

① Adam Przeworski and Henry Teune, The Logic of Comparative Social Inquiry, New York: John Wiley, 1970, pp. 31–35.

② Henry Teune, "Measurement in Comparative Research," Comparative Political Studies, Vol.1, No. 1, 1968, pp. 123–138; Arend Lijphart, "The Comparable–Cases Strategy in Comparative Research," pp.158–177.

③ 在与克里斯·德拉斯（Kriss Drass）1986 年合作的研究成果中，拉金就开创性地提出了以计算机编码为基础的质性比较分析方法。Kriss Drass and Charles Ragin, QCA: A Microcomputer Package for Qualitative Comparative Analysis of Social Data, Centre for Urban Affairs and Policy Research, Northwestern University, 1986.

④ Charles C. Ragin, The Comparative Method: Moving beyond Qualitative and Quantitative Strategies, Berkeley and Los Angeles: University of California Press, 1987.

⑤ Charles C. Ragin, Fuzzy–Set Social Science, Chicago: University of Chicago Press, 2000.

⑥ Charles C. Ragin, Redesigning Social Inquiry: Fuzzy Sets and Beyond, Chicago: University of Chicago Press, 2008.

模糊集合比回归分析更具有研究优势。[①]

第二，混合方法。这一分析力图在量化分析和质性分析之间构筑桥梁。为这一分析提供方法论支撑的经典著作是加里·金（Gary King）、罗伯特·基欧汉（Robert Keohane）和西德尼·维巴（Sidney Verba）在 1994 年合著的《设计社会研究：质性研究中的科学推理》一书。在这部书中，三位作者希望把科学推理作为质性研究和量化研究共同的逻辑，并以此来沟通两种路径的研究。[②] 之后，《比较政治研究》（*Comparative Political Studies*）杂志在 2007 年第 1 期和第 2 期的两期专辑都讨论到质性分析与量化分析沟通的问题。杰拉多·蒙克（Gerardo Munck）和理查德·施奈德（Richard Snyder）的研究以及杰克·莱维（Jack Levy）的研究都主张在两者之间进行对话和沟通。[③] 对混合方法进行操作化研究的成果主要是埃文·利伯曼（Evan Liberman）的嵌套分析（Nested Analysis）。在嵌套分析中，利伯曼以大样本的统计分析（量化分析）为基础，并辅之以单个或多个案例的深入性调查（质性分析）。[④]

第三，概念分析。这一时期对概念问题讨论最深入的学者是戴维·科里尔（David Collier）。科里尔不太赞同萨托利对概念使用的本质主义观点，而认为在特殊情境下程度主义的分级法也是必要的。[⑤] 其他一些学者如加里·格尔茨（Gary

---

① 卡茨运用模糊集合和回归分析对在 1750—1900 年西班牙美洲的"大逆转"（Great Reversal）进行分析。在 1750—1900 年，殖民地中最边缘的领地变成了最富裕的国家，而最中心的殖民地则变成了最贫穷的国家。为了解释这一大逆转，卡茨等人同时用回归分析和模糊集合法来检验他们提出的五个竞争性假设。最后，模糊集合分析得出了非常重要的结论，即强势自由派的存在是经济发展的概率性必要条件，以及密集的土著人口是社会发展的概率性必要条件。相比而言，回归分析却没有发现任何有意义的结论。Aaron Katz, Matthias vom Hau and James Mahoney, "Explaining the Great Reversal in Spanish America : Fuzzy-Set Analysis Versus Regression Analysis," Sociological Methods & Research, Vol. 33, No. 4, 2005, pp. 539-573.

② Gary King, Robert O. Keohane and Sidney Verba, Designing Social Inquiry: Scientific Inference in Qualitative Research, Princeton, NJ: Princeton University Press, 1994. 这本书出版之后激起了一系列关于它的争论。其中最重要的是 1995 年第 2 期发表在《美国政治科学评论》上的一组评论文章。之后，这本书的三位作者名字的首字母缩写 KKV 成为这一研究范式的标识。

③ Gerardo Munck and Richard Snyder, "Debating the Direction of Comparative Politics: An Analysis of Leading Journals," Comparative Political Studies, Vol. 40, No. 1, 2007, pp. 5-31; Jack Levy, "Qualitative Methods and Cross-Method Dialogue in Political Science," Comparative Political Studies, Vol.40, No.2, 2007, pp. 196-214.

④ Evan Liberman, "Nested Analysis as a Mixed-Method Strategy for Comparative Research," American Political Scicence Review, Vol. 99, No. 3, 2005, pp. 435-452.

⑤ David Collier and Robert Adcock, "Democracy and Dichotomies: A Pragmatic Approach to Choices about Concepts ", Annual Reviews Political Science, Vol. 2, 1999, pp.561-562.

Goertz）和约翰·格尔林（John Gerring）也对概念分析的深入有所贡献。格尔茨在 2006 年出版的《社会科学的概念：使用者指南》一书是目前这一领域最重要的学术专著。[①] 而格尔林的研究则为概念分析贡献了一些新的概念和衡量指标。在《让普通语言运转起来》一文中，格尔林提出了概念形成的"最小最大策略"（Min-max Strategy），而在《怎样成为一个好概念》一文中，格尔林则提出了好概念的八个标准：熟悉（familiarity）、回响（resonance）、简约（parsimony）、一致（coherence）、差异（differentiation）、深度（depth）、理论功效（theoretical utility）和现实功效（field utility）。[②]

第四，比较历史分析（Comparative Historical Analysis）。比较历史分析目前有两个最重要的分支发展。一种是中介性机制（intervening mechanism）分析法。亚历山大·乔治（Alexander L. George）和安德鲁·本耐特（Andrew Bennett）将这种方法称为过程追踪分析（process-tracing），[③] 而马洪尼则称之为样本内分析（within-case analysis）。[④] 一般来说，统计分析只关注自变量 X 和因变量 Y 之间的相关性，对自变量 X 的变化如何导致因变量 Y 变化的过程和方式往往缺乏研究。而这种方法则尝试通过对中介性机制的发现，来找到 X 与 Y 之间的内在关联。换言之统计分析在变量 X 和 Y 之间存在一个解释的黑箱，而中介性机制法则希望打开这个黑箱。另一种比较历史分析是时序分析法（temporal analysis）。这一方法的使用者注意观察各个事件在历史中的位置、持续时间以及先后顺序，并力图发现这些因素对特定结果的影响。历史社会学中对时间和事件的分析都为这一

① Gary Goertz, Social Science Concepts: A User's Guide, Princeton, NJ: Princeton University Press, 2006.

② John Gerring, "What Makes a Concept Good? An Integrated Framework for Understanding Concept Formation in the Social Sciences," Polity, Vol. 31, 1999, p. 357.

③ Alexander L. George and Andrew Bennett, Case Studies and Theory Development in the Social Sciences, Cambridge, MA: MIT Press, 2005, p. 206.

④ James Mahoney, "Qualitative Methodology and Comparative Politics," Comparative Political Studies, Vol. 40, No.2, 2007, p. 131.

方法提供了丰富的知识来源。① 在时序分析中，路径依赖（path dependence）、初始条件（initial conditions）、偶发事件（contingent event）、关键节点（critical juncture）、自我强化（self-reinforcement）、顺序（sequencing）、持续时长（duration），以及时机（timing）等都成为重要的分析概念。② 整体来看，马洪尼和迪特里希·鲁彻迈耶（Dietrich Rueschemeyer）在 2003 年主编的《社会科学中的比较历史分析》是比较历史分析领域成果的集中展现。③

第五，原因分析（Causal Analysis）。原因分析的发展与质性比较分析和比较历史分析等方法的进展交织在一起。质性比较分析的目的就是希望找到必要原因和充分原因，而比较历史分析的一些新成果也力图把必要原因和充分原因的分析框架囊括其中。④ 目前原因分析的一些新进展主要集中在必要原因和充分原因的确定、概率性的原因分析、多重并发原因分析等领域。整体来看，目前关于原因分析的成果集中展现在格尔茨和哈维·斯塔（Harvey Starr）在 2003 年主编的《必要条件：理论、方法与应用》一书中。⑤

总体来看，暗含在国外比较方法两次研究浪潮中的趋势主要表现在如下几点：从宏观讨论转向具体操作。这一点主要体现在研究内容上。尽管第一次浪潮中也有一些操作性的讨论，但总体看来第一次浪潮更为偏重对一些宏观问题的讨论，如对比较方法以及概念问题的一般性讨论。而第二次浪潮中的研究内容都已经细

---

① 这一领域的经典研究如下：Larry Griffin, "Temporality, Events, and Explanation in Historical Sociology: An Introduction," Sociological Methods & Research, Vol. 20, No. 4, 1992, pp. 403–427; Ronald Aminzade, "Historical Sociology and Time," Sociological Methods & Research, Vol. 20, No.4, 1992, pp. 456–480; Larry Isaac, Debra Street and Stan Knapp, "Analyzing Historical Contingency with Formal Methods : The Case of the 'Relief Explosion' and 1968," Sociological Methods & Research, Vol. 23, No. 1, 1994, pp. 114–141; William H. Sewell, "Historical Events as Transformations of Structures: Inventing Revolution at the Bastille," Theory and Society, Vol. 25, No. 6, 1996, pp. 841–881.

② James Mahoney, "Path Dependence in Historical Sociology," Theory and Society, Vol. 29, 2000, pp. 507–548; Paul Pierson, "Increasing Returns, Path Dependence, and the Study of Politics," American Political Science Review, Vol. 94, No. 2, 2000, pp. 251–267.

③ James Mahoney and Dietrich Rueschemeyer, eds., Comparative Historical Analysis in the Social Science, New York: Cambridge University Press, 2003.

④ 在《比较历史方法》一文中，马洪尼就把原因分析与比较历史分析放在一起讨论。James Mahoney, "Comparative-Historical Methodology," Annual Review of Sociology, Vol. 30, 2004, pp. 81–101.

⑤ Gary Goertz and Harvey Starr, Necessary Conditons: Theory, Methodology, and Applications, Oxford: Rowman & Littlefield, 2003.

化到一些较为具体的操作领域，一些新的进展如布尔代数法、模糊集合法、嵌套分析、中介性机制法等等都是围绕具体操作展开的。这种研究的细化和具体化是学科方法逐步成熟的标志；从本质主义转向程度主义。这一点主要反映在研究价值上，其在概念分析、质性比较分析和混合方法的发展上都有一定程度的表现。在第一波浪潮中的萨托利那里，概念分析必须在本质主义的二分法基础上展开，而到第二次浪潮阶段，这种本质主义的立场逐步松动，科里尔委婉和巧妙地接受了萨托利所批判的程度主义立场。质性比较分析和混合方法的特征在一定程度上可以被总结为质性分析的定量化，这种变化实际上也是本质主义对程度主义立场的让步和妥协。这种程度主义的胜利与世界格局有一定的关系。在冷战期间，许多问题（如民主）的讨论是卡尔·施密特意义的"敌我"之间的讨论，所以本质主义的立场不能妥协，妥协就意味着失败。而在后冷战时期，交流、沟通和求同成为时代的新主题，因此，本质主义的立场松动，代之以一种程度主义的表述。单因解释向多因分析的转向。[①] 而这一点是本文讨论的重点，将在下文重点阐述。

表 7-1　国外比较方法的两次研究浪潮及其特征

时间	研究内容	代表人物	特征
20 世纪 60 年代后期到 70 年代末	比较方法总论	科尔伯格、拉斯韦尔、利帕特、斯梅尔塞	1. 宏观讨论； 2. 本质主义； 3. 单因解释；
	比较研究中的概念	萨托利	
	比较方法的具体操作	普沃斯基、图纳、利帕特	
20 世纪 80 年代末至今	质性比较分析	拉金	1. 具体操作； 2. 程度主义； 3. 多因分析；
	混合方法	KKV、利伯曼	
	概念分析	科里尔、格尔林、格尔茨	
	比较历史分析	鲁彻迈耶、马洪尼	
	原因分析	格尔茨、马洪尼	

① 本文中使用的"单因解释"并不是说，相关研究只承认仅有一个解释因素在起作用，而是说相关研究力图发现某一最为重要的解释因素。本文中使用的"多因分析"也不仅仅是简单的多种因素，而是同时强调原因的多样性以及原因间关系的层次性和复杂性。从内涵上讲，这里的"单因解释"和"多因分析"也可以置换为"简单解释"和"复杂解释"。这里之所以不用采用后面的表述，主要是因为"简单"和"复杂"这两个词在日常使用中夹杂了诸多的感情色彩。

三、经典比较方法中的单因取向

最为经典的比较方法是从"密尔五法"中发展出来的。密尔提出五种归纳推理的逻辑方法，即求同法、求异法、求同求异并用法、剩余法和共变法。在这五种方法中，剩余法只考察一个案例，所以不适用于比较分析。求同求异并用法是一种混合方法，在操作起来会显得比较复杂。而共变法则更像一种定量的归纳推理方法（或者说是一种统计方法），其在小样本分析中也会变得很难操作。[①]因此，在密尔五法中，被作为经典比较方法的主要是求同法和求异法。求同法则是在总体差异性（overall differences）的基础上寻找关键相似性（crucial similarity）。求同法力图找到多个几乎完全不同的案例：这些案例在主要特征上完全不同，仅仅在因果变量 x 和被解释现象 y 上表现出一致。求异法是建立在总体相似性（overall similarities）的基础上观察关键差异性（crucial difference）。求异法力图找到一些案例：这些案例在其他变量上都保持一致（a，b，c 都一致），但仅仅在因果变量 x 和被解释现象 y 上出现差异。[②]

表 7-2　求同法和求异法的逻辑图示[③]

	求同法			求异法		
	国家 1	国家 2	国家 Φ	国家 1	国家 2	国家 Φ
特征	a	d	g	a	a	a
	b	e	h	b	b	b
	c	f	i	c	c	c
重要解释性因素	x	x	x	x	x	非 x
被解释结果	y	y	y	y	y	非 y

---

① 也有学者如基恩·德菲利斯（E.Gene DeFelice）主张用这一方法进行比较政治学的研究。Gene DeFelice, "Causal Inference and Comparative Methods," Comparative Political Studies, Vol. 19, No. 3, 1986, pp. 426–429.

② Theda Skocpol and Margaret Somers, The Uses of Comparative History in Macrosocial Inquiry, Comparative Studies in Society and History, Vol. 22, No. 2, 1980, p. 184.

③ 该图表参照了以下两个文献：Todd Landman：《最新比较政治的议题与途径》，周志杰译，台湾韦伯文化出版社 2007 年版，第 43 页；Theda Skocpol and Margaret Somers, The Uses of Comparative History in Macrosocial Inquiry, Comparative Studies in Society and History, Vol. 22, No. 2, 1980, p. 184.

比较方法第一波浪潮讨论的重心之一就是求同法和求异法在比较政治中的应用。在密尔的两种方法基础之上，普沃斯基和图纳发展出最具相似性系统设计（从求异法而来）和最具差异性系统设计（从求同法而来）。最具相似性系统设计力图在相似的国家中发现它们的重要差异点，并用这些差异来解释所观察到的政治结果。这一方法是比较政治学者较为常用的方法。地区分析所暗含的比较逻辑实质便是如此。我们经常以西欧、北欧、东亚、拉美这样的地区分类来进行比较研究，实际上暗含了以下假设：这些地区的国家间差异相对较小。而最具差异性系统设计的意义主要在于排除那些看似可能但却无关的原因。最具相似性系统设计可以找出所有可能的原因，但是却无法排除任何一项原因。在普沃斯基和图纳所举的例子中，他们假设祖尼人、瑞典人和俄罗斯人的自杀率是一样的（这些案例属于完全不同的系统），那么这些系统因素在解释自杀率方面便是不相关的。[①]

在普沃斯基和图纳之后，一些学者围绕求异法和求同法在比较政治研究中的效用展开了讨论。一派学者认为，求异法才是最佳的比较方法，如利帕特和安德鲁·福尔（Andrew Faure）持这一观点。[②]另外一些学者对这一观点进行了较为微弱的回应，如基恩·德菲利斯（Gene DeFelice）就指出，许多在比较政治学中出色的因果关系研究实际上都遵循着求同法的逻辑。[③]在一段时间的争论之后，学术界基本上形成共识，即在比较政治研究中求异法确实要比求同法更好用些。求异法是证明的逻辑，而求同法是证伪的逻辑。换言之，求同法的实质是排除法。如果用求同法去确证一组相关关系，往往需要很多案例，其分析特征更接近于统计分析。不过，尽管对求同法的分析地位存在争论，但是仍然有很多比较政治研究都使用这一方法。

对求同法和求异法的优劣比较并不是本文的重点。本文力图阐明一点：无论

① Adam Przeworski and Henry Teune, The Logic of Comparative Social Inquiry, New York: Wiley-Interscience, 1970, p. 35.

② 利帕特认为，最好的比较研究是可比案例策略（Comparable-Cases Strategy），而这一方法的实质就是求异法。参见 Arend Lijphart, "The Comparable-Cases Strategy in Comparative Research," Comparative Political Studeis, Vol. 8, No.2, 1975, pp.158-174. 安德鲁·福尔（Andrew Faure）认为，求同法已经接近统计方法的逻辑。Andrew Faure, "Some Methodological Problems in Comparative Politics," Journal of Theoretical Politics, Vol. 6, No. 3, p. 315.

③ Gene DeFelice, "Causal Inference and Comparative Methods," Comparative Political Studies, Vol. 19, No. 3, 1986, pp. 420-421.

是求同法还是求异法，其基本逻辑都是试图得到单因解释，即通过控制无关变量，找到关键性的实验变量与结果的一致性。求异法和求同法所关心的都是，x 的出现与 y 的出现具有某种因果关系，或者说，x 导致了 y 的出现。求异法在证明时所用的规则是，当 x 出现时，y 出现，而当 x 不出现时，y 也不出现。求同法在证明时所用的规则是，每个 x 出现的案例中都能发现 y 的出现。就其结果而言，这两种方法所力图发现的，都是一个重要性解释因素 x 与被解释的结果 y 之间的因果关联。

斯坦利·利博森（Stanley Lieberson）对于求同法和求异法有非常深入的研究。利博森认为，这两种方法在运用时实际上包含了如下假设：一、一种决定论（deterministic）的解释，而非概率论（probabilistic）的解释；二、测量时要求无误差；三、存在唯一的单因（only one cause）；四、不存在相互影响的效果。[①] 利博森观点的第一点和第三点无疑验证了本文前面的论点。同时，在那些比较政治的实证研究中，运用求异法和求同法的经典案例也都力图找到某一重要性的解释因素。例如，蒂莫西·维克汉姆—克罗利（Timothy P. Wickham-Crowley）运用了求异法试图将影响游击队活动的因素锁定为农业结构类型。[②] 沃尔夫则用求同法试图将影响农民革命的因素确定为资本主义对传统农业生产的侵入。[③] 鲁伯特的研究运用求同法的逻辑试图将决定各国不同政体的最关键因素锁定为这些国家内部形成的特定阶级联盟。[④]

总之，求异法和求同法都力图实现一种单因解释。当然，在一些更具包容性的表达中，因为很难确定唯一的单因，所以在实际操作中这种单因解释往往调整为确定某一最为重要的关键性因素。这种单因解释的优点是可以充分展示观点的

---

① Stanley Lieberson, "Small N's and Big Conclusion: An Examination of the Reasoning in Comparative Studies Based on a Small Number of Cases," Social Forces, Vol. 70, No. 2, 1991, pp. 307-320.

② 维克汉姆·克罗利试图证明，在小地主占大多数的波利维亚，叛乱活动较少，而在农民基本上得不到土地并备受压迫的其他拉丁美洲国家，叛乱活动则得到支持。Timothy P. Wickham-Crowley, Guerrillas and Revolution in Latin America: A Comparative Study of Insurgents and Regimes since 1956, Princeton: Princeton University Press, 1991, pp. 92-117.

③ 沃尔夫选择了墨西哥、俄罗斯、中国、越南、阿尔及利亚和古巴等差异较大的国家进行求同法的案例比较。E. Wolf, Peasant Wars of the Twentieth Century, New York: Harper Torchbooks, 1969, pp. 282-302.

④ G. Luebbert, Liberalism, Fascism, or Social Democracy: Social Class and the Political Origins of Regimes in Inter-war Europe, New York: Oxford University Press, 1991.

力量，并具有一种逻辑上的简洁之美。例如，鲁伯特将对政治制度的影响因素确定为国内的阶级联盟。通过这种简化的归纳，这一解释具备了某种视觉和理解上的冲击力。同时，作为一种简化的逻辑，单因解释也会让读者和受众感觉到分析逻辑的清晰。当然，这种单因解释所追求的简洁之美也造成了诸多操作上的困难。在比较分析中，要找到某一关键性单因是非常困难的。以求异法的比较分析为例，在实践中要找到充分相似的案例是非常困难的。对此，普沃斯基和图纳遗憾地指出："尽管相似国家之间的差异数量有限，但是它们几乎总是可以大到足以使得被解释的现象是由'多种因素'（overdetermine）决定的。"[1] 如果不能找到足够相似的案例，我们就无法控制那些还存在某些差异的变量，那么我们也就无法排除这些变量可能发挥的影响。因此，在实际的研究过程中，有些研究者为了实现这种单因解释，往往遮蔽一些变量的差异信息，那么这一操作就有可能使得整个研究的结论出现偏离。

四、多因转向：定性比较分析与历史社会学

如前文所述，无论是求同法还是求异法，其实质都是要识别导致现象发生的一个重要性解释原因。因此，当某一现象的发生与多种因素相关时，这时求同法和求异法就会面临许多困难。也因此，在比较方法的第二波阶段，许多研究成果都试图在多因分析上寻求突破。

拉金在 1987 年的《比较方法：在质性和定量策略之外》一书中较早地讨论了原因复杂性（causal complexity）的问题，并提出了多重并发原因（multiple conjunctural causation）的概念。[2] 拉金指出："社会现象之所以复杂并难以解释，不是因为有太多的影响社会现象发生的变量（虽然原因变量的数量无疑也是重要的），而是因为不同的与原因相关的条件（different causally relevant conditions）共同结合起来以某些方式产生一个特定的结果。"[3] 拉金的这一观点实际上暗含了两层含义：一、同一现象可能由不同的原因组合导致，即同一结果 Y 可能由

① Adam Przeworski and Henry Teune, The Logic of Comparative Social Inquiry, New York: Wiley-Interscience, 1970, p. 34.

② Charles C. Ragin, The Comparative Method: Moving beyond Qualitative and Quantitative Strategies, Berkeley and Los Angeles: University of California Press, 1987, p. 20.

③ Charles C. Ragin, The Comparative Method: Moving beyond Qualitative and Quantitative Strategies, p. 26.

A 和 B 的组合或者是 C 和 D 的组合导致；二、因果关系是复杂的、非线性的。例如，在组合一中，条件 A 的出现可能导致 Y（A*B → Y），但在组合二中，条件 A 的不出现也可能导致 Y（a*E → Y）。[①]

在多重并发原因这一分析假设的基础上，多因分析在质性比较分析、原因分析和比较历史分析这三个领域都得到了一定的发展。如前所述，质性比较分析主要包含布尔代数法和模糊集合法两部分。布尔代数法实际上是一种编码方法。[②]当案例和变量的数量只有两到三个时，原因分析往往可以通过传统的"头脑风暴式"质性分析来进行。但是，当案例和变量的数量有十多个时，仅仅用大脑的简单逻辑推理会很难进行原因分析，因此需要借助编码。在编码之后，通过类似于"合并同类项"的比较，多因条件下的必要原因和充分原因就可以被找到。下面用亚历山大·希克斯（Alexander Hicks）等人关于巩固的福利国家的研究来说明布尔代数法的使用。希克斯提出解释福利国家巩固的五个变量：自由政府（LIB）、天主教政府（CATH）、父权制国家（PAT）、一元民主（UNI）、工人阶级动员（WORK），并考察了 15 个发达国家，而其中的 8 个在 20 世纪 20 年代就成为巩固的福利国家。通过布尔代数法的分析，[③]作者总结出三条福利国家早期巩固的路径：俾斯麦式路径（a Bismarckian route）：cath*PAT*UNI*WORK；自由—劳工路径（a liberal-labor route）：LIB*cath*UNI*WORK；天主教父权路径（a Catholic paternalistic route）：lib*CATH*PAT*UNI*WORK。[④]通过布尔分析可以得出结论，一元民主和工人阶级动员是福利国家巩固的必要原因。同时，天主教

---

① 在这里大写字母表示出现，小写字母表示不出现，* 表示同时，→表示导致。这些都是布尔代数中的标记方式。

② 这里特别说明下布尔代数和传统代数的区别。与普通代数中字母所指代的一般为数（可能是实数，也可能是实数和虚数组成的复数）不同，布尔代数中字母所指代的是两个对立的状态：存在与不存在。在比较政治分析中，一般用大写字母来表示存在，用小写字母来表示不存在。另外，与普通代数进行的数学运算不同，布尔代数对字母进行的是各种逻辑运算。布尔代数的逻辑运算有逻辑乘（"与"运算）、逻辑加（"或"运算）和求反（"非"运算）三种基本运算。举个简单的例子来说明这种逻辑运算。假设两个不同组合 A*B 与 A*b 都可以导致结果 Y（A*B + A*b → Y），根据布尔代数的运算可得到 A → Y。

③ 限于篇幅，这里无法对这一问题中的布尔代数编码以及运算过程进行更为细致的描述。

④ Alexander Hicks, Joya Misra and Tang Nah, "The Programmatic Emergence of the Social Security State," American Sociological Review, Vol. 60, No. 3, 1995, pp. 329–349.

政府这一因素在福利国家巩固中的作用很难进行简单评价。[①]

模糊集合法实际上是布尔代数法的一种延伸。布尔代数只能取 0 和 1 这两个值。布尔代数法运用的最佳对象是那些可以明显进行两分的概念，如市场与计划、男性与女性、穷国和富国等等。但是，许多概念是模糊的。即便前面那些两分的概念也往往具有一个程度的问题。而模糊集合法则可以相对有效地解决这一问题。[②]模糊集合可以在 1 和 0 之间取多个值来表明不同程度的隶属度。[③]每一个对象与相关概念之间都存在一定程度的隶属度，而这种隶属度可以进行定量的赋值。在对这些隶属度进行赋值后，我们就可以运用模糊集合的相关算法或计算软件进行计算。[④]计算出的模糊隶属值（fuzzy-membership scores）可以用来被评估必要原因和充分原因。当原因的模糊隶属值高于结果的模糊隶属值时，那么这里的原因便可以被确定为必要原因。当原因的模糊隶属值低于结果的模糊隶属值时，那么这里的原因便可以被确定为充分原因。[⑤]简言之，模糊集合也是一种编码的方法。但相比布尔代数法的 0 和 1 赋值而言，模糊集合法的赋值更为精确。模糊集合在比较研究中应用的原理与布尔代数法类似，都是希望在编码之后实现一种多因比较。拉金在描述模糊集合的特点时特别提到两点：第一，模糊集合可以被用来描述某一系统中的多样性和模糊性；第二，模糊集合可以用来评估如交叉、包含、

---

① 在俾斯麦路径和自由—劳工路径中，天主教政府的因素是不存在的，而在天主教父权路径中，这一因素又是必须存在的。因此，讨论天主教政府这一因素在福利国家巩固中的作用需要放在具体的情境中。

② 模糊集合是相对于古典集合而言的。古典集合是指具有某种属性的对象的全体。这种属性所表达的概念应该是清晰的、界限分明的。因此每个对象对于集合的隶属关系也是明确的，非此即彼。用集合语言来表达，对于古典集合 A，论域 E 上的任一元素 X，要么属于 A，要么不属于 A，二者比居其一。古典集合的缺点是，它对于一些模糊的概念如年轻、高大、漂亮等无法进行描述，而模糊集合则可以解决这一问题。模糊集合就是指具有某个模糊概念所描述属性的对象的全体。古典集合用特征函数来表示，模糊集合用隶属函数来表示。

③ 譬如，我们定义"高个子男人"的模糊集合，并假定身高 1.8m 以上的男人为高个子，1.6m 以下的不是高个子。那么，当 x<1.6 时，x 的隶属度为 0，当 x>1.8 时，x 的隶属度为 1。同时，身高处于 1.6 和 1.8 之间的男人也可以用数值来表示他与"高个子男人"这个集合的隶属度。譬如，当 x = 1.65m 时，它的隶属度是 0.125，当 x = 1.70m 时，它的隶属度是 0.5，当 x = 1.75m 时，它的隶属度是 0.875。

④ 拉金等人开发的 fsQCA 2.0 便是最常用的计算软件。fsQCA 2.0 的下载和操作手册参见 http://www.u.arizona.edu/~cragin/fsQCA/software.shtml

⑤ James Mahoney, "Qualitative Methodology and Comparative Politics," p. 131; Charles Ragin and Paul Pennings, "Fuzzy Sets and Social Research," Sociological Methods & Research, Vol. 33, No. 4, 2005, p. 425.

必要性、充分性等集合论关系（set-theoretic relationship）。这种集合论关系很难用一般线性模型等常规手段来描述。[①] 这两点特征表明，模糊集合在试图描述多因间的复杂关系。

原因分析的发展也在一定程度上表现出多因转向的特征。近年来原因分析的研究进展主要集中在以下几个方面：第一，用"琐细的必要原因"（trivial necessary causes）和"同义的充分原因"（tautological sufficient cause）来排除那些缺乏分析意义的原因。琐细的必要原因是指那些在所有的案例中都存在但同时对因变量的变化却没有产生实质性影响的原因。例如，人的存在是革命产生的一个必要条件，但是在分析革命产生时讨论人的存在这一问题是没有太大意义的。同义的充分原因是指那些相互包含在一起以至于分析者无法区分孰先孰后的原因。例如工业化与经济发展的例子，分析者很难辨别是工业化先于经济发展还是相反。[②] 第二，发展出概率性的必要/充分原因分析。托马斯·埃特曼（Thomas Ertman）关于中世纪及现代早期欧洲国家的形成的分析便是典型的近似充分原因解释。[③] 利博森认为，之前的原因分析（求同法和求异法）暗含了决定主义（deterministic）的假设，而在现实中，许多解释变量都无法被看作是完全的充分或必要条件。因此，他建议一种概率论的原因分析。[④] 第三，研究者把约翰·麦

---

① Charles Ragin and Paul Pennings, "Fuzzy Sets and Social Research," Sociological Methods & Research, Vol. 33, No. 4, 2005, p. 425.

② James Mahoney, "Comparative-Historical Methodology," Annual Review of Sociology, Vol. 30, 2004, p. 83.

③ 埃特曼试图分析中世纪结束前后欧洲国家为什么会形成不同的国家体制。埃特曼首先比较了奥托·欣茨（Otto Hintze）、查尔斯·蒂利（Charles Tilly）、佩里·安德森（Perry Anderson）、迈克尔·曼（Michael Mann）关于国家形成的理论，然后用14个国家的案例来验证这些理论，结果发现至少会有4个以上的案例与这些理论矛盾。在此基础上，埃特曼提出了一个三组两分法的变量解释，其强调管理政府与参与政府的区分、1450年前与1450年后地缘政治竞争的区分、强力的代表性社团是否存在等三个向度的因素。运用新的解释，埃特曼发现，在14个案例中，12个得到成立，2个案例（瑞典和丹麦）出现了偏差。因为这两个偏差案例的存在，所以埃特曼无法将将他的解释变量看成是结果的充分原因，而只能看成是近似的充分原因。同时，埃特曼的解释变量比之前学者的变量更接近充分原因。参见马洪尼对埃特曼的分析。James Mahoney, "Strategies of Causal Assessment in Comparative Historical Analysis," in James Mahoney, Dietrich Rueschemeyer, eds., Comparative Historical Analysis in the Social Science, New York, NY: Cambridge University Press, 2003, p. 345.

④ Stanley Liberson, "Small N's and Big Conclusion: An Examination of the Reasoning in Comparative Studies Based on a Small number of Cases," Social Forces, Vol. 70, No. 2. 1991, pp. 307-320.

基（John Mackie）提出的 INUS 原因运用到比较分析之中。INUS 是指一种"组合式但非唯一的充分原因"[①]。原因分析这三方面的进展实际上都反映了多因转向的整体特征。第一点进展针对必要原因和充分原因的界定，这一界定对原因分析、质性比较分析和历史社会学等其他路径的多因解释都具有重要的支撑意义。第二点所描述的概率性原因实质也是一种多因分析。因为单因解释的本质是决定论，而多因解释的本质是概率论。某一原因的概率性表达无疑意味着其他原因在解释中占有一定的空间。第三点则更直接地表现为一种多因组合的模型。

比较历史分析在多因转向上集中表现为事件分析的发展。[②] 事件分析主张在原因和结果之间考察关键事件的作用。安德鲁·艾伯特（Andrew Abbott）将这一趋势描述为"从原因到事件"（from causes to events）。[③] 在事件分析中，有三种观点是比较有代表性的：第一，事件本身是多种因素的历史聚合。如拉里·格里芬（Larry Griffin）将事件界定为一种"历史辐辏"（historical colligations）；[④] 第二，事件和历史都具有某种偶然性。保罗·皮尔逊（Paul Pierson）认为，一些大的结果可能是由一些相对小的偶然性事件（contingent events）引发的；[⑤] 第三，关键时刻（critical moment）或节点（junctures）具有特殊意义。如皮尔逊认为关键时刻或关节点塑造了社会生活和政治发展的基本轮廓。[⑥] 这三种观点都与多因转向的趋势保持了一致。第一点本身就是多因的观点。第二点所强调的偶然性实际上也反映了多因的倾向。如前所述，多因解释往往预设每一种原因都存在其偶然性。第三点强调关键事件的特殊意义，而目前的一些新进展则尝试去探究关键

---

① 麦基用电路短路与房屋着火的例子来说明这一原因。麦基借用了保险公司专家的口吻来描述："实际上，电路短路是房屋着火的一个条件，同时这一条件还需要与别的条件结合才会构成着火的一个充分条件。而且，要证明这个组合起作用，还需要排除可能造成房屋着火的其他充分原因组合。" John Mackie, "Causes and Conditions," in Ernest Sosa and Michael Tooley, eds., Causation, Oxford: Oxford University Press, 1965, p. 34. 后一句说明，电路短路的组合并不是房屋着火的唯一充分原因。

② 事件分析可以被看作是时序分析的一个分支。

③ Andrew Abbott, "From Causes to Events: Notes on Narrative Positivism," Sociological Methods & Research, Vol. 20, No. 4, 1992, p. 428.

④ Larry Griffin, "Temporality, Events, and Explanation in Historical Sociology: An Introduction," Sociological Methods & Research, Vol. 20, No. 4, 1992, p. 417.

⑤ Paul Pierson, "Increasing Returns, Path Dependence, and the Study of Politics, "American Political Science Review, Vol. 94, No. 2, 2000, pp. 251-267.

⑥ Paul Pierson, "Increasing Returns, Path Dependence, and the Study of Politics," pp. 251-267.

事件之前的多种条件性原因，例如丹·斯莱特（Dan Slater）和埃丽卡·西蒙斯（Erica Simmons）关于"关键性前因"（critical antecedent）的讨论。[①]

在这里，需要特别提及的是加里·格尔茨（Gary Goertz）和詹姆斯·马洪尼（James Mahoney）的双层理论。该理论是质性比较分析、原因分析和历史社会学三种路径的一个综合产物。在这一理论中，两位作者提出了基础层（basic level）和辅助层（secondary level）的双层分析结构。基础层代表理论的内核，主要关注需要研究的核心原因变量和主要结果。辅助层则关注比基础层低一些的处于非中心集合层面上的原因变量。就基础层和辅助层的关系而言，格尔茨和马洪尼梳理出三种模式：一、因果性关系，即辅助层变量主要通过帮助基础层生成近似性的原因变量来对结果变量施加影响；二、本体性关系，即从本质上看，辅助层变量就是组成基础层变量的那些要素；三、替代性关系，即每个辅助层变量都是该特定基础层变量的替代性实现手段。在对基础层的原因结构讨论时，格尔茨和马洪尼还提出了"必要原因同时具备"（conjuncture of necessary causes）和"等效性"（equifinality）两种结构。前者是指一组每个对结果都单独必要且联合起来充分的因果要素，而后者则是一组每个对结果都充分但却不必要的因果要素。两位作者将模糊集合法也引入到双层理论分析中，并结合历史社会学的经典作品——斯考切波的《国家与社会革命》进行了深入的分析。双层理论是多因分析的一个重要进展。在这一理论中，以必要原因和充分原因为核心内容的原因分析、基础层和辅助层的双层原因结构以及双层结构间的多种关系模式等将这种多因分析演化为一个较为精致的理论模型。[②]

如上所述，在质性比较分析、原因分析和比较历史分析的新进展中，多因分析已经成为一个新的研究潮流。换言之，整体来看，比较方法的第二波浪潮表现出明显的多因转向趋势。

---

① Dan Slater and Erica Simmons, "Informative Regress:Critical Antecedents in Comparative Politics," Comparative Political Studies, Vol.43, No.7,2010, pp. 886–917.

② Gary Goertz and James Mohoney, " Two–level Theories and Fuzzy–set Analysis," Sociological Methods & Research, Vol. 33, No. 4, 2005, pp. 497–538.

五、多因转向与科学总体发展趋势的契合

前文总结了比较方法在第二波浪潮中出现的多因转向特征。这一特征与哲学和物理学等学科上表现出的宏观趋势是一致的。在 20 世纪中期之前，对科学理论的追求往往强调一种基于简单性原则的决定论。简单性原则最形象的表述就是"奥卡姆剃刀"，即如果对于同一现象有两种不同的假说，我们应该采取比较简单的那一种。① 这种简单性原则在牛顿力学中得到了最好的体现。牛顿的经典原则是，如果某一原因既真又足以解释自然事物的特性，则我们不应当接受比这更多的原因。② 在这一简单性原则之下，牛顿在其力学体系中构建了一种决定论，即只要给出世界在某一时刻的完整描述，那么在因果规律的帮助下，过去和将来的任何事件都能被准确无误地描述出来。换言之，在牛顿看来，过去、现在和未来的状况都是由因果规律完全决定的。牛顿的这些原则对整个社会科学产生了巨大影响。社会科学中许多科学化的努力都是以牛顿力学为模板的。③ 比较方法第一波浪潮中的单因解释也可以看作牛顿原则在比较政治研究中的表现。一般来讲，在发展早期，多数学科都会表现出这种基于简单性原则的决定论特征。

然而，自德国物理学家海森堡在 1927 年提出测不准原理之后，物理学的发展进入了非决定论的量子力学阶段。量子力学认为，在微观世界，由于系统中不存在一个可以用位置和动量的现在数值来描述的状态，那么从任何可观察的初始

---

① 罗姆·哈瑞（Rom Harré）认为，密尔求同法和求异法可以被称为归纳方法，而"奥卡姆剃刀"的提出者威廉·奥卡姆是这种归纳方法的最早提出者。罗姆·哈瑞：《科学哲学导论》，邱仁宗译，辽宁教育出版社 1998 年版，第 40 页。

② 牛顿诙谐地指出："自然界喜欢简单化，而不爱用什么多余的原因来夸耀自己。" H·S·塞耶编：《牛顿自然哲学著作选》，王福山等译校，上海人民出版社 1974 年版，第 3 页。

③ 例如，在《人性论》中，休谟力图模仿牛顿建立一个关于人性的力学体系。另如，经济学的分析模型的发展多数都有牛顿力学的痕迹。再如，国际关系理论的重要奠定者肯尼思·华尔兹的结构现实主义理论便是在以物理学（牛顿力学）和经济学为模板的基础上构建的。华尔兹高度评价了这两个学科的科学性："科学的发展，无论是物理学还是经济学，都是通过远离对世界的直接经验，然后对其加以高度抽象的描述而获得发展的。"参见肯尼思·华尔兹：《中文版前言》，载肯尼思·华尔兹：《国际政治理论》，信强译，上海人民出版社 2003 年版，第 16 页。

条件来预测事件未来的定律是不存在的。① 这一观点意味着传统的决定论因果观念很难成立。量子力学对经典力学结论的动摇对自然科学和社会科学都产生了重要影响。在自然科学中，这种影响表现为系统科学的兴起。② 在社会科学中，这种影响则表现为对传统因果律的批判。这些批判在哲学层面上有较为深入和抽象的表现。这里主要以鲁道夫·卡尔纳普（Rudolf Carnap）、欧文·拉兹洛（Ervin Laszlo）和罗姆·哈瑞（Rom Harré）等哲学家的批判为例。

卡尔纳普首先总结了人们习惯的单因解释逻辑："日常生活中，我们常常要求一个事件有一个独一无二的原因 —— 死亡的唯一原因、撞车的唯一原因。"③ 卡尔纳普认为这种单因解释逻辑是有问题的。然后，卡尔纳普用交通事故这一案例来解释事件发生的多因背景：工程师会考察事故是否是由于路滑造成的；交警认为可能是由于司机违反交通规则而导致了事故；心理学家则认为司机的分心或焦虑可能是事故的原因；汽车制造师则可能从汽车自身设计或构造方面找寻原因。总之，卡尔纳普认为："不能挑选任何一个单个原因作为唯一原因。事实上很明显，根本没有唯一原因这种东西。"④ 卡尔纳普认为，对原因的分析需要通过一种多因结构来完成："如果在事故和一个先行事件之间发现一种因果关系，那么这先行事件必定是整个事前情景。"⑤

拉兹洛对单因的决定论也有一些精彩的批评。拉兹洛指出："理论就象窗户框上的玻璃，只要它们本身是清洁的，看上去就是清清楚楚的，可外面的世界却

---

① 关于这一点，美国学者瓦托夫斯基指出，"经典的、严格的决定论似乎要求在任何给定时刻中，世界的状态都是唯一地确定的。然而，状态总是同状态的某种模型紧密联系在一起；显然，只要在量子层次上不存在依据空间—时间定位的同时（真正瞬时的）值来充分确定的状态，那么，在经典粒子模型中的严格的决定论就失效了"。M·W·瓦托夫斯基：《科学思想的概念基础 —— 科学哲学导论》，范岱年等译，求实出版社 1989 年版，第 456 页。

② 系统科学的新发展更集中地表现为复杂性科学，而后者则主要表现在系统论、控制论、人工智能、耗散结构理论、协同学、超循环理论、突变论、混沌理论等领域。

③ 卡尔纳普：《科学哲学导论》，张华夏、李平译，中国人民大学出版社 2007 年版，第 185 页。

④ 卡尔纳普：《科学哲学导论》，第 186 页。

⑤ 卡尔纳普：《科学哲学导论》，第 186 页。卡尔纳普在另一处也明确表达了这种多因取向："为了充分地分析这些原因，必须考察一切有关的条件，一切不变的条件和变化的条件。实际情况可能表明，许许多多不同条件对最终结果都有重要的影响。"卡尔纳普：《科学哲学导论》，第 185 页。

不会变得象所有的玻璃那样一清二楚。"①哈瑞更为直接地讨论了密尔方法的单因取向及其不足。哈瑞用植物生长的例子来批评密尔的方法。哈瑞假设说，假如发现在炎热气候中植物生长得比在寒冷气候中更苗壮，那么根据密尔方法，就可以得出结论，植物的生长率是由温度差异导致的。很明显，这一结论没有考虑光的因素，即炎热气候下日光更为充足。密尔方法没有办法解决的是，当出现了光和温度这两个因素后，如何得出有效的结论。对于这个问题，哈瑞给出了一个多因解释：一定的温度是刺激生长所必需的，而光也是必需的（光似乎还是主要原因），同时，还有可能出现第三种因素（它是真正的原因，但人们还没有注意到，光伴随着第三种因素出现）。②

需要说明的是，比较方法的多因转向与这些哲学家们的基本倾向是一致的。卡尔纳普和哈瑞的分析都可以看成是一种明显的多因解释倾向。卡尔纳普无疑希望用一种多因结构来对其所举例的交通事故进行解释，而哈瑞也试图用多因结构来分析植物生长的案例。只是，哲学家的分析具有更强的思辨色彩，而比较方法的讨论尤为强调一种可操作性。

结语：结合单因与多因的贝叶斯分析

如上所述，本文主要从实然的角度描述了比较方法的多因转向趋势。在这里，本文并没有暗示说，多因分析比单因解释更具优越性。实际上，人类的许多认知都是在两种类别差异之间进行摇摆和平衡。只是，在比较政治领域，目前的这一钟摆恰好从单因摆向了多因而已。从应然的角度来看，笔者认为，需要辩证地看待单因和多因的关系。单因和多因反映了不同的认知倾向和逻辑。单因更多反映了一种确定性的逻辑，而多因则表达了一种概率性的逻辑。如果放弃单因，人类就没有预期。如果放弃多因，人类则没有敬畏。因此，需要把两者有机地结合起来。

实际上，比较政治研究中已经出现了一些结合二者的努力。例如，之前提到

---

① E·拉兹洛：《用系统论的观点看世界》，闵家胤译，中国社会科学出版社1985年版，第11页。拉兹洛还深刻地指出："尽管科学理论要比现实世界简单，但无论如何它必须反映现实世界的基本结构。因而，科学必须谨防一味地追求简单而丢掉了那种结构；真要是那样的话，就是把小孩同洗澡水一起泼出去了。" E·拉兹洛：《用系统论的观点看世界》，第11页。

② 该处译文略有调整。罗姆·哈瑞：《科学哲学导论》，邱仁宗译，辽宁教育出版社1998年版，第41—42页。

的斯莱特和西蒙斯的研究便是一种单因解释和多因解释的复合。两位作者引用了麦克亚当关于美国黑人运动（1961—1965）的研究案例，并将其关键性前因的起点界定为 1930—1950 年美国棉花经济的萎缩。由于棉花经济萎缩，导致南部农场主在国家的影响力流失（因素一）、大量黑人移民到北方（因素二）、劳工控制弱化（因素三）、农村黑人移民到城市（因素四）。在历史关节点上，因素一和因素二的作用表现为"黑人问题"的国家化、北方精英不再支持维持种族现状、黑人选举权增加等政治机会结构的变化，而因素三和因素四则在本土资源上表现为黑人大学、黑人教堂以及全国有色人种促进协会作用的不断提升，同时在认知解放上表现为黑人群体的集体归属感不断增强。所有这些因素加总起来导致了黑人运动的发生。[1] 需要说明的是，斯莱特和西蒙斯并没有仅仅将棉花经济萎缩这一单一因素视为关键性前因，而是将其与因素一、因素二、因素三、因素四等一起（多种因素）视为关键性前因。但同时，斯莱特和西蒙斯也强调了棉花经济萎缩这一单因的特殊地位。因此，斯莱特和西蒙斯的分析实质是一种单因和多因的复合，即起源时的单因触发了多种条件因素的变化，最后由多种条件因素共同导致了结果的发生。

需要补充说明的是，斯莱特和西蒙斯对单因和多因的复合只是一种简单的复合。因此，如何实现单因和多因分析的有机结合，便成为未来比较方法发展的一个重要领域。笔者认为，贝叶斯分析（Bayesian analysis）的方法可能为两者的结合提供一些启发。[2] 贝叶斯定理是关于条件概率的定理，其规定了如何根据新的证据改变概率。例如，在赛马中，赌家赋予每匹马的概率取决于他对这匹马过去表现的了解，同时，赌家将根据新的证据（某匹马当天的表现）来改变这些概率。换言之，贝叶斯分析将先验概率和条件概率结合起来考虑。贝叶斯分析对整合单因和多因的启示是，原因分析可以以单因（将单一的关键性因素作为先验概率）为基础，同时充分考察事件发生的先行条件，根据这些条件再调整原因分析。同时，可以参考双层理论将关键性单因和先行条件之间的结构用逻辑图示表达出来。当然，本文在这里的讨论仅仅是一个初步的方案，而在今后的研究中则需要构建更为明晰的分析模型。

---

[1] Dan Slater and Erica Simmons, "Informative Regress: Critical Antecedents in Comparative Politics," Comparative Political Studies, Vol.43, No.7, 2010, pp. 892–893.

[2] 实际上，在国外已经出现了一些用贝叶斯分析来整合复杂解释和简单解释的尝试。参见 Bruce Western, "Bayesian Thinking about Macrosociology," American Journal of Sociology, Vol. 107, No. 2, 2001, pp. 353–378.

比较政治学中的文化主义

章 远

从研究内容和研究方法上看，比较政治学主要包括理性主义（rationalist approach/ rational choice theory）、文化主义（culturalist analysis/theme）和结构主义（structuralist approach）三个流派。如果说理性主义强调从理性的假定出发来解释政治行为及其后果，文化主义在本体论和方法论上都有鲜明的诠释主义特色。另一方面，结构主义关注于比较行为主体之间的整体关联和探讨因果模式和动态发展关系，文化主义则更关注通过个案探讨认同和秩序这些共同的价值判断。简言之，相对于强调通则的理性主义和重视聚合的结构主义，文化主义的特点是单元化和和离散化。

政治文化关注的重点是价值判断和意识态度等相对稳定的文化要素。本文旨在阐明文化变量和政治制度、政治变化之间的因果关系。本文将首先回顾文化主义五个阶段的发展历程，简要介绍政治文化的阐释结构，继而分别简述文化主义的经典议题，最后集中讨论文化冲突与正义、女权主义以及全球宗教复兴等前沿命题，总结文化主义的发展前景。

一、比较政治学文化范式研究的理论脉络

比较政治文化研究是政治学的核心内容之一。从研究方法上看，比较政治文化往往通过经验性的案例分析来解决问题。自启蒙运动以来，政治科学沿袭了马基雅维利、孟德斯鸠、霍布斯竺诸位思想先驱的足迹，经过了从马克斯·韦伯、埃米尔·涂尔干到加布里埃尔·阿尔蒙德（Gabriel Almond）的努力，不仅建立起了宏大的学科，还逐渐确立了理论和范式分野。理论分野不是理论歧视，因为

理论流派之间始终存在相互影响和相互综合的情况。理性主义、文化主义和结构主义就是比较政治学的三大流派，其中理性主义、理性选择理论经由霍布斯、斯密和帕累托发展而来，结构主义同韦伯有着深厚的渊源，而文化主义则是肇源于孟德斯鸠，并由韦伯发展出了理论体系。

（一）古典主义时期

作为一个独立的概念，政治文化起源于亚里士多德。亚里士多德将政治学置于社会科学的首位。他提出的经典问题和研究方法至今仍在政治学研究中被广泛使用——因此，亚里士多德也视为整个政治理论大厦的奠基人。[1]值得一提的是，亚里士多德曾对政治革命和政治变迁的心理因素曾做过专门论述。他发现，人的善是合乎心灵德性的活动。如果人们关注的是主动意义上的生活，那么人的心灵就会遵循着理性原则主动地发挥作用。[2]换言之，人的外在行为是由人的意志力所自觉确定的目标来控制的。

（二）后传统时期：20 年代至 60 年代前期

卡尔·马克思、马克斯·韦伯和埃米尔·涂尔干是现代社会学的最重要的奠基人。涂尔干注意到了文化在不同社会环境中的差异性，认为制度应该适应文化。韦伯的思想非常复杂，难以简单地分类。不过在政治文化层面上，韦伯经常思考的问题是人应该怎么生活，社会如何实现公义，什么样的制度才能支持公平和正义的生活。这些反思最开始是规范的政治理论，但后来逐渐被纳入到理性主义的路径。韦伯这一辈的学者所追求的更好的制度脱胎于僵化的中世纪思想，带着启蒙主义光辉。他们在社会结构上追求理性的秩序，但是韦伯的诘问也被认为是文化的科学。[3]韦伯称政治学是自称"关于具体现实的经验科学"，其目标是"理解我们行动于其中的现实的独特性"。[4]如果将韦伯视为文化主义者，那么他的宗教伦理分析提供了非理性主义的解释框架。正是从韦伯开始，文化主义强调文

---

[1] Harry Eckstein " A Perspective on Comparative Politics, Past and Present," in Harry Eckstein & David E. Apter, eds., Comparative Politics: A Reader ,New York: The Free Press of Glencoe, 1963, p. 3.

[2] 亚里士多德：《政治学》，吴寿彭译，商务印书馆1983年版，第351页。

[3] See Wilhelm Hennis, "Max Weber's 'Central Question'," Economy and Society, 1983; Benjamin Nelson, "Max Weber's 'Author's Introduction' (1920): A Master Clue to His Main Aims," Sociological Inquiry, 1974, 44(No. 4), pp. 269–278; Ralph Schroeder, Max Weber and the Sociology of Culture .Newbury Park, CA: Sage, 1992, Chap. 1.

[4] Max Weber, The Methodology of the Social Sciences ,New York, Free Press, 1979, p. 72.

化建构了理智，确立了理性的边界。

（三）现代兴起时期：60 年代至 80 年代前期

20 世纪 60 年代初，比较政治学的三个理论流派得到了系统和学理化的界定。哈利·埃克斯坦（Harry Eckstein）和戴维·阿普特（David E. Apter）等率先评估了三个流派的发展状况。[1] 严格地说，直到那个时候，比较政治学才脱离了传统的政治研究路径，逐渐获得了独立和繁荣。

阿尔蒙德、西德尼·维巴（Sidney Verba）、罗伯特·普特南（Robe Putnam）、哈里·艾克斯坦（Hary Eckstein）和罗纳德·英格尔哈特（Ronald Inglehart）等人为政治现象的判断、预测及解释做出了巨大的贡献。正是在他们的努力之下，政治文化这个概念逐渐明晰起来。依据阿尔蒙德的观点，政治文化是公众对政治的态度和他们在政治体系中的角色定位。政治文化能够影响和反映一个国家现在和未来行为趋势。[2] 不仅如此，政治文化涵盖了政治生态中的成员在政治体系、政治过程和政策输出三个层面上的偏好和倾向性。[3] 在体系层面上，政治文化指身处某一个国家或者某一个政府中的政治参与者对自身所处的国家、政府等政治体系的认同程度。同时，对某一政治体系的政治文化的偏好往往与民族认同和国家认同息息相关。从政策层面上看，政治文化包含了政治参与者对政治和政策运行过程的预期，也意指公民与政治过程之间的相互关系。在这个层面，政治文化表达了政治个体对政治输出和结果的看法和期望。

与强调运用数理逻辑的理性主义路径不同，文化主义往往从社会学和文化人类学视角出发研究问题。阿尔蒙德倡导将政治思想、社会理论、社会心理学等研究作为政治文化研究的理论和方法来源。人类学家克利福德·格尔茨（Clifford Geertz）认为文化是由含有意义的符号和仪式、习俗等等实践所构成，而政治则通过这些经验性表达得以实现。[4] 理性主义用抽象的数学推理解析选举行为、革

---

[1] Harry Eckstein and David E. Apter, eds., Comparative Politics: A Reader ,New York: The Free Press of Glencoe, 1963.

[2] 加布里埃尔·A·阿尔蒙德、拉塞尔·J·多尔顿、小 G.宾厄姆·鲍威尔·卡雷·斯特罗姆等：《当代比较政治学：世界视野（第八版）》，杨红伟、吴新叶、方卿、曾纪茂等译，上海人民出版社 2010 年版，第 53 页。

[3] 加布里埃尔·A·阿尔蒙德、拉塞尔·J·多尔顿、小 G.宾厄姆·鲍威尔·卡雷·斯特罗姆等：《当代比较政治学：世界视野（第八版）》，第 54 页。

[4] Clifford Geertz, The Interpretations of Culture ,London: Basic Book, 1973, p. 312.

命过程、政治经济变化等等政治议题，建立并巩固了利益在政治行为中的主导地位和作用，强化了理论的通则特质。与理性主义高度抽象地探讨政治人不同，文化主义选择了更具人文关怀的分析立场，偏好在对研究对象进行实地考察的基础上探讨政治行为方式、意义和价值观。

在文化主义看来，克利福德·格尔茨所提出的"厚重描述"（thick description）是极为重要的概念。文化主义研究常常细化到居住在某一个村庄或某一地域上的特定民族，或者代表某一群体的政党等非常具体的案例。文化主义者认为，对活生生的社会现实的阐释而非对冰冷生硬的数据的提炼，才能够充分理解研究对象。当然，由于文化主义强调人类学和社会学研究方法，也招致了比较政治学家对研究者研究能力和价值中立性的质疑。然而，当前的学者普遍认为，这一时期的政治文化研究既没有形成严格的规范，也没有构建出相对完整的文化与政治之间的关系。①

（四）经验聚合时期：稳定和繁荣的 20 世纪 80 年代

进入 80 年代后，文化主义进一步明确了政治文化的内涵和定位，同时确认文化差异与政治制度的关联性。这一时期经验研究帮助文化主义避免了狭隘的研究指向。文化主义对国家与民族和民族主义之间关系的探讨和分析是这个时期的重要特征。个人在身份选择上是首先认同国家还是集体，决定了个人利益的实现与国家福祉是否可以兼容。民族身份是个体成员大脑中活跃的共同体意象，继而与民族国家的概念相联系，从而给予了国家整体主义的政策选择可能性。② 作为政治学者，詹姆斯·斯科特（James C. Scott）承认自己的文化主义者身份。在《弱者的武器》一书中，斯科特考察了马来西亚赛达卡（Sedaka）的农民的反抗。他指出，"赛达卡的农民并不是简单地对当前的客观条件做出反应，而是对他们置于这些条件之上的解释做出反应。价值观塑造具体实践，而上述客观条件受价值观的调节"③。斯科特的分析将理性和非理性秩序下的阶级反抗都追溯到社群身

① 李路曲：《政治文化研究的概念困境》，载《上海师范大学学报（哲学社会科学版）》2013 年第 3 期，第 31 页。

② Benedict Anderson, Imagined Communities: Reflections on Origin and Spread of Nationalism ,London: Verso, 1991, pp. 6–7.

③ James C. Scott, Weapons of the Weak: Everyday Forms of Peasant Resistance ,New Haven: Yale University Press, 1985, p. 305.

份形成上来。有研究表明，诠释在族群和民族身份建构中发挥了关键作用。[1]群体身份围绕历史神话的隐喻得以强化。就这样，普通政治人和政治学家被导入了文化主义的新兴盛时期。

（五）新兴盛时期：从20世纪90年代、"9·11事件"到今天

在马克·利希巴赫（Mark I. Lichbach）和阿兰·S.朱克曼（Alan S. Zuckerman）主编的《比较政治：理性、文化和结构》一书中，马克·霍华德·罗斯（Marc Howard Ross）总结了是文化主义流派。罗斯指出，文化有两种与比较政治有关的特征，分别是意识系统以及社会与政治身份的基础。人们运用前者来管理纷繁的日常世界，后者则影响人们在具体情况下采取特定的立场和行动。[2]2001年9·11恐怖袭击事件对既有的政治研究和文化研究提出了前所未有的挑战，但文化主义研究也因此迎来了方兴未艾的新时代。

这一时期代表最具代表性的学者是戴维·莱廷（David Laitin）。莱廷既强调共识，又不忽略文化论争。莱廷认为观念不是行为的直接变量，制度才能把世界观与投票、示威等政治行为联系起来。[3]与经验聚合时期不同，新兴盛时期不再热衷于把文化主义与民族国家研究结合起来。莱廷认为，文化对国家建构和国家能力的影响远不如理性行为和结构那么大，因此，政治文化的系统研究是条死路。相比之下，更异质性的多元主义田野调查案例分析才是文化主义的未来。

由于文化本身难以严格量化，所以文化主义的论证过程也面临对其科学性的质疑。针对文化单元的范围和文化分析本身，存在着众多的争议。文化主义者内部也常常陷入争执和分裂中，没有形成普遍认可的正统范式。社会学和文化人类学对文化主义产生了深远的影响。然而，来自于田野调查的具体案例虽然生动活

---

① See Eric Hobsbawm and Terrence Ranger, The Invention of Tradition ,Cambridge: Cambridge University Press,1983; Benedict Anderson, Imagined Communities: Reflections on Origin and Spread of Nationalism ,London: Verso, 1983; Ernest Gellner, Nations and Nationalism ,Ithaca: Cornell University Press, 1983; Stanley JeyarajaTambiah, Sri Lanka: Erhnic Fratricide and the Disnzantling of Democracy ,London: I. B. Tauris, 1986; Anthony D. Smith, The Ethnic Origin of Nations ,Oxford: Basil Blackwell, 1986.

② 马克·I·利希巴赫，阿兰·S·朱克曼《比较政治的研究传统和理论介绍》，载马克·I·利希巴赫，阿兰·S·朱克曼编：《比较政治：理性、文化和结构》，储建国等译，中国人民大学出版社2008年版，第11页。

③ David D. Laitin, "National Revivals and Violence," Archives Europeennes de Sociologie, 1995, No. 36, pp.3–43.

泼，但其理论概括和提炼则非常吃力。可以认为，文化主义强调深化诠释性理解，抛弃广泛的概括性解释，限制了学术成果的认可范围，但这一困境似乎得到有效的解决。

表 7-3　比较政治文化主义发展流变简表

时间阶段	代表人物	理论特质	观点	论证过程
古典主义经典时期（20 世纪 30 年代以前）	亚里士多德	形而上学	意志、需求、伦理等非理性因素是行为的心理动机。	逻辑理论
后传统时期（20 世纪 20 年代至 60 年代）	韦伯	宗教社会学政治社会学	对意义和救赎的非理性追求如何有助于创造理性的个体和现代世界的制度。	反实证主义
现代兴起时期（20 世纪 60 年代至 80 年代前期）	阿尔蒙德	系统分类	政治体系中的行为会受到人们意识的引导，公民的政治态度可以是行为背后的导向因素。政治发展是政治系统、过程和政策变化的结果。	强调心理的历史经验研究
	格尔茨	厚重描述诠释理论	文化是由带有特定意义的符号和专门的实践组成。文化与政治之间的关系是系统性地共享某些符号和实践。	案例研究
经验聚合时期（20 世纪 80 年代至 90 年代前期）	斯科特	诠释主义	文化的意义是建构现实身份认同、行为和秩序的原因。	案例研究
新兴盛时期（新千年至今）	莱廷	博弈论逻辑	制度是个体观念到集体行动之间的中介变量，文化并不能产生直接的行为效果。	案例研究统计检测模型演绎

二、比较政治学文化主义的经典议题

政治文化涉及的范围相当广泛，反映了不同群体的政治态度和价值偏好，能够深刻地影响国家的政治选择。虽然政治文化并非永恒不变，但却有着强大的惯性。正因为政治文化整体上的转化较为缓慢，才使得探讨政治行为中的政治文化因素成为可能。在结构层面上，政治规范和政治制度等政治文化变化在一定程度上是各种政治参与者的价值判断、政治偏好以及政策态度变动相互影响的结果。文化主义的经典议题包括身份、认同、价值等。它们的分析单元主要是受传统道德等文化因素影响的社群，其研究定位在个体主义与国家主义之间。

（一）身份、认同、价值

政治文化的常规心理表现形式包括理性的、相对长期和固定的政治身份、政治认同、情感和价值判断等。它们也是文化主义研究的主流和传统的议题。文化主义者强调认同政治（identitiy politics）的地位和意义。他们认为，在20世纪后半期，认同的重要性逐渐上升，后果强化了族群和民族之间原本可能脆弱的分界线。①认同观念的基本理论解释是：文化是定位自我与他者的世界构架，认同则是区分自我和他者的关键认知工具，是在社会大环境下被建构的观念。罗斯总结诠释是行动者共享的交互主体间意义，是文化主义的方法论工具。它帮助我们理解民族、国族这样想象共同体的建构过程。②

利希巴赫总结指出，文化主义是整体主义的变体，以社群为单位来看待主体间的规范。社会制度的共同特点就是共同知识和共享价值，无论是政治制度，还是宗教、经济或社会制度。共同认知和"传统道德逻辑"也就是良知构成了社群，世界则是由赋予了意义与价值的社会互动与沟通行动构成的。文化与社群是社会控制的基石。角色定位决定着社会尊重、认同、荣誉、地位与声望的标准。与此同时，逐利的个人主义个体也不得不面对集体义务的约束，极端情况下甚至会面临社会公义的制裁。③在利希巴赫看来，这样的观点是主观的或目的论的。④

（二）诠释和地方性知识

诠释是文化主义的研究方法和社会科学哲学。从研究顺序年上看，文化主义先确定某个特定案例或案例群，然后将其理论上的重要性最大化，但在在诠释具体研究对象时尽可能避免一般化的普遍理论。相对于理性主义和结构主义，

① 本尼迪克特·安德森：《比较的幽灵：民族主义、东南亚与世界》，甘会斌译，译林出版社，第54页。

② 马克·霍华德·罗斯：《比较政治分析中的文化和身份》，载马克·I·利希巴赫，阿兰·S·朱克曼编：《比较政治：理性、文化和结构》，储建国等译，第84—90页。

③ James C. Scott, Weapons of the Weak: Everyday Forms of Peasant Resistance ,New Haven: Yale University Press, 1985, p. 234.

④ 马克·I·利希巴赫：《社会理论与比较政治学》，载马克·I·利希巴赫，阿兰·S·朱克曼编：《比较政治：理性、文化和结构》，储建国等译，第322—323页。

文化主义对个体的重视程度最高。在理论抽象过程中，文化主义偏重诠释性的（interpretive）解释。罗斯认为诠释这个概念是"行动者共享的交互主体性的意义，也指社会科学观察者理解这些意义，并将所理解的意义展示给别人的具体努力"。文化的形式是多种多样的，所以文化主义关注的政治领域并没有固定的边界。

文化主义者大都认为要深入了解行为者互动的价值与意义，要了解人的主观情感，并分析这些柔性因素是如何构成并影响着政治现实的。诠释学有四个基础性假设：第一，诠释方法的基础是参与者的看法与科学家的看法不一致，也就是韦伯所说的"人们无须为了理解凯撒而成为凯撒"[1]。所以，诠释的目的在于从行为发起者视角产生对其他人的经验的同情性理解。第二，能动者的行动受社会规范和价值的影响。第三，整体与部分不可分离，个体与社会联系起来才可能被赋予意义。第四，对社会的理解来自于人类社会内部，而不是于外在的物质世界。[2]也正因为如此，研究的进展会受制于人类自我理解能力。简言之，诠释的关键在于理解，而不是解释。

格尔茨的《地方性知识：阐释人类学论文集》是诠释的一个典型例证。在该书中，格尔茨通过案例比较，从人类学、社会学和文化学的角度分别探讨了对地区研究的认知。这本经典之作汇集了"模糊的体裁：社会思想的重塑"、"诠释中的察知：论道德想象的社会史"、"文化持有者的内部眼界：论人类学理解的本质"、"作为文化体系的常识"、"作为文化体系的艺术"、"核心、王者和魅力：权力符号的反照"和"我们现在思考方式：现代思想的文化人类学讨论"和"地方性知识：从比较的观点看事实和法律"八个章节。

"地方性知识：从比较的观点看事实和法律"一文界定了"地方性知识"这个概念，并在人类学和法学中运用阐释学的比较方法分析具体问题。格尔茨的比较研究集中于文化诠释部分。他比较了在伊斯兰世界的哈格（haqq）、达摩（dharma）和风俗（adata）三种不同法律文化中法律与事实的关系。格尔茨把对所发生的事件的本地认识与对可能发生的事件的本地联想联系在一起，指出地方性知识受制

---

[1]　Craig Calhoun, Critical Social Theory: Culture, History, and the Challenge of Difference , Oxford: Blackwell, 1995, p. 48.

[2]　马克·I·利希巴赫：《社会理论与比较政治学》，载马克·I·利希巴赫，阿兰·S·朱克曼编：《比较政治：理性、文化和结构》，储建国等译，第327页。

于文化体系的自主性。

（三）公民文化

公民文化伴随关政治文化研究的独立进入文化主义者视野。阿尔蒙德和西德尼·维巴在1963年出版的《公民文化》一书。在该书中，作者采用大规模社会调查的方法，在五个国家收集了数据，然后依据个人态度来评估国家政治系统，从而开创了政治文化的实证研究道路。阿尔蒙德和维巴把政治文化定义为"由得自经验的信念、表意符号和价值观组成的体系。这个体系规定了政治行为所有发生的主观环境"[①]他们指出，政治文化与公众行为息息相关。但在他们的研究中，个人被假定为功利主义和理性的。社会个体的政治态度和政治行为的社会化形成了覆盖全体公民的政治文化。政治制度和公民态度之间的契合则有助于推动政治体系的运行乃至发展。反过来看，公民如果否定现存制度设计，则有可能阻碍政策在当前政治体系中的实施。在极端的情况下，缺乏足够公民认可的政治制度将丧失维持有效治理的政治根基。

维巴和阿尔蒙德的数据采集是相对的粗放的。相比之下，英格哈特（Ronald Ingelhart）将公民文化细化为"个人生活满意、政治满意、人际信任、对社会秩序的支持、民主稳定性和经济发展程度"等诸多特征。[②]政治文化产生了重要的政治结果，与民主制度的存活密切相关。[③]此后的学者通过政治精英访谈，相继把"政府绩效"、"经济总量"和"政治参与度"结合"政治精英访谈"考量指标纳入分析，[④]增加了论证的说服力。

（四）政治仪式

在文化主义者看来，社会秩序是社会构成的基础，其中习惯、礼仪和规范界

---

① 加布里埃·A·阿尔蒙德，西德尼·维巴：《公民文化：五个国家的政治态度和民主制》，徐湘林等译，东方出版社2008年版，第359页。

② Ronald Inglehart, The Silent Revolution in Europe: Changing Values and Political Styles Among Western Publics ,Princeton University Press, 1977; Ronald Inglehart, "The Renaissance of Political Culture," American Political Science Review, 1988, Vol. 83, pp. 1203–1230.

③ 罗纳德·英格尔哈特：《政治文化的复兴》，载尼考劳斯·扎哈里亚迪斯主编：《比较政治学：理论、案例与方法》，宁骚、欧阳景根等译，北京大学出版社2008年版，第89页。

④ David D. Laitin, "The Civic Culture at 30," American Political Science Review, 1995, No. 89, pp. 168–173; Sidney Tarrow, "Making Social Science Work Across Space and Time: A Critical Reflection on Robert Putnam's Making Democracy Work," American Political Science Review, Vol. 90, pp. 389–397.

定了社群中各个角色的定位或期望。① 符号和仪式是宗教学的传统议题。比如，涂尔干认为宗教本质上可以归结为两个基本范畴：信仰和仪式。宗教是"神话、教义、仪式和仪典"等相结合的复杂体系。② 信仰者赋予宗教仪式以各种效力，并按需要加以诠释，另一方面仪式"在道德上重新塑造了个体和群体"③。政治社会学家把宗教定义为目的激发崇敬和敬畏的一整套"象征符号"④，是"集体表象和文化现象"⑤。吉登斯认为定期在专门场所举行的宗教仪式的"行为的目的都是指向宗教的象征意义"⑥。而在系统论学者看来，"文化世界本质上是符号世界"⑦。从宗教的角度来看，仪式是经验的外在化，是不断修正的经验表达。

1964年，默里·埃德尔曼（Murray J. Edelman）出版了《政治的符号运用》一书。⑧在该书出版之前，政治学家并没有认真地把政治符号和政治仪式纳入考察。⑨ 其实，符号、仪式和政治都可能是广泛的宗教信仰的外在表达或者符号展示。政治仪式可以起到政治动员的作用。"文化上的共享隐喻"和"根植于文化的恐惧"是政治符号和政治仪式的根基，⑩ 诱导形成共识，同时规避潜在的分离和冲突的可能。在极端情况下，政治符号和仪式会由于强烈地威胁到他者而引发群体对立。换言之，政治仪式既影响人们对政治系统中的政策、精英、时间等内容的看法和观念，又对政治身份认同起着重要的建构和维系作用。

① James C. Scott, Weapons of the Weak: Everyday Forms of Peasant Resistance ,New Haven: Yale University Press, 1985, p. 234.

② 爱弥尔·涂尔干：《宗教生活的基本形式》，渠东、汲喆译，上海人民出版社2006年版，第32页。

③ 爱弥尔·涂尔干：《宗教生活的基本形式》，渠东、汲喆译，第354页。

④ 安东尼·吉登斯：《社会学（第4版）》，赵旭东等译，北京大学出版社2003年版，第506页。

⑤ 莫莫里斯·迪韦尔热：《政治社会学——政治学要素》，杨祖功、王大东译，东方出版社2007年版，第39页。

⑥ 安东尼·吉登斯：《社会学（第4版）》，第507页。

⑦ 冯·贝塔朗菲：《一般系统论：基础、发展和应用》，林康义等译，北京清华大学出版社1987年版，第187页。

⑧ Murray J. Edelman, The Symbolic Uses of Politics ,Urbana: University of Illinois Press, 1964.

⑨ 马克·霍华德·罗斯：《比较政治分析中的文化和身份》，载马克·I·利希巴赫，阿兰·S·朱克曼编：《比较政治：理性、文化和结构》，储建国等译，第75页。

⑩ Donald V. Kurtz, "Strategies of Legitimation and the Aztec State," in Frank McGlynn and Arthur Tuden, eds., Anthropological Approaches to Political Behavior ,Pittsburgh: University of Pittsburgh Press, 1991, p. 149.

（五）政治变迁与文化

文化变迁的主要来源是代际更替。[1]一般认为，文化是相对稳定的，变化缓慢，而政治则有可能出现急速的变革或者突发的重大事件，并且两者之间存在内生性。尽管如此，文化主义者一方面承认文化层面的解释力有局限性，另一方面也坚决否认文化是绝对静态的固定现象。在艾莉森·布莱斯克（Alison Brysk）看来，政治文化一旦涉及了政治动员、政治表达或者道义支持，其日程表就会发生某种事实上的改变，于是文化与变迁之间的联系就建立起来了。[2]

除了以上五个传统议题之外，文化主义还探讨了理性主义和结构主义的传统议题。不同的范式研究同样的问题，其差异主要体现在研究方法和对象。比如，文化主义关注的是选举和投票行为背后的文化或意识形态支持。而且，文化主义的政治仪式扰乱了基于物质利益分析的理性主义框架。同样是研究社会运动和革命，文化主义的着眼点是斗争文化和宗教文化。[3]文化主义者同样热衷于以文化为变量、观念导向的政治经济学，[4]用主体间观念的张力来解释国家建构。[5]虽然文化、观念、规则和秩序在其他流派的传统议题领域似乎与利益、结构一样重——但在部分理性主义和结构主义者看来，由于不同分析单元的文化解释不相同，文化主义否定了普遍性通则，否定解释力更强的因果分析，严格地限定诠释的适用范围到特定的研究对象。

三、比较政治学文化主义的前沿问题进展以及方法的运用

近些年，随着全球范围交往的增加，关于全球治理和国家内部治理的新政治

---

① 塞缪尔·H·巴恩斯：《选举行为与比较政治》，载马克·I·利希巴赫，阿兰·S·朱克曼编：《比较政治：理性、文化和结构》，储建国等译，第158页。

② Alison Brysk, "'Heart and Minds': Bring Symbolic Politics Back In," Polity, 1995, Vol. 27,pp. 580–582.

③ William Roberta, "Political Discourse and Collective Action," in Bert Klandermans et al., From Structure to Action: Comparing Social Movement Research I. Greenwich, CT: JAI, 1988, pp. 219–244; Mansoor Moaddel, "Ideology As Episodic Discourse: The Case of Iranian Revoltion," American Sociological Review, 1992, Vol. 57, pp. 353–379.

④ Nicholas Ziegler, Governing Ideas: Strategies for Innovation in France and Germany ,Ithaca: Cornell University Press, 1997.

⑤ Clifford Greertz, Negara: The Theatre State in Nineteenth Century Bali ,Princeton: Princeton University Press, 1980, pp. 13–19.

性话题越来越多地进入比较政治研究的视野，其中文明冲突、文化正义、性别平等、宗教复兴等议题牵涉到观念变化或更新，更新了既有文化—社会—政治关系的因果链条，延伸、拓展并深化了文化主义的议题范围。

（一）文明冲突和文化冲突

斯科特在《弱者的武器》和《农民的道义经济学》等著作中指出，世界资本主义经济发展蚕食了传统农民的生存空间，工业化和城市化使得农民渐渐成为社会的边缘弱势群体。斯科特把社会下层群体反抗暴力国家机器的非暴力抵抗称为"弱者的武器"。这些武器多为文化意义上的宗教、语言和艺术等等。斯科特考察了包括极权社会中弱势群体的日常抵抗行为。这些非暴力形式包括含有反抗意味的怠工、小偷小摸、耍赖、不合作、搞破坏等。斯科特通过分析弱者的日常政治反抗行为，建立了下层群体抵抗理论这一反映不同阶层文化冲突的抗争理论。在 2009 年出版的新著《没有治理的艺术：东南亚高低的无政府主义史》中，斯科特摒弃了底层民众与国家机器、官僚制度之间的关联性，转而继续研究全球化发展的盲区。他发现，在那些国家中央集权难以触及的贫困边远地区，激进地追求自决，把国家统治视为被内部殖民。斯科特的这一最新研究展示了高度工业化的资本主义文明与滞后的农业文明之间难以调和的矛盾和冲突。

（二）文化正义

正义问题是西方政治哲学讨论已久的一个核心问题，是政治哲学立论的一个基本出发点。社会正义理论包含"正义"、"正义观"、"正义理论"和"社会正义理论"等彼此相互联系着的多层面的问题。正义应该是合规律性、合目的性、和谐性的社会实践的概括和总结。本尼迪克特·安德森在 1983 年出版了《想象的共同体：民族主义的起源于散布》一书。他试图解释中国、越南、柬埔寨三个同属社会主义阵营的国家何以在 20 世纪 70 年代兵戎相见。他用民族主义来而不是马克思主义或自由主义来解释这些冲突。安德森教授从民族情感和文化根源的角度探讨了全球各地不同民族属性的"想象的共同体"。这些共同体的崛起是宗教信仰的领土化、古典王朝家族的式微、时间观念的改变、资本主义与印刷术之间的交互作用、国家方言的发展等因素共同作用的结果。在 1998 年出版的新著《比较的幽灵》中，安德森运用比较史学、历史社会学、文本分析与人类学等方法，再次探讨了民族主义问题。他考察和比较了后殖民时代各个东南亚国家具体的民族主义表现，通过具体和精致的个案研究，梳理了这些国家的政治文化脉络，是政治文化案例研究的精彩范例子。

（三）女性主义和性别平等的政治文化

尽管无人否认女性主义是涉及人权的正义斗争的前沿话题，但女性主义的政治认知并没有及时转化为有效政治行为。以国际机制层面战争罪行的认定为例，直到 2001 年，前南斯拉夫的国际刑事法庭才开始将强奸女性作为独立的战争罪行，即等同于种族屠杀行为。[1] 当然，此后，国际社会对于此类罪行有了更为深化和广泛的认定，比如战争期间出于政治目的的被迫怀孕或强制终止妊娠等都被认为是战争犯罪。作为回应，更多的女性转化为政治变革过程中的积极参与者，而不是过去的被动受害者。[2] 观念上的更新为理论进步创造了条件，促进了理论的进一步发展。

女权主义者认为女性在过去一直受到不公正待遇。他们支持女性为了性别平等而争取和维护女性的政治和自然权利，并拒绝对女性下定义。女性主义的观念是以自由主义为基础的，在权利争取上则借鉴了理性主义的工具。传统的女性主义曾把注意力集中于争取女性选举权、女性参与政治生活的权力和反对男权制度的压迫。随着女性主义奋斗目标的逐步实现，近年部分女性主义和非传统性取向运动（LGBT，即女同性恋者、男同性恋者、双性恋者和跨性恋者）一起，致力于缩小性别认同歧见。

（四）宗教全球复兴

宗教是重要的文化表现和社会意识形态，是人们精神和群体的联系纽带。在政治学领域，宗教议题的兴衰与苏东剧变、全球化发展和 9·11 事件密切相关。

苏东剧变导致了民众对意识形态普遍的怀疑。这样的舆论氛围和心理环境为宗教发展提供了机遇。冷战终结后，宗教重新主宰了民众的精神生活。与此同时，中亚、东欧等诸多动荡地区出现了分裂主义运动。以往分裂势力往往依据威斯特伐利亚体系以来的既有逻辑，以世俗的民族主义为借口来寻求分裂，也有的强调

---

[1] Todd Landman & Neil Robimson eds., The Sage Handbook of Comparative Politics ,Los Angeles: Sage, 2009, p. 581.

[2] See Katherine. M. Franke, "Gendered Subjects on Transitional Justice," Columbia Journal of Gender and Law, 2006, 15(3), pp. 813–827.

基于文化族群的共同体认同。冷战期间，这样的努力屡屡受挫。结果，分裂主义者转而利用宗教的心理感召力和社会聚合功能，将分裂行径粉饰成捍卫宗教利益的行为，以此获取更多的支持，并瓦解既有的合法主权国家制度。

宗教回归国际政治不仅仅是前苏东地区的专利。在世界范围内，伊斯兰教力量强势复兴，基督教福音派特别是五旬节教派在拉美以及更大范围的人口大规模增长，世界基督教中心从北方国家向南方国家转移，亚洲传教人士迅速上升，西欧地区非欧洲裔天主教神职人员引进比例显著提高，世界宗教的原教旨主义的出现，新宗教运动的快速发展，中欧的非世俗化，宗教结社方式的自由化转变等等，都被视为宗教复归的信号。正如美国宗教社会学学者彼得·伯格（Peter Berger）所断言的那样，现代化并没有导致宗教的消亡，不能简单地认为世界已经"世俗化"。

美国"9·11"事件发生之后，以神圣之名而发起的宗教冲突和宗教暴力事件一直都处在逐步升级的状态。塞缪尔·亨廷顿（Samuel P. Huntington）的"文明冲突论"成为自我实现的预言，而亨廷顿的假设中各个文明正是基于宗教文化划分敌我同盟的。有观点认为全球化下的宗教复兴现象的本质与其说是宗教被引入政治，不如说政治生活中曾经的边缘群体掌握了越来越多的政治权力。宗教群体对回归政治事务很主动很热情。基于宗教回归和复兴的大环境，宗教群体正在用渗透着他们的伦理观和价值观的政策主张影响着国际政治和国际关系。

2011年，本·拉登被击毙。宗教的政治参与有了新的形式。始于2010年的"阿拉伯之春"（Arab Spring）继续在阿拉伯世界发酵。阿拉伯世界众多国家的基层民众通过各种抗争手段推翻现存的世俗国家政权。在随后的民主选举中，以穆斯林兄弟会为代表的伊斯兰力量凭借民选获得了组建新联合政府的机会，其中埃及的穆兄会和突尼斯的伊斯兰复兴运动都是胜选的代表既得利益的伊斯兰教政党。尽管外界对宗教特质浓郁的新兴中东政党感到疑虑，这些政党自身对外多持温和的立场。

比较政治文化主义学者戴维·莱廷曾在索马里、尼日利亚、西班牙、爱沙尼亚和法国等地进行田野研究，其间一直关注语言和宗教议题。他致力于用宗教文化环境来解释民族性国家的关系。在研究方法上，莱廷提出比较研究应娴熟运用案例研究、统计检测和演绎模型三种方法。莱廷曾多次与詹姆斯·费伦（James

Fearon）合作发表关于种族、种族合作、内战根源和抑制内战的政策研究方面的论文。此外，莱廷还与艾伦·克鲁格（Alan Krueger）合作研究国际恐怖主义，与艾里·伯尔曼（Eli Berman）合作研究自杀性恐怖主义。在2008—2009年，莱廷得到美国国家科学基金的资助，访问了法国巴黎政治学院，研究"比较视野下的穆斯林融入欧盟社会"课题。他借助民族学、调查和实证研究，深入探讨了法国的穆斯林整合问题，同时评估宗教歧视的程度并探讨避免的机制。

比较政治学的文化主义在研究方法上经历了从宏观理论到中层理论的转变。随着对价值、意义等特定文化表象认识的加强，文化主义者认识到案例的重要性，并愈加偏好独特的案例研究。这种偏好区别于以全球范围内的比较为目标，看重视个案在时间上和空间上的节点意义，同时兼顾历史关联性。普世原则显然不适用于基于具体案例特定文化分析。迄今为止，文化主义者倾向于国别研究、区域研究或制度研究，而对宏大叙事和宏观研究不以为然。在文化主义者看来，如果将规范、理念拔高到"黑格尔主义"的地步，反而会损害研究的唯物主义要素。

结　语

比较是社会科学的核心，对于复杂社会现象的研究尤其如此。文化与政治之间存在恒久且普遍的联系。文化主义从文化这个概念出发，涉及影响政治生活的方方面面。文化主义可以丰富理性分析、结构分析，并在价值良知、共享认识和规范秩序等方面提供独到见解。总的来看，比较政治的文化主义者反对笼统的概括性通则，倾向于采取以比较案例分析为基础的经验研究。文化主义比较的目的是寻找差异性，而不是归纳模糊的相似性。但是，文化主义刻意强调多元性可能会导致研究发现的碎片化。不仅如此，政治文由于过度抽象并且不具备较强的操作性，在政治研究和实践中往往被忽视。

从比较政治学文化主义流派的理论发展可见，文化主义将研究限定为阐释或解释具体个案文化变量与政治行为之间的关系。这种做法相对稳定但适用性有限。文化主义的研究议程脱胎于整体主义，但随之形成亚体系、次体系的单元论证。然而，单元的组合并不等同于整体的重现，单元化的研究针对的是独立精巧的个案分构，所以，系统内各个个案的外在表达相对独立。无论是针对较为传统的政治身份认同、诠释主义、公民文化、政治仪式、政治文化变迁等文化主义议题，还是在全球化背景下产生的文化冲突、文化正义、性别平等和宗教复兴等新兴议题，比较政治学中的文化主义研究都有必要超越笼统的价值判断和伦理描述，务实地对文化在整体政治制度中的作用进行解释和评估，在研究方法上也有必要实现从反实证主义到实证主义的过渡。随着比较政治学的文化主义日益重视本地认识，强调深度的诠释和理解度，文化主义将逐渐成长为一个多元化和包容性的研究纲领。

第八部分
世界文明与比较政治会议综述

世界文明与比较政治会议综述

（整理者：张剑波，华东政法大学政治学研究院研究生）

2016 年 4 月 9 日，由华东政法大学政治学研究院主办的"世界文明与比较政治"学术研讨会在华东政法大学长宁校区顺利举行。本次研讨会汇集了四十多位来自全国各地的比较政治、国际关系、国别研究领域内的专家、学者及新闻界人士。与会代表围绕"世界文明与中国道路"、"比较政治学中的国别与地区研究"、"'一带一路'与中华文明"、"地区安全与全球治理"、"国家治理与比较政治"五个领域进行了全面和深入地讨论。

一、世界文明与中国道路

中国的进一步发展不仅需要对自己过去的经验进行总结，以此让世界更好地认识中国，也需要对世界其他文明进行更加深入的研究，从而更好地走向世界。对于这一主题，与会代表们发表了他们各自的看法。

中国政治学会会长、上海市政治学会副会长桑玉成教授指出：政治发展的理论与比较政治的理论其实是相互联系的。政治发展如果从国度的比较来看，是要把中国制度的发展放在更大的视野中去，也就是要放到整个世界文明的视野当中去。共产党宣言到明年已有 170 周年，人们通常谈到的是它所阐述的生产世界性问题，但我们却忽略了它所阐述的"物质的生产是如此，精神的生产也是如此"这一命题。在这种情况下，需要我们开拓视野，把政治发展的很多问题放在世界文明的角度中来考察。在比较研究中，无论是理论还是实践，不管是中国还是其他国家，在整个文明的塑造当中，都有其精华也有其负面的东西，而在这个过程中需要我们取其精华，持一种客观的态度。真正的理论思维需要实事求是、客观理性，我们既要研究自己的优势，也要不断吸纳人类政治文明的优秀成果。把中国政治发展放到世界文明中，无论对于政治发展研究还是推进世界发展都是非常有意义的。

中国政法大学蔡拓教授主要从世界文明的普遍性与特殊性角度出发进行阐述。在他看来，世界文明既有普遍性、共通性的一面，也有特殊性、多样性的一面。类文明具有其本质规律，更多的是承认普世性，而亚文明，作为各国不同民族的发展方式，也会有有利于人类发展的共通性。蔡教授进一步指出，中国当前需要反思对国家特殊性的过分强调。我们应该着力向世界提供共通性的问题而不是特殊性的问题。从共通性的角度阐述，更能赢得世人的认同。

华东政法大学高奇琦教授则是从民族国家建构的角度探讨中国与世界的关系。高奇琦教授指出，民族国家可以分为初创民族国家和成熟民族国家。初创民族国家包括中央集权、地域范围、暴力垄断和对外代表这四个基本要素。与西方绝对主义王权时期的英法等国相比，唐朝时期的中国在中央集权的一体化和功能化方面、暴力垄断方面的表现并不逊色，而在中央集权的非人格化方面、地域范围和对外交往方面则可能显得较为不足。高教授认为，在唐朝时期，中国自发的初创民族国家建设已经启动，而在鸦片战争后启动的是第二次初创民族国家的构建。

二、比较政治学中的国别与地区研究

中国对世界的理解建立在中国对其他国家和地区的研究基础之上。从这个意义上讲，中国的崛起需要比较政治学对其他国家和地区进行更加深入、全面和细致的研究。针对这一问题，与会专家们提出了各自的见解。

复旦大学陈志敏教授围绕欧盟提出了三个关键问题：第一是欧盟是什么样的变革性力量？第二是欧盟作为变革性的力量，在当前面临什么样的挑战？第三是什么原因导致欧盟作为变革性力量的褪色？陈志敏教授认为，欧盟作为变革性力量的主要表现是：第一，建立一个比较稳定的民主政治制度；第二，建立一个福利国家；第三，经济可持续发展。从外交来说则有四个方面的内容，第一，如何通过一体化来超越欧洲的国家体系；第二，如何建立一个和平繁荣的区域；第三，通过吸纳改造的制度，扩展和平繁荣区；第四，对于非成员国来说，通过规范输出，如何把欧洲的模式、经验输出到其他地区。然而，目前欧盟内部却面临着巨大危机。这些危机主要表现为政治危机、市场危机、货币危机以及投票危机。这些危机并不是说无法克服，只是对于欧洲来说是一个打击。欧盟的国际影响力也因此有所下降。

清华大学陈琪教授主要从方法论上来讲国别研究。陈教授认为目前国际关系学过于理论化，缺少对国别问题的研究。在他看来，国际关系学已经没有必要去做太理论化的知识生产，更有意义的其实是做国别研究，中国的影响已经不仅仅是宏观的全球治理研究便能解决，我们更多的是需要一个个国家之间的考察，从这个方面出发可能会提供给我们更多的知识。

上海外国语大学的陈金英副教授围绕民主能否促进责任制政府建设的关键议题，对中印两国做了比较研究。陈副教授认为，在政治学研究当中存在这样一个基本假设，即民主能够促进责任政府建设。它的理由是民主政体之下有横向和纵向的分权。但在我们的实际观察中，事实情况并非如此，尤其是在很多的发展中国家，民主政治并没有带来责任政府。因此，对于发展中国家，不能用西方的那套概念和价值进行评估。在陈副教授看来，对于发展中国家，问责制需要考量绩效。

三、"一带一路"与中华文明

中华文明源远流长、博大精深。随着中国的迅速发展与崛起，发扬中华文明，传播中国价值便被提上议事日程。"一带一路"倡议的提出是对传统中华优秀文明遗产的继承，也是中国不断发展进步的现实需要。在这一部分，学者们对此发表了各自的见解。

复旦大学苏长河教授认为，中国崛起以及中国道路的提出对于比较政治学的发展具有重要意义。中国文明向世界推广，需要注意这么几个问题。我们自己的标准是什么？我们如何说？如何将中国道路概念化和社会科学化？苏长河教授认为，中国道路对于世界文明的发展具有重要意义。中国很早地处理了政教关系问题，确立了文官制度。并且，中国在处理与其他国家的关系上也有较多经验值得其他国家借鉴。

华东师范大学陆钢教授认为"一带一路"建设不仅需要战术层面的应用，还需要战略层面的设计，应该将"一带一路"作为国家现代化的重要战略举措。在他看来，"一带一路"需要培育中国自己的国际金融秩序，整合新兴市场。最后，陆教授认为："一带一路"建设应该发挥上海的领头羊作用。

上海交通大学李明明副教授围绕"中华天下思想和全球共治"发表了自己的见解。在他看来，国际政治的发展需要一种新理念的注入，以此实现国际政治更加和谐健康的发展。中华文明的优秀传统具有很多适合现代文明的理念、经验和规则。李明明副教授首先从赵汀阳教授的《天下体系》出发，论述了中国古代的世界秩序以及世界观。在他认为，中国古代形成的"同心圆"世界治理结构以及和合之道、公治之道、规则之治对于现代全球治理具有重要意义。现代世界秩序主要是美国主导下的霸权体系，其主要的轴心逻辑在于简单的是非、善恶二元对立。因此，中华文明传统中的整体性理念是对当前世界秩序的重要修正及改善。

华东政法大学政治学研究院朱剑助理研究员提出在国际关系中存在一种家长主义倾向。在他看来，一些国家或民族因被认为缺乏理性，而使他国具有了对其进行干涉的合法理由。朱剑博士认为，18、19世纪的"文明教化"理念，20世纪的现代化理论以及小布什政府的"中东改造计划"都是国际家长主义的某种体现。

四、地区安全与全球治理

全球化的过程使得世界各个国家紧密相连，但也催生了全球性问题的产生。全球性问题的解决需要各个主权国家紧密合作，放弃搭便车行为，然而这与现代世界的主导性逻辑——主权国家至上——相悖。对此，各个专家表达了各自的看法。

华东政法大学赵庆寺教授从能源安全的角度阐述了他的观点。赵教授认为，中国虽然是一个能源大国，但是在能源领域依然是一个被治理的对象。目前，全球能源治理存在多个制约因素。合作理念的差异、能源主体不明、保障手段差异、能源利益竞争以及制度分歧都是阻碍全球能源合作的不利因素。对于中国而言，参与全球能源治理，第一，需要融入现有的全球能源秩序中，更加积极地成为一个秩序构建者。第二，中国需要利用制度，以制度外交实现能源治理。第三，优化治理主体，开放社会主体参与能源治理。第四，兼顾利益诉求与责任意识。中国应该在追求自身利益的同时承担更多的责任。第五，中国应该在能源治理中寻求更多的话语权。

华东政法大学政治学研究院章远副教授对"伊斯兰国"所带来的安全威胁进行了分析。章远副教授认为，"伊斯兰国"试图建立的"哈里发国"是其伊斯兰化的最高阶段，其主权形式已经不同于我们传统的对于主权的认知。"伊斯兰国"的主权观以真主主权为核心特质，但又有别于以往"政教合一"的政权理解模式，即虽使用伊斯兰教的话语体系，但以武力和恐怖主义为实现手段，追求消除现有国家边界、创建"乌玛"乌托邦式的权力未来。"伊斯兰国"目前的状态更接近雏形国家，其对地区安全的主要威胁表现在四个方面：边界粘连共生而在实体疆域层面冲击周边国家的领土安全；虚拟空间的数字外宣攻势冲击了其他国家的网络安全；内部制度缺失导致难以履行对治下居民充分的保护，进而引发难民危机；以极端主义为意识形态侵蚀了平和宗教的神圣权威。

华东政法大学政治学研究院王金良讲师对全球治理的历史以及新趋势进行了分析。王金良讲师指出，在全球治理转型的研究中，人们通常关注的是转型的动力、结构和机制等因素。近年来，人们致力于研究新兴国家的经济实力增长、话语权以及决策权的提升等要素对全球治理转型的影响。然而，令人遗憾的是，很少有人注意到世界主义理念对于全球治理转型的影响。实践证明，当前新自由主义意识形态主导下的"华盛顿共识"，并不能引导全球治理的变革。只有以世界主义理念取代"华盛顿共识"，才能真正解决主权国家之间的"无政府状态"与合作困境，从根本上推动全球治理的转型。

上海对外经贸大学胡勇讲师对东南欧的地区合作提出了自己的观点。在他看来，自 20 世纪 90 年代后期以来，在欧盟扩大的背景下，东南欧地区主义兴起，地区合作加强。然而，无论是地区间主义还是次地区主义，都依赖于欧盟的外部推动，特别是欧盟扩大的刺激。东南欧地区合作不是为了谋求本地区的一体化，而是为了融入更大范围的欧洲一体化，最终使所有东南欧国家都获得欧盟成员国身份。但是，多边的地区合作与双边的入盟谈判之间的张力使东南欧地区合作动力不足。因此，欧盟扩大既塑造了东南欧的地区合作，也决定了这种合作的限度。

华东政法大学政治学研究院吉磊助理研究员对多边主义以及中欧合作进行了分析。吉磊博士认为中、欧在多边主义的概念、规范、制度等问题上存在较多的分歧。中欧合作需要推动正式的全球性多边制度逐渐向更加民主包容的方向发展。在她看来，推动多边主义发展可以成为中欧关系更上一层楼的重要手段。

五、国家治理与比较政治

党的十八届三中全会提出"国家治理体系和国家治理能力现代化"的宏大目标。由此，"国家治理"这一概念成为当前学术讨论的热点议题。对此，汪仕凯副教授和游腾飞博士进行了针对性发言。

华东政法大学政治学研究院汪仕凯副教授认为，政治体制的能力或者说政治能力同国家治理之间存在着因果关系。简要言之，政治体制的能力强弱从根本上决定了国家治理水平的高低。国家治理的最终结果取决于国家与社会之间关系的性质，只有当国家与社会之间形成了相互支持的关系时，国家治理才能取得良好的结果。政治体制的能力同国家治理之间并不存在直接的决定关系，政治体制的能力通过解决现代国家治理中的包容问题、整合问题、正当问题以及持续问题，从而塑造了国家与社会之间的相互支持关系，进而间接决定了国家治理能力。从政治体制的能力入手解释国家治理及其存在的差异，能够超越西方学术界从政治体制的性质或者类型解释国家治理的偏见，从而为全面和客观地分析人民民主体制和自由民主体制提供了知识基础。

华东政法大学政治学研究院游腾飞助理研究员从国家治理的系统性和量化角度给予了分析。游腾飞博士认为国家治理要放在政治发展理论的宏大背景下理解。近年来，中国学者关于国家治理的讨论恰好回应了西方政治发展第三个阶段中遇到的困难。国内的国家治理研究已经取得了巨大成就，但是还存在着偏重理论思辨、概念不统一和操作化研究较少等问题。国家治理的指数化可以帮助学界形成关于这一概念的共识。国外关于治理指标有一些重要的成果，然而这些成果却带有较强的意识形态特征。中国要构建从自身经验出发并具有普遍性的国家治理指数，一方面应该吸收西方指数研制的科学评估方法，另一方面也要对中国几十年来国家现代化建设经验进行总结和再阐发。国家治理的理论建构和指数评估在学术创新、中国发展、人类生存三大主题上都具有重要的意义。